À propos du système But-de-vie

Le système But-de-vie et l'information qu'il m'a fournie ont changé ma vie comme aucun autre événement n'avait pu le faire en quarante ans d'existence. Je ne sais pas comment vous faites mais si vous avez sur les autres l'influence que vous avez eue sur moi, vous nous rendez à tous un service infiniment précieux. Ma vie, qui était déjà pas mal fantastique, a pris un sens nouveau et plus profond.

Renee Hume
New York

Le système But-de-vie m'a aidé à choisir une nouvelle carrière et à mieux communiquer mes idées aux autres. J'ai maintenant l'impression d'avoir un but clair et précis dans la vie et, finalement, mes relations personnelles sont beaucoup, beaucoup plus riches et fertiles. Tout cela, d'une certaine façon, je l'ai toujours su, mais je n'arrivais pas à le mettre en paroles aussi clairement. Cette connaissance et cette sagesse m'ont inspiré ; grâce à elles, j'ai pu agir de façon positive et faire les changements qui s'imposaient.

James McElligott
Montréal, Québec

Ma vie paraissait merveilleuse vue de l'extérieur mais je me sentais terriblement mal à l'intérieur. Je portais tous les masques du succès ; la seule chose qui manquait au tableau c'était le véritable moi. Je me sentais déprimée et vide tout en étant incapable d'expliquer ce sentiment.

Les renseignements que vous m'avez donnés ont jeté plus de lumière sur ma vie que ne l'avaient fait une psychothérapie, une maîtrise en Counseling et « trente-six » cours de croissance personnelle. J'ai commencé à écouter mon cœur et à me pardonner. J'ai moins peur et je suis plus confiante. Je suis devenue une sorte de modèle pour d'autres personnes qui se trouvent à un carrefour de leur vie et ont un choix à faire.

Sally Schwenkmeyer
Cincinnati, Ohio

C'est l'exactitude des renseignements que vous m'avez transmis qui m'a estomaquée. Jusque-là, j'avais des intuitions et de vagues élans d'enthousiasme concernant mon but de vie, mais je n'avais jamais reçu aucune confirmation objective, et je n'avais aucun espoir de m'en sortir. Comme j'aimerais avoir appris tout cela plus tôt !

Annora E. McDougall
Baltimore, Maryland

Je vois enfin où je m'en vais, et comment faire pour me rendre à destination. L'anxiété qui me nouait la gorge *depuis des années* a soudain disparu.

Cynthia McGinnes
Chestertown, Maryland

Depuis que je connais le système But-de-vie, je me sens plus près des gens, j'ai plus d'affection pour eux, je leur pardonne plus facilement et j'ai plus de plaisir en leur compagnie – parce que tout cela, je le sens envers moi-même.

Judy McBride
Maryland

J'ai été époustouflée par votre perspicacité. Je peux maintenant commencer à voir clairement la douleur que j'ai ressentie pendant tant d'années. Vous m'avez aidée énormément.

Rosalie Grundgeiger
Californie

Le système But-de-vie a changé ma vie. Il a agi instantanément, c'était comme si une vague de souvenirs et de confirmations s'était mise à déferler sur moi, me couvrant des pieds à la tête. J'ai compris, pour la première fois, pourquoi je répétais toujours les mêmes erreurs, particulièrement dans le domaine des relations personnelles. J'ai abandonné quelques vieilles illusions et je me suis sentie incroyablement *branchée*.

Sandra Nadalin
Victoria, Colombie Britannique

Votre Chemin de Vie

Du même auteur :

Le Guerrier pacifique, Éditions Vivez Soleil, 1985.
Le Voyage sacré du guerrier pacifique, Éditions Vivez Soleil, 1993.
La Voie du guerrier pacifique, Éditions du Roseau, 1994.

Dan Millman

Votre Chemin de Vie

de Vie

Une méthode pour en découvrir le but

traduit de l'anglais par
Denis Ouellet

Données de catalogage avant publication (Canada)

Millman, Dan

    Votre chemin de vie : une méthode pour en découvrir le but

    Traduction de : The life you were born to live.

    ISBN 2-920083-88-0

    1. Vie spirituelle. 2. Actualisation de soi. I. Titre.

BL624.M4414 1995   291.4'48   C95-940154-7

Conception graphique
de la page couverture : Carl Lemyre

Infographie : Info Concept 2001

Titre original : *The Life You Were Born to Live*
        HJ Kramer Inc

Copyright © 1993 Dan Millman

Copyright © 1995 Éditions du Roseau,
              pour la traduction française

Tous droits de traduction, de reproduction
et d'adaptation réservés pour tous pays.

ISBN 2-920083-88-0

Dépôt légal : 1er trimestre 1995
           Bibliothèque nationale du Québec
           Bibliothèque nationale du Canada

Distribution : Diffusion Raffin
           29, rue Royal
           Le Gardeur (Québec)
           J5Z 4Z3
           Courriel : diffusionraffin@qc.aira.com

Site Internet : http://www.roseau.ca

Imprimé au Canada

À tous ceux qui cherchent
un but plus élevé.

REMERCIEMENTS

J'ai appris les principes essentiels de ce système en 1985 d'un homme remarquable nommé Michael Bookbinder; c'est aussi lui qui a décrit dans leurs grandes lignes plusieurs des lois spirituelles présentées dans la quatrième partie. Je le remercie sincèrement en témoignage de l'influence considérable qu'il a eue sur ma vie et sur mon œuvre.

Mes remerciements aux personnes suivantes qui ont révisé le manuscrit: Michael Chaplan, Doug Childers, Linda Kramer, Erica Ross-Krieger, Joy Millman, Marilyn Ringer, Jan Shelley et Chuck Spezzano. Mes remerciements aussi à Trevor et Ramona Alston, Tom McBroom, Rob Calef, et à chacun des participants au *Life-Purpose Professional Training* dont l'aide, aussi modeste fût-elle, m'a apporté énormément.

La production d'un livre implique un effort d'équipe; toute ma gratitude à Nancy Grimley Carleton, éditrice et ange gardien, qui a apporté son savoir-faire, sa compréhension et son dévouement habituels à la préparation du manuscrit; à Dick Schuettge, pour son expertise à la mise en page; à Stan Shoptaugh, de Classic Typography, qui a dû faire des efforts héroïques pour transformer mon manuscrit en une copie lisible; et à Jim Marin, pour la conception graphique de la page couverture [de l'édition originale].

Mon infinie gratitude à mes éditeurs et amis, Hal et Linda Kramer, dont tous les livres portent témoignage de leur inébranlable engagement envers l'excellence, le service et l'amour.

Un remerciement spécial, avec amour et gratitude, à Joy Millman, qui dans un moment d'inspiration a trouvé le titre parfait [de l'édition originale] et dont la perspicacité, l'intuition et le soutien ont aidé à façonner tous mes livres.

PRÉFACE

Ce qu'il y a devant nous et ce que nous laissons derrière,
cela est peu de chose comparativement
à ce qui est en nous.
Et lorsque nous amenons dans le monde
ce qui dormait en nous,
des miracles se produisent.

HENRY DAVID THOREAU

Les êtres humains de toutes les conditions ont un même besoin inné de donner un sens à leur vie, de connaître la voie à suivre, d'avoir un but. Cette soif de connaître le but de notre vie semble aussi essentielle à notre évolution psychologique que l'est à notre survie biologique le besoin de nourriture.

Bien que plusieurs ne croient pas, ou ne veulent pas croire, que leur vie puisse même *avoir* un but, notre subconscient *sait* que nous sommes ici dans un but bien précis; il tente de nous parler; nos rêves, nos intuitions, nos désirs et nos besoins les plus profonds sont ses messagers. Nos aspirations et nos aptitudes les plus profondément ancrées – les forces motrices de notre personnalité – sont les voix par lesquelles l'appel de notre destinée se fait entendre. Ces aspirations cachées façonnent nos carrières et nos relations personnelles, influencent la qualité et dictent la direction que prend notre vie.

Tant que nous ne l'avons pas identifié et n'avons pas commencé à vivre en conformité avec ce but caché, la vie ressemble à un casse-tête auquel il manquerait quelques pièces; il se peut que nous ayons le vague sentiment d'être sur terre pour faire *quelque chose*, mais ce quelque chose nous échappe. Nous travaillons, nous reposons, mangeons et dormons, faisons de l'argent, en dépensons, connaissons notre part de plaisirs et de

13

peines, mais la connaissance fondamentale de notre but de vie continue de nous échapper.

Au fil des ans, j'ai écrit plusieurs livres dans lesquels je décrivais la façon dont un guerrier pacifique aborde la vie – comment il mène son combat intérieur avec courage, amour et sagesse. Avec *Votre chemin de vie*, je termine un cycle important de mon œuvre en présentant au public le système But-de-vie, une méthode simple pour aider chacun à découvrir et à accomplir le but ultime de sa vie – une carte qui lui révèle la montagne qu'il a à gravir et lui indique le chemin le plus court vers le sommet.

Le système But-de-vie nous permet d'approfondir notre compréhension du monde, de nous-même et des autres. Il peut aussi aider dans leur travail les psychothérapeutes, médecins, physiothérapeutes, thérapeutes psycho-corporels, intervenants sociaux, enseignants, entraîneurs sportifs – bref, tous ceux dont le métier est d'aider.

Depuis 1985, dans le contexte d'un travail qui m'a permis de contacter des milliers de personnes partout dans le monde, j'ai essayé, testé et raffiné ce système dont les grandes forces demeurent sa simplicité et sa fiabilité éprouvée au cours des ans. Ce sont les réponses enthousiastes de toutes ces personnes qui m'ont encouragé à écrire ce livre.

Les traditions ésotérique et psychologique ont donné naissance à plusieurs systèmes caractériologiques. L'auto-analyse peut générer une impulsion de changement, mais le système But-de-vie apporte les *moyens* de changer. Fondé sur le principe selon lequel l'univers obéit à des lois tout aussi réelles que la loi de la gravité, ce système présente les lois spécifiques qui gouvernent chaque chemin de vie et qui peuvent nous aider à changer pour le mieux nos relations personnelles, notre travail, notre santé et notre vie sous tous ses aspects.

Ces lois ne sont pas de simples suggestions ou de simples règles tirées d'un quelconque code d'éthique; elles transcendent les dictats de la société des hommes car elles relèvent d'un ordre plus élevé (par exemple, on peut déclarer la gravité illégale, voire immorale, mais la loi de la gravité n'en continue pas moins de s'appliquer). Ces lois existent depuis le début des temps; en raison de leur cohérence et de l'extrême portée de leur application, je les appellerai *lois spirituelles*, ou principes universels. Nous ne pouvons découvrir toute leur puissance que lorsque nous les mettons en pratique.

La validité d'une loi universelle ne dépend ni ne repose sur aucune forme de croyance (la gravité fonctionne, qu'on y croie ou pas). Il importe peu de savoir si ces lois nous ont été données par un Grand Esprit, par le Créateur, ou encore si elles ne font que refléter les mécanismes de l'univers ; l'important est de savoir qu'elles ont le pouvoir de changer nos vies.

Il existe un nombre infini de lois spirituelles qui organisent toutes les structures, gouvernent toutes les forces naturelles, président à l'apparition de la vie sous toutes ses formes, des particules subatomiques aux galaxies spirales – comment les fleurs s'épanouissent et tendent vers le soleil, comment les vagues se brisent sur le rivage. Parmi ces lois, je décrirai dans ce livre celles qui ont la plus grande influence sur les vies humaines et qui répondent le plus exactement aux besoins spécifiques des différents chemins de vie. Ces lois sont :

- ❖ Flexibilité
- ❖ Choix
- ❖ Responsabilité
- ❖ Équilibre
- ❖ Méthode
- ❖ Comportements
- ❖ Discipline
- ❖ Perfection
- ❖ Moment présent
- ❖ Non-jugement
- ❖ Foi
- ❖ Attentes
- ❖ Honnêteté
- ❖ Volonté supérieure
- ❖ Intuition
- ❖ Action
- ❖ Cycles

Toutes ces lois ont une valeur pratique dans la vie de tous les êtres humains mais ce sont également des clés qui ouvrent des portes différentes ainsi que des leviers qui agissent sur des besoins différents. Avant d'apprendre les lois qui ont le plus d'importance dans votre propre vie, il vous faut découvrir votre chemin de vie.

Pour plusieurs dont je suis, le système But-de-vie a illuminé leur vie en y mettant plus de clarté, de sérénité et de compassion. Nous avons tous notre montagne à gravir. J'espère que cette méthode vous rendra capable d'une plus grande compréhension à l'égard des autres et de vous-même, et qu'elle saura faire naître en vous le désir d'apporter un changement positif sur cette planète. Puisse ce livre vous guider vers l'accomplissement de votre destinée, vers la vie que vous êtes censé vivre.

Dan Millman
Printemps 1993
San Rafael, Californie

COMMENT LIRE CE LIVRE

Ceux qui désirent maîtriser parfaitement le système devront lire ce livre de bout en bout. Les autres, s'ils veulent aller à l'essentiel, trouveront toute l'information relative à leur propre vie en faisant comme suit:

1. Lisez la table des matières pour avoir un aperçu global.

2. Lisez la préface.

3. Lisez la première partie pour apprendre à déterminer votre nombre de naissance et pour comprendre les points essentiels du système.

4. Lisez, dans la deuxième partie, les chapitres consacrés aux nombres de base qui composent votre nombre de naissance.

5. Dans la troisième partie, lisez le chapitre de votre nombre de naissance.

6. Dans la quatrième partie, lisez les cinq ou six lois spirituelles qui gouvernent votre chemin de vie. Lisez les textes des autres lois selon votre bon plaisir.

7. Pour plus d'informations, la cinquième partie étudie les énergies de relations et les cycles de vie.

8. Lisez l'épilogue pour le mot de la fin.

Avec le temps, vous lirez probablement les autres parties pour être à même de mieux comprendre les chemins de vie de vos proches, parents, amis et connaissances.

PREMIÈRE PARTIE

LE SYSTÈME
BUT-DE-VIE

*À celui qui ne sait pas vers quel port il navigue,
nul vent n'est jamais favorable.*

SÉNÈQUE

Introduction à la première partie

L'HÉRITAGE PYTHAGORICIEN

Il peut y avoir, au tournant,
une nouvelle route ou une porte secrète.

J. R. R. TOLKIEN

Au cours des siècles, les observateurs de la nature humaine ont cherché à établir des dénominateurs communs susceptibles de mettre en lumière les forces qui façonnent la personnalité humaine. De nombreux outils destinés à rendre nos vues plus pénétrantes ont apparu à différents moments de l'histoire et dans différentes cultures, issus des traditions mystique et psychologique. Toutes ces méthodes et «cartes routières de la conscience» représentent autant de tentatives pour démontrer que notre univers et nos psychés ne sont pas cahotiques et soumis aux seules lois du hasard mais qu'ils ont une certaine structure et participent d'un ordre établi.

C'est dans cette tradition que ce livre s'inscrit. Le système But-de-vie est une méthode simple et objective pour découvrir le but de notre vie. Son origine première est voilée de mystère mais il se peut qu'il nous vienne de l'école pythagoricienne de la Grèce antique.

Pythagore est mieux connu comme mathématicien, c'est l'un des pères de la géométrie. La *World Book Encyclopedia* nous dit ceci: «Pythagore enseignait que les nombres étaient l'essence de toutes choses. Il associait mystiquement les nombres avec les vertus, avec les couleurs et avec plusieurs autres concepts. Pythagore enseignait aussi que l'âme humaine est immortelle. Il se peut que ces idées lui soient venues durant ses voyages en

Orient. Il fonda une école (fraternité). » L'*Encyclopedia Britannica* nous apprend que : « L'école pythagoricienne, malgré sa nature religieuse, a formulé des principes qui ont influencé Platon et Aristote (...) Plus vraisemblablement, le plus gros de la tradition intellectuelle qui remonte à Pythagore lui-même relève davantage de la sagesse des mystiques que de la science des savants. »

À l'instar des autres penseurs holistiques, Pythagore englobait en une même science plusieurs domaines du savoir humain, de même que le travail des physiciens modernes les amène maintenant à aborder des domaines naguère réservés aux mystiques, aux philosophes et aux théologiens. Pythagore parlait de cycles, de récurrences et de vagues d'énergie qui existaient bien avant l'aube de l'humanité ; il disait que nos chemins de vies reflètent certaines grandes lois éternelles dont les origines et les fonctions demeurent cachées à l'intérieur même des mécanismes et des mystères de la vie. En étudiant les formes et les fréquences fondamentales, il découvrit des relations jusque-là insoupçonnées entre l'esprit et la matière, et ces travaux laissent entendre que certaines récurrences ou répétitions numériques cachées pouvaient être des clés capables d'ouvrir les portes de la psyché.

Plusieurs numérologues présentent Pythagore comme étant à l'origine de leur système d'analyse. Le système But-de-vie se rapproche de la numérologie ; comme elle, il travaille avec les nombres pour en soutirer des informations révélatrices ; mais il surpasse toutes les autres méthodes numérologiques que je connaisse par son efficacité, sa clarté, sa précision et sa fiabilité.

Je ne prétends pas que ce système est basé sur une science conventionnelle ni même qu'il est logique ; je ne peux pas expliquer de façon rationnelle comment il se fait que la date de naissance d'une personne au calendrier grégorien, chose en apparence si arbitraire, peut nous révéler des renseignements sûrs et vérifiables concernant le but de sa vie. Tout ce que je sais, et cela je le sais avec une assurance fondée sur des années de recherches empiriques, c'est que ce système fonctionne – qu'il peut préciser le sens d'une vie.

Peut-être la validité de ce système tient-elle au caractère holographique de notre univers dans lequel chaque partie à la fois reflète et contient le tout, un univers dans lequel la psyché individuelle participe d'une structure ordonnée qui la dépasse et l'englobe. Après avoir distillé d'innombrables variations afin d'en tirer des modèles essentiels, ce système révèle les forces cachées de nos personnalités ; il nous procure des lentilles spéciales grâce auxquelles nous pouvons voir notre vie dans son ensemble.

Dans la première partie, vous apprendrez comment déterminer les nombres de naissance, clés d'accès au système But-de-vie, et vous commencerez à les interpréter sommairement.

COMMENT DÉTERMINER LES NOMBRES DE NAISSANCE

*À la naissance, nos parents nous donnent un nom ;
l'univers nous donne un nombre.*

Le système But-de-vie consiste à déterminer le nombre de naissance d'une personne à partir de sa date de naissance, puis à tirer de ce nombre, de trois ou quatre chiffres, des renseignements précis concernant son but de vie. Grâce aux informations révélées par notre nombre de naissance, et suite à l'application des *lois spirituelles* dont ce nombre dépend, notre vie peut changer.

La marche à suivre est simple. Quiconque peut additionner une série de nombres (par exemple 2 + 1 + 4 + 5) peut déterminer un nombre de naissance en suivant simplement les six étapes suivantes :

Étapes pour déterminer le nombre de naissance

1. Assurez-vous d'avoir la bonne date de naissance.

   ❖ Pour illustrer la marche à suivre, ma propre date de naissance servira d'exemple : 22 février 1946.

2. Écrivez la date de naissance en chiffres.

   ❖ L'ordre importe peu mais, par souci d'uniformité, nous écrirons toujours le jour, puis le mois, puis l'année : 22-02-1946.

   ❖ Écrivez l'année *et* le siècle (au long) : 22-02-1946.

   ❖ Séparez les nombres avec des tirets, *et non pas des barres* : 22-02-1946.

❖ Vérifiez si le nombre correspondant au mois est le bon :

01 janvier	05 mai	09 septembre
02 février	06 juin	10 octobre
03 mars	07 juillet	11 novembre
04 avril	08 août	12 décembre

3. Mettez un signe plus (+) entre *chaque* chiffre, les zéros y compris ; puis additionnez tous les chiffres afin d'obtenir une somme.

❖ Dans notre exemple, 22-02-1946 devient
$2 + 2 + 0 + 2 + 1 + 9 + 4 + 6 = 26$.

4. Quand vous aurez additionné tous les chiffres de la date de naissance et aurez trouvé une somme, mettez un signe plus (+) entre les deux chiffres de cette somme puis additionnez-les afin d'obtenir une *somme finale*.

❖ Dans cet exemple, $26 = 2 + 6 = 8$.

❖ Si la première somme se termine par un zéro, comme dans 20, 30 ou 40, additionnez les deux chiffres comme précédemment afin d'obtenir une somme finale ; par exemple : $20 = 2 + 0 = 2$.

❖ Pour toutes les dates de naissance du vingtième siècle, vous obtiendrez toujours une somme finale de 2, 3, 4, 5, 6, 7, 8, 9, 10, 11 ou 12.

5. Écrivez le *nombre de naissance* au complet, à savoir la première somme suivie de la somme finale ; enfin séparez la somme finale des deux premiers chiffres avec une barre (/).

❖ Dans cet exemple, la première somme de 26 est suivie de la somme finale de 8 : 26/8.

❖ J'appellerai le chiffre ou les chiffres écrits à droite de la barre (comme le 8 dans 26/8, ou le 12 dans 39/12) nombre(s) de droite, ou *nombre(s) final(s)*.

6. Vérifiez vos calculs afin d'être sûr de votre nombre de naissance.

Points importants

❖ Lorsque vous additionnez les chiffres de la date de naissance, traitez le zéro (0) comme tout autre chiffre. Par exemple, pour la date de naissance 20-02-1946, placez un signe plus (+) entre *tous* les chiffres : 2 + 0 + 0 + 2 + 1 + 9 + 4 + 6.

❖ Suivant les dates de naissance, vous obtiendrez un nombre de naissance composé de trois ou quatre chiffres. Quelques exemples :

– Nombres de trois chiffres : 21/3, 27/9, 30/3, 32/5.

– Nombres de quatre chiffres : 28/10, 29/11, 38/11, 48/12.

❖ Les chiffres de droite doivent être inscrits à droite de la barre (/), et les chiffres de gauche doivent être inscrits à gauche de la barre.

❖ Bien que tous les nombres et les énergies qu'ils représentent aient leur importance, les nombres de droite ont une plus grande influence sur le but de vie.

Quelques exemples : Date de naissance et calcul du nombre de naissance

❖ 8 octobre 1932 : s'écrit 08-10-1932, puis devient

0 + 8 + 1 + 0 + 1 + 9 + 3 + 2 = 24 ; puis, par l'addition des deux chiffres de 24, 2 + 4 = 6, nous donne le nombre de naissance 24/6.

❖ 29 mai 1969 : s'écrit 29-05-1969, puis devient

2 + 9 + 0 + 5 + 1 + 9 + 6 + 9 = 41 ; puis, par l'addition des deux chiffres de 41, 4 + 1 = 5, nous donne le nombre de naissance 41/5.

❖ 7 novembre 1973 : s'écrit 07-11-1973, puis devient

0 + 7 + 1 + 1 + 1 + 9 + 7 + 3 = 29 ; puis, par l'addition des deux chiffres de 29, 2 + 9 = 11, nous donne le nombre de naissance 29/11.

❖ 29 août 1954 : s'écrit 29-08-1954, puis devient

2 + 9 + 0 + 8 + 1 + 9 + 5 + 4 = 38; puis, par l'addition des deux chiffres de 38, 3 + 8 = 11, nous donne le nombre de naissance 38/11.

❖ 18 septembre 1929 : s'écrit 18-09-1929, puis devient

1 + 8 + 0 + 9 + 1 + 9 + 2 + 9 = 39; puis, par l'addition des deux chiffres de 39, 3 + 9 = 12, nous donne le nombre de naissance 39/12.

❖ 30 janvier 1942 : s'écrit 30-01-1942, puis devient

3 + 0 + 0 + 1 + 1 + 9 + 4 + 2 = 20; puis, par l'addition des deux chiffres de 20, 2 + 0 = 2, nous donne le nombre de naissance 20/2.

❖ 24 juin 1944 : s'écrit 24-06-1944, puis devient

2 + 4 + 0 + 6 + 1 + 9 + 4 + 4 = 30; puis, par l'addition des deux chiffres de 30, 3 + 0 = 3, nous donne le nombre de naissance 30/3.

❖ 29 septembre 1973 : s'écrit 29-09-1973, puis devient

2 + 9 + 0 + 9 + 1 + 9 + 7 + 3 = 40; puis, par l'addition des deux chiffres de 40, 4 + 0 = 4, nous donne le nombre de naissance 40/4.

Quelques erreurs fréquentes

❖ Se tromper de chiffre pour le mois (par exemple, écrire 08 au lieu de 09 pour septembre).

❖ Oublier d'additionner les chiffres du début séparément; par exemple, pour la date du 10 juin 1938, additionner par erreur 10 + 0 + 6 + 1 + 9 + 3 + 8 = 37, au lieu d'additionner correctement 1 + 0 + 0 + 6 + 1 + 9 + 3 + 8 = 28.

❖ Oublier d'écrire l'année au long; par exemple, pour le 5 mars 1963, écrire par erreur 05-03-63, puis additionner 0 + 5 + 0 + 3 + 6 + 3 = 17; au lieu d'écrire l'année au complet, 1963, avant d'additionner tous les chiffres : 0 + 5 + 0 + 3 + 1 + 9 + 6 + 3 = 27.

❖ Oublier de vérifier ses calculs. La méthode est simple mais il est facile de se tromper car nous n'avons pas très souvent dans la vie de tous les jours l'occasion de faire des additions.

Les exercices suivants vous aideront à maîtriser cette méthode simple qui permet de déterminer votre propre nombre de naissance et celui d'autres personnes pour peu que vous ayez une date de naissance exacte.

Calcul de quelques nombres de naissance choisis

1. Pour chacun des exemples suivants (en suivant les étapes décrites en pages 24-25), additionnez séparément tous les chiffres de la date de naissance puis additionnez les deux chiffres de la somme afin d'obtenir le nombre de naissance final. Pour le moment, utilisez un crayon et une feuille de papier; avec le temps et l'entraînement, vous arriverez à faire le calcul mentalement.

a. 24 janvier 1938

b. 13 février 1872

c. 30 mars 1908

d. 2 avril 1989

e. 10 mai 1945

f. 19 juin 1960

g. 1er juillet 1956

h. 12 août 1910

i. 29 septembre 1990

j. 30 octobre 1903

k. 11 novembre 1920

l. 25 décembre 1982

2. Comparez vos résultats aux réponses ci-dessous.

a. 28/10

b. 24/6

c. 24/6

d. 33/6

e. 25/7

f. 32/5

g. 29/11

h. 22/4

i. 39/12

j. 17/8

k. 16/7

l. 30/3

3. Notez que des dates de naissance différentes peuvent donner un même nombre de naissance, comme dans les exemples b et c. Si vos résultats diffèrent des réponses données ci-haut, refaites vos calculs. Si vous avez des problèmes, relisez les étapes (pages 24-25), consultez la liste des erreurs les plus fréquentes (pages 27-28), et recommencez. Avec le temps, vous verrez que tout cela se fera naturellement.

Calcul du nombre de naissance de parents et amis

1. Dressez la liste d'une vingtaine de personnes dont vous connaissez la date de naissance exacte : vous-même, vos parents, enfants, amis et connaissances.

2. À côté du nom de la personne, écrivez sa date de naissance en chiffres, sans oublier d'écrire l'année au long.

3. Pour chaque personne sur cette liste, additionnez les chiffres de sa date de naissance puis additionnez les deux chiffres de la première somme (voir pages 24-25) afin d'obtenir son nombre de naissance. Vous devriez obtenir un nombre de naissance de trois ou quatre chiffres pour chaque personne.

4. Conservez cette liste et consultez-la en lisant les chapitres consacrés aux différents nombres de naissance. C'est une bonne façon de rendre la théorie plus vivante.

Nombres de naissance possibles
pour le vingtième siècle

Les nombres de naissance changent avec les siècles. La liste ci- dessous comprend les trente-sept nombres de naissance possibles pour le vingtième siècle.

12/3	20/2	30/3	40/4
13/4	21/3	31/4	41/5
14/5	22/4	32/5	42/6
15/6	23/5	33/6	43/7
16/7	24/6	34/7	44/8
17/8	25/7	35/8	45/9
18/9	26/8	36/9	46/10
19/10	27/9	37/10	47/11
	28/10	38/11	48/12
	29/11	39/12	

Certaines dates de naissance apparaissent plus souvent que d'autres dans une période donnée. Ainsi les nombres de naissance situés au milieu de la liste précédente (tels que 28/10, 29/11 et 30/3) ont tendance à apparaître plus souvent; les nombres de naissance du début et de la fin reviennent moins fréquemment; au tout début de la liste, les derniers 12/3 sont nés le 10-01-1900; de même, à l'autre extrémité, les premiers 48/12 ne naîtront pas avant le 29-09-1999.

Les pièges de la catégorisation

Si l'on fait preuve de respect et de circonspection en les interprétant, les nombres de naissance peuvent nous aider à nous comprendre nous-même et à comprendre les autres dans un contexte global qui tienne compte de toutes nos expériences et de toutes nos possibilités. Dans le langage courant, par contre, nous prenons volontiers des raccourcis. En parlant, nous avons tendance à vouloir réduire les questions les plus complexes à leur plus simple expression de façon à pouvoir les cerner plus aisément. Aussi nous arrive-t-il de simplifier à l'extrême quand notre nombre de naissance, ou notre prénom, sert à résumer toute notre personnalité. Nous disons : « Bonjour. Moi, c'est Albert. » « Moi, c'est Roberta », comme nous pourrions dire : « Je suis un 26/8 », ou : « Je travaille le 30/3 », réduisant ainsi la complexité de ce que nous sommes à cette seule caractéristique numérique.

Il faut éviter le piège qui consiste à ne plus voir la vie, la nôtre comme celle des autres, qu'à travers ce filtre numérique. N'oublions pas que si les nombres de naissance peuvent mettre en lumière nos possibilités et les principales questions auxquelles nous serons confrontés, ils ne décrivent pas qui nous sommes.

Les étiquettes et les catégories ont leur utilité mais il ne faut pas perdre de vue que celle-ci est limitée. On peut dire que toutes les montagnes se ressemblent puisqu'elles ont toutes le même « caractère montagneux »; cependant l'eau, le vent, les mouvements de l'écorce terrestre, le temps, sculptent chaque montagne individuellement de sorte qu'il n'y en aura jamais deux pareilles. De la même façon, de multiples influences sculptent nos propres vies. Josée, Bettina, Hiroko et Johann ont le même nombre de naissance et le même chemin de vie mais parce que d'autres facteurs interviennent – tels le sexe, la culture, le bagage génétique, le rôle des parents, la vie familiale durant l'enfance, le type physique, l'apparence, les valeurs, les croyances, les intérêts et les sources d'émulation –, il est certain que chacun exprimera à sa façon ce chemin de vie commun.

Parce que j'ai moi-même recours à ces étiquettes numériques quand je sens le besoin d'abréger, je tiens à préciser ici que je respecte au plus haut point les différences de caractère et de nature qui rendent chaque être humain absolument unique.

Degrés d'influence

Chaque chiffre de notre nombre de naissance nous révèle quelque chose concernant le but caché de notre vie. Toutes les énergies des chiffres qui composent notre nombre de naissance contribuent à tisser la trame de notre vie, tout comme chaque pigment de couleur contribue à la totalité d'une peinture, tout comme chaque instrument de musique contribue au son de l'orchestre. Cependant, il se peut que certaines couleurs aient plus d'éclat sur une toile que sur une autre; que certains instruments qui sont prédominants dans une symphonie soient accessoires dans une autre.

Dans le système qui nous occupe, c'est l'ordre, ou la position de chaque chiffre, qui détermine les degrés d'influence: les chiffres de gauche (à gauche de la barre) ont généralement moins d'importance, et les chiffres de droite ont une plus grande influence.

Si les chiffres de 1 à 9 étaient des couleurs, chaque nombre de naissance présenterait un mélange unique de différents pigments; les chiffres *de gauche* compteraient pour un moins grand nombre de pigments et les chiffres *de droite* pour un plus grand nombre. Un zéro dans le nombre de naissance, qui représente les dons intérieurs, n'ajouterait pas de pigment mais servirait à «rehausser» les couleurs présentes, comme il sert à amplifier ou intensifier l'énergie des autres chiffres. Ainsi nous avons trente-sept teintes, ou chemins de vie, pour toutes les personnes nées au vingtième siècle.

UNE MONTAGNE À GRAVIR : LES CHEMINS DE LA DESTINÉE

Nous nous rencontrons maintes et maintes fois
sous mille déguisements sur les chemins de la vie.

CARL G. JUNG

Notre nombre de naissance exprime, dans une formule pure-ment mathématique, le mélange particulier d'énergies dont est fait notre *chemin de vie*. Ce chemin ne nous mène pas que vers l'avant; il nous mène toujours plus haut. Il représente la monta-gne que chaque individu doit gravir. Le ou les chiffres de droite, ou chiffres finals, de notre nombre de naissance indiquent le som-met de la montagne – le but principal de notre vie. Avant d'atteindre ce sommet, d'accomplir notre destinée, il nous faut passer au travers des chiffres de gauche – et donc des énergies et tendances qui leur sont associées – pour les amener à maturité.

Le fait de comparer la vie à une longue ascension sur un che-min de montagne nous amène à faire une importante découverte: notre but dans la vie – ce que nous sommes nés pour faire – n'est jamais une chose qui nous est facile. Je répéterai souvent cette phrase tout au long du livre afin qu'on ne l'oublie pas. Cela ne signifie pas que pour vivre il faille souffrir inutilement, mais il faut reconnaître que ce monde est plein d'obstacles et d'épreu-ves. Sur le chemin escarpé de notre évolution personnelle, tout en cherchant à accomplir notre destinée, il nous faudra faire preuve de créativité pour surmonter toutes les tendances négati-ves inhérentes à notre but de vie. Il faut beaucoup de courage, de détermination et d'efforts soutenus pour escalader un chemin de montagne et atteindre sans cesse de nouveaux sommets. Si nous nous y sommes bien préparé, l'escalade sera moins difficile que si nous partions sans aucune préparation; mais, de toute façon, la pente sera abrupte.

Nous ne commençons pas l'escalade au sommet; nous commençons tout en bas. Nous traversons l'enfance, l'adolescence, l'âge adulte, et nous devons passer par une période de préparation, d'initiation et d'entraînement – période pleine de défis durant laquelle nous apprenons à reconnaître et à améliorer nos faiblesses ainsi qu'à apprécier nos forces. Ceux qui désespèrent lorsque la vie ressemble à une pente trop abrupte ont oublié que *la vie est une épreuve*; l'effort attise les feux qui trempent nos cœurs et renforcent nos esprits.

Les chemins de vie sont pleins d'aventures et de dangers, de plaisirs et de difficultés. Notre propre chemin peut sembler droit et dégagé pour un temps puis tourner abruptement et prendre une direction étonnante. En quelques endroits la route fait une fourche et il nous faut alors faire des choix qui influenceront le reste de notre vie: nous pouvons choisir de continuer à aller toujours plus loin et toujours plus haut ou nous pouvons choisir de nous laisser glisser vers le bas, ou encore de rester là où nous sommes. Chaque chemin comporte ses propres obstacles; chaque obstacle comporte une leçon; chaque leçon est un pas de plus vers le sommet de la montagne. Le chemin semble bien difficile par moments, mais plus nous montons, plus la vue est belle.

Notre but de vie représente le sommet de la montagne, et notre nombre de naissance nous montre la voie. Mais ce que nous faisons de nos possibilités, cela est l'affaire de chacun. Notre épanouissement dépend de la façon dont nous surmontons les obstacles qui se dressent devant nous. Nous pouvons ralentir, même nous arrêter, pour reprendre des forces (ou nos sens) puis recommencer l'ascension. Quelques-uns peuvent abandonner par manque de confiance; c'est leur choix et c'est leur droit, mais le vieux dicton: «Cent fois sur le métier remettez votre ouvrage», s'applique aussi à la vie elle-même.

Nous ne pouvons pas nous écarter de notre chemin. Où que nous allions, il apparaît là, sous nos pieds. La route a beau faire des courbes et des lacets, en définitive elle ira vers le haut, car tel est le sens et la direction manifestes de notre évolution.

Cette métaphore du chemin de montagne nous permet de réconcilier les deux termes opposés de la vieille antinomie et donc de répondre à la question suivante: *Jouissons-nous vraiment du libre arbitre ou nos vies sont-elles d'une certaine façon prédestinées?* À la naissance, chacun reçoit sa propre montagne intérieure à gravir, et par là nous subissons les forces de la prédestination. Maintenant, comment la gravirons-nous et combien de temps y mettrons-nous? Voilà où entre en jeu le pouvoir du libre arbitre. En d'autres mots, on nous donne le terrain de jeu, mais c'est à nous de jouer. Nous avons toujours à notre disposition ces pouvoirs que sont le choix, la discipline, la responsabilité et la détermination. *Aucun chemin de vie n'est en soi plus difficile, pire ou meilleur qu'un autre, sauf si nous le rendons tel.*

Soutenir, instruire, guider les autres qui font face aux mêmes problèmes que nous ou à des problèmes similaires, voilà qui nous aide à progresser sur notre propre chemin. Nous savons cela inconsciemment; c'est pourquoi nous enseignons souvent ce que nous avons nous-même le plus besoin d'apprendre.

Enfin, lorsque nous atteignons le sommet de la montagne, nous découvrons une chose étonnante et merveilleuse: ce n'est pas la fin de notre voyage. Nous ne sommes pas nés uniquement pour accomplir notre but de vie; nous sommes ici pour le transcender. En d'autres mots, lorsque nous atteignons le sommet de la montagne, nous continuons de monter.

Ce que les nombres signifient

Comme toute nouvelle façon de voir la vie, ce système ne peut être assimilé tout d'un bloc. Aussi procéderons-nous graduellement, en commençant par offrir une vue d'ensemble des nombres de base qui composent les nombres de naissance.

But de vie: Énergies et questions spécifiques des nombres de base

1   Créativité et Confiance

2   Coopération et Équilibre

3   Expression et Sensibilité

4   Stabilité et Méthode

5   Liberté et Discipline

6   Vision et Acceptation

7   Foi et Ouverture

8   Abondance et Pouvoir

9   Intégrité et Sagesse

0   Dons intérieurs

Lorsque je parle des 1, des 2 ou des 3, je parle des personnes qui «travaillent» ces énergies dans leur nombre final de droite (but de vie principal). Par exemple, pour les 3 (c'est-à-dire les 12/3, 21/3 et 30/3), le nombre 3 représente à la fois le but le plus élevé qu'ils puissent atteindre et le plus difficile parmi les obstacles qu'ils auront à surmonter.

Ceux qui ont pour nombre de droite un 10 (les 19/10, 28/10, 37/10 et 46/10), un 11 (les 29/11, 38/11 et 47/11) ou un 12 (les 39/12 et 48/12) ont un objectif de vie principal qui combine ces deux chiffres. Pour les 10, la créativité et la confiance (1) sont amplifiées par les dons intérieurs (0); chez les 11, le double 1 signifie une intensité redoublée de toutes les tendances et capacités rattachées à ce nombre; quant au 12, la combinaison du 1 (créativité et confiance) et du 2 (coopération et équilibre) donne une forme de coopération créatrice où les défis et les énergies du 1 et du 2 se mêlent pour former un tout plus grand que la somme de ses parties.

Quel que soit notre nombre de naissance, nous avons tous été confrontés d'une manière ou d'une autre à toutes les questions associées à tous les nombres de base de 1 à 9, et nous disposons tous de dons intérieurs (0). Il se peut que vous vous sentiez touché par plusieurs, voire par toutes ces questions, mais à la fin ce sont les énergies se rapportant à votre propre nombre de naissance qui auront eu une plus grande influence sur l'ensemble de votre vie et qui, en définitive, auront agi avec le plus d'intensité.

Les chiffres qui composent notre nombre de naissance représentent les défis et les possibilités spécifiques de notre chemin de vie; ils nous montrent l'endroit où il faut creuser pour trouver notre propre trésor et accomplir le but de notre vie.

Questions, obstacles et possibilités

Notre nombre de naissance indique des obstacles et des possibilités. Nous devons surmonter les obstacles avant de pouvoir développer les possibilités. Puisque notre but de vie ne s'obtient pas sans effort, plusieurs 1 manquent de la confiance en soi nécessaire pour être créatif; plusieurs 2 coopèrent à l'excès puis se replient sur eux-mêmes; plusieurs 3 ont de la difficulté à exprimer leurs émotions; plusieurs 4 manquent de stabilité et de méthode; plusieurs 5 ne se sentent pas libres et semblent manquer de discipline; plusieurs 6 ont du mal à s'accepter eux-mêmes et sont trop prompts à juger les autres; plusieurs 7 n'ont pas foi en eux-mêmes et ne peuvent s'ouvrir aux autres; plusieurs 8 ont une attitude ambivalente en ce qui concerne l'abondance et le pouvoir; et plusieurs 9 ont de la difficulté à faire preuve d'intégrité sur une longue période de temps.

Tous les talents sont universels; aucun nombre de base n'a le monopole d'une qualité. Par exemple, les 1 n'ont pas le monopole de la créativité; les 3 n'ont pas le monopole de l'expressivité; et les 8 n'ont pas le monopole de l'abondance et du pouvoir. Parce que notre nombre de naissance indique aussi des obstacles à franchir, les personnes qui n'ont pas tel chiffre dans leur nombre de naissance se montreront souvent plus habiles (ou auront dans ce domaine moins d'obstacles à surmonter) que celles qui ont à résoudre les problèmes reliés à ce chiffre particulier de leur nombre de naissance.

Ce que les nombres reflètent, c'est en quelque sorte une *promesse* de naissance; c'est pourquoi nous ressentons à l'égard de notre but de vie à la fois de profondes *aspirations* et des peurs tout aussi profondes et inconscientes – peur de réussir, peur d'abuser de cela même que nous sommes nés pour exprimer. La tension dynamique entre nos aspirations et nos craintes est le décor dans lequel se joue le drame de notre vie.

En d'autres mots: La pente est abrupte qui mène à l'accomplissement de notre destinée – au sommet de la montagne – mais lorsque nous y arrivons, lorsque nous avons enfin accompli notre but de vie, nous manifestons les énergies de notre nombre de naissance d'une façon étonnamment puissante et positive. Lorsqu'à la naissance, on nous donne cette montagne personnelle à gravir, on nous donne également la capacité de compléter le voyage. Bien que nous commencions tout en bas dans la boue des marais, nous finissons toujours par atteindre les cieux.

Citons l'exemple de Joseph L. Greenstein, dont Ed Spielman a écrit une biographie intitulée *The Mighty Atom*. Né durant le sixième mois de grossesse de sa mère, le petit Greenstein ne pesait que trois livres et demie. Sa mère plaça l'enfant, qui respirait à grand-peine, dans une petite boîte tapissée de coton et se mit à le nourrir avec un compte-gouttes. Les médecins s'attendaient à ce que l'enfant meure mais il s'agrippa à la vie. Cependant il demeura fragile. À l'âge de quatorze ans, il était si malade que sa mère retourna consulter les docteurs. L'enfant entendit ces derniers dire à sa mère qu'il souffrait d'asthme congénital et qu'il mourrait tout probablement avant l'âge de dix-huit ans.

Sur le chemin du retour à la maison, l'enfant et sa mère passèrent devant la tente d'un cirque ambulant; le garçon leva les yeux et vit une affiche représentant un homme fort appelé «Champion Volanko», celui-là même qui devait plus tard transformer ce frêle jeune homme en «Mighty Atom», l'un des hommes les plus forts de tous les temps. Ce jeune homme n'a pas seulement défié les prédictions des médecins, il semble qu'il ait défié les lois de la biologie, de la physiologie et de la physique également. Les articles de journaux recensés par Ed Spielman relatent que Joseph Greenstein pouvait briser une pointe de fer avec ses dents ou l'enfoncer au travers d'une épaisse planche de bois d'un seul coup de poing. Un jour, à l'aide d'une chaîne attachée à ses cheveux, il réussit à retenir un avion de passagers qui s'apprêtait à décoller et dont les moteurs tournaient à plein régime. Ce jeune homme malade, frêle et émacié est devenu un Hercule des temps modernes ; ce faisant, il a brillamment démontré qu'avant de pouvoir remplir la promesse de sa destinée, chacun doit surmonter les obstacles qui se dressent sur sa route.

Après avoir découvert notre chemin de vie et nous être engagés à le gravir, nous trouvons l'inspiration qui nous pousse vers le sommet. Rendus forts et sages par l'expérience, nous franchissons un à un les obstacles qui se dressent devant nous, et nous commençons peu à peu à actualiser notre but de vie :

* ❖ Les 1 manifestent créativité et confiance en soi ;
* ❖ Les 2 deviennent des diplomates accomplis et équilibrés ;
* ❖ Les 3 nous réjouissent le cœur et l'esprit grâce à leur expressivité et à leur sensibilité ;
* ❖ Les 4 maîtrisent la méthode qui leur permet d'atteindre tous leurs buts ;
* ❖ Les 5 trouvent la liberté intérieure au moyen de la discipline ;
* ❖ Les 6 voient la vie dans son ensemble et acceptent la perfection intrinsèque du monde ;
* ❖ Les 7 s'ouvrent au point de croire en eux-mêmes et de faire confiance aux autres ;
* ❖ Les 8 mettent leur pouvoir et leur abondance au service d'une cause plus élevée ;
* ❖ Les 9 nous guident et nous inspirent par l'exemple de leur intégrité et de leur sagesse.

Aperçu des nombres de base

Avant de pousser plus loin notre étude progressive des nombres de base, de leur signification et de leurs énergies, il est bon de préciser une chose : il se peut que les tendances et qualités associées à un nombre soient déjà manifestes chez vous mais il se peut aussi qu'elles demeurent latentes. L'histoire familiale, les habitudes personnelles, l'estime de soi et d'autres facteurs déterminent quand et comment ces énergies se manifesteront dans nos vies.

1: *Créativité et Confiance*

Leur énergie, lorsqu'elle n'est pas bloquée, coule naturellement dans des entreprises créatrices. L'abondance d'une telle énergie donne aux 1 la capacité de faire un travail créateur dans n'importe quel domaine. C'est une énergie de mouvement et d'expression; si elle n'est pas canalisée adéquatement, elle risque, comme une rivière qui déborde de son lit, de se décharger dans des comportements destructeurs et diverses dépendances.

2: *Coopération et Équilibre*

L'énergie des 2 est source de force, de soutien et de service coopératif. Mais il faut qu'ils définissent leurs limites personnelles et celles de leur responsabilité, sans quoi ils ont tendance à surcoopérer pour se replier ensuite sur eux-mêmes. Ils doivent éviter les extrêmes de la servitude, qui mène au ressentiment et à la résistance.

3: *Expression et Sensibilité*

Le but de vie des 3 est de manifester dans le monde une forme d'expression émotionnelle constructive. Pour ce faire ils doivent exprimer leurs émotions et leurs idées de la façon la plus directe, positive et honnête qui soit. Il leur faut trouver des façons d'utiliser leur sensibilité et leur expressivité pour réjouir l'âme et l'esprit et non pour détruire.

4 : Stabilité et Méthode

Qu'il s'agisse de la construction d'une maison ou de toute autre réalisation, les 4 doivent comprendre que la fondation, gage de stabilité et de solidité, passe avant toute chose; puis ils doivent suivre un cheminement méthodique, d'étape en étape, dans la poursuite de leurs buts. En balançant la force par la souplesse, l'esprit d'analyse par l'intuition, les 4 peuvent atteindre n'importe quel but.

5 : Liberté et Discipline

Hommes et femmes « de la Renaissance », les 5 cherchent la liberté dans la diversité des expériences de vie, expériences directes et indirectes. Cela les amène parfois à vouloir faire trop de choses à la fois. Ils sont nés pour faire l'expérience non pas de l'étendue mais de la profondeur de l'expérience, et ils peuvent y arriver au moyen de la discipline et de la focalisation. Ils ont tendance à osciller entre les extrêmes de la dépendance et de l'indépendance tant qu'ils n'ont pas trouvé la liberté intérieure.

6 : Vision et Acceptation

Les 6 ont un noble idéal de beauté et de pureté mais il arrive que cet idéal soit faussé par les jugements qu'ils portent sur eux-mêmes, sur les autres et sur le monde. Leur but de vie implique la reconnaissance et l'acceptation de la perfection supérieure, ou transcendante, qui existe chez tous les êtres humains et en toute chose; ils doivent, tout en cherchant à réaliser leur idéal, s'accepter eux-mêmes et accepter les autres tels qu'ils sont dans le moment présent.

7 : Foi et Ouverture

Les 7 sont des esprits perspicaces qui savent lire entre les lignes. Ils aiment la nature, la mer et la terre, les fleurs, le vent et le ciel. Ils sont nés pour trouver l'amour, la foi et la sagesse à l'intérieur d'eux-mêmes. Lorsqu'ils font suffisamment confiance à l'Esprit qui travaille en eux, ils sortent de leur réclusion et se donnent librement.

8 : Abondance et Pouvoir

Soit que les 8 se sentent très attirés par l'argent, le pouvoir, le contrôle, l'autorité et la notoriété, soit au contraire qu'ils cherchent à les fuir. C'est dans ce domaine que résident leur plus grand défi et leur plus grande satisfaction. Ils sont ici pour transcender l'abondance et le pouvoir en les mettant au service d'une cause plus élevée au lieu de les poursuivre comme des fins en soi.

9 : Intégrité et Sagesse

Le but de vie des 9 exige d'eux la plus haute intégrité – exige, en fait, que leur conduite concorde avec les principes de vie les plus élevés car leur exemple est toujours une inspiration pour les autres. Ce sont des êtres profonds et charismatiques qui se trouvent souvent placés dans des positions d'autorité et de leadership où ils deviennent des exemples suivis : soit des exemples d'intégrité, d'équilibre et de sagesse, soit des exemples du contraire.

0 : Dons intérieurs

Nous disposons tous de dons intérieurs, dont font partie les qualités que sont la sensibilité, la force, l'expressivité et l'intuition. Cependant les personnes qui ont un zéro dans leur nombre de naissance – les 19/10, 28/10, 37/10, 46/10, 20/2, 30/3 et 40/4 – sont à même de manifester ces qualités plus abondamment. Chez ces individus, les dons intérieurs sont plus facilement accessibles et se trouvent à intensifier l'énergie du but de vie principal. Dans le 30/3, par exemple, le zéro intensifie l'énergie d'expression et la sensibilité du 3. Parce que notre but de vie n'est jamais chose facile, il se peut que les personnes ayant un zéro dans leur nombre de naissance éprouvent beaucoup de difficulté à manifester ces qualités tant que leurs dons intérieurs ne seront pas arrivés à maturité.

POINTS ESSENTIELS POUR LA COMPRÉHENSION DU SYSTÈME

*Chaque être humain est censé avoir une personnalité unique,
être ce qu'aucun autre ne peut être exactement,
et faire ce qu'aucun autre ne peut faire exactement.*

WILLIAM ELLERY CHANNING

Maintenant que nous avons passé en revue les principales énergies et qualités associées aux nombres de base, il est temps d'aborder un autre point essentiel pour la compréhension de notre système : Les énergies et les tendances représentées par les nombres peuvent se manifester de façon positive (constructive) ou négative (destructive). C'est pourquoi les vies de deux personnes ayant le même nombre de naissance peuvent sembler radicalement différentes si l'une d'elles travaille les aspects positifs de ce chemin de vie tandis que l'autre en travaille les aspects négatifs.

Par exemple, certains 26/8 se montrent incapables de coopérer (2 négatif); bloqués, frustrés et découragés, ils sont victimes de leur propre idéal de perfection (6 négatif); ils ont des difficultés financières à cause des croyances négatives et des peurs inconscientes que leur inspirent l'abondance et le pouvoir (8 négatif). Alors que d'autres 26/8 peuvent très bien travailler avec les autres (2 positif); ils ont de hautes exigences qui les poussent à faire de l'excellent travail (6 positif); et ils ont atteint un certain degré d'abondance et de pouvoir (8 positif).

Cet exemple illustre les deux extrêmes; la plupart d'entre nous travaillons certains aspects de notre nombre de naissance dans le positif tandis que dans d'autres nous avons plus de questions négatives à résoudre. Ces différences expliquent en partie la grande variété observée lorsque l'on compare les vies de personnes travaillant un même nombre de naissance.

Aucun nombre de naissance ou but de vie n'est en soi supérieur ou inférieur à un autre. Chacun présente des forces et des difficultés absolument uniques. La question importante n'est donc pas de savoir quel chemin nous avons pris mais de quelle façon nous voyageons; en d'autres mots, si nous travaillons notre chemin de vie dans le positif ou dans le négatif.

Le tableau qui suit offre un résumé des principales différences entre l'expression positive et l'expression négative de chaque nombre.

Aspects positifs et négatifs des nombres de base

	But de vie	Positif	Négatif
1	Créativité et Confiance	Canalise énergie et inspiration dans le sens de la créativité et du service; se sent bien dans sa peau.	Se sent bloqué, coincé, frustré; se sent inférieur, malade, léthargique, inquiet; souffre peut-être d'une dépendance.
2	Coopération et Équilibre	A une idée claire de ses limites personnelles; s'aide et aide les autres pareillement.	Se sent débordé; attitude inflexible et réactionnelle; commence par aider avec trop de zèle puis se replie sur soi-même.
3	Expression et Sensibilité	Se voue à l'expression du cœur et de l'esprit; communique de façon inspirée, avec sensibilité et dans la joie.	Est désappointé et déprimé; sensibilité exacerbée; se plaint et critique sans cesse; doute de soi.
4	Stabilité et Méthode	Se prépare adéquatement et procède par étapes; persévère patiemment; réalise l'équilibre de la logique et de l'émotion.	Veut réussir immédiatement; saute des étapes; ambitieux, impatient, confus; manque de stabilité et de persévérance.

5	Liberté et Discipline	Utilise ses multiples talents dans un but précis; applique la discipline à sa quête d'indépendance.	Passe de la plus grande dépendance à l'indépendance; disperse ses énergies; essaie de faire trop de choses à la fois; bluffe et fabule.
6	Vision et Acceptation	A une vision d'ensemble; sait pardonner; est patient; fait un excellent travail sans tomber dans le perfectionnisme; s'accepte et accepte les autres tels qu'ils sont.	Hypercritique; se juge lui-même et juge les autres à l'aune de ses propres exigences perfectionnistes; se perd dans les petits détails.
7	Foi et Ouverture	A foi en ses émotions profondes; fait suffisamment confiance aux autres pour leur ouvrir son cœur, prendre des risques affectifs et exprimer ses émotions.	Plein d'amertume, se sent trahi, est paranoïaque; se sert de l'intellect comme d'un bouclier; n'a pas foi en lui-même ni confiance aux autres.
8	Abondance et Pouvoir	Jouit librement de l'abondance et du pouvoir sans en abuser; donne de ses richesses avec générosité et sagesse.	Est effrayé, et pourtant constamment préoccupé, par les questions d'argent, de pouvoir, de contrôle et de notoriété; tendance à l'autosabotage.
9	Intégrité et Sagesse	Règle sa conduite sur des principes supérieurs; prêche par l'exemple; fait preuve de charisme, de profondeur et de sagesse.	A perdu de vue son but supérieur; se sent seul et coupé du monde, enfermé dans sa tête; n'écoute plus son cœur ni ses intuitions.
0	Dons intérieurs	Met ses dons de sensibilité, de force, d'expressivité et d'intuition au service des autres ou d'une cause supérieure.	Hypersensible et nerveux; entêté; sarcastique, caustique; confusion des émotions et des intuitions.

Bien qu'aucun nombre n'ait le monopole d'une qualité ou d'un problème en particulier, on peut, pour chaque nombre de base, identifier les tendances les plus communes ou les plus typiques. Ces tendances peuvent se manifester chez tous ceux qui ont le chiffre en question où que ce soit dans leur nombre de naissance, mais elles se manifesteront plus puissamment chez ceux dont c'est le chiffre de droite, ou but de vie.

Dans le négatif

❖ Les 1 font les pires toxicomanes.

❖ Les 2 font les pires dépendants affectifs.

❖ Les 3 font les pires maniaco-dépressifs.

❖ Les 4 font les pires girouettes.

❖ Les 5 font les pires dépendants.

❖ Les 6 font les pires perfectionnistes.

❖ Les 7 font les pires paranoïaques.

❖ Les 8 font les pires passifs-agressifs.

❖ Les 9 font les pires fanatiques.

Dans le positif

❖ Les 1 font les meilleurs artistes créateurs.

❖ Les 2 font les meilleurs diplomates.

❖ Les 3 font les meilleurs orateurs.

❖ Les 4 font les meilleurs analystes.

❖ Les 5 font les meilleurs explorateurs.

❖ Les 6 font les meilleurs juges.

❖ Les 7 font les meilleurs savants.

❖ Les 8 font les meilleurs philanthropes.

❖ Les 9 font les meilleurs leaders.

Énergies évolutives : Quand le handicap devient atout

Chaque nombre de base contient une gamme de qualités qui va des tendances négatives (handicaps) aux traits positifs (atouts).

❖ Ceux qui travaillent le 1 peuvent évoluer de l'insécurité et de la dépendance vers la créativité et la confiance en soi.

❖ Ceux qui travaillent le 2 peuvent évoluer de la dépendance affective et du ressentiment vers l'équilibre et la diplomatie.

❖ Ceux qui travaillent le 3 peuvent évoluer de la dépression et de la manipulation vers l'expressivité et l'intuition.

❖ Ceux qui travaillent le 4 peuvent évoluer de l'instabilité et de l'indécision vers la responsabilité et l'organisation.

❖ Ceux qui travaillent le 5 peuvent évoluer du mélodrame et de la dépendance vers la sagacité et l'autonomie.

❖ Ceux qui travaillent le 6 peuvent évoluer du désappointement et de la critique vers la vision globale et l'acceptation.

❖ Ceux qui travaillent le 7 peuvent évoluer de la paranoïa et de l'isolement vers la clairvoyance et l'ouverture.

❖ Ceux qui travaillent le 8 peuvent évoluer de l'aveuglement et de l'opportunisme vers la productivité et la générosité.

❖ Ceux qui travaillent le 9 peuvent évoluer de l'hypocrisie et du fanatisme vers l'intégrité et la sagesse.

❖ Ceux qui travaillent le 0 peuvent évoluer des peurs intérieures et de l'hypersensibilité vers l'harmonisation et le service.

Les masques que nous portons

Ce que nous ressentons en dedans – y compris nos peurs et nos aspirations inconscientes – n'apparaît pas toujours en surface. La plupart d'entre nous avons développé une personnalité de façade, un masque, qui est souvent très différent, voire à l'extrême opposé, de ce que nous sommes vraiment à l'intérieur.

Ces masques sont à l'origine de bien des mésententes ; ils rendent presque impossible toute communication authentique entre les êtres humains ; et ils ont une influence certaine sur notre santé, nos relations personnelles et notre travail.

Chaque nombre révèle des qualités essentielles qui enluminent nos vies. Mais, à cause des masques que nous portons, notre apparence est souvent fort différente de notre réalité intérieure.

Plusieurs 1 sont en apparence calmes et confiants, voire froids et distants, ce qui masque une profonde insécurité. Leur esprit de compétition sert de contrepoids à leur complexe d'infériorité. Ils ont beau avoir l'air indépendants, en vérité ils craignent de ne pouvoir « s'en tirer tout seuls ».

Plusieurs 2 qui semblent dotés d'un esprit analytique et pondéré vivent des contradictions et des conflits intérieurs qui peuvent générer un stress. Lorsqu'ils disent non et se montrent inflexibles, c'est souvent en réaction contre leur tendance intérieure à dire oui trop facilement. Ils critiquent les autres mais à l'intérieur c'est eux-mêmes qu'ils blâment.

Plusieurs 3 portent un masque de confiance et d'optimisme pour cacher le doute de soi et la dépression qui les hantent. La logique et l'intellect servent à voiler des émotions et des sentiments profonds.

Plusieurs 4 semblent être en parfaite maîtrise de leur vie et de leurs gestes mais ce masque d'assurance et de pure logique cache une grande confusion intérieure au sein de laquelle les décisions sont prises de façon impulsive.

Plusieurs 5 ont l'air indépendants quand c'est tout le contraire : s'ils ne le sont pas vraiment, ils se sentent dépendants des autres ou s'arrangent pour le devenir. Ceux parmi les 5 qui semblent faire preuve de résolution et de concentration d'esprit sont souvent ceux qui doivent le plus combattre une tendance à la dispersion ; leur rivière est plus large que profonde car leur soif d'expériences nouvelles et la peur de l'ennui les empêchent d'approfondir quoi que ce soit.

Plusieurs 6 ont une image publique très « réussie » – calmes, souriants, gentils, prévenants, épris de justice – mais ils ont tendance à se juger eux-mêmes et à juger les autres selon d'impossibles idéaux de perfection. Juste sous la surface couvent la rage et le désappointement face aux nombreuses fautes et injustices du monde.

Plusieurs 7, qui peuvent prendre des décisions rapides, sans consulter personne, semblent très sûrs d'eux-mêmes ; mais cette assurance de façade tend à masquer le peu de foi qu'ils ont réellement en eux-mêmes. Leur masque social et leur vivacité d'esprit les aident à faire diversion tandis qu'ils gardent jalousement leur vie privée et leur monde intérieur.

Plusieurs 8 semblent renoncer à toute forme de pouvoir en même temps qu'ils cherchent secrètement à tout contrôler. Les autres ont du mal à les comprendre à cause de cette ambiguïté. Ils sont parfois extrêmement passifs mais c'est pour compenser une agressivité refoulée et pour masquer leur soif de pouvoir, de notoriété, de prestige et de succès.

Plusieurs 9 affichent une certaine profondeur, un certain charisme et un certain dogmatisme afin de masquer la fragilité de leur sentiment d'identité et leur grande influençabilité. Souvent placés dans des positions de leadership, ils ont du mal à vivre suivant les principes élevés auxquels ils croient ou auxquels ils aimeraient croire.

Dans les paragraphes ci-dessus, j'ai voulu brosser une sorte de portrait de groupe et mon intention n'était pas de le faire tel que tout le monde puisse s'y reconnaître. J'ai cherché surtout à souligner la polarité des forces qui opèrent en nous, les unes à l'intérieur et les autres en surface, et à démontrer que certaines de nos peurs et de nos motivations les plus importantes se montrent rarement telles qu'elles sont en réalité.

Nous devons faire face à nos véritables problèmes si nous voulons arriver à les transcender. Notre masque social peut nous aider à nous faire voir sous un meilleur jour ; mais c'est uniquement lorsque nous aurons accepté cet être fragile, faillible et vulnérable qui se cache derrière le masque que nous pourrons créer des liens durables avec les autres, renaître à nos besoins et désirs les plus profonds, et retrouver notre humanité.

Tandis que nous évoluons vers l'intégralité et l'authenticité de notre être, nous révélons et incorporons peu à peu toutes nos qualités ; et nous réalisons que nos vies ne sont pas positives *ou* négatives mais positives *et* négatives. Cette révélation demande du courage et de la perspicacité mais grâce à elle les qualités que nous manifestons dans la vie deviennent des choix conscients quand elles n'étaient souvent que des réactions inconscientes.

Chronologie des événements

Jusqu'ici nous avons appris que chaque chiffre de notre nombre de naissance représente des obstacles et des possibilités ; nous savons également que l'influence des nombres dépend de leur position à l'intérieur du nombre de naissance, le nombre de droite ayant toujours la plus grande importance.

Règle générale, nous travaillons notre nombre de naissance selon une sorte de chronologie qui va de gauche à droite et du négatif au positif. Durant l'enfance, notre vie est plutôt axée sur les nombres de gauche : nous commençons alors l'ascension de notre montagne, nous rencontrons des obstacles et relevons des défis, nous faisons des erreurs et nous apprenons de ces erreurs à mesure que nous progressons. Le chiffre de droite de notre nombre de naissance représente le sommet de la montagne ; les autres chiffres situés plus à gauche représentent des sommets moins élevés que nous devons franchir, en route vers le plus haut sommet. Par exemple, afin que les 26/8 puissent manifester pleinement l'abondance et la notoriété (8) dans le positif, ils doivent d'abord coopérer avec eux-mêmes et avec les autres (2), puis vaincre leurs tendances perfectionnistes ainsi que le doute de soi (6). De la même façon, les 29/11 doivent passer au travers du 2 et du 9 avant de pouvoir puiser vraiment dans la créativité du double 1.

La plupart des enfants explorent les aspects négatifs ou embryonnaires de leur nombre de naissance avant d'en maîtriser les aspects positifs. Matthew, par exemple, parce qu'il travaillait le 33/6 avec ses questions d'expressivité et de perfectionnisme, se plaignait (3 négatif) et critiquait (6 négatif) constamment lorsqu'il était enfant. Devenu adulte, Matthew est une personne enthousiaste et positive, beaucoup plus indulgente avec elle-même et envers les autres. Il a fallu du temps et de l'expérience avant que Matthew ne transforme ces tendances négatives en tendances positives.

En d'autres mots, nous ne faisons l'expérience des côtés positifs de notre but de vie que si nous avons d'abord travaillé, de la gauche vers la droite, les nombres et les questions qui précèdent. Cela peut prendre des jours, des années, même toute une vie, mais c'est pour cela que nous sommes sur cette terre.

De l'intérieur vers l'extérieur : Le sens de notre destinée

Ce que nous accomplissons à l'intérieur modifie la réalité extérieure.

OTTO RANK

Afin de manifester sa destinée dans le monde extérieur, il faut d'abord l'avoir accomplie à l'intérieur de soi.

❖ Afin que le 1 puisse manifester son but de vie dans le monde, il faut d'abord qu'il sente *sa créativité et sa confiance* couler comme une rivière intérieure.

❖ Afin que le 2 puisse parvenir *à la coopération et à l'équilibre* dans le monde, il faut d'abord qu'il réalise l'équilibre et l'intégration au sein de sa propre psyché.

❖ Afin que le 3 puisse partager *son expression et sa sensibilité* avec le monde, il faut d'abord qu'il entre en contact avec ses émotions profondes.

❖ Afin que le 4 puisse parvenir *à la stabilité et à la méthode* dans le monde, il faut d'abord qu'il suive un cheminement méthodique, d'étape en étape, vers la stabilité intérieure.

❖ Afin que le 5 puisse trouver *liberté et discipline* dans le monde, il faut d'abord qu'il applique la discipline à sa quête de liberté intérieure.

❖ Afin que le 6 puisse être dans le monde l'incarnation *de la vision et de l'acceptation,* il faut d'abord qu'il accepte la perfection inhérente à sa propre vie.

❖ Afin que le 7 puisse faire l'expérience *de la foi et de l'ouverture* dans le monde, il faut d'abord qu'il ait foi en lui-même, et qu'il ouvre son cœur et sa vie aux autres.

❖ Afin que le 8 puisse parvenir *à l'abondance et au pouvoir* dans le monde, il faut d'abord qu'il connaisse un sentiment d'abondance intérieure.

❖ Afin que le 9 puisse manifester *l'intégrité et la sagesse* dans le monde, il faut d'abord qu'il trouve en lui-même les principes supérieurs qui le guideront.

La vie nous donne toujours ce dont nous avons besoin

Avez-vous remarqué que les leçons dont nous avons le plus besoin, celles qui s'avèrent le plus profitable, c'est toujours la vie qui se charge de nous les donner ? Cela est aussi vrai en ce qui concerne notre but de vie. Il arrive, par exemple, que des 1 qui sont nés pour apprendre la guérison créatrice mais qui fuient le sujet en raison de leur insécurité se trouvent pris avec des problèmes physiques qui les forceront à explorer le domaine de la guérison. Lorsqu'un 5 manque de discipline, c'est parfois une maladie ou une infirmité qui lui fera découvrir la discipline, seule façon de gagner plus de mobilité et de liberté. J'ai connu des 6 qui avaient souffert d'un grave handicap durant leur enfance, ce qui les avait forcés à réviser leurs tendances perfectionnistes et à voir la vie dans son ensemble. Il y a des 8 et des 9 pour qui un procès s'avère salutaire s'ils savent en tirer les leçons qui s'imposent au sujet de l'honnêteté (8) et de l'intégrité (9).

En nous concentrant sur nos problèmes mais aussi sur les leçons que nous pouvons en tirer, nous apprenons à prendre la vie telle qu'elle est et à accepter ses hauts et ses bas avec la même sérénité et la même gratitude. Prenez un moment pour penser aux occasions que la vie vous a données de réfléchir à votre but de vie.

Nombres de naissance et choix de carrière

Le talent n'est pas rare ; tout le monde en a.
Plus rare est le courage
de suivre le talent où il mène.

ANONYME

Nous avons tous des habiletés innées, dont certaines ne se sont pas encore manifestées ; à l'intérieur d'un maçon peut dormir un grand pianiste ; dans le cœur d'une ménagère, il y a peut-être une thérapeute qui attend qu'on lui fasse signe.

Des gens aux nombres de naissance différents peuvent avoir la même carrière mais ils approchent leur travail de façon différente suivant les tendances et les aspirations spécifiques de leur nombre de naissance. En tant qu'acteurs, par exemple, et pour peu qu'ils travaillent dans le positif, les 1 ont une approche très créatrice de l'art dramatique, les 3 apportent une certaine qualité d'émotion à leur jeu, les 6 sont perfectionnistes jusque dans les moindres détails de leurs rôles, et les 7 se sentent suffisamment en sécurité, « à l'abri » de leurs rôles, pour dévoiler leur moi intérieur.

On retrouve des personnes ayant le même nombre de naissance dans les carrières les plus diverses, comme en fait foi la section « Quelques personnes célèbres » qui agrémente l'étude de chaque nombre de naissance (voir la troisième partie). Par exemple, Kirk Douglas, Claude Debussy, Harry Houdini, Henry Kissinger, Booker T. Washington, Shirley Temple, Ramakrishna, Edgar Allan Poe et Wolfgang Amadeus Mozart ont tous suivi le chemin 29/11.

Une note qui devrait intéresser les personnes responsables du casting au cinéma : Gary Busey, un 35/8, a offert une performance du tonnerre dans le rôle de Buddy Holly, un autre 35/8 ; et Denzel Washington, un 32/5, a été extraordinaire lorsqu'il a dû incarner Malcolm X qui était aussi un 32/5.

Trop de facteurs interviennent pour que l'on puisse dire ce qu'une personne fera, ou devrait faire, dans la vie, mais il n'est pas rare que des personnes ayant le même chemin de vie se retrouvent dans des domaines connexes, par exemple, pour les 2 et les 4, dans les services sociaux; pour les 7 et les 9, dans la recherche scientifique, les travaux d'érudition, etc.

Pour la plupart d'entre nous le choix d'une carrière se fait sous l'influence de plusieurs facteurs, dont l'estime de soi, les conditions socio-économiques, le salaire désiré, le niveau de scolarisation, les chances d'avancement, l'opinion des proches, les croyances et les valeurs personnelles. Quelquefois nous faisons un compromis, et nous renonçons à un travail que nous aurions aimé, pour un autre qui nous offre la sécurité financière ou qui nous gagne l'assentiment de nos proches.

Tout bien considéré, il est mieux avisé de faire ce choix en se fiant à ses intuitions, à ses valeurs et à ses besoins profonds tout en tenant compte des circonstances du moment. Toutefois le nombre de naissance met en lumière des aspirations, des affinités et des talents innés qui peuvent prédisposer un individu à un certain genre de travail.

Il n'y a pas de travail dont on pourrait dire qu'il constitue le travail idéal ou le seul travail possible pour tel ou tel individu. Il y a pour chaque personne un grand nombre d'occupations qui peuvent lui permettre de grandir et d'évoluer, et cela peut se faire aussi bien sur une grande échelle que dans un cadre relativement restreint. Par exemple, les 3 peuvent trouver à s'exprimer pleinement à l'intérieur d'une relation de couple, avec des amis, des collègues, ou encore en devenant acteurs, politiciens ou enseignants; les 8 peuvent trouver la notoriété à un niveau national, international ou local. Notre devoir, quel que soit notre choix de carrière, est de permettre à nos aspirations et à nos talents de s'exprimer de la façon la plus altruiste et la plus positive possible.

De toute façon, qu'un métier nous satisfasse ou pas, que nous y excellions ou pas, cela ne dépend pas du travail en soi mais de nous-même: il faut surmonter nos obstacles, accorder nos actions avec les lois spirituelles dont dépend notre chemin de vie, et exprimer nos énergies de façon positive.

Dans la troisième partie, intitulée *Les chemins de la destinée*, vous trouverez dans chaque chapitre une liste partielle des occupations et métiers qui conviennent le mieux aux qualités et habiletés spécifiques de ceux qui travaillent ce nombre de naissance. Cela ne veut pas dire que tout le monde y trouvera son compte. Les occupations mentionnées le sont à titre d'exemple et cela ne doit en aucun cas vous limiter dans votre choix de carrière.

On retrouve des personnes ayant le même nombre de naissance dans un grand nombre d'occupations très différentes les unes des autres ; et on retrouve œuvrant dans un même domaine des gens qui ont des nombres de naissance très différents. Si je donne des exemples précis pour chaque nombre de naissance, c'est surtout parce que ces occupations illustrent, à la manière des archétypes, les différentes façons d'exprimer une même énergie. Quel que soit notre travail, nous l'exprimons toujours à notre manière qui est unique – et qui est aussi le reflet de la façon dont nous abordons la vie en général.

Si vous avez l'impression que cela ne vous concerne pas

En lisant les chapitres consacrés à chacun des nombres de naissance, vous ferez sans doute la comparaison avec vos propres expériences ; il se peut que votre vie passée ou celle de vos proches vous semble en partie éclairée ou expliquée par ce que vous lirez ; mais il se peut, au contraire, que vous ayez l'impression de ne pas être concerné, qu'en tout ou en partie cela ne semble pas s'appliquer à votre vie ou à celle d'une personne de vos connaissances. Puisque le système But-de-vie souligne les tendances et les aspirations profondes propres à chaque chemin de vie, ce ne sont pas tous les détails qui s'avèrent également vrais pour tous. Au lieu de vous attacher aux détails, gardez toujours à l'esprit les grandes lignes du *modèle* décrit ; c'est dans cette perspective que la lecture de ce livre vous sera le plus profitable.

Il n'y a aucune raison d'accepter ce système les yeux fermés ou de le rejeter a priori. La lumière ne se fera peut-être pas tout de suite. Depuis 1986, j'ai fait parvenir des cassettes explicatives du système But-de-vie à des gens de tous les coins du monde.

J'ai reçu quelques réponses de personnes comme Ken qui, en écoutant une première fois la cassette, l'avait traitée de « foutaise ». Un an plus tard, après avoir accompli un travail d'introspection considérable qui l'avait amené à consulter un thérapeute et à suivre quelques cours de connaissance de soi, Ken réécouta ma cassette. Il dit alors à un de ses amis : « Incroyable ! Cette cassette contient tout le travail de six mois de thérapie ! »

Si les renseignements censés s'appliquer à des gens que vous connaissez ne semblent pas appropriés, posez-leur la question directement. Par exemple, si vous connaissez quelqu'un dont le nombre de naissance révèle des « problèmes d'insécurité », demandez-lui si l'insécurité est un problème réel dans sa vie – s'il manque de sécurité *intérieure* – et il y a de bonnes chances qu'il vous réponde que oui. Les nombres de naissance et le système But-de-vie ont plus de rapport avec la réalité intérieure qu'avec l'apparence extérieure. Quoi qu'il en soit, si vous avez l'impression que l'information ne vous concerne pas, plusieurs possibilités existent :

1. Vous avez peut-être raison, tout simplement. Aucun système n'est parfait.

2. Le manque de « pertinence » peut n'être qu'une question d'interprétation. Par exemple, si je vous montre un arbre en disant : « C'est un arbre », vous serez probablement d'accord avec moi ; mais si je dis : « C'est un bel arbre », vous ne serez pas nécessairement de cet avis.

3. Je peux décrire un aspect négatif que vous avez déjà surmonté.

4. Je peux décrire un aspect positif ou une qualité qui ne s'est pas encore manifesté.

5. Vous avez peut-être mal calculé votre date de naissance. Il y a aussi la possibilité, surtout si vous êtes né juste avant ou juste après minuit, que vous soyez en train de travailler avec le nombre de naissance pour le jour suivant ou le jour précédent votre naissance.

6. Vous n'avez peut-être pas encore rencontré tel problème ; peut-être êtes-vous encore occupé à travailler les questions qui le précèdent dans la chronologie des nombres.

7. Quelquefois nous nous fermons, nous résistons ou nous demeurons volontairement ignorants des questions qui nous touchent au plus profond. Si vous niez catégoriquement que telle ou telle chose puisse s'appliquer à vous, ou si vous ressentez une émotion particulière à ce sujet, discutez-en avec un ami ou un parent qui vous connaît bien.

8. Nous avons parfois tendance à éviter les choses auxquelles nous ne sommes pas prêts à faire face. Je respecte ce mécanisme de défense et je ne vois pas pourquoi on pousserait les gens à écouter des informations de ce genre avant qu'ils ne soient vraiment prêts à le faire.

Ce que nous évitons de reconnaître en nous-même,
nous le rencontrons plus tard sous la forme du destin.

CARL G. JUNG

Le système But-de-vie peut nous sauver du temps et nous épargner de pénibles leçons ; il nous rappelle également que nous ne voyageons pas seuls – que nous ne sommes pas des marcheurs solitaires. Et puis la sagesse nous dicte de garder l'esprit ouvert face aux découvertes et connaissances nouvelles.

Si vous avez l'impression que l'information ne vous concerne pas, demandez-vous : «Ça ne semble pas s'adresser à moi mais qu'en serait-il si c'était vrai ? si c'était réellement mon chemin de vie ? Comment ces renseignements changeraient-ils ma vie ?» Laissez le livre de côté, oubliez tout pendant un certain temps, puis reprenez votre lecture ; ce sera peut-être plus clair la deuxième ou la troisième fois.

Avec le temps nous découvrons tous des parties de nous-même qui sont demeurées cachées depuis notre enfance. En acceptant et en faisant l'intégration de la face cachée de notre psyché – de ces aspirations, motivations et tendances que nous avions rejetées –, nous relâchons une énergie emprisonnée et nous accédons à une nouvelle puissance et à une nouvelle créativité.

Les outils de connaissance, comme ceux qui sont exposés dans ce livre, nous aident à nous accepter tels que nous sommes, dans notre totalité. Même si nous y découvrons une mine d'informations à propos de nous-même, il se peut que notre psyché ne puisse la digérer que petit à petit. C'est un mécanisme sain qui nous protège des surcharges d'énergie. Vous découvrirez peut-être quelque chose de nouveau chaque fois que vous lirez le chapitre de votre nombre de naissance. Les circonstances de la vie, les relations personnelles et les obstacles que nous rencontrons sont des miroirs qui ne mentent pas. C'est dans le reflet de la vie quotidienne que nous apprenons le mieux à nous connaître.

QUESTIONS DE VIE ET ÉNERGIES VITALES

Si je devais recommencer ma vie,
je n'y voudrais rien changer ;
seulement j'ouvrirais un peu plus grand les yeux.

JULES RENARD

Introduction à la deuxième partie

UNE CLÉ DE PASSE

Si nous voulons nous pardonner les uns aux autres,
commençons d'abord par nous comprendre les uns les autres.

EMMA GOLDMAN

Cette deuxième partie comprend dix chapitres ; les neuf premiers sont consacrés aux nombres de 1 à 9 et le dernier traite du 0 (dons intérieurs), pour ceux qui ont un zéro dans leur nombre de naissance.

Les neuf nombres de base, ainsi que le zéro pour les dons intérieurs, opèrent en chacun de nous. Toutefois ce sont les chiffres faisant partie de notre nombre de naissance qui ont la plus grande influence sur notre vie, sur nos désirs profonds, nos croyances, nos peurs, nos expériences, nos talents et nos possibilités.

Cette deuxième partie prépare le lecteur à tout ce qui suivra en lui expliquant clairement quels sont les « pavés énergétiques » qui composent chaque chemin de vie. Une fois que nous avons compris les neuf nombres de base et le zéro, nous tenons dans nos mains – à la seule condition d'avoir une date de naissance exacte – la clé de passe qui ouvre la porte de notre but de vie et nous aide à comprendre la vie des gens qui nous entourent.

1 : CRÉATIVITÉ ET CONFIANCE

L'énergie créatrice, vague après vague, se propage –
le soleil nourricier, l'éclair qui illumine.
Respirez-la ; sentez sa force.
Elle peut créer, sustenter ou détruire.
Comment canalisez-vous l'énergie créatrice dans votre vie ?
Est-elle bloquée ou circule-t-elle ?
De quelles manières positives se manifeste-t-elle ?
De quelles manières négatives se manifeste-t-elle ?
Que se passerait-il si vous relâchiez,
en toute confiance, la créativité qui est en vous ?

Certains disent qu'ils n'ont pas encore trouvé leur vrai moi.
Mais le moi n'est pas quelque chose que l'on trouve ;
c'est quelque chose que l'on crée.

THOMAS SZASZ

But de vie

Les individus qui ont le 1 comme but de vie sont nés pour amener une énergie créatrice positive dans le monde. Toutefois, parce que notre but de vie comporte des défis spécifiques, les 1 devront d'abord surmonter leur insécurité et vaincre les tendances qui les poussent à bloquer l'énergie, à la refouler ou à s'en décharger dans des comportements générateurs de dépendances.

L'énergie créatrice des 1 peut être canalisée dans les arts : la musique, les arts de la scène, la danse, l'écriture, la peinture, la sculpture, tous les arts et toutes les formes d'artisanat, ou dans la guérison, les affaires, le jardinage, la résolution de problèmes, le design, la construction, les sports, les enfants et l'éducation, et dans toute autre forme d'expression créatrice.

Afin que leur créativité puisse se manifester pleinement, ceux qui ont le 1 comme but de vie principal (les 19/10, 28/10, 37/10, 46/10, 29/11, 38/11 et 47/11 principalement ainsi que les 39/12 et 48/12 mais aussi tous ceux qui ont un 1 dans leur nombre de naissance) doivent développer un sentiment de confiance qui leur permettra de prendre des risques et d'oser s'engager sur « le chemin le moins fréquenté ».

L'essence de la créativité et de la confiance

L'univers entier est constitué d'énergies qui se manifestent et circulent à travers toutes les formes de la création. Même à l'intérieur des pierres il y a de l'énergie emmagasinée. Mais seules les créatures vivantes, de la plante à l'être humain, possèdent cette mystérieuse étincelle d'énergie vitale qui leur permet de se mouvoir, de se reproduire, d'interagir et de croître. Tous les êtres humains ont une abondante énergie de vie ; cependant, quand on parle des 1, c'est leur but de vie lui-même qui est du domaine de l'énergie. Quelle que soit sa nature : vitale, sexuelle ou créatrice, la structure dynamique de l'énergie exigera toujours une expression et un exutoire. Les individus travaillant le 1 ressentent ce besoin d'expression et de soulagement avec une urgence particulière – ou bien ils bloquent et refoulent l'énergie.

L'*énergie créatrice* est un couteau à deux tranchants : d'un côté, son extraordinaire puissance fait découvrir de nouveaux territoires en repoussant les vieilles frontières et les vieilles conceptions comme une rivière déchaînée qui pousse les obstacles hors de son chemin ; d'un autre côté, le courant de cette rivière est d'une force qui ne peut être stoppée : il faut la canaliser et l'utiliser à des fins constructives sans quoi elle détruit tout sur son passage.

La créativité fleurit le mieux dans une atmosphère de *sécurité intérieure et de confiance* qui permet aux individus de s'ouvrir au monde, de prendre des risques et de sortir des sentiers battus – quitte à passer pour bizarres, étranges ou même barbares aux yeux de la morale traditionnelle. Les mots *Assurance, Maîtrise de soi, Concentration* évoquent cette qualité, cette confiance dont les 1 ont besoin. Parce que les 1 font face à plus d'obstacles dans ce domaine que dans tout autre, la confiance en soi devient la qualité essentielle pour l'épanouissement de leur chemin de vie.

Obstacles sur le chemin des 1

Parce que la créativité et la confiance représentent la montagne que les 1 doivent gravir, ils devront surmonter des obstacles spécifiques afin que leur énergie créatrice puisse se manifester pleinement.

Premièrement, l'énergie du 1 *doit absolument* trouver son expression et son exutoire; si cette énergie n'est pas libérée de façon positive et constructive, par l'exercice physique ou la pratique d'activités créatrices, elle trouve des voies de sortie négatives et destructrices. En d'autres mots, les 1 créent dans le positif ou dans le négatif, mais *de toute façon ils créent*. Ils doivent assumer leur responsabilité et choisir la façon dont ils manifesteront leur énergie (voir la Loi des Choix, p. 461).

La créativité positive, comme on l'a dit, se révèle par l'originalité et l'innovation quelle que soit la sphère d'activité. La créativité négative peut encore afficher certains signes d'originalité mais cette originalité sera source de problèmes pour soi-même et pour les autres; à la limite, on pourrait dire qu'un voleur de banque a un esprit créateur, qu'un pickpocket a des mains créatrices...

Des personnes qui n'ont pas le 1 dans leur nombre de naissance peuvent aussi faire preuve de créativité, mais en général elles ont dans ce domaine moins d'obstacles à surmonter, et elles auront une approche moins émotive. Le plus souvent, pour tous ceux qui travaillent le 1 mais surtout pour ceux-là dont c'est le but de vie principal, la pente est abrupte qui mène à l'expression créatrice, car ce que nous sommes venus faire sur terre n'est jamais ce pour quoi nous avons le plus de facilité. Tant qu'ils n'ont pas résolu les problèmes que posent la créativité et la confiance, les 1 peuvent se sentir léthargiques, incommodés, frustrés ou contrariés ; on dirait alors qu'ils ont l'esprit ailleurs, que rien ne les intéresse vraiment.

Souvent, en raison de leur insécurité foncière ou parce qu'ils cherchent à obtenir l'assentiment des autres avant d'agir, les 1 répriment leur énergie créatrice jusqu'à ce que la pression devienne trop forte : l'énergie frustrée est alors libérée de façon indirecte, le plus souvent par le biais d'accoutumances et d'abus : alcool, tabac, drogues, nourriture ou sexe. Nous pouvons tous, en cas de blocage d'énergie, nous retrouver avec ces problèmes ; cependant les 1, dont l'énergie est amplifiée, y sont particulièrement vulnérables.

Lorsque l'énergie créatrice est complètement bloquée – c'est-à-dire qu'elle ne peut trouver aucune forme d'exutoire –, elle se retourne contre elle-même et la turbulence interne qui en résulte se traduit par un problème physique ou psychologique. Parce que les énergies créatrice et sexuelle sont si étroitement liées, les 1 sont souvent plus vulnérables dans la région des organes reproducteurs, y compris dans le bas-ventre et le bas du dos. Le fait de bloquer ou de résister au flux d'énergie créatrice peut également affecter l'élimination, d'où une constipation aussi bien physique qu'énergétique, des maux de dos et d'autres symptômes. Des problèmes récurrents ou chroniques dans ces régions sont souvent signe d'un blocage d'énergie créatrice.

La créativité et l'inventivité impliquent que l'on accepte de vivre aux confins de l'innovation et de l'originalité ; cela signifie être, agir, et souvent se sentir *différents* des autres. La plupart des 1 ont une façon réellement différente de voir et de sentir la vie ; ils se concentrent sur ce qui est *unique*. Cette qualité peut déjà être évidente durant l'enfance ou n'apparaître que tard dans l'âge adulte.

Parce qu'ils se sentent différents, les 1 doivent faire face au défi que représente l'insécurité – le fait de se sentir différent, étranger et, d'une certaine façon, inférieur aux autres. Quelques 1 affichent ouvertement ce sentiment d'insécurité mais la plupart le cachent derrière un masque de confiance en soi : les premiers fuient toute forme de compétition, les seconds se montrent au contraire extrêmement combatifs, mais dans les deux cas c'est la peur de perdre, ou de perdre la face, qui enflamme leur sentiment d'insécurité. L'esprit de compétition des 1 peut se manifester dans la conversation par des réparties promptes ou cruelles; on dirait qu'ils sont aigris, qu'ils ont quelque chose à prouver aux autres ou à se prouver à eux-mêmes. Cette insécurité contribue à bloquer ou à atténuer l'impulsion créatrice de la même façon que l'autocritique chez l'écrivain qui doute de son talent contribue à bloquer le flux de l'écriture.

L'insécurité des 1 peut aussi se traduire par des soucis d'argent: crainte de ne pouvoir subvenir aux besoins essentiels ou crainte de ne pouvoir voler de ses propres ailes. Les 1 qui connaissent ces formes d'insécurité peuvent donc ressentir le besoin d'être soutenus sur le plan affectif et c'est pourquoi ils se mettent à la recherche d'un partenaire qui deviendrait à la fois leur force et leur soutien. Cependant cette indigence affective se heurte parfois à un désir d'indépendance profondément ancré; aussi les 1 font-ils le plus souvent cavalier seul; ils ne sont pas du genre à se joindre au troupeau.

> *La tâche à laquelle nous devons nous atteler,*
> *ce n'est pas de parvenir à la sécurité,*
> *c'est d'arriver à tolérer l'insécurité.*
>
> ERICH FROMM

Lorsque les 1 vivent en conformité avec la Loi de l'Action (voir p. 543) – c'est-à-dire lorsque, faisant fi de leurs craintes, ils reconnaissent, acceptent, affrontent et surmontent leur sentiment d'insécurité –, ils découvrent enfin, en leur âme et conscience, que leur insécurité n'est pas plus réelle qu'une ombre. Ce n'est qu'un obstacle à franchir sur leur chemin. Alors ils peuvent renaître et se mettre à vivre d'une façon qui leur était jusque-là inconnue.

Autres qualités et tendances

Nous avons tous des tendances et des qualités inconscientes primitives, infantiles, mais ces tendances sont plus près de la surface lorsqu'il s'agit des 1 ; l'enthousiasme, la vitalité, la vigueur, la joie de vivre, mais aussi la culpabilité refoulée, la colère, l'irascibilité seront ressentis et vécus par les 1 avec plus d'acuité. Sur le plan affectif, les personnes travaillant le 1 ont tendance à être hypersensibles et à rester sur la défensive ou au contraire à se montrer très agressives ; en tous les cas, elles connaissent rarement le juste milieu.

Parce que les 1 sont très ouverts à ces influences inconscientes, ce sont d'excellents sujets hypnotiques. Cela peut leur servir à des fins négatives ou positives : s'ils comprennent leurs tendances et prennent conscience de leurs possibilités, ils peuvent se guérir eux-mêmes ; ils peuvent générer de l'énergie vitale en agissant directement sur le subconscient par la visualisation et la suggestion positive au lieu que d'y puiser indirectement, au hasard des fantasmes, une imagerie stérile et peut-être nuisible.

S'ils veulent profiter pleinement de leurs talents naturels, les 1 doivent apprendre à faire la différence entre la créativité et l'habileté. La créativité suppose une expression originale, une nouvelle manière de voir la vie ; cela suppose aussi la capacité de générer l'énergie nécessaire au dépassement des vieilles frontières et à l'exploration de nouveaux territoires. Les 1 ont cette capacité, c'est pourquoi toutes leurs entreprises quelles qu'elles soient peuvent devenir génératrices d'une surprenante et magnifique créativité.

En revanche, l'habileté, en quelque domaine que ce soit, ne s'acquiert qu'avec le temps et l'expérience. Chez plusieurs 1 la capacité créatrice est tuée dans l'œuf : ils s'essaient à quelque chose – un travail manuel, la cuisine, le dessin ou la pratique d'un instrument de musique – et s'ils n'obtiennent pas tout de suite les résultats escomptés, s'ils n'y excellent pas immédiatement, ils sont envahis par leur sentiment d'insécurité et se mettent à croire qu'ils n'ont aucun talent créatif. La vérité est qu'ils n'ont pas encore développé le degré d'habileté nécessaire à l'éclosion de leur talent.

Lorsque les 1 trouvent en eux la confiance suffisante pour continuer à s'exercer malgré les erreurs, les difficultés et les piétinements, leurs habiletés se développent et augmentent avec le temps jusqu'à ce que leur créativité puisse s'exprimer pleinement. Que la créativité des 1 se développe dans la poésie ou dans le tricot, dans les beaux-arts ou dans le cinéma, le processus les emballe – et les résultats, le plus souvent, sont tout aussi emballants.

En ce qui concerne la santé et la guérison, la plupart des 1 ont tendance à préférer une nourriture dense, riche en protéines et en gras. En ce cas, l'obésité peut servir de tampon psychique et donc refléter un blocage d'énergie créatrice, mais d'autres facteurs peuvent y contribuer. Lorsqu'ils se sentent frustrés, brimés ou insécurisés, les 1 en général mais surtout ceux qui ne font pas d'exercice ont tendance à prendre du poids.

Il y a quelques années, une femme obèse, qui travaillait le 1 et qui manquait nettement de confiance en soi, est venue me consulter au sujet de son but de vie. Je lui ai demandé ce qu'elle faisait dans la vie. Dottie m'a répondu: « Je suis vérificatrice pour le ministère du Revenu »; une occupation, on en conviendra, qui ne laisse pas beaucoup de place à la créativité. En discutant, Dottie et moi avons évoqué diverses possibilités mais j'ai vu ses yeux briller lorsque j'ai suggéré qu'elle se plairait peut-être dans un travail touchant à la santé et à la guérison. Environ un an après, j'ai revu Dottie par hasard; elle avait perdu cinquante kilos et elle rayonnait d'une confiance toute nouvelle. Elle était devenue massothérapeute, elle guérissait par l'imposition des mains. Dottie avait eu suffisamment confiance en elle pour prendre un risque et maintenant elle se servait de son énergie créatrice pour gagner sa vie tout en faisant ce qu'elle aimait: aider les autres.

Bien que le régime végétarien normal soit l'idéal pour la plupart des gens, les 1 peuvent avoir des étourdissements, comme s'ils avaient « la tête vide », lorsqu'ils suivent un régime trop strict ne permettant que les fruits, les légumes et les grains. Les 1 devront donc tester plusieurs doctrines alimentaires avant de trouver celle qui leur convient le mieux, mais ils découvriront probablement qu'ils ont surtout besoin d'une alimentation solide et consistante.

Les 1 possèdent un champ énergétique fort mais très sensible ; aussi, lorsqu'ils sont malades ou souffrent d'un quelconque déséquilibre, ils répondent bien aux thérapies plus subtiles, à base d'énergie, qui peuvent agir comme complément ou même en remplacement des drogues et médecines conventionnelles. Bien sûr, il est toujours sage de consulter un médecin ou tout autre professionnel de la santé qui puisse établir un diagnostic ; mais pour ce qui est du traitement, les 1 ont souvent recours à l'acupuncture ou à l'acupressing, aux thérapies et régimes à base de vitamines, à l'imposition des mains, à l'hypnose et à la visualisation positive, ainsi qu'à d'autres formes de médecines alternatives qu'ils considèrent comme de précieux adjuvants à la médecine traditionnelle.

La plupart des 1 ont une relation privilégiée avec la nature, les arbres, les fleurs, tout ce qui croît, et avec le royaume animal. Une promenade au grand air, dans un parc, un jardin ou le long d'un sentier planté d'arbres, peut avoir sur eux un effet purifiant, curatif et revitalisant.

L'exercice aide à équilibrer l'énergie. À moins que leur énergie ne soit complètement bloquée, les 1, dont « la coupe d'énergie est pleine », ont plus besoin d'exercice que la plupart des gens. L'exercice ne leur profite pas seulement en tant qu'outil de santé et de conditionnement physique ; c'est aussi un moyen de défaire le nœud énergétique au niveau des organes de la reproduction et de l'élimination et d'éviter que le blocage ne provoque des symptômes physiques ou des comportements générateurs de dépendances.

La plupart des 1 ont une grande énergie sexuelle mais, soit par la faute de la culpabilité et de l'insécurité, soit parce que l'énergie sexuelle est canalisée dans des activités créatrices, ils peuvent être alternativement très actifs sexuellement puis complètement abstinents.

Celui qui a le 1 comme but de vie principal rencontrera sur son chemin des obstacles nommés Incertitude, Insécurité, Inadaptation, obstacles qu'il devra surmonter avant d'atteindre sa pleine expression créatrice, le sommet de sa montagne. Mais sa nature généreuse, digne de confiance et pleine de compassion, ainsi que son magnétisme, sa force et sa dignité, l'aideront à compléter le voyage sans cesser d'inspirer les autres par le rayonnement de son énergie vitale. Mais avant que les 1 ne puissent inspirer les autres par leur créativité, ils doivent d'abord trouver la confiance en soi qui permettra à leur énergie de vibrer dans le monde.

Au sommet : épanouissement et destinée

Les 1 ont d'immenses possibilités qui demeurent trop souvent inexplorées ; les idées créatrices, les projets et l'énergie coulent comme une rivière souterraine, prête à être découverte. Lorsque les 1 acquièrent une réelle confiance en eux-mêmes, c'est-à-dire une confiance qui ne soit pas soumise à l'approbation des autres, ils ouvrent les écluses et libèrent l'énergie intérieure ; à partir de ce moment plus rien ne peut arrêter la rivière de créativité et d'inspiration qui surgit des profondeurs de leur être.

Quand les 1 se sentent bien dans leur peau et qu'ils font un travail qui les intéresse, ils ont moins besoin de sommeil que la plupart des gens ; peu importe leur apparence physique, leur champ énergétique est exceptionnellement large.

Pour les 1, le sommet de la montagne est l'expression joyeuse, passionnée et confiante d'une productivité et d'un magnétisme personnel qui confine à la magie. En plus des beaux-arts, les 1 peuvent exceller dans tout travail qui fait appel à la créativité (dans le sens le plus large) ou qui touche à la santé et à la guérison ; que ce soit pour décorer un intérieur, conter une histoire, faire un gâteau ou composer une symphonie, les 1 ont une optique et un style uniques. Ils ont aussi une sorte de vigueur qui attire les autres, et cette attraction va plus loin que la beauté du visage ou la forme du corps.

Au sommet, les 1 deviennent de purs canaux grâce auxquels une quantité illimitée d'énergie peut circuler librement dans le monde.

Moyens d'action

Voici quelques moyens d'action pour les 1 qui veulent apporter un changement durable dans leur vie :

❖ Considérer l'insécurité comme un obstacle qu'on peut franchir d'un seul bond.

❖ Trouver des façons positives d'exprimer et de canaliser l'énergie dans les passe-temps ou dans le travail.

❖ Pour libérer l'énergie bloquée et éviter les comportements susceptibles de mener à des dépendances, faire chaque jour une série d'exercices physiques.

❖ Trouver l'inspiration en créant des occasions de servir dans le monde.

Vers la créativité et la confiance

1. Pensez à quelqu'un que vous connaissez, ou pensez à un personnage littéraire, cinématographique ou historique, quelqu'un qui soit un modèle de confiance et de créativité.

2. Imaginez que vous êtes cette personne : sûre de ses habiletés, assez confiante pour prendre des risques, une véritable dynamo de créativité. De quelles façons précises pourriez-vous mettre ces qualités en action afin d'amener plus de créativité dans votre vie ?

2: COOPÉRATION ET ÉQUILIBRE

Imaginez deux mains :
l'une qui s'ouvre dans un geste d'offrande,
l'autre qui se ferme pour former un poing de résistance.
Laquelle des deux mains tendez-vous le plus souvent ?
Les montrez-vous aussi souvent l'une et l'autre ?
Vous permettez-vous de recevoir autant que de donner ?
Aidez-vous sans mesure pour le regretter ensuite ?
Où votre responsabilité s'arrête-t-elle
et où commence celle des autres ?
Avez-vous trouvé un équilibre dans votre vie ?

Avant de pouvoir se lier d'amitié avec quelqu'un d'autre,
il faut être ami avec soi-même.

ELEANOR ROOSEVELT

But de vie

Les individus qui ont le 2 comme but de vie sont nés pour définir les limites de leur responsabilité et pour apprendre à travailler avec les autres dans un esprit d'harmonie, d'équilibre et de secours mutuel. Parce que notre chemin de vie suit toujours une pente abrupte, ceux qui ont le 2 comme but de vie principal (les 20/2 principalement ainsi que les 39/12 et 48/12 mais aussi tous ceux qui ont un 2 dans leur nombre de naissance) doivent arriver à balancer la responsabilité qu'ils ressentent envers les autres par le respect qu'ils doivent à leurs propres besoins et limites intérieurs.

Toute la question de l'équilibre – équilibre entre donner et recevoir, entre dire oui et dire non, entre la place accordée à l'idée et celle de l'émotion, entre ses propres besoins et ceux des autres – est d'une importance primordiale dans la vie des 2. Afin qu'ils trouvent l'équilibre dans le monde extérieur, surtout en ce qui a trait à la coopération, il faut d'abord que les 2 règlent les conflits, discordes et contradictions qui les déchirent à l'intérieur.

La coopération avec soi-même n'est pas tâche facile pour les 2. Tout se passe comme s'il y avait deux personnes en eux : assises l'une à côté de l'autre dans un canot à rames au milieu d'un lac, l'une des personnes est riche, l'autre est pauvre ; l'une est républicaine, l'autre est démocrate ; l'une est grande, l'autre est petite ; l'une est une femme, l'autre est un homme ; l'une est obèse, l'autre est mince ; l'une est une puritaine, l'autre est une hédoniste ; l'une est croyante, l'autre est sceptique ; et ainsi de suite. Malgré toutes ces contradictions, ces « deux personnes dans le même bateau » – dont les valeurs, croyances, opinions, idées et motivations entrent si souvent en conflit – devront bien se réconcilier, apprendre à ramer ensemble, apprendre à travailler et à coopérer si elles veulent se rendre à la rive. Une façon de faire simple et efficace pour les 2 qui cherchent à créer une impression intérieure d'équilibre et d'intégration serait de porter des vêtements aux couleurs vives et contrastantes mais qui vont bien ensemble.

L'essence de la coopération et de l'équilibre

Imaginez un instant de quoi le monde aurait l'air si la coopération n'existait pas : les humains isolés, travaillant chacun pour soi, ne produiraient pratiquement rien malgré tout leur potentiel ; en fait, ils ne survivraient probablement pas très longtemps. La construction d'un seul édifice requiert la coopération de tout un réseau de spécialistes dans tous les domaines : architectes, ingénieurs, maçons, secrétaires, etc. La culture humaine est fondée sur les relations entre personnes qui travaillent ensemble à une œuvre commune.

Pour les 2, la vraie notion de coopération et de soutien exige qu'ils en fassent moins et qu'ils laissent les autres en faire un peu plus, sans quoi ces derniers ne pourront jamais découvrir leurs propres habiletés, forces et responsabilités. Un exemple : Hiroko réussissait tant bien que mal à élever ses trois jeunes enfants et à conserver un travail à temps partiel tout en agissant à titre bénévole comme secrétaire, vice-présidente et trésorière d'une association de quartier. C'est elle qui écrivait le bulletin de l'association, qui invitait les conférenciers, qui cuisinait et aidait à l'organisation des fêtes de quartier. Quand les voisins avaient besoin d'aide ou d'un renseignement, ils appelaient Hiroko qui souffrait de toute évidence d'une « coopératite » aiguë. (Les gens se plaignent rarement d'une personne qui en fait trop.) Puis, un week-end, tout s'écroula : deux des enfants d'Hiroko tombèrent malades et toutes les personnes qu'elle connaissait semblaient s'être donné le mot pour demander son aide en même temps. Elle a finalement craqué, et elle fut forcée de reconnaître son déséquilibre généralisé. Elle dit à l'aîné de ses enfants qu'il devrait aider à prendre soin des plus jeunes durant quelques jours, chose à laquelle elle n'aurait pas même rêvé auparavant ; elle appela ensuite quelques voisins et se mit à déléguer ses responsabilités ; puis elle appela toutes les personnes qui avaient demandé son aide pour une chose ou pour une autre et, en prenant une grande respiration, elle leur répondit « Non ». À sa grande surprise, le ciel ne lui est pas tombé sur la tête ; la Terre, et le quartier, ont continué de tourner. Hiroko a appris ce jour-là qu'en démissionnant de ses fonctions de « directeur-gérant de l'univers », elle avait non seulement retrouvé son équilibre et conservé sa santé mais qu'elle avait aussi aidé les autres en les forçant à prendre leur juste part de responsabilités.

Obstacles sur le chemin des 2

Les mêmes qualités qui font des 2 de précieux collaborateurs dans une société peuvent devenir leurs pires ennemies. En voulant sans cesse se rendre utiles, ils subordonnent leurs propres besoins à ceux des autres et font du sacrifice de soi et de l'altruisme, choses qui ne sont pas mauvaises en elles-mêmes, une réelle servitude. Ils ignorent ou font peu de cas de leurs propres émotions et besoins et finissent toujours par faire ce qu'eux-mêmes ou autrui «pensent qu'ils devraient faire».

La plupart des 2 commencent par *surcoopérer* (comportement typique de la dépendance affective); ils se sentent responsables du bonheur et de la vie des autres, ils ont du mal à dire non, s'engagent sans mesure, ignorent leurs limites, prennent en charge plus qu'ils ne peuvent, ou ne devraient prendre, puis ils sombrent dans le ressentiment. Ce ne sont pas tous les dépendants affectifs qui travaillent l'énergie du 2 mais ceux-là sont des amateurs tandis que les 2 sont des dépendants affectifs professionnels, et ils le demeurent tant qu'ils n'ont pas défini leurs limites personnelles et les frontières de leur responsabilité. Guidés par la Loi de la Responsabilité (p. 471), les 2 peuvent retrouver la paix intérieure et connaître la joie de donner librement.

Le verbe «devoir» est une force très importante dans la vie des 2; comme je l'ai dit plus haut, ils abordent toute situation en pensant à ce qu'ils «devraient» faire, à ce que les autres «devraient» faire, à la façon dont les choses «devraient» se passer. Parce qu'ils sont sensibles aux demandes et aux besoins des autres, les 2 ont souvent l'esprit confus quant à savoir quelle serait la «bonne» décision, la «bonne» réaction. Ils demandent souvent: «Que devrais-je faire, d'après vous?»

Si les 2 n'apprennent pas à agir en tenant compte de ce qu'ils ressentent vraiment, leurs années de service sont comptées. S'ils ne sont pas heureux dans ce qu'ils font, la coopération deviendra un jour ou l'autre source de conflits, car même le plus docile des 2 finira par se sentir débordé et se mettra soudain à sous-coopérer. Après s'être dévoués sans compter durant tant d'années, ils réagissent et passent sans transition du «donne-donne-donne» à une résistance têtue. Fâchés contre eux-mêmes et contre ceux qu'ils aidaient, ils se ferment, tout simplement; à ce stade ils veulent que les choses soient faites à leur manière ou bien... ou bien rien.

En fait, pour certains 2 qui ont surcoopéré pendant la majeure partie de leur vie, la vieillesse devient un état de perpétuel ressentiment où ils continuent à faire (mais de mauvaise grâce) tout ce que les autres, d'après eux, s'attendent qu'ils fassent.

Les amis et les parents se demandent alors qu'est-ce qui a bien pu se passer pour provoquer un tel changement dans leur attitude ; ils les trouvent entêtés, injustes ou égoïstes. Mais derrière cet entêtement se cache un sentiment de désarroi – la peur d'être submergé par les autres – et la profonde conviction que s'ils concèdent un doigt, on va leur arracher le bras. Et parce que nos croyances influencent nos expériences, il arrive en effet que les autres le prennent, ce bras.

À l'université, une jeune femme travaillant le 2 avait l'habitude de faire le lit de sa camarade de chambre chaque matin, même quand l'ami de cette dernière avait passé la nuit chez elles. Souvent Emma demeurait immobile dans son lit, cherchant le sommeil, pendant qu'à quelques pieds de là sa camarade et son ami faisaient l'amour. Emma n'a jamais dit un mot à propos de cette situation, sauf pour s'offrir à trouver un autre endroit où dormir afin de ne pas déranger le couple – un cas classique de surcoopération.

À la fin, Emma demanda qu'on lui trouve une autre chambre. C'était une solution constructive, bien sûr, mais Emma aurait mieux fait d'exprimer ses sentiments à sa camarade : celle-ci aurait alors pu prendre sa part de responsabilités en organisant sa vie sentimentale de façon à ne pas empiéter sur la vie privée d'Emma. Emma n'avait pas défini ses limites, et les gens la traitaient comme un paillasson ; en ignorant ses propres besoins elle encourageait inconsciemment les autres à faire de même. L'important pour les 2, s'ils veulent trouver un équilibre dans la coopération, est d'apprendre à différencier le soutien et la servitude.

Dans leurs relations amoureuses, les choses tournent souvent à l'avantage de leurs partenaires quand ceux-ci, même involontairement, demandent ou s'attendent à recevoir toujours plus de la part des 2 – et cela dure jusqu'au moment où les 2 réagissent. Après cela, les 2 peuvent continuer à préparer tous les repas ou à faire le ménage mais, affectivement, ils se sont fermés.

Dans leurs relations sexuelles comme dans toutes leurs relations, les 2 commencent par surcoopérer; c'est-à-dire qu'ils font ce que les autres veulent sans tenir compte de leurs propres besoins et désirs, et bientôt ce déséquilibre en amène d'autres. Partout où ils avaient l'habitude de se donner sans compter, les 2 deviennent plus réservés; ils se replient sur eux-mêmes, résistent et s'entêtent. Sexuellement, cela peut se traduire par la frigidité ou l'impuissance, comme si leur inconscient disait: «À l'avenir, je ne donne plus rien.»

Tant qu'ils n'ont pas appris à circonscrire leur responsabilité à l'intérieur de saines limites, les 2 doivent se tenir loin de toute situation où ils pourraient être maltraités sur le plan physique, affectif ou sexuel. Ils doivent se rappeler que nous avons tous, à tout âge et à tout moment, le droit de dire non quand il est question de notre corps et de nos émotions. S'ils sentent que quelque chose n'est pas correct, ils doivent respecter leurs émotions et parler haut et fort si nécessaire.

Autres qualités et tendances

«C'est leur faute» est le cri de guerre des 2. Les personnes qui partagent leur vie peuvent penser qu'ils ont le blâme trop facile mais ce que les 2 disent en réalité, c'est: «Non, ce n'est pas ma faute!» En rejetant une partie du blâme sur les autres, les 2, qui se sentent responsables de tout, des tremblements de terre comme des inondations, ne font que libérer un peu de la pression intérieure qui les étouffe.

S'ils veulent arriver à résoudre des conflits extérieurs et trouver leur équilibre dans la coopération, ceux qui travaillent le 2 doivent d'abord apaiser leur discorde intérieure. À cause de cette hypertrophie de leur sens des responsabilités, les 2 ont tendance à trop penser, à analyser toute chose jusqu'à l'obsession, puis à passer sans transition de ces préoccupations purement mentales à des réactions purement émotives: «Oh! mon Dieu, qu'allons-nous devenir?»

L'équanimité, tant sur le plan affectif que sur le plan mental, représente un défi de taille pour les 2. Quand ils pèsent le pour et le contre avant de prendre une décision, ils ont toujours l'impression qu'une chose ne peut se faire qu'au détriment d'une autre.

La plupart d'entre nous avons de ces croyances, valeurs ou désirs contraires, qui s'opposent dans notre esprit et représentent des conflits potentiels : raisons de se lever vs raisons de rester au lit ; raisons de se marier et d'avoir des enfants vs raisons de demeurer célibataire et sans enfants – la liste est illimitée. Mais chez nous, ces intérêts opposés réussissent à coexister tandis que pour les 2, c'est comme si deux enfants se disputaient le privilège de s'asseoir sur la banquette avant. Les 2 ont du mal à résoudre ces conflits parce qu'ils ne veulent jamais désappointer personne.

Une fois qu'ils ont appris à assumer la responsabilité de leur propre vie au lieu de se sentir responsables de tout le monde, les 2 cessent d'accuser les autres d'être cause de leurs propres conflits internes et ils commencent à se définir de saines limites. Ils trouvent un juste milieu entre ce qui est bon pour eux et ce qui ne l'est pas – entre ce qu'ils feront avec plaisir et ce qu'ils ne feront pas du tout. Ils savent quand dire oui et comment dire non.

Un stress émotif survient lorsque l'esprit résiste à la réalité ; les 2 ont tendance à résister à tout changement qui risque de leur faire perdre la maîtrise d'eux-mêmes ; donc ils sont souvent en proie à un conflit mental, à un stress émotif ou à une tension physique. L'agitation psychique est cause d'une tension musculaire qui compromet le système lymphatique et le système immunitaire. Bien que les 2 aient une constitution robuste et qu'ils ne soient pas souvent malades, ils peuvent souffrir d'allergies, surtout en périodes de stress.

Qu'ils aient un corps longiligne, musculaire ou de forte carrure, les 2 jouissent d'une force et d'une résistance physiques intrinsèques ainsi que d'une vigueur, d'une persévérance et d'une force morale peu communes. Mais cette force peut aussi devenir entêtement, raideur, tension. Pour cette raison, les 2 ont tout avantage à pratiquer la méditation, la danse, le yoga, le hatha-yoga et les arts martiaux, comme le taï chi, qui les aident à se relaxer, à réagir et à se laisser bercer sur les flots de la vie.

Dans tout ce que nous faisons, nous pouvons en faire trop ou en faire trop peu ; les 2 en particulier doivent développer un sens de la proportion et de l'équilibre supérieur à la moyenne s'ils veulent accomplir leur but de vie. L'équilibre, tel que décrit dans la Loi de l'Équilibre (p. 478) est le catalyseur qui mène les 2 au sommet de leur montagne.

Au sommet : épanouissement et destinée

Ceux qui travaillent l'énergie du 2 constituent la fondation, l'étayage même de toutes nos sociétés. Ce sont souvent des héros méconnus qui assurent la réussite des plus grandes entreprises, des plus grandes réalisations, et sans qui le monde ne serait pas ce qu'il est.

Parce que le 2 est un nombre de service très fort, ceux qui travaillent cette énergie ressentent le besoin de servir et d'aider, d'instruire et de guider, de soutenir et de soigner. Lorsqu'ils travaillent dans le positif, ils ont en général la réputation d'avoir le cœur sur la main. Ils sont loyaux et responsables ; c'est le genre de personnes sur qui l'on peut toujours compter. Lorsque les choses vont mal, ayez des 2 de votre côté ; lorsque vous avez besoin de quelqu'un à qui parler, ces individus sont de ceux qui savent écouter.

Mûs par une force intrinsèque, tant morale que physique, les 2 travaillent avec acharnement afin d'améliorer les choses et d'aider les gens. Quand ils ont trouvé un but précis, ils aiment à coopérer pour le bien commun. Plusieurs 2 ont de grandes ambitions et ils peuvent devenir des chefs de file dans quelque domaine que ce soit mais le plus souvent ils préfèrent servir une cause plus élevée en coopération avec les autres. Ce sont ces rôles de soutien qui les satisfont le plus parce qu'ils s'accordent parfaitement avec leur but de vie. Cette énergie de soutien ne les relègue aucunement à des positions subalternes. L'énergie des 2 représente une attitude de vie, pas un rôle dans la vie ; les 2 peuvent devenir et sont devenus dans le passé des présidents de compagnie et des chefs d'État.

Au plus haut stade de leur évolution, les 2 ont transcendé le concept de coopération ; ils considèrent les autres comme faisant partie de leur Moi élargi. Cette prise de conscience fait disparaître toute trace de ressentiment ; elle permet aux 2 d'assumer la pleine responsabilité de leur vie et d'éprouver un égal respect pour les autres et pour eux-mêmes. Alors ils deviennent réellement une source de service et d'amour dans le monde.

Moyens d'action

Voici quelques moyens d'action pour les 2 qui veulent apporter un changement durable dans leur vie :

❖ Comprendre la différence entre le soutien et la servitude ; apprendre quand dire oui et comment dire non.

❖ Apprendre à accepter le changement, à se relaxer, à demeurer flexible et à reconnaître les limites de votre responsabilité.

❖ Faire chaque jour quelques étirements, un peu de méditation et de relaxation.

❖ Avant de prendre une décision, utiliser votre tête mais suivre vos émotions.

Vers la coopération et l'équilibre

1. Pensez à quelqu'un que vous connaissez, ou pensez à un personnage cinématographique, littéraire ou historique, quelqu'un qui fasse montre d'un parfait équilibre dans la coopération et qui respecte pareillement ses propres besoins et ceux des autres.

2. Imaginez que vous êtes cette personne : en harmonie avec vous-même, responsable de vous-même et aidant les autres, coopérant dans un but commun à l'intérieur de limites saines et clairement définies. De quelles façons précises pourriez-vous mettre ces qualités en action afin d'amener un plus grand équilibre dans votre vie ?

3 : EXPRESSION ET SENSIBILITÉ

Imaginez une rose avant la floraison ;
ses pétales sont fermés, et son cœur de lumière,
plein de sentiments passionnés,
ne peut pas encore se montrer dans toute sa beauté.
La rose demeure close par le doute.
Comment le doute affecte-t-il votre vie ?
Exprimez-vous vos émotions ouvertement ?
Ou demeurez-vous caché, comme le bouton
au cœur de la rose ?

Toutes les grandes découvertes sont faites
par ceux qui laissent leurs émotions
devancer leurs idées.

C. H. PARKHURST

But de vie

Les individus qui ont le 3 comme but de vie sont nés pour utiliser leur sensibilité de sorte qu'ils puissent s'exprimer dans le monde d'une façon positive, libre et sincère. Parce que notre but de vie comporte des défis, les 3 feront d'abord l'expérience d'une expression bloquée ou dénaturée et ils devront surmonter les problèmes que posent le doute de soi et l'hypersensibilité.

Les personnes ayant le 3 comme but de vie principal (les 12/3, 21/3 et 30/3 principalement, mais aussi tous ceux qui ont un 3 dans leur nombre de naissance) arrivent dans ce monde avec une force d'expression peu commune. Puisque notre but de vie n'est jamais chose facile, les 3 feront face à des problèmes distincts tels que le doute de soi, la peur de s'exprimer et une tendance à manipuler plutôt qu'à exprimer directement leurs émotions, problèmes qui relèvent tous d'une nature émotive et très sensible.

L'énergie d'expression des 3 a une composante sociale importante : les 3 essaient de rejoindre les autres, ils en sont en quelque sorte dépendants. Qu'ils s'expriment par la parole, la peinture, la sculpture, le chant, l'interprétation dramatique, l'écriture ou de toute autre façon, ils commencent d'ordinaire par le faire devant une seule personne ; ensuite, quand ils sont plus sûrs de leurs talents, ils découvrent le plaisir de rejoindre plusieurs personnes à la fois et de s'exprimer devant un groupe : soit la famille, les amis ou le public en général.

L'essence de l'expression et de la sensibilité

À travers les siècles, les gens ont utilisé leur capacité d'expression à des fins aussi bien positives que négatives – pour édifier, instruire et inspirer ou pour abaisser, démoraliser ou même détruire. L'expression peut prendre plusieurs formes, du langage verbal au langage corporel, du simple soupir ou regard au sermon en bonne et due forme. Les humains s'expriment également par le langage des arts et de l'architecture, de la musique et du mime, pour ne donner que quelques exemples.

Bien que l'expression puisse prendre plusieurs formes, la plus commune consiste à parler avec d'autres personnes. L'énergie des 3 est interactive et sociable. Quand les 3 veulent s'exprimer, ils ont d'abord besoin de quelqu'un qui veuille bien écouter ; ensuite, lorsqu'ils ont un public, ils ont besoin de sensibilité pour se mettre sur la même longueur d'onde que ce public afin d'adapter leur communication à ses besoins et ses goûts tout en exprimant sincèrement leurs propres émotions et besoins.

Dans la société, lorsque nous pensons à la communication nous pensons naturellement à un moyen par lequel l'information est transmise. Cela est vrai, mais *expression* n'est pas *communication*; s'exprimer, c'est non seulement partager sa propre réalité émotive mais aussi encourager les autres à faire de même. Pour tout le monde, mais surtout pour les 3, l'émotion est la forme d'expression la plus accomplie. Donc l'expression des émotions – partager ses émotions profondes le plus librement et le plus honnêtement possible et encourager les autres à partager les leurs – est le point central du but de vie des 3. L'expression des émotions, en plus d'offrir ses propres récompenses, libère une énergie émotive qui autrement pourrait devenir frustrante.

Que l'on s'exprime pour soi, pour les autres ou les deux, l'expression et la sensibilité vont de pair. Les 3 doivent apprendre à reconnaître et à respecter leurs propres émotions tout en encourageant les autres à faire de même.

Obstacles sur le chemin des 3

Pour les 3 qui n'ont pas encore « trouvé leur rythme », il se peut que l'idée d'avoir à parler en public, ou d'avoir à exprimer leurs émotions, soit tout à fait inconfortable, voire carrément effrayante. La nature même de notre but de vie implique qu'on doive surmonter des obstacles; les 3 auront donc, invariablement, de la difficulté à s'exprimer. Dans les faits, cela peut se traduire par un simple défaut d'élocution ou par une timidité maladive; cela peut vouloir dire qu'on a de la difficulté à maîtriser une langue seconde ou, au contraire, qu'on fait preuve d'une éloquence vide de toute émotion, où l'émotion demeure refoulée. Plusieurs 3 parlent peu, comme s'ils attendaient d'avoir accumulé suffisamment de courage, mais attention : lorsqu'ils se mettent enfin à parler, ceux qui les entourent font mieux de savoir écouter !

Tout comme les 1 qui créent toujours, soit dans le positif soit dans le négatif, *les 3 s'expriment dans le positif ou dans le négatif;* mais de toute façon leur besoin d'expression se manifeste toujours. La Loi des Choix (p. 461) s'adresse particulièrement aux 3, car ils ont toujours le choix entre une expression constructive et positive et une expression destructive.

L'expression positive est souvent marquée par l'enthousiasme verbal, une parole facile, constructive et positive ou par quelqu'autre forme d'exhubérance communicative. Cette expression étant leur but de vie, les 3 présenteront toujours le besoin de s'exprimer, sinon qualitativement du moins quantitativement (ce qu'on appelle aussi verbomanie).

C'est un trait psychologique propre aux 3 de voir aussi bien le bon que le mauvais côté des choses. Parmi les formes négatives d'expression, notons entre autres les plaintes, les lamentations, les calomnies et les critiques. Ces expressions négatives apparaissent le plus souvent durant l'enfance ou à l'adolescence, moment où les 3 doivent reconnaître leur défaut et s'en corriger. Ils doivent se demander: «Qu'y a-t-il de positif dans cette situation?»

Parce que notre but de vie n'est jamais chose facile, il se peut que les 3 ne s'expriment pas du tout; parce qu'ils n'ont pas envie ou ont peur de parler, ou parce qu'ils ont trop de difficulté à se faire comprendre, ils préfèrent se taire. Souvent ils ont du mal à «trouver le bon mot» ou à trouver «les mots qu'il faut» pour exprimer ce qu'ils ressentent ou pensent.

Mais une fois qu'ils ont commencé à parler, les 3 découvrent qu'ils ont beaucoup de choses à dire, et suffisamment d'énergie pour tout dire. Comme les 1, chez qui l'énergie créatrice s'accumule et exerce une pression qui doit tôt ou tard être libérée, les 3 ressentent une telle pression qui les pousse à exprimer non seulement ce qu'ils pensent mais aussi ce qu'ils ressentent.

Ce besoin d'expression ne vient jamais sans une profonde sensibilité. Les 3 se nourrissent d'émotions, et ils peuvent en nourrir les autres. Comme les 1, qui ont un champ énergétique physique très large, les 3 ont un champ émotif exceptionnel: composée de multiples «capteurs» sensoriels déployés tout autour dans leur environnement, c'est en quelque sorte une extension de leur système nerveux qui les rend extrêmement sensibles (même s'ils ne le laissent pas toujours paraître) aux émotions des autres. Lorsqu'un de leurs proches est dans un état de colère ou d'exaltation, les 3 le ressentent aussi bien que si l'émotion émanait d'eux-mêmes. De la même manière, lorsqu'un 3 est fâché ou exalté, quiconque étant le moindrement sensible et se trouvant près de lui pourra sentir la puissance de ses émotions.

En raison de cette grande sensibilité, presque tous les 3 ont tendance à devenir comme des éponges émotives qui absorbent toute la négativité et tous les chagrins des autres. Pour s'en protéger, plusieurs 3 portent un masque d'indifférence et de froide logique. Mais leur vie intérieure révèle une grande profondeur d'émotions. Quelle que soit la carrière qu'ils ont choisie, quand la vraie nature des 3 émerge au grand jour ils se font un devoir d'aider les autres à découvrir leurs propres émotions.

La plupart des 3 étant hypersensibles à la critique, ils sont toujours prêts à se dire incompris ; il faut que la critique soit bien gentille sinon les 3 la ressentent comme un coup de bâton en plein front ou comme un poignard planté en plein cœur.

Pour surmonter cette hypersensibilité et arriver à un niveau de conscience plus élevé, les 3 doivent apprendre à considérer la critique comme une marque de considération et d'amour : la critique implique un risque affectif élevé pour celui qui s'y livre, car il sait bien que la personne critiquée pourrait se sentir blessée, se fâcher ou se mettre à critiquer à son tour. Que nos critiques opèrent ou non en douceur, ils nous font la preuve qu'ils se soucient de nous, car autrement pourquoi se donneraient-ils tant de mal ? Le fait de reconnaître cette condition sine qua non de la critique aidera les 3 à la mieux tolérer et à voir la part d'amour qui la motive.

Dotés d'un champ énergétique exceptionnellement large et sensible, les 3 devront également vaincre le doute de soi, sentiment caché ou envahissant qui constitue un obstacle majeur sur leur chemin de vie. Là où l'insécurité des 1 révélait la peur d'être inférieur aux autres, le doute des 3 révèle la peur de ne pas être à la hauteur. Si les 1 font les pires toxicomanes et les 2, les pires dépendants affectifs, les 3 font les pires maniaco-dépressifs ; à cause de leur sensibilité, ils peuvent connaître de profondes léthargies et se mettre à douter douloureusement d'eux-mêmes ; ou ils peuvent avoir des périodes d'excitation maniaque durant lesquelles ils ressentent un trop plein d'énergie qu'ils ne savent comment exprimer, en alternance avec des périodes de dépression et d'apitoiement sur soi. L'enseignement, l'écriture (d'un journal, par exemple) et l'exercice physique sont des moyens efficaces grâce auxquels les 3 peuvent exprimer leurs puissantes émotions.

Souvent les 3 passent sans transition de la plus grande confiance en soi (« Je peux faire tout ce que je veux ! ») au plus complet désarroi (« Comment pensais-je pouvoir m'en tirer avec ça ? »). Solides comme le roc un jour, dès le lendemain ils sont brisés en mille morceaux. Le doute de soi – le fait de se sentir mal qualifié, mal préparé ou généralement incapable – se manifeste de diverses façons. Certains 3, par exemple, sont d'éternels étudiants ; ils sont en perpétuel état de préparation ; poursuivant des diplômes supérieurs, changeant souvent de discipline, ils ne s'aventurent jamais sur le marché du travail – ils ne s'engagent jamais complètement par peur de l'échec. Si les 3 ont des problèmes dans quelque domaine que ce soit, ils peuvent tout de suite penser au doute de soi comme étant la cause plus que probable de ce problème, et ils peuvent surmonter leur insécurité en faisant l'exercice prescrit au chapitre de la Loi de l'Action (p. 543).

De ces difficultés d'expression qui viennent s'ajouter à leur hypersensibilité, il résulte que les 3 ont tendance à se mentir à eux-mêmes et aux autres quant à la vraie nature de leurs émotions et de leurs besoins. La manipulation est un obstacle majeur sur le chemin des 3 : soit qu'ils manipulent les autres soit qu'ils soient eux-mêmes manipulés. À moins qu'ils n'aient fait un effort précis et soutenu dans le but de corriger cette tendance, les 3 ont toujours du mal à vous dire franchement ce qu'ils veulent ou ce qu'ils pensent ; ils préfèrent suggérer, insinuer, ou en parler à un tiers. Ils peuvent sombrer dans la dépression : « S'ils se souciaient vraiment de moi, ils sauraient comment je me sens. » Ils manipulent les autres avec un regard ou un soupir, puis ils attendent qu'on vienne les consoler ou leur donner ce qu'ils veulent. Ils peuvent aussi devenir victimes des liens affectifs qu'ils entretiennent avec les autres ; dans ce cas, ce sont eux qui se font manipuler.

La Loi de l'Honnêteté (p. 525) peut faire découvrir aux 3 l'importance de communiquer directement et honnêtement. Quand ils se rendent compte que tout le monde n'est pas aussi sensible qu'eux, les 3 comprennent la nécessité d'exprimer clairement qui ils sont, ce qu'ils ressentent et ce dont ils ont besoin. La Loi de l'Honnêteté peut apporter un changement spectaculaire dans leurs relations personnelles et dans tous les aspects de leur vie.

Dans le positif, les 3 trouvent bonheur et satisfaction dans le métier d'acteur, dans l'enseignement, la gestion du personnel, et ils font preuve d'une abondance d'énergie quand ils travaillent dans les services sociaux. Si une cause ou une vocation réveille en eux des sentiments positifs et nourriciers, ils ont tout avantage à suivre leur instinct. Très sensibles, capables de se mettre à l'écoute des autres et de leurs émotions, les 3 peuvent faire du bon travail dans l'enseignement ou la thérapie. Au sens le plus élevé, leur intuition peut les conduire à une forme de clairvoyance (des émotions perçues si clairement qu'elles en deviennent des « perceptions extra-sensorielles »).

Autres qualités et tendances

Il importe que les 3 apprennent à *cultiver non pas la sympathie mais bien l'empathie.* La différence est subtile mais le précepte s'applique particulièrement à ceux qui, travaillant le 3, ont tendance à se laisser envahir pas les émotions des autres. À force de sympathiser avec ceux qui nous appellent « du fond de leur trou noir », nous finissons par aller les rejoindre dans leur détresse. En revanche, si nous pratiquons l'empathie, nous demeurons à l'air libre, au bord du précipice, et nous pouvons leur lancer une échelle. Il arrivera qu'ils se mettent à crier : « Non, non, je ne veux pas d'échelle, je veux que tu viennes me rejoindre ! » D'où nous sommes nous pouvons répondre, avec empathie et compassion : « J'ai mieux à faire ici. J'ai fait ce que j'ai pu pour toi et je respecte ta décision quelle qu'elle soit : monter à l'échelle ou demeurer dans le noir encore quelque temps. » En se souvenant de la différence qu'il y a entre l'empathie et la sympathie, les 3 peuvent aider les autres efficacement tout en s'aidant eux-mêmes.

D'une nature sensible et émotive, les 3 ont beaucoup de mal à exprimer de la colère ou de l'agressivité de façon constructive ; ils doivent vaincre leurs inhibitions et apprendre à s'affirmer, sans quoi ils ne pourront jamais manifester pleinement leurs pouvoirs. Les arts martiaux, la danse et d'autres activités athlétiques intenses peuvent les aider sur ce point, et les 3 trouvent généralement beaucoup de plaisir dans de tels épanchements.

Au contraire des 8, qui utilisent parfois la sexualité à des fins de pouvoir, ou des 1 pour qui les relations sexuelles sont des occasions de libérer une énergie refoulée, lorsque les 3 se trouvent pris dans une situation de promiscuité sexuelle, c'est que leurs sentiments sont réellement partagés, et ils se demandent ensuite : « Qu'est-ce qui s'est passé ? », ou : « Comment ai-je pu m'embarquer là-dedans ? » Le doute de soi peut aussi affecter leur expression sexuelle ; il se peut aussi que la culpabilité, un sentiment d'inadaptation ou des inhibitions les fassent refouler leur énergie sexuelle jusqu'à ce qu'ils aient compris l'importance d'une expression sexuelle équilibrée.

La plupart des 3 aiment à joindre des organisations au sein desquelles ils ont la chance de parler devant un public. Les cours d'art oratoire peuvent les aider à développer leurs habiletés et à prendre confiance en eux-mêmes.

Physiquement, les 3 ont tendance à avoir l'estomac fragile ; plus que chez la plupart d'entre nous, qui n'avons pas comme eux les émotions à fleur de peau, le stress se traduit par des papillons dans l'estomac et peut causer de la diarrhée.

Bien que l'argent nous pose à tous, les 3 y compris, des défis bien concrets, les individus qui se trouvent sur ce chemin de vie n'ont pas de problèmes spécifiquement rattachés à l'argent ; ce dont ils ont surtout besoin, c'est de confiance. Une fois qu'ils ont surmonté leurs doutes, l'abondance coule de source, ils font de l'argent presque sans effort.

Au sommet : épanouissement et destinée

Savoir exprimer ses émotions avec des mots bien choisis qui viennent du cœur, c'est avoir le pouvoir de faire rire et pleurer – le pouvoir aussi d'inspirer des actions grandes et petites qui peuvent changer le monde.

Toutes les grandes cultures ont eu des chefs dotés d'un tel pouvoir d'expression et d'une telle sensibilité qu'ils semblaient savoir quand et comment charger leur mots d'un maximum d'efficacité. Aucun guerrier, aucun président ne tiendrait longtemps sans le pouvoir de l'expression ; peut-être bien que la plume, en effet, est plus puissante que l'épée. Selon la tradition judéo-chrétienne, avant même que le monde existe, était le Verbe (le son, la vibration).

Au sommet de leur montagne, les 3 découvrent le pouvoir de l'expression combiné à la compassion et à la sensibilité. Vers la fin de leur périple, les 3 s'ouvrent à la pleine émotion de leur être ; remplis d'amour et de passion, en pleine possession de toute la palette des couleurs émotives, ils tendent les bras et embrassent le monde dans leur vaste champ émotionnel ; ils nous rappellent alors à l'essence même de notre humanité, aux possibilités infinies de notre esprit et au désir que nous ressentons tous de vivre pleinement notre vie affective, car c'est seulement par cette voie que nous pouvons accéder à notre entière humanité.

Ce lien étroit que les 3 ressentent avec la vie et avec autrui engendre une énergie ascendante qui par sa seule expression peut soulever d'enthousiasme tous ceux qui y sont exposés. Ces individus baignent dans l'émotion comme les dauphins nagent dans la mer. Au plus haut niveau, les 3 servent de canaux où circulent librement énergie et amour ; ils sont source de joie et d'inspiration et deviennent de véritables forces de lumière dans le monde.

Moyens d'action

Voici quelques moyens d'action pour les 3 qui veulent apporter un changement durable dans leur vie :

❖ Prenez l'habitude de vous demander : « Qu'est-ce que je ressens et de quoi ai-je besoin maintenant ? » Exprimez vos besoins et vos émotions sans détour.

❖ Suivez un cours d'art oratoire et explorez les autres formes d'expression : théâtre, danse, beaux-arts, etc.

❖ Trouvez une activité physique, telle que les arts martiaux, l'haltérophilie ou la danse aérobique, qui vous aide à exprimer votre côté exhubérant et volontaire.

❖ La prochaine fois que vous douterez de vous-même, faites face à votre doute et passez au travers.

Vers l'expression et la sensibilité

1. Pensez à quelqu'un que vous connaissez, ou pensez à un personnage cinématographique, littéraire ou historique, quelqu'un qui soit un modèle d'expression claire, honnête et puissante et qui sache rester à l'écoute de son public.

2. Imaginez que vous êtes cette personne : sûre de ses habiletés, confiante, s'exprimant avec art et sensibilité, partageant toute l'étendue de ses émotions et de ses peurs, de ses joies et de ses peines. De quelles façons précises pourriez-vous mettre ces qualités en action afin d'amener une plus grande expression dans votre vie ?

4: STABILITÉ ET MÉTHODE

Imaginez une maison en cours de construction;
le béton des fondations coulé et figé,
l'ossature et la charpente s'élevant dans les airs,
petit à petit.
En quoi cette maison ressemble-t-elle à votre vie?
Que vous apprend-elle sur la manière d'atteindre vos buts?
Votre fondation est-elle solide?
Construisez-vous votre vie petit à petit, d'étape en étape?

Si vous avez construit un château dans les airs,
il n'est pas dit que ce soit en vain.
Il ne vous reste plus qu'à jeter les fondations.

OSA JOHNSON

But de vie

Les individus qui ont le 4 comme but de vie sont nés pour parvenir à
la stabilité et à la sécurité en suivant patiemment un cheminement métho-
dique vers des buts choisis. La sécurité – une fondation solide – est
un bien précieux auquel nous pouvons tous aspirer mais, pour
les 4, la sécurité est plus que cela: c'est le cœur même de leur
but de vie. Puisque notre but de vie n'est jamais chose facile,
ceux qui ont le 4 comme but de vie principal (les 13/4, 31/4, 22/4
et 40/4 principalement, mais aussi tous ceux qui ont un 4 dans
leur nombre de naissance) auront à résoudre d'importantes questions concernant la stabilité, l'engagement, la patience, la clarté
d'esprit et l'importance de suivre un cheminement méthodique
qui peut être long ou difficile pour atteindre leurs buts.

Afin que les 4 parviennent à manifester la stabilité dans le monde, il faut d'abord qu'ils développent un sentiment de stabilité intérieure – sur les plans physique, affectif et psychique –, première étape vers la réalisation de leurs buts. En guise d'aide-mémoire, les 4 pourraient se rappeler cette phrase : « Une préparation adéquate prévient toutes les déconfitures. » Une telle préparation pourrait exiger que certains 4 tentent de régler une fois pour toutes des problèmes qui remontent à l'enfance et qui mettent en cause l'un ou l'autre des membres de leur famille, la famille étant alors la fondation de leur vie. D'autres 4 devront s'engager dans une relation amoureuse, se trouver un domicile fixe, décider d'un type de travail ; en d'autres mots qu'ils cessent de bouger, car un arbre ne peut donner des fleurs s'il n'a pas de profondes racines. Malheureusement, tant qu'ils n'ont pas commencé à intégrer leur but de vie, les 4 ont tendance à ne pas se préoccuper d'acquérir des racines.

L'essence de la stabilité et de la méthode

Lorsque des forces dynamiques comme la créativité, la coopération et l'expression manquent de stabilité et de direction, elles ne sont d'aucune utilité. Les individus travaillant le 4 doivent enraciner ces énergies dans le monde afin qu'elles servent de façon pratique à la réalisation de buts concrets.

La civilisation humaine est une longue suite d'accomplissements. Quelle que soit la nature de celui auquel nous aspirons – richesse, amour, savoir, aide humanitaire ou avancement spirituel –, nous devons partir d'une base solide et procéder d'étape en étape pour atteindre nos buts et ainsi accomplir notre destinée.

Tout accomplissement découle d'une intention claire et d'un effort soutenu dans le temps. Pour accomplir une chose, il faut commencer là où nous sommes, définir ce dont nous avons besoin, nous organiser, avoir un plan et puis persévérer, malgré les difficultés et les problèmes, jusqu'à ce que nous ayons atteint notre but.

L'image de la maison en construction renferme à elle seule presque tous les secrets que les 4 doivent connaître pour atteindre leurs buts. Pour construire une maison, il faut d'abord se préparer et s'organiser ; ensuite il faut creuser le sol et couler le ciment de fondation ; quand tout cela est fait, alors seulement pouvons-nous commencer la construction comme telle. Ensuite, malgré notre hâte d'en finir et nos grandes ambitions, il faut procéder avec ordre et méthode, par petites étapes, si nous voulons que la maison tienne debout.

Plusieurs 4 font les frais de tendances contradictoires qui les poussent d'une part à sauter des étapes et, d'autre part, à s'entêter, à demeurer trop longtemps sur une seule étape qui finit par les obséder et leur faire perdre le rythme. Pour éviter ces pièges, il faut que les 4 apprennent à considérer chaque étape comme faisant partie d'un processus dynamique, mouvant, vivant. En d'autres mots, les 4 doivent s'assurer qu'ils ont complété une étape avant d'entreprendre la suivante ; rien ne sert d'aller trop vite parce que, de toute façon, si ce n'est pas bien fait la première fois, il faudra tout reprendre depuis le début. Inversement, il ne faut pas non plus qu'ils oublient d'avancer !

Une fois que leur fondation s'est solidifiée, les 4 peuvent bâtir en hauteur autant qu'ils le voudront. S'ils ont sauté des étapes importantes, la maison s'écroulera à leurs pieds dès la première tempête, le premier gros vent. Bien que les gens ne pensent pas souvent à la fondation sur laquelle repose leur maison, sans elle, la maison ne tiendrait pas debout longtemps.

Pour les 4, tout découle et dépend de la solidité de leur fondation. L'énergie de fondation révèle des questions concernant la famille – celle dont les 4 sont issus ou celle qu'ils ont eux-mêmes fondée. La solidité de la fondation correspond aussi à la sécurité financière, donc à l'argent et aux affaires ; elle représente chez l'individu la force physique et la vigueur. Tôt ou tard, les 4 doivent se doter d'une fondation solide qui leur servira de tremplin vers la sécurité souhaitée.

Obstacles sur le chemin des 4

Parce que les 4 sont ici pour développer leurs forces sur de solides fondations, il se peut qu'ils vivent des expériences difficiles destinées à mettre leur stabilité à l'épreuve. S'ils n'en tirent pas rapidement les leçons qui s'imposent, ces expériences se répéteront et iront en s'aggravant. Les fondations les plus stables ne sont pas seulement solides, elles ont aussi, à l'instar de ces édifices à l'épreuve des tremblements de terre qui oscillent mais ne s'effondrent pas, une certaine élasticité, une certaine souplesse. Les 4 qui manquent de souplesse sur le plan physique en manquent généralement aussi sur le plan psychologique : la rigidité se manifeste alors par de l'entêtement, de l'aveuglement ou de l'étroitesse d'esprit ; ils se mettent des œillères, ils entendent mais n'écoutent pas ceux qui veulent les aider ou les conseiller ; ils croient aveuglément que « les choses vont s'arranger toutes seules » sans qu'ils aient à faire quoi que ce soit. Enfin ils sont pleins de regrets, ne savent plus qui ils sont et commencent à se chercher une nouvelle identité, plus grande que l'ancienne et plus en rapport avec leurs ambitions typiquement démesurées.

La construction de fondations solides et sécuritaires ne peut se faire que selon un processus long et méthodique. Mais puisque notre but de vie – ici, la stabilité et la méthode – comporte des défis et des difficultés spécifiques, la plupart des 4 ont un problème de méthode ; ils résistent, tentent d'aller trop vite ou bien ils butent sur une étape et s'entêtent tant et si bien qu'ils n'abordent jamais l'étape suivante. De toute façon, la méthode est une question lourde de sens pour les 4. Ceux parmi les 4 qui ont pratiqué un sport (une technique ou un art) durant de nombreuses années disposent d'un genre de modèle intérieur ; ils savent ce qu'il faut faire pour réussir. Plusieurs 4 qui furent de bons athlètes deviennent des hommes d'affaires prospères parce qu'ils ont appris à appliquer la méthode essentielle à toute réussite.

Devoir faire les choses lentement, patiemment, par petites étapes réparties sur une longue période de temps, voilà qui peut rendre fous de rage certains 4. Ils veulent réussir tout de suite ; ils préfèrent les élans d'enthousiasme : commencer une chose et qu'elle soit vite terminée. Inversement, certains 4 ont une vision étroite, si étroite qu'ils ne voient plus que l'étape sur laquelle ils sont comme échoués, incapables d'avancer à la prochaine étape et même de voir aussi loin. L'impatience des 4 explique qu'ils aient si souvent recours à la pensée magique. Mon ami Miguel, qui avait écrit une esquisse de scénario, m'a dit un jour : « Je m'envolais vers Los Angeles et je me rends compte que j'étais assis aux côtés d'un homme qui était le cousin du directeur d'un des gros studios d'Hollywood ! Incroyable, non ? Il trouve mon scénario très bon ! Il va en parler à son cousin, il m'a donné sa carte ! » Dans l'esprit de Miguel, c'était comme si son scénario était déjà vendu. Cette sorte de pensée magique – attendre le « gros coup » comme de gagner la loterie ou d'être « découvert » – est plutôt commune chez les 4 jusqu'à ce qu'ils aient reconnu la nécessité de se préparer adéquatement, de s'entraîner et de suivre un processus d'apprentissage pour atteindre leurs buts.

Tôt ou tard, les 4 comprennent qu'en sautant des étapes ils se condamnent à l'échec à plus ou moins long terme ; ils s'arrêtent à mi-chemin, ou ils attendent d'être rendus presque au sommet de la montagne pour se mettre à débouler jusqu'en bas.

La plupart des 4 travaillent fort pour atteindre leurs buts, mais s'ils n'y arrivent pas aussi vite qu'ils l'avaient prévu ou qu'ils le voudraient, ils ont tendance à se décourager : « À quoi bon ? disent-ils. Mieux vaut laisser tomber. »

Certains abordent leurs relations personnelles de la même manière ; ils font montre d'un bel enthousiasme pour les amitiés nouvelles et les amours naissantes (« C'est comme si on se connaissait depuis toujours », « On a dû être amants dans une vie antérieure »), amitiés et amours qu'ils abandonnent pourtant au moindre pépin.

Ces tendances ne signifient pas que les 4 sont déloyaux ou volages (en fait, ils peuvent être extrêmement loyaux et fidèles lorsqu'ils travaillent dans le positif), mais tant qu'ils ne vivront pas en harmonie avec la Loi de la Méthode (p. 485), ils auront tendance à abandonner dès que les choses tournent mal, et à préférer les efforts enthousiastes, quoiqu'éphémères.

La plupart des 4 ont besoin d'enraciner leur énergie ; autrement, ils ont tendance à changer de travail, de partenaire ou de domicile sans jamais se laisser la chance de découvrir la vraie magie, celle qui s'opère lorsqu'on donne une direction précise à sa vie. Une fois qu'ils ont compris l'importance de persévérer tout au long d'un cheminement parfois long et pénible, les 4 apprennent à canaliser leurs forces et peu d'obstacles peuvent alors leur résister.

Plusieurs personnes travaillant le 4 se demandent quelle aurait été leur vie s'ils n'avaient pas eu les mêmes parents. Très souvent, les 4 ont eu une enfance difficile et ils ont des choses à régler soit avec leurs parents soit avec un frère ou une sœur; ce peut être simplement qu'ils se sont sentis délaissés au sein d'une trop grande famille ou qu'ils ont manqué de stabilité en raison des fréquents déménagements; ce peut être qu'ils ont dû vivre avec un parent alcoolique ou drogué, ou encore qu'ils se sont sentis abandonnés par la mort d'un parent alors qu'ils étaient en bas âge. Il peut y avoir eu un parent dominateur qui les privait d'affection, les maltraitait verbalement, physiquement ou sexuellement. Quelles qu'en soient les particularités, une histoire familiale trouble est la règle plus que l'exception chez les 4. Mais même chez ceux qui se considèrent comme des exceptions, les problèmes vécus durant l'enfance ne sont parfois que plus subtils, et ils n'en ont pas moins une grande influence sur le reste de leur vie.

La famille où ils ont été élevés constitue la fondation, ou le manque de fondation, dans la vie des 4; régler une fois pour toutes les vieilles questions familiales pour ensuite pouvoir rebâtir leur vie sur une base solide représente une bonne part du travail qui attend les 4. Ils ont donc tout intérêt à rouvrir les lignes de communication avec les membres de leur famille qui sont encore vivants. Cela est vrai pour tous ceux qui ont un 4 dans leur nombre de naissance mais pour ceux dont le 4 est le but de vie, les défis posés par la fondation familiale occupent l'avant-scène. En levant le voile de ces questions de famille, les 4 ont tout à gagner. Cela ne veut pas dire que pour s'entendre avec leurs parents ils doivent chercher à obtenir leur approbation ou leur assentiment, mais les 4 doivent absolument éclairer les zones d'ombre et se lever pour dire qui ils sont; il faut que les secrets soient partagés et que la vie de famille reprenne sur une nouvelle base. Même si l'un ou les deux parents sont morts, le fait de participer à une cérémonie privée, intérieure, peut libérer les énergies bloquées et guérir de vieilles et douloureuses blessures émotives: durant cette « cérémonie », l'enfant dit clairement à ses parents ce qu'il aurait aimé qu'ils disent ou qu'ils soient, et les parents, peut-être pour la première fois, recueillent en silence les émotions et les sentiments de leur enfant.

Les 4 qui n'ont pas eu une vie familiale heureuse peuvent se réinventer une enfance en fondant leur propre famille et en devenant le genre de parent qu'ils auraient aimé avoir. En général, les 4 font de bons parents, pas nécessairement parce qu'ils disent ou font toujours ce qu'il faut, mais parce que la famille est une chose vraiment primordiale à leurs yeux. Même les 4 dont les unions se défont voudront garder un contact étroit avec leurs enfants. Tout le monde n'est pas fait pour élever des enfants mais la plupart des 4 y trouvent une satisfaction réelle et profonde, soit avec leurs propres enfants soit avec d'autres dont ils ont la charge.

Les 4, comme les 2, ont une vigueur naturelle, une force physique et morale innée. Cette force peut devenir de l'entêtement, de l'inflexibilité ou de la résistance. Cette résistance explique que les 4 aient souvent du mal à oublier le passé ; ils ont tendance à faire du ressentiment, à se laisser obséder par de vieilles relations, de vieilles erreurs, de vieux échecs, au lieu d'en tirer des leçons et de continuer leur vie. Plusieurs 4 ont une énergie pour le moins renversante, du genre éléphant-dans-un-magasin-de-porcelaine. Leur est bénéfique toute forme d'exercice qui aide à relaxer, à respirer profondément et à lâcher prise, comme le yoga, la danse ou le taï chi qui enseignent au corps la Loi de la Flexibilité (p. 456).

La sécurité matérielle est une chose extrêmement importante pour les 4. Cela ne veut pas dire qu'ils aient besoin d'un million de dollars en banque pour être heureux ; pourvu qu'ils sachent que le loyer sera payé et qu'il y aura de quoi nourrir toute la famille, les 4 se sentent en sécurité. Économiser pour les besoins à venir est une autre de leurs priorités.

Peu importe le genre de fondation extérieure que les 4 réussiront à se bâtir, la trinité corps-esprit-émotions demeure la fondation la plus importante : c'est la fondation intérieure. Lorsqu'elle est équilibrée, cette trinité devient la pierre angulaire de leur vie.

Dans le positif, les 4 personnifient le genre de solidité sur laquelle les autres peuvent compter, « quoi qu'il arrive ».

Lorsqu'ils ont goûté aux responsabilités, les 4 ne peuvent plus s'en passer. Même si elles entraînent leur lot de soucis et d'obligations, elles leur apportent finalement la stabilité dont ils avaient besoin. Comme les 2, les 4 peuvent en arriver à prendre tellement de responsabilités qu'ils en sont débordés.

Dans le négatif, les 4 sont soit trop responsables soit trop peu, et parfois ils passent d'un extrême à l'autre. D'une part, ils peuvent agir comme s'ils étaient les directeurs-gérants de l'univers et, à l'instar des 2, se mêler de ce qui ne les regarde pas. D'autre part ils peuvent manquer de constance et avoir du mal à respecter leurs engagements, deux choses qui sont pourtant indispensables pour la stabilité de leur fondation. Il faut du temps et bien des tâtonnements pour arriver à développer un sens des responsabilités. Les 4 ont besoin d'être patients et de pouvoir compter sur la patience des autres. De la même façon, bien que les 4 soient nés pour soutenir les autres, ils doivent aussi pouvoir compter sur le soutien de leurs proches – soutien affectif, financier ou les deux. S'ils sentent un manque de soutien, ils peuvent sombrer dans une léthargie dont ils ne sortiront qu'au moment où ils auront appris à croire en leur propre processus d'apprentissage et de croissance.

Ce soutien peut prendre la forme de directives claires et précises parce que les 4, qu'ils soient enfants ou adultes, ont besoin de savoir exactement ce qu'on attend d'eux. S'ils ne connaissent pas les règles à suivre ou les limites à respecter, ils sont facilement désorientés.

La plupart des 4 connaissent mieux le conflit que l'harmonie entre l'esprit et les émotions. Dans le positif, les 4 ont un capacité d'analyse extraordinaire ; dans le négatif, ils ont tendance à « suranalyser » lorsqu'ils doivent prendre des décisions. La confusion est un problème réel pour les 4, qui suivent jusqu'au bout tous les fils de leur pensée, pèsent le pour et le contre de chaque chose, regardent tous les côtés de toutes les médailles et finissent par se dire qu'ils n'y comprennent rien, qu'ils ne pourront jamais trancher.

Cette tendance à passer de l'analyse la plus sévère à la plus grande confusion amène souvent les 4 à prendre leurs décisions de façon impulsive : relations amoureuses explosives mais de courte durée, dépenses extravagantes et autres actions aussi soudaines qu'irréfléchies.

Si les 3 font les pires maniaco-dépressifs, les 4 sont les champions incontestés de l'hystérie ; bien qu'ils sachent se maîtriser en apparence, à l'intérieur ils n'en pensent pas moins : « C'est la fin du monde ! », ou : « Mon Dieu ! qu'est-ce que je vais faire ? » Quelques 4 connaissent tour à tour des périodes calmes, où ils sont en parfaite maîtrise d'eux-mêmes, et des périodes de grande nervosité où ils frôlent la dépression nerveuse. Par chance, grâce à leur robustesse naturelle, ils recouvrent rapidement la santé.

Quelquefois le sentiment de confusion qui s'empare des 4 est si grand qu'il les empêche d'avancer vers la prochaine étape. Ils doivent comprendre que leurs idées ne sont pas vraiment confuses : ils ont seulement l'impression qu'elles le sont – distinction subtile mais très importante. Lorsqu'ils ont une décision à prendre, le mieux est qu'ils écrivent le pour et le contre sur une feuille de papier puis, avant que tous ces arguments ne se mettent à tourner dans leur tête, qu'ils décident avec leurs tripes. S'ils se sentent confus ou découragés par la lourdeur d'une tâche ou l'éloignement d'un but, ils devraient tâcher de diviser leur travail en petites étapes. Les tâches « difficiles au mille » sont plus « aisées au pied ». Aussi, en s'engageant sur de plus courtes périodes, les 4 ont moins de mal à assurer le suivi.

Il importe que les 4 aient une perspective globale : même si la route semble longue et leurs progrès minimes, ils peuvent atteindre leur but en suivant une voie bien éclairée. Quand ils cessent de suranalyser, qu'ils laissent parler leurs tripes et que la confusion dans leur esprit fait place à la clarté, ils entrent en possession de leur force intérieure, source de stabilité et de persévérance. Alors ils deviennent des forces de changement dans le monde.

Autres qualités et tendances

Dans le positif, grâce au raffinement avec lequel ils savent structurer leur pensée, rassembler les matériaux et diviser les tâches selon leurs parties composantes, les 4 peuvent devenir des décideurs de premier ordre ainsi que de précieux conseillers dans le domaine de l'immobilier ou des affaires. En pleine maturité, ce sont d'excellents hommes d'affaires dotés d'un bon sens pratique; dans un rôle de soutien, ce sont des secrétaires, des assistants ou des conseillers efficaces et dynamiques. Quand on dit que les 4, comme les 2, excellent dans des rôles de soutien, cela ne signifie pas nécessairement qu'ils occupent des postes de subalternes; le pape Jean-Paul premier et le président américain Grover Cleveland travaillaient l'énergie du 4 et tous deux se sont retrouvés en position d'offrir un soutien inestimable.

Lorsque les 4 sautent des étapes, ils se condamnent à répéter sans cesse les mêmes erreurs; ils se lancent dans un projet, arrêtent, recommencent, arrêtent encore; par exemple, ils peuvent se marier trois ou quatre fois ou bien arrêter de fumer cinq ou six fois. La Loi de la Méthode (p. 485) peut les aider à ne plus retomber dans leurs vieilles habitudes. La Loi des Comportements (p. 489) peut aussi leur rappeler qu'ils répéteront toujours les mêmes erreurs tant et aussi longtemps qu'ils ne se seront pas servis de leurs capacités d'analyse pour découvrir la source du problème.

Dans le positf, les 4 sont des personnes sur qui l'on peut compter; dans le négatif, ils agissent de façon irresponsable et sont incapables du moindre engagement. Pourtant ils veulent aider à leur façon, et ils peuvent mettre leur force et leurs habiletés au service des autres. Dans une relation de couple, le besoin de soutien peut s'exprimer dans un cri comme: «Ne me quitte pas!» Mais tant que les 4 n'ont pas appris à respecter leurs engagements, ce sont généralement eux qui finissent par quitter l'autre.

En général, les 4 ont une vie sexuelle saine et énergique. Mais, à l'instar des 2, il arrive qu'ils se mettent à résister et à s'isoler sur le plan affectif tout en accusant l'autre ou les circonstances d'avoir causé ce repli sur soi.

En résumé, les 4 doivent apporter plus de stabilité à leur vie, se donner des buts clairs et précis puis suivre patiemment les étapes qui conduisent à leur destinée.

Au sommet : épanouissement et destinée

À la fin, l'ambition, la force morale et la vigueur des 4 les aident à arriver à bon port. Toutefois, si fort qu'ils désirent briller ou réussir, s'ils ne suivent pas toutes les étapes nécessaires, leurs succès seront de courte durée. Mais lorsqu'ils s'organisent et procèdent avec méthode, les 4 peuvent atteindre tous leurs buts.

Les buts modestes nécessitent peu d'étapes et une méthode simple ; pour les buts plus importants et plus lointains, le processus est parfois long et pénible. Dans les deux cas, les 4 ont la capacité d'analyser à l'avance le trajet du début à la fin, de diviser la route en courtes étapes et de suivre le processus jusqu'à son aboutissement. Lorsque les 4 apprennent à se proposer des buts clairs et précis et à persévérer, ils deviennent des maîtres dans l'art d'aider les autres à atteindre leurs propres buts.

Dans le monde des affaires, les 4 ont fondé de grandes compagnies et bâti des empires financiers sur lesquels de nombreuses personnes peuvent compter pour vivre ; ce sont des agents immobiliers prospères et des producteurs de biens et de services.

Au plus haut niveau, les 4 laissent l'Esprit prendre toutes les responsabilités. Ils se contentent de s'occuper de leur propre vie du mieux qu'ils peuvent, ils font confiance à l'avenir en sachant que ce n'est pas eux mais l'Esprit qui décide des délais nécessaires à la réalisation de leurs buts. Ils établissent leur vie sur les fondations solides que sont la foi et la méthode, d'où dérivent la clarté d'esprit et la patience.

Moyens d'action

Voici quelques moyens d'action pour les 4 qui veulent apporter un changement durable dans leur vie :

❖ Divisez les buts importants en petites étapes qui nécessitent des engagements de moindre importance. Souvenez-vous : Diviser pour régner.

❖ Balancez la force par la souplesse, tant physique que mentale.

❖ Quoi que vous entrepreniez, préparez-vous adéquatement, engagez-vous pleinement, et procédez par étapes.

Vers la stabilité et la méthode

1. Pensez à quelqu'un que vous connaissez, ou pensez à un personnage cinématographique, littéraire ou historique, quelqu'un qui soit un modèle de stabilité et de sécurité et qui parvienne à ses buts grâce à la préparation et à la méthode.

2. Imaginez que vous êtes cette personne : équilibrée, enracinée, sûre de la voie à suivre, qui prend les choses une à la fois, qui sait que ce n'est qu'une question de temps avant qu'elle ait accompli ce qu'elle désire. De quelles façons précises pourriez-vous mettre ces qualités en action afin d'amener plus de stabilité dans votre vie ?

5 : LIBERTÉ ET DISCIPLINE

Imaginez un oiseau volant haut dans le ciel,
libre d'une seule façon.
Pour vivre sa vie pleinement,
il faudra qu'il se pose et qu'il entreprenne
la difficile tâche de construire un nid.
Cette discipline le libérera d'une autre façon,
car il fera l'expérience des profondeurs de sa vie.
En quoi vous sentez-vous libre ?
En quoi vous sentez-vous piégé ?
Pourriez-vous, grâce à la discipline,
descendre dans les profondeurs de votre vie
pour y trouver une autre sorte de liberté ?

L'aventure ne se trouve pas à l'extérieur ;
elle est à l'intérieur.

DAVID GRAYSON

But de vie

Les individus qui ont le 5 comme but de vie sont nés pour trouver la liberté intérieure grâce à la discipline, à la focalisation et à la profondeur de l'expérience. Cependant, parce que notre chemin de vie suit une pente abrupte et rocailleuse, c'est précisément du côté de la liberté et de la discipline que les 5 (les 14/5, 41/5, 23/5 et 32/5 principalement, mais aussi tous ceux qui ont un 5 dans leur nombre de naissance) auront le plus d'obstacles à surmonter. Ils oscillent entre la dépendance et l'indépendance, et même s'ils réussissent parfois, après maints efforts qu'on pourrait qualifier d'héroïques, à appliquer une certaine discipline à leur vie, cela ne dure jamais longtemps.

Tôt ou tard, il faut que les 5 fassent l'expérience de la *liberté intérieure*, sans quoi ils se sentiront toujours comme en prison quelles que soient les circonstances. Une telle liberté intérieure se manifeste dans le monde par l'autonomie et l'indépendance d'action. Tant que les 5 n'ont pas connu ce sentiment de liberté à la fois intérieure et extérieure, fruit de la discipline et de la focalisation, ils ont tendance à vivre des périodes d'extrême dépendance alternant avec des accès réactionnels d'extrême indépendance.

Leur quête d'indépendance et de liberté conduit la plupart des 5 à rechercher une certaine *étendue* d'expérience ; mais c'est dans la *profondeur* de l'expérience, au moyen de la discipline et de la focalisation, que les 5 trouveront une liberté plus profonde.

L'essence de la liberté et de la discipline

Le mot liberté, comme le mot amour, a des significations différentes pour différentes personnes. Pour certains, liberté signifie complaisance envers soi-même, faire tout ce qui nous plaît quand il nous plaît ; prise dans ce sens, la liberté serait donc tout le contraire de la discipline qui implique de faire ce que l'on préférerait parfois ne pas faire. Mais dans un sens plus profond, la liberté trouve sa pleine signification lorsqu'elle est fondée sur l'autodiscipline et la maîtrise de soi.

Pour les 5, la liberté se manifeste par la soif de vivre nombre d'expériences et d'aventures et ce sur tous les plans : physique, affectif, psychique, social, sexuel, matériel et spirituel. S'ils sont indépendants, les 5 trouvent l'aventure dans le monde réel ; s'ils sont moins indépendants, moins sûrs d'eux-mêmes, ils la trouvent dans les livres, les films ou la télévision. Dès qu'ils font preuve d'une certaine maîtrise dans un domaine donné, les 5 s'en trouvent comme libérés, et ils passent à autre chose.

La plupart des 5 éprouvent de la sympathie pour les guerriers de la liberté de toutes les époques, ceux qui ont combattu la tyrannie, les emprisonnements arbitraires et l'asservissement de leurs frères. Sur l'échelle de la liberté, qui va de la plus grande restriction à une possibilité de choix quasi infinie, on trouve des 5 à tous les degrés.

Au sens le plus élevé, liberté signifie délivrance des illusions et des limites de la vie, même des préoccupations corporelles, pour entrer dans la dimension spirituelle de l'expérience. Dans la vie quotidienne des 5, dans leurs relations, dans leur travail, dans leur situation financière, les questions de liberté sont toujours sous-jacentes.

La discipline est essentielle à l'épanouissement des 5 car elle seule peut leur apporter la focalisation, la constance et la force intérieure grâce auxquelles ils pourront surmonter leurs limitations et combler leurs manques.

Obstacles sur le chemin des 5

Au sens le plus négatif, la liberté des 5 peut être de la complaisance pure et simple : l'absence de toute contrainte extérieure ; l'indépendance totale ; faire tout ce que l'on veut quand on le veut. Mais une telle complaisance envers soi-même n'a rien à voir avec le but de vie des 5 qui fait appel à la focalisation et à la discipline qui donnent sur un sentiment de liberté intérieure, d'expérience intérieure, tout en offrant la possibilité de vivre une vie de passion et d'aventure à la Zorba le Grec.

« Ne m'attachez pas, ne m'enfermez pas ! » Tel est le cri de guerre des 5, et ils ont souvent à se battre car ils répondent à l'appel des guerriers de la liberté du monde entier. Leur chemin de vie est jonché de drames ; et si leur quotidien en est exempt, ils s'empressent d'en faire un soit dans leurs relations soit dans leur vie professionnelle. Ils ont peur de s'attacher à quelque chose ou à quelqu'un, et ils auront d'autant plus de mal à se lier si la relation en question leur semble plus restrictive que libératrice.

Et pourtant, à un moment donné de leur vie, presque tous les 5 se forcent inconsciemment à réviser leur conception de la liberté en se liant avec quelqu'un qui restreint leur indépendance, ou qui semble la restreindre. Ils projettent sur leur partenaire leur propre tendance à passer de la dépendance à l'indépendance excessives ; et tout comme les 8 peuvent en venir à abandonner leur pouvoir, il arrive que les 5 sacrifient ainsi leur indépendance.

Sophia est une femme d'un certain âge qui s'était créé une situation de dépendance quasi complète envers son mari, Georgio. Ravalant sa soif de liberté, Sophia demeurait à la maison toute la journée en attendant que Georgio revienne de travailler. Elle accomplissait les tâches ménagères en regardant à la télévision les soap-opéras toujours pleins d'aventures et d'émotions, et elle axait sa vie sur les repas qu'elle devait servir à son mari. Georgio devait même conduire Sophia au supermarché parce qu'elle n'avait jamais appris à conduire. Bien sûr, il n'y a rien de mal à décider de concentrer son énergie à la maison mais la dépendance de Sophia était tellement grande qu'elle a fini par accuser Georgio de l'avoir « prise au piège », disant même qu'elle le quitterait volontiers « si elle pouvait ».

Récemment j'ai appris que Sophia avait fait une expérience libératrice : à l'âge de soixante-cinq ans, elle a appris à conduire. Elle a bel et bien quitté son mari – pour se rendre au parc, puis dans les magasins. Elle est même allée au cinéma – une aventure extraordinaire, tout à fait à sa mesure. On n'est jamais trop vieux pour commencer à vivre. À soixante-cinq ans, Sophia est née à une vie de plus grande liberté.

À l'autre extrême, celui de la plus stricte indépendance, Thomas se coupe les cheveux lui-même même s'il a amplement les moyens de se faire couper les cheveux ; c'est tout simplement qu'il ne veut pas devenir dépendant du coiffeur. C'est aussi lui qui répare sa voiture, les installations électriques et la tuyauterie de sa maison parce qu'il ne veut dépendre de personne. Il passe la majeure partie de son temps tout seul parce qu'il ne veut pas que son bonheur dépende d'une relation de couple. Sans aucun doute Thomas a l'air indépendant mais cette sorte d'indépendance n'a rien à voir avec le but de vie des 5 ; ce n'est qu'un extrême, où l'indépendance reflète plutôt la peur de la dépendance, et la peur est une prison bien réelle.

La liberté et la responsabilité vont de pair, comme l'indépendance et la discipline. Rien ne retient les 5 sinon eux-mêmes. Ils peuvent croire d'abord que quelqu'un d'autre restreint leur liberté mais lorsqu'ils acceptent d'assumer la responsabilité de leurs actes et reconnaissent qu'ils ont eux-mêmes choisi de vivre avec cette personne, ils se rendent compte qu'ils ont toujours été libres. Ils comprennent qu'ils ont toujours été les producteur et réalisateur de leur propre film. Les 5 doivent se rappeler qu'ils n'ont pas à jouer des rôles secondaires dans leur propre vie. Tant qu'ils ne prennent pas toute la responsabilité de leur vie, les 5 ressemblent à des victimes, mais ce sont des victimes volontaires.

Il y a des personnes travaillant d'autres nombres de naissance qui concentrent leur attention sur une ou deux questions, sur un ou deux buts qui occupent toute leur vie ; mais les 5 ont une telle curiosité, une telle soif de connaître que leur énergie s'éparpille facilement. « Tant de possibilités, si peu de temps » exprime un sentiment commun chez les 5. Multitalentueux, disposant d'une mine de ressources inconscientes à laquelle ils puisent des habiletés insoupçonnées comme le magicien qui sort plusieurs lapins du même chapeau, les 5 sont dotés d'une énergie qu'on pourrait presque comparer à celle des hommes de la Renaissance. Le jongleur, le magicien, le fou du Roi, l'homme à tout faire habile-en-tout-expert-en-rien, ces archétypes se rencontrent fréquemment parmi les 5.

Les 5 qui n'ont pas suffisamment confiance pour aller chercher l'aventure dans le monde vont s'efforcer de satisfaire leur goût par le biais des livres, de la télévision et du cinéma, à tel point que certains ne vivent plus que par les médias, comme par procuration ; les soap-opéras et leurs vedettes leur permettent de vivre des expériences qu'ils ne connaîtraient probablement pas autrement. Mais une fois qu'ils ont goûté à l'aventure dans la vraie vie, les 5 ne peuvent plus s'en passer. Ils peuvent même devenir quelque peu fanatiques, aller d'aventure en aventure, se mettre à prendre des risques dans le seul but d'échapper à l'ennui, ou faire l'expérience de la drogue par simple curiosité.

Cette passion pour l'aventure ne remplit pas le but de vie des 5, pas plus que l'amour de l'argent ne remplit celui des 8. Ici comme ailleurs, il ne s'agit ni de fuir ni d'épuiser les questions spécifiques à chaque but de vie mais bien de les transcender. Aussi les 5 doivent-ils éviter la dépendance totale d'une part et l'indépendance excessive d'autre part; éviter de satisfaire avec complaisance toutes leurs tendances mais éviter tout autant de les refouler systématiquement. Les individus qui travaillent le 5 doivent développer un sentiment d'autonomie et d'indépendance extérieures qui soit le reflet de leur sentiment de liberté intérieure, et cela tout en menant une vie simple, rangée, disciplinée et non exempte de routine. Mais c'est là tout un défi pour les 5, qui vont souvent s'inventer un drame ou se lancer dans une aventure dans le seul but d'éviter la prison de l'habitude et de l'ennui.

Tant qu'ils n'exercent pas discipline et focalisation, les 5 développent des talents modestes en plusieurs domaines mais ils arrivent rarement à maîtriser quoi que soit: ils volent à la surface des choses, touchent terre en plusieurs endroits, mais jamais ils n'atteignent à une quelconque profondeur.

Il importe de rappeler que le but de vie des 5 concerne moins l'*étendue* que la *profondeur* d'expérience. La sagesse des siècles nous apprend qu'étant donné la nature holographique de l'univers, et la présence des lois spirituelles au cœur de toute véritable connaissance, il suffit d'approfondir une chose pour en connaître plusieurs autres. Si les 5 veulent vraiment se sentir libres et indépendants et exceller dans plusieurs domaines, ils doivent donc se limiter à un seul sujet et l'approfondir jusqu'au niveau où les champs de connaissance se rencontrent. S'ils ne comprennent pas ou n'appliquent pas cette sagesse, les 5 font comme ce puisatier qui creuse la terre cent fois mais ne trouve jamais d'eau parce qu'il arrête toujours de creuser à mi-chemin. S'il creusait plus profondément en un seul endroit il pourrait étancher sa soif; de la même façon, si les 5 persévéraient passé le stade de l'ennui, ils connaîtraient enfin cette sorte de liberté qui réside dans les profondeurs de la vie.

Avec leur curiosité naturelle et leurs intérêts multiples, les 5 sont versatiles, vifs et alertes d'esprit. Paradoxalement, soit qu'ils s'occupent d'une seule chose, qui devient comme une obsession, soit qu'ils s'éparpillent aux quatre vents, se dispersent au gré de leurs nombreux intérêts. Parce qu'ils ne peuvent s'empêcher de courir tous les lièvres à la fois, ils sont constamment sur le point d'épuiser leur stock d'adrénaline et ils flirtent dangereusement avec le burn-out. Le fait de se donner des buts *prioritaires* – de renoncer à une chose pour mieux se concentrer sur une autre – peut leur sauver la vie, littéralement. Sinon, cette tendance à l'éparpillement, qui les pousse à entreprendre sans cesse de nouvelles choses, peut les mener au bord de l'épuisement nerveux.

Alors que les 4 rencontrent des obstacles dans le monde, les plus grands défis des 5 sont intérieurs. Enclins à la négativité, les 5 sont prisonniers de leurs doutes et de leurs peurs. Ils trouvent la véritable liberté lorsqu'ils brisent les chaînes de leur propre psyché. Dans ce monde, l'esclavage existe sous plusieurs formes ; il y en a qui sont esclaves de la faim et de la pauvreté, d'autres qui subissent un joug militaire ou politique, certains sont handicapés physiquement, d'autres croupissent derrière les barreaux d'une prison. Mais certaines personnes ont un sentiment de liberté intérieure alors même que physiquement elles sont limitées ; et d'autres, que les circonstances favorisent, se sentent privées de leur liberté. Tôt ou tard, les 5 doivent apprendre et comprendre parfaitement que l'esclavage n'est qu'un état d'esprit.

Le grand secret que la vie réserve aux 5, c'est qu'ils pourront connaître l'ultime liberté s'ils exercent leur discipline et leur focalisation en se concentrant sur ce qui doit venir en priorité. Grâce à la Loi de la Discipline (p. 495), la destinée des 5 peut changer du tout au tout.

Pour éviter les deux extrêmes que sont la complaisance envers soi-même et le refoulement systématique des tendances, les 5 peuvent développer leur discipline en se soumettant à un entraînement physique approprié, c'est-à-dire qui ne soit pas trop routinier : par exemple, la course en montagne, qui leur permettra de voir du nouveau chaque jour, est préférable à la course en piste, qui leur donnerait l'impression de toujours mettre les pieds dans les traces qu'ils ont creusées la veille. De cette façon, qui concilie la discipline et le changement, les 5 ne briment ni ne répriment leurs tendances.

Lorsqu'ils doutent d'eux-mêmes, les 5 craignent que les circonstances ou que les autres ne limitent leur liberté d'action ;

ayant l'impression qu'ils sont sous la dépendance des autres, ils deviennent tyranniques, autoritaires, manipulateurs, et ils essaient d'arriver à leurs fins par la colère ou par d'autres emportements plus ou moins violents. Délibérément ou par la force d'une habitude acquise durant l'enfance, les 5 se servent parfois de leur présence d'esprit pour bluffer, tromper ou manipuler les autres afin de ne pas avoir à formuler directement leurs demandes. En se servant des autres pour satisfaire leurs propres besoins intérieurs, ils renforcent leurs liens de dépendance. Tant qu'ils n'ont pas découvert ce sentiment de liberté intérieure qui se suffit à lui-même, les 5 ont tendance à passer de la dépendance malheureuse à l'indépendance inflexible, extériorisant par là leur drame intérieur.

Autres qualités et tendances

Quelques 5 choisissent inconsciemment une forme ou l'autre d'asservissement: blessures corporelles, conjoints dominateurs, situation financière précaire, emprisonnement réel ou symbolique. Dans ces circonstances, leur vie intérieure et leur imagination deviennent le seul lieu de leur liberté, le seul monde qu'ils peuvent contrôler.

Lorsqu'ils doutent de leur valeur ou se considèrent par trop ordinaires, il arrive qu'ils s'identifient à des rôles qu'ils jugent plus importants ou meilleurs qu'eux-mêmes. Ces rôles leur servent d'écrans posés entre eux-mêmes et l'image qu'ils projettent; ils ont peur que les gens ne les découvrent comme Dorothy et Toto qui sont allés voir derrière l'écran et ont découvert un gentil petit monsieur à la place du grand et puissant magicien d'Oz.

Lorsqu'ils essaient de bluffer, les 5 sont pris à leur propre jeu; par exemple, s'ils jouent au guérisseur ils vont en emprunter le costume et les airs mais ils ne savent toujours rien de la guérison, et de rôle en rôle ils finissent par perdre confiance en ce qui constitue l'essence de leur propre identité. S'ils se cachent derrière ces rôles, c'est qu'ils ont tendance à déprécier leurs propres émotions et leur vraie nature. Ne sachant pas qui ils sont, ils changent d'habit, développent les facultés de mimétisme du caméléon. Leur vie est intense et épisodique ; ils ouvrent un chapitre, s'en lassent, le referment et s'en vont trouver d'autres personnes, d'autres vies. Tout en cherchant à se donner un sentiment d'appartenance, comme si le monde était une extension de la famille, de la maison, ils aspirent à une liberté toujours plus grande.

Le personnage joué par Tony Curtis dans le film *Le Grand Imposteur*, l'histoire vraie d'un homme qui se fit passer tour à tour pour un gardien de prison, un prêtre et un chirurgien de la marine américaine – il a même réussi une appendicectomie dans ce rôle – est l'archétype des 5.

Pour les 5 qui ont acquis à la fois une discipline de vie et une profondeur d'expérience, il devient possible de maîtriser ces rôles – chirurgien, avocat, écrivain, professeur d'arts martiaux, ingénieur ou enseignant – tout en conservant leur propre identité et en s'estimant à leur juste valeur.

Lorsqu'ils découvrent leur liberté intérieure grâce à la discipline et à la focalisation, les 5 éprouvent un plus grand respect d'eux-mêmes. Ils savent qu'ils valent plus que leurs rôles, et ils comprennent que les rôles, comme les costumes portés par les acteurs, sont des choses à mettre et à enlever ; ils comprennent que les acteurs sont les vraies vedettes du spectacle, pas leurs rôles.

À l'exemple des 3, qui travaillent avec l'expression émotive, les 5 vibrent à l'énergie de Mercure, le messager ailé. Vifs d'esprit, ils veulent toucher à plusieurs aspects de la vie. Ils font de bons vendeurs parce qu'ils ont accumulé des connaissances nombreuses et approfondies qui leur permettent de voir les choses sous différents angles. Ils peuvent répondre à une question puis se demander : « D'où m'est venue cette réponse ? »

La plupart des 5 ont des mains agiles et des doigts rapides qui savent coudre, jouer d'un instrument de musique, bricoler des gadgets, rafistoler et réparer des vieux objets. Les 5 apprennent vite, on dirait qu'il leur suffit d'essayer pour « piger le truc ». Cependant ils se lassent rapidement et ils doivent se rappeler que l'ennui est signe qu'ils commencent seulement à « piger ».

Plusieurs 5 réussissent des exploits hors du commun ; ils se retrouvent dans des situations dangereuses qui font appel à toute la présence d'esprit dont ils sont capables ; alors ils improvisent, trichent, vivent d'expédients. À long terme, s'ils mettent en pratique la Loi de l'Honnêteté (p. 525), s'ils disent clairement ce qu'ils veulent au lieu de tourner autour du pot, ils s'en tirent beaucoup mieux.

Financièrement, les 5 ne se préoccupent pas beaucoup de savoir s'ils ont ou non de l'argent en banque ; en fait, ils ont plutôt tendance à dépenser l'argent avant même de l'avoir gagné. Si on leur laisse le choix entre des feuilles de papier vert rangées dans un coffre-fort et une véritable expérience de vie, ils vont choisir l'expérience. Ils doivent faire attention de ne pas dépenser l'argent qu'ils ne possèdent pas, ce qui ferait un stress de plus dans une vie qui est déjà bien assez mouvementée. Cette agitation peut affecter le système nerveux sensitif et la glande médullo-surrénale qui sécrète l'adrénaline ; les 5 peuvent également souffrir de problèmes circulatoires s'ils n'adoptent pas une certaine discipline en matière d'alimentation.

Dotés d'une énergie mentale vive et visuelle, plusieurs 5 ont une grande capacité d'intuition, voire de clairvoyance. Clairvoyance signifie « clair/voyant », et les 5 ont une imagination visuelle exceptionnelle. Là où les autres auront des impressions, des intuitions, les 5 verront des images. Lorsqu'ils commencent à prêter attention à ces images et à découvrir leurs significations, ils développent un système de décodage interne qui les guide très bien. Aux 5, la vie semble dire : « Demandez (un signe), et vous recevrez. »

Au sommet : épanouissement et destinée

Ceux qui travaillent le 5 sont des explorateurs et des aventuriers venus sur terre pour découvrir ce que la véritable liberté représente. Au sommet de leur montagne les 5 ont concilié et intégré discipline et liberté, usant de l'une pour accomplir l'autre. En pleine maturité, plutôt que d'éparpiller leurs énergies à tenter de faire trop de choses en même temps, les 5 découvrent les profondeurs de la vie en se concentrant sur une activité à la fois.

Ces individus vifs d'esprit et de corps ont une énergie « Renaissance » dont les autres peuvent s'inspirer pour trouver leur propre liberté. Ces 5 reconnaissent également que la liberté extérieure est toute relative, et que si l'on veut vivre en interaction dans la société des hommes, elle est forcément limitée ; tandis que la liberté intérieure est inaltérable, car nos psychés sont des terres sacrées, et nos corps sont sous notre empire.

Les individus travaillant le 5 parlent avec une autorité fondée sur une profondeur d'expérience. Ils ont fait preuve de la discipline qui mène à l'excellence, et ils ont su concilier indépendance et liberté avec les responsabilités de la vie quotidienne.

Au plus haut niveau, les 5 jouissent d'une liberté intérieure totale et entière ; ils comprennent qu'ils ont toujours été libres, que les dépendances et les restrictions qu'ils ont connues, ils les ont eux-mêmes créées afin d'en tirer les leçons de l'expérience.

Moyens d'action

Voici quelques moyens d'action pour les 5 qui veulent apporter un changement durable dans leur vie :

❖ Faites chaque jour une série d'exercices physiques afin de mettre un peu de discipline dans votre vie ; faites en sorte de mêler variété et routine.

❖ Ne laissez pas l'ennui vous empêcher d'aller au fond d'un sujet ou d'une activité.

❖ Trouvez un juste milieu entre la dépendance et l'indépendance ; observez-vous lorsque vous êtes sur le point de tomber dans l'un ou l'autre extrême.

❖ Efforcez-vous d'être direct lorsque vous énoncez un désir ou un besoin.

Vers la liberté et la discipline

1. Pensez à quelqu'un que vous connaissez, ou pensez à un personnage cinématographique, littéraire ou historique, quelqu'un qui soit parvenu à la liberté et à la profondeur d'expérience au moyen d'une discipline soutenue sur une longue période de temps.

2. Imaginez que vous êtes cette personne : vous concentrez vos efforts et vous vous sentez libre malgré les responsabilités et les tâches quotidiennes. De quelles façons précises pourriez-vous mettre ces qualités en action afin d'amener plus de discipline et de liberté dans votre vie ?

6 : VISION ET ACCEPTATION

Imaginez les deux plateaux d'une balance,
parfaitement équilibrés,
représentant les idéaux de justice et d'équité.
Les idéaux vous guident-ils,
ou vous dominent-ils ?
Quelle est votre vision ?
Comment pouvez-vous la manifester de façon pratique ?
Vous acceptez-vous et acceptez-vous les autres tels qu'ils sont,
ou mesurez-vous le monde à ses imperfections ?
Voyez-vous la beauté cachée de votre vie ?
Voyez-vous la perfection au sein de l'imperfection ?

L'acceptation, c'est le fait de reconnaître que quoi qu'il nous arrive,
et quelle que soit notre réaction,
cela est précisément ce dont nous avions besoin
pour notre plus grand bien et notre plus grande sagesse.

ANONYME

But de vie

Les individus qui ont le 6 comme but de vie sont nés pour concilier leurs idéaux avec la réalité, pour s'accepter eux-mêmes et pour accepter le monde tel qu'il est au moment présent, le tout dans une vision plus large qui embrasse la perfection immanente de la vie. Ceux qui ont le 6 comme but de vie principal (les 15/6, 24/6, 33/6 et 42/6 principalement, mais aussi tous ceux qui ont un 6 dans leur nombre de naissance) peuvent se corriger de leur perfectionnisme et de leur obsession du détail en adoptant une vue d'ensemble et en se rappelant quelles sont leurs vraies priorités. Notre but de vie représente une montagne à gravir, et les obstacles, problèmes et défis qui jalonnent le chemin des 6 concernent l'idéalisme, le perfectionnisme et la propension à juger et à désespérer de soi-même et des autres.

À l'intérieur des 6 brille le plus grand archétype, la vision utopique du monde vers laquelle nous tendons tous. Ces individus nourrissent la flamme éclatante de l'idéalisme ; ce sont des visionnaires qui exigent que nous fassions de notre mieux et plus encore. Sans la vision des 6, peut-être serions-nous condamnés au fatalisme, au nihilisme et à l'aveuglement. Mais cet idéalisme comporte un prix, et les 6 ne sont pas toujours en prise directe sur la réalité ; les yeux tournés vers les plus grandes possibilités de l'homme, ils ont tendance à manquer de jugement pratique et de patience. Parce qu'ils se comparent eux-mêmes et comparent les autres à l'idéal, les 6 se vouent eux-mêmes et vouent les autres à l'échec. Personne n'est jamais à la hauteur, rien ne satisfait jamais les perfectionnistes, mais c'est toujours eux-mêmes qu'ils jugent avec le plus de sévérité. Aussi, la Loi de la Flexibilité (p. 456) et la Loi de la Perfection (p. 500), sont les plus importantes pour les 6.

L'essence de la vision et de l'acceptation

Nos *idéaux* proviennent des archétypes essentiels de la conscience humaine ; ils reflètent les plus hautes possibilités de l'homme et du monde. Ces idéaux – de justice, de forme, d'amour et d'esprit – nous guident et nous poussent toujours plus loin, toujours plus haut. Il est difficile d'imaginer ce que serait l'humanité sans eux. Les idéaux font vivre les rêveurs, les écrivains comme H. G. Wells (33/6) et les visionnaires qui nous livrent l'image de ce que le monde pourrait être. Ces images dans notre culture, dans nos espoirs et nos rêves, sont peut-être essentielles à notre survie et à notre évolution. Elles nous inspirent, nous remplissent d'espoir et nous tracent la voie.

Ceux qui travaillent le 6 sont constamment en contact avec ces visions et ces espoirs ; Jeanne D'Arc, Christophe Colomb et l'écrivain visionnaire Isaac Asimov étaient des 15/6 ; parmi les

24/6 célèbres on retrouve Lewis Carroll, qui nous a fait voir l'autre côté du miroir, le chanteur John Denver, et l'inventeur Thomas Edison dont les visions ont changé à jamais la face du monde ; nommons enfin Ralph Waldo Emerson, Galilée, Nietzsche, Rousseau, Tolkien (et même, pourquoi pas, Michael Jackson et Charles Schulz), tous des 6 qui se sont efforcés, quoique chacun à sa manière, de rendre le monde meilleur.

Nous avons tous des espoirs et des visions, les graines de l'idéalisme germent en chaque individu, mais les visions et les espoirs des 6 sont plus poignants que les nôtres, et leur douleur, lorsqu'ils constatent que ces idéaux sont hors d'atteinte, est aussi plus grande que la nôtre. Afin qu'ils puissent nous guider et nous révéler nos possibilités, il faut d'abord que les 6 redescendent sur terre, qu'ils prennent conscience de la perfection qui existe déjà, ici et maintenant, et qu'ils apprennent à s'accepter et à accepter les autres dans le moment présent.

L'acceptation est le premier pas vers une vie plus heureuse, car les 6 ne pourront apporter une contribution effective et pratique à la cause commune que s'ils acceptent de voir le monde tel qu'il est. S'ils s'entêtent à rejeter tout ce qui n'est pas à la hauteur de leur vision, ils deviennent tristes ou amers, et ils désespèrent de la réalité. Mais du moment qu'ils reconnaissent la perfection immanente, transcendante, de la vie telle qu'elle se déroule, ils trouvent la patience et le courage de nous faire partager leur vision. Alors ils se donnent la chance et ils donnent aux autres la chance d'évoluer au rythme de Dieu, et non au leur.

Obstacles sur le chemin des 6

À l'instar des 2 et des 5, qui passent d'un extrême à l'autre, les 6 ont tendance à porter des jugements sans nuance ; le monde est soit tout à fait parfait soit plein d'imperfections. Lorsqu'ils rencontrent quelqu'un pour la première fois, les 6 projettent leur idéal de perfection sur cette personne : « C'est un homme remarquable », « C'est la femme parfaite pour moi ». Sans discrimination ni recul, aveuglés par ces vues idéalistes, les 6 s'apprêtent à vivre d'amers lendemains. Avec le temps, ils remarquent des petits défauts chez cette personne qu'ils croyaient parfaite, et ils s'en trouvent extrêmement désappointés; ils peuvent même décider de tout plaquer sur-le-champ. Les 6 sont immédiatement sensibles à la beauté, qu'elle soit en eux-mêmes ou chez les autres, alors qu'ils ne voient pas du tout les *imperfections*.

Vivre avec un 6 peut s'avérer difficile pour la simple raison que personne n'est parfait. Plusieurs 6 ravalent leurs jugements, ils disent: «Je ne juge pas les autres; je crois que je laisse les autres vivre leur vie.» Si, en apparence, certains 6 ne jugent pas les autres trop sévèrement ou ne les critiquent pas trop ouvertement, c'est parce qu'ils sont tellement occupés à se juger eux-mêmes, à s'efforcer d'être de «bonnes personnes», qu'ils préfèrent refouler cette tendance que de l'admettre pour lui faire face et finalement la transcender en appliquant les lois spirituelles appropriées.

Plusieurs 6 sont toujours en état de dénégation affective, ne sachant jamais vraiment comment ils se sentent. Ils se concentrent plutôt sur les sentiments idéaux qu'ils «devraient ressentir», puis ils tentent de se convaincre que c'est précisément ce qu'ils ressentent. Pour cette raison, les 6 devraient chercher à découvrir leurs vraies émotions; ils auraient peut-être avantage à voir un thérapeute qui puisse les aider à retrouver leur Moi véritable.

Parce qu'ils aspirent à un idéal et sont sensibles à tout ce qui les en sépare, les 6 peuvent avoir tendance à chercher la petite bête noire. Doués d'un jugement incisif, ils s'attachent aux plus petits détails. Par exemple, ils se désolent d'avoir fait une seule petite erreur dans l'exécution d'un morceau de musique extrêmement compliqué. Ils ont tout bon vingt fois de suite mais leur première faute les rend malades. S'ils ont vu un bon film, ils ne parlent ensuite que de la seule réplique qui selon eux ne fonctionnait pas. S'ils vont dans un musée, ils se souviennent de la seule peinture qui ne cadrait pas avec l'exposition. Ils réussissent à leurs examens mais souffrent d'avoir raté une seule question.

«Si seulement» est une locution importante dans le lexique des 6. Par exemple, en visitant une maison, ils vont s'exclamer: «Oh, quelle belle maison! Si seulement ils l'avaient peinte d'une autre couleur (ou si seulement il y avait un arbre ici, une fontaine là-bas). »

Roger, un de mes amis, avait organisé à lui seul une importante convention. La logistique était d'une complexité incroyable : il devait s'occuper des micros, de la sécurité, de la nourriture et de la publicité. Tout semblait bien aller, mais à la fin de la convention, pendant qu'on nettoyait la salle, je l'ai entendu murmurer : « Cette fois, j'ai vraiment gaffé ! » Surpris, je lui ai demandé ce qu'il avait fait de mal. « Eh bien, répondit-il, quelqu'un m'a dit qu'il aurait aimé avoir une carafe d'eau sur sa table. Maudit ! Si *seulement* j'avais pensé à l'eau, tout aurait été parfait. »

Les perfectionnistes perdent tout le temps ; c'est leur jeu. Pour eux, le verre d'eau est toujours à moitié vide, jamais à moitié plein. Ils jugent les autres suivant des critères personnels extrêmement sévères, puis ils se blâment eux-mêmes d'avoir jugé. Ils se sentent obligés d'être les meilleurs, et ils évitent toute activité où ils ne seraient pas d'emblée parmi les premiers. Si, par exemple, un 6 qui veut étudier la guitare classique se fait dire : « Tes doigts sont plus courts que ceux d'un maître guitariste », sa réponse sera très souvent : « Eh bien, j'arrête de jouer. Si je ne peux pas devenir aussi bon que Segovia, je préfère ne pas jouer du tout. »

Lorsqu'ils commencent à se conformer à la Loi de la Flexibilité (p. 456) et à la Loi de la Perfection (p. 500), c'est comme si on les soulageait d'un lourd fardeau ; ils apprennent que la seule perfection qui soit réside dans le mouvement parfait et dans le plaisir parfait.

L'exigence d'excellence que les 6 s'imposent à eux-mêmes, il se peut qu'ils la projettent vers l'extérieur et se mettent à croire que ce sont les autres qui espèrent trop de leur part. Enfants, plusieurs 6 qui se sentent forcés d'exceller à l'école vont faire de l'asthme ou vont avoir des spasmes pulmonaires comme si le poids du monde entier reposait sur leur poitrine. D'autres jeunes 6 jamais satisfaits d'eux-mêmes, pensant à tort que leurs parents et leurs professeurs les jugent médiocres parce qu'eux-mêmes se jugent médiocres, auront tendance à abandonner facilement : « Je ne peux pas échouer si je n'essaie pas vraiment. »

La *comparaison* est une autre source de soucis pour les 6. Ils ont beau se lancer dans un projet avec la grâce et l'enthousiasme des débutants, très vite ils ressentent le besoin de se comparer, et bien sûr ils se comparent avec ceux qui apprennent plus vite qu'eux. Alors leurs propres critères d'excellence se dressent devant eux comme un mur infranchissable et désespérant.

Ceux qui travaillent le 6 craignent la comparaison et pourtant ils ne cessent de se comparer aux autres. Parce qu'ils se jugent eux-mêmes si sévèrement, ils sont très sensibles aux jugements des autres. Lorsqu'ils cessent de se comparer aux autres, ce changement suffit à améliorer grandement leur qualité de vie. La Loi de l'Intuition (p. 536) et la disparition du fardeau de la comparaison apportent plus de plaisir et de bien-être à leur vie.

La plupart des 6 semblent distants ou même froids cependant qu'à l'intérieur, ils essaient de faire «comme il faut». Mais ce n'est pas le scénario qui compte, c'est l'émotion. Au point de vue sexuel comme dans d'autres domaines, les 6 ont tendance à se concentrer sur «la chose à faire», sur la «performance», et ils en oublient le plus important, à savoir l'émotion profonde, la vulnérabilité, le plaisir de sentir l'émotion naître et croître, toutes choses qu'ils ne pourront sentir que s'ils apprennent à se relaxer, à se détendre et à rire même s'ils ont un peu l'air fou. Après tout, personne n'est parfait – ou n'est forcé de l'être.

Les 6 font un grand pas en avant lorsqu'ils comprennent que ce n'est pas *ce qu'ils font ou ce qu'ils connaissent* qui compte, mais *ce qu'ils sont*. Invité à une fête chez des amis, le 6 trébuche dans les escaliers, tombe de tout son long devant tout le monde, se relève et renverse un plateau rempli de verres. Et alors ? Ces gens sont ses amis, ils ne se soucient pas de savoir s'il fait toujours tout à la perfection. Ceux qui travaillent le 6 sont entourés d'un certain aura de pureté ; c'est la pureté de leurs idéaux qui émane de leur champ énergétique. *Ils sont nés pour que cette lumière brille dans leurs gestes, quels qu'ils soient.* Pour leur apprendre à se détendre, je dis souvent aux 6 qu'ils devraient amener leur petit(e) ami(e) dîner dans un restaurant italien, puis, au moment du repas, au lieu d'essayer de l'épater, qu'ils devraient se mettre à manger le spaghetti avec leurs mains !

Plus ils gagnent en maturité, plus les 6 apprécient la perfection inhérente au processus d'évolution de chacun ; ils commencent à comprendre que, quoique nous soyons tous intrinsèquement parfaits, nous ne sommes pas encore parvenus à la perfection. Ils comprennent le paradoxe selon lequel : nous sommes parfaits mais nous pourrions l'être davantage !

L'amour-propre est un sentiment délicat et problématique pour les 6. Au fond de leur cœur, les 6 désirent par-dessus tout être « bons », faire « le bien ». Il n'y a rien de mal à cela, sauf qu'il y aura toujours des gens prêts à définir le « bien » et le « bon » à leur place, à les manipuler et à faire pression sur eux par l'entremise de leurs idéaux.

Ironiquement, ce sont souvent ceux qui ont les visions et les exigences les plus élevées qui se retiennent d'agir. Ceux qui placent la barre très bas n'ont pas ce problème, ils sont toujours satisfaits d'eux-mêmes. Les 6 les plus exigeants doivent placer la barre un peu moins haut, qu'elle soit au moins dans la stratosphère de la Terre ! Ils doivent se répéter : « Je ne suis peut-être pas parfait mais c'est assez bien pour l'instant et c'est la même chose pour les autres et pour le monde aussi. »

Souvent les 6 trouvent que leurs proches les jugent ou les critiquent d'une manière injuste jusqu'à ce qu'ils se rendent compte qu'ils se sont eux-mêmes attiré ces jugements. Ces personnes de leur entourage ne font que porter les costumes et jouer les rôles que les 6 eux-mêmes leur ont assignés inconsciemment. Parce que les 6 doivent apprendre à composer avec les jugements des autres, ils pactisent inconsciemment avec parents, amis ou amants afin que ceux-ci reprennent à leur compte les jugements que les 6 portent déjà sur eux-mêmes. Lorsqu'ils cessent eux-mêmes de se juger, les 6 s'aperçoivent que la froideur qu'ils croyaient déceler chez les autres a soudain disparu.

L'important est de se rappeler que la perfection n'est pas de ce monde ; au mieux, nous pouvons atteindre l'excellence, et cela demande du temps et de l'entraînement.

La Loi de la Méthode (p. 485) s'adresse aussi aux 6 parce que, même s'ils sont plus enclins que les 4 à procéder par étapes, ils ont tendance à se dépêcher d'en finir. Impatients, les 6 n'aiment pas passer par quatre chemins ; quand ils lisent un livre, c'est pour en connaître le dénouement, et ils mangent pour arriver à la fin du repas. Comme certains golfeurs qui aiment beaucoup frapper la balle, ils oublient que la marche entre chaque coup peut aussi être une chose agréable.

Après la Loi de la Flexibilité (p. 456), les 6 ont tout avantage à se conformer à la Loi du Moment présent (p. 505) qui leur rappelle que *seul le moment présent existe*. Le taï chi, art martial au déroulement très lent, peut leur enseigner la patience et leur apprendre à savourer l'éternel présent.

Puisqu'ils tendent vers des idéaux, les 6 peuvent exceller et réussir dans n'importe quel domaine une fois qu'ils ont corrigé leurs tendances perfectionnistes et ont cessé de se mésestimer.

Autres qualités et tendances

Les problèmes d'argent des 6 ont deux causes possibles : Premièrement, les 6 peuvent attendre indéfiniment avant de se décider à mettre leur produit sur le marché – attendre, en fait, que leur travail soit à la hauteur de leurs impossibles exigences. Si Babe Ruth, le roi des coups de circuit *et* des retraits au bâton, avait attendu jusqu'à ce qu'il fût sûr de ne plus faire aucune erreur, il ne serait jamais sorti de l'abri des joueurs. Deuxièmement, il se peut que, se mésestimant eux-mêmes et mésestimant leur travail, les 6 fixent leurs prix beaucoup trop bas. Mais lorsqu'ils savent éviter ces écueils, les 6 voguent rapidement vers le succès et la reconnaissance.

Ceux qui travaillent le 6 doivent cultiver l'idée d'une sorte d'*haltérophilie spirituelle* : lorsque la vie devient trop difficile ou qu'elle ne se déroule pas comme prévu, ces difficultés deviennent les poids et haltères qu'il faut soulever pour renforcer notre esprit et tirer les leçons parfaites de l'expérience. Les 6 peuvent mettre en application la Loi de la Perfection (p. 500) en se demandant : « En quoi cela est-il parfait ? »

Plusieurs 6 s'entêtent à chercher le conjoint idéal, l'âme sœur, ou le travail parfait. Mais quand ils ont appris à se plaire là où ils sont, comme ils sont, dans ce qu'ils font et avec qui ils se trouvent présentement, alors ils font l'expérience de la véritable perfection.

À mesure qu'ils réfléchissent au sujet de leur propre perfection intérieure, la pensée des 6 s'étend peu à peu et, alors même qu'ils travaillent à rendre le monde encore meilleur, ils perçoivent la perfection globale du monde tel qu'il est. Lorsqu'ils travaillent dans le positif, les 6 aident les autres à voir leur propre perfection, leur propre beauté et la beauté de la vie. Ce faisant, ils découvrent la lumière parfaite qui brille à travers le monde des formes.

Au sommet : épanouissement et destinée

Au plus haut niveau, les 6 deviennent des visionnaires à l'esprit pratique qui montrent la voie vers un monde meilleur. Ils le font avec un maximum d'efficacité une fois qu'ils ont appris à s'accepter eux-mêmes et à accepter les autres et le monde tels qu'ils sont au moment présent. L'acceptation est le premier pas vers un futur possible où les 6, libérés des jugements traînés par leurs idéaux, se feraient les témoins de la justice immanente, parfaite et immédiate des lois et de la sagesse universelles. Lorsqu'ils travaillent dans le positif, les 6 nous montrent à voir notre propre perfection, et ils nous font découvrir les occasions cachées derrière nos problèmes.

Toujours guidés par une vision de ce qui pourrait être mais ne jugeant plus du monde en son nom, ayant finalement appris à y mettre plus de patience, de réalisme et de souplesse, les 6 transcendent le perfectionnisme et commencent à voir le monde dans son entièreté. Guéris de leur manie du détail, ils accomplissent davantage ; ils ont plus de plaisir et moins de soucis ; ils ont plus de petites joies et moins de gros soucis ; ils ressentent moins de pression et ils sont plus heureux. Ils apprennent que moins ils se jugent eux-mêmes, moins on les juge et plus le monde devient chaleureux.

Après avoir laissé tomber l'interminable programme de perfectionnement dans lequel le sentiment de leur propre insuffisance les avait engagés, ils continuent non moins de s'améliorer mais leur nouvelle approche est beaucoup moins stressante. Ils ressentent une joie immense lorsqu'ils ont pour la première fois l'intuition de la perfection pour ainsi dire virginale du monde tel qu'il est, et de notre perfection à nous qui l'habitons malgré que notre épanouissement se fasse lentement, patiemment.

Au plus haut niveau, les 6 reconnaissent la perfection divine en toutes choses, même dans les rues surpeuplées de la ville ; ils sentent que toute chose sert un but et que les défis et difficultés de la vie servent parfaitement celui de nous aiguillonner vers la réalisation et la manifestation de ce que nous sommes et de ce que nous devenons.

Moyens d'action

Voici quelques moyens d'action pour les 6 qui veulent apporter un changement durable dans leur vie :

❖ Face à votre perfectionnisme, souvenez-vous de cette phrase et du point de vue qu'elle propose : « Je suis (c'est) assez bon. »

❖ Souvenez-vous que l'important n'est pas ce que vous faites mais ce que vous êtes.

❖ Apprenez l'acceptation ; quoi qu'il vous arrive, et quelle que soit votre réaction, sachez tirer profit de la situation.

❖ Tout en aimant la vie ici et maintenant, laissez-vous guider par la vision de ce que vous pourriez devenir.

Vers la vision et l'acceptation

1. Pensez à quelqu'un que vous connaissez, ou pensez à un personnage littéraire, cinématographique ou historique, quelqu'un qui s'accepte lui-même et accepte les autres tels qu'ils sont, quelqu'un qui soit porteur d'une vision élevée tout en étant capable d'une perspective globale.

2. Imaginez que vous êtes cette personne : vous êtes content de vous-même et des autres, vous acceptez la justice et la

perfection qui existent en toutes choses telles qu'elles sont. De quelles façons précises pourriez-vous mettre ces qualités en action afin d'amener une plus grande acceptation dans votre vie ?

7 : FOI ET OUVERTURE

Imaginez une sombre caverne
où l'on peut voir flotter dans la noirceur,
brillant au feu de sa sagesse intérieure,
une grande fleur lumineuse.
La fleur demeure cachée, car elle mésestime
sa propre beauté.
Elle craint qu'en laissant passer la lumière,
en se montrant au grand jour,
elle ne soit détruite.
Ressemblez-vous à cette fleur ?
Recevez-vous les autres en votre domaine intérieur ?
Et si vous aviez suffisamment foi en vous-même
pour sortir de la caverne, pour dévoiler votre cœur,
votre vulnérabilité, votre propre lumière intérieure ?

Notre aptitude à flotter sur les flots de la vie
reflète notre disposition à croire.

ANONYME

But de vie

Les individus qui ont le 7 comme but de vie sont nés pour se confier à la lumière, ou Esprit, qui est en eux comme en chaque être humain, pour avoir foi en leur propre processus d'évolution et pour s'ouvrir aux autres en toute sécurité afin d'offrir au monde leur propre beauté intérieure. Notre but de vie n'est ordinairement pas chose facile ; aussi, ceux qui ont le 7 comme but de vie principal (les 16/7, 25/7, 34/7 et 43/7 principalement, mais aussi tous ceux qui ont un

7 dans leur nombre de naissance) rencontreront des obstacles dans le domaine de la foi et de l'ouverture.

L'énergie des 7 circule de l'extérieur vers l'intérieur. Bien qu'ils puissent réussir dans le monde en empruntant différentes voies, leurs aspirations les plus profondes et le but même de leur destinée vont plutôt dans le sens d'un cheminement intérieur que d'un quelconque aboutissement extérieur. Les 8, par exemple, peuvent axer leur vie sur leur travail, mais pour la plupart des 7 – même pour ceux qui réussissent dans le monde, et quoiqu'ils n'en soient pas toujours conscients –, la carrière n'est jamais que partie intégrante d'une quête plus large et plus profonde. Pour les 7, le travail le plus important se fait à l'intérieur.

La plupart des 7 ont besoin de beaucoup d'espace et de temps pour eux-mêmes ; ils tendent vers l'indépendance et ce sont souvent des solitaires ; même lorsqu'ils semblent grégaires, ils partagent rarement leurs pensées intérieures parce qu'ils ont peur soit d'être ridicules soit de se couvrir de honte. Quelques 7 qui connaissent mal leurs limites commencent par partager tout ce qu'ils ont pour ensuite se sentir trahis, lésés ou incompris.

L'essence de la confiance et de l'ouverture

Pour la plupart d'entre nous, la confiance est un sentiment de sécurité, c'est avoir l'assurance que personne ne nous fera du mal, ne nous humiliera ou ne nous trahira. Pour les 7, la confiance devient une foi profonde en soi-même, dans l'humanité et dans l'univers – une foi qui trouve sa force non seulement dans la croyance en l'Esprit mais dans la connaissance immédiate de sa présence et de son œuvre en nous, à travers nous, par nous. Cette connaissance leur procure détente et bien-être ; elle les libère de la peur et leur communique en lieu et place de celle-ci le sentiment d'une communion spirituelle avec la vie – voire d'une sorte de plénitude mystique comme celle qu'a connue le saint Indien Ramakrishna à qui il arrivait de tomber en extase devant des fientes d'oiseaux parce que celles-ci lui rappelaient l'Esprit, parce que tout lui rappelait l'Esprit.

Lorsque les 7 se fient à leurs sentiments, instincts et intuitions, et mettent leur foi dans l'Esprit qui travaille en eux comme en nous tous – cependant qu'ils continuent à évoluer, à se tromper parfois et à apprendre de leurs erreurs –, alors ils s'ouvrent au sentiment spirituel d'amour, de justice et de sagesse qui opère en eux au point de les rendre transparents. Ce qui ne signifie pas qu'ils se laisseront naïvement exploiter par les autres ; cela signifie plutôt qu'ils laissent leur lumière briller sur le monde extérieur au lieu de l'en priver. De cette façon, ils deviennent des guides précieux pour les autres.

Obstacles sur le chemin des 7

La foi, pour les 7, débute avec la confiance en soi. Mais puisque notre but de vie comporte des défis spécifiques, les 7 ne se font pas confiance aisément. Ils peuvent penser qu'ils se font confiance, au contraire, mais cela fait partie du problème : ils font confiance au cerveau qui pense – qui emmagasine l'information, les théories et les idées des autres – et non au « sage intérieur », à leur propre sagesse intuitive. La vraie confiance en soi agit sur tous les plans : physique, affectif, psychique et spirituel.

Certains 7 donnent l'impression qu'ils ont une confiance quasi illimitée en eux-mêmes, mais s'ils font taire les autres ou ignorent leurs conseils c'est bien plutôt par manque de foi en leurs propres ressources intérieures, parce qu'ils se sentent trop perméables aux idées des autres.

La plupart des 7 préfèrent se fier aux idées et aux opinions des autres qu'aux leurs propres. Leur cerveau accumule les connaissances – celles qu'on trouve dans les livres, celles des professeurs et des experts en tout genre. Ils essaient une diète et puis une autre ; toujours à l'affût des dernières modes en matière de nutrition, d'exercice physique, de santé, ils suivent différents maîtres ou techniques spirituels, cherchant sans cesse parmi les idées, méthodes et théories des autres celles qui pourraient leur convenir. Ces expérimentations incessantes ont cela de bon que les 7 amassent une foule de connaissances grâce auxquelles ils pourront plus tard aider de nombreuses personnes. Mais les 7 ont trop tendance à se plier aux idées des autres, à leurs opinions et à leurs façons d'aborder la vie, quand ils devraient tâcher d'adapter les idées des autres à leurs propres besoins.

Les 7 devraient confronter la sagesse des experts, des livres et des méthodes qu'ils expérimentent avec leurs propres instincts et intuitions – avec leurs propres sentiments instinctifs et intuitifs.

Sur le plan physique, les 7 doivent se fier davantage à leur instinct, à la sagesse du corps, qu'aux idées des autres. L'exercice physique, la danse et les arts martiaux, par exemple, ou encore le théâtre et la musique peuvent leur apprendre la confiance en soi. Lorsqu'ils sont dans le doute, ne savent pas combien de temps ils devraient consacrer à l'exercice, quel genre de nourriture ils devraient manger ou comment faire pour exprimer leur sexualité, c'est à leur propre sage intérieur qu'ils devraient s'adresser et non au gourou ou à l'expert le plus près de chez eux. Les experts connaissent plein de choses dans leurs domaines respectifs, mais les 7 doivent se rappeler qu'ils sont les seuls experts en ce qui concerne leur propre corps et leur propre vie.

La foi en soi-même ne se trouve pas dans les classeurs du cerveau où les 7 ont rangé les idées des autres ; elle se trouve à un autre niveau de connaissance, un niveau qu'on peut qualifier de cellulaire, ou inconscient ; autrement dit, les 7 savent plus de choses qu'ils n'en ont apprises, plus de choses qu'on ne leur en a enseignées. Ils ont beau étudier la sagesse des experts, ils devront trouver leurs propres vérités.

Se fier à ses intuitions et à ses émotions représente peut-être le plus grand défi des 7, qui se sentent plus en sécurité et plus à leur aise dans le domaine du cérébral que dans le champ des émotions. Ils ont tendance à garder jalousement leur vie privée, ils se sentent rarement suffisamment en confiance et en sécurité pour partager avec d'autres ce qu'ils ressentent vraiment au fond de leur cœur.

Afin que leur gentillesse, leur générosité et leur perspicacité puissent se manifester pleinement, les 7 doivent d'abord se libérer de la peur inconsciente d'être trahis par les autres ou par eux-mêmes. En raison de ces peurs profondes, les 7 sont d'ordinaire des individus secrets qui préfèrent occuper leur temps à des travaux solitaires qui leur permettent de relaxer; toutefois, si leur travail exige qu'ils passent la majeure partie de leur temps en groupe, ils posent entre eux et les gens un écran invisible qui les protège des coups qu'on pourrait leur porter, et ils se sentent tout aussi seuls.

La plupart des 7 sont très sensibles aux trahisons et aux malentendus; inconsciemment, ils s'attendent à être trahis ou mal compris. Et puisque nos attentes influencent nos expériences, il arrive souvent qu'ils fassent l'expérience douloureuse de la trahison. Comme Charlie Brown qui s'apprête à botter le ballon de football que tient Lucy en disant: «Viens le botter, cette fois je ne l'enlèverai pas», les 7 entrent dans le monde avec une confiance inébranlable, une foi naïve et aveugle; dans ces conditions, il est inévitable que tôt ou tard quelqu'un les déçoive, ou pire: qu'on leur brise le cœur.

Je sais que plusieurs 7 ne se reconnaîtront pas immédiatement dans cette description, mais une partie de leur être se reconnaît et comprend. Cette compréhension est un point de départ, c'est le levier grâce auquel les 7 pourront soulever puis transcender leurs problèmes pour parvenir enfin en ce lieu de foi et de paix qu'ils désespéraient de ne jamais trouver – un lieu d'où ils peuvent s'ouvrir, élargir leur vision du monde et même changer le cours de leur vie.

La Loi des Attentes (p. 520) aide les 7 à remplacer leurs attentes négatives (craintes inconscientes d'être trahis) par de nouvelles attentes positives fondées non plus sur la naïveté ou sur une foi aveugle mais sur une communication claire et une confiance totale en soi, dans les autres et dans l'Esprit. Ceux qui ont le plus de mal à se confier doivent exprimer clairement leurs doutes à ce sujet: «Excuse-moi, mais ma confiance en toi a faibli quelque peu pour une raison quelconque. Peux-tu m'expliquer ce qui se passe?» Ils apprennent à quel point ils peuvent se confier à telle ou telle personne; en assignant des limites claires à leur confiance, ils ne risquent plus de se méprendre sur quelqu'un par suite de présomptions naïves. Lorsqu'ils ont foi en eux-mêmes, se fient à leur cœur et au cœur des autres, ils n'ont plus rien à craindre.

Les défis rencontrés au travail, dans les relations personnelles ou ailleurs sont riches d'enseignements car ils renvoient toujours les 7 à leur difficulté première, soit le manque de foi en l'Esprit qui travaille en eux comme en nous tous. Même ceux qui prétendent avoir pleinement foi en eux-mêmes, qui se disent ouverts et sociables, feraient mieux d'y penser à deux fois. En y regardant de plus près, ils se rendent compte que cette foi n'était qu'une construction de l'esprit; qu'au fond de leur cœur, ils ont encore peur d'être trahis; et qu'ils ont envers leur propre sage intérieur une foi des plus fragiles. L'étude de la Loi de la Foi (p. 514) peut servir de catalyseur dans la vie des 7.

C'est dans les leçons de l'expérience, et non dans les livres, que les 7 apprennent ce qu'est la foi en soi-même. Soucieux de l'essence des choses, les 7 se servent des difficultés de leur vie quotidienne pour arriver à une plus grande compréhension, pour grandir, évoluer et apprendre. Ils cherchent les vérités profondes, et ils finissent par développer une vision pénétrante, quasiment radioscopique, qui fait le lien entre le connu et l'inconnu.

Tant qu'ils n'ont pas découvert la liberté intérieure et n'ont pas appris à se fier au « sage intérieur », les 7 ont peur de l'inconnu, d'autant plus s'il se trouve en eux-mêmes; d'où leur anxiété, leur confusion d'esprit et leur frustration lorsqu'ils se sentent mûs par des forces intérieures qu'ils ne comprennent pas ou lorsqu'ils se sentent menacés par leurs propres instincts. Tout cela crée une grande nervosité et explique que les 7 aient du mal à se concentrer ou à rester en place très longtemps. Souvent, ils ont même de la difficulté à regarder quelqu'un dans les yeux tellement ils sont conscients de l'énergie qui est transmise par le regard.

En réaction contre cette tendance, les 7 se présentent souvent d'une façon vague et rêveuse qui ne les engage à rien. Les 7 les plus enclins à la spiritualité et à la métaphysique peuvent se préoccuper des forces mystérieuses de la nature au point d'en oublier les réalités de la vie quotidienne. Plusieurs 7 finissent par se plonger dans une sorte d'errance spirituelle; sac au dos et barbe longue, ils voyagent de par le monde ou joignent un ashram mais ils n'ont jamais vraiment les deux pieds sur terre. Ils se perdent facilement dans les espaces célestes de leur imagination mais il leur faut beaucoup d'efforts pour toucher à la planète Terre. Ce sont d'éternels chercheurs mais leur quête demeure vaine jusqu'à ce qu'ils comprennent que tout ce dont ils ont besoin, Dieu y compris, est à l'intérieur d'eux-mêmes.

D'autres 7 qui fonctionnent bien dans la vie de tous les jours n'en demeurent pas moins dans un monde bien à eux; ceux-là paraissent distants, déconnectés, insensibles; et parce qu'ils ont eux-mêmes tant de mal à faire confiance, il se peut que les autres les considèrent indignes de leur confiance.

Les 7 qui découvrent leur propre profondeur découvrent par le fait même la profondeur du monde. Ce sont des mystiques mais des mystiques qui peuvent vivre dans le monde et canaliser leurs énergies dans des directions constructives. Ce genre de mysticisme actualisé représente la plus haute vocation des 7. Bien qu'elles soient souvent difficiles à comprendre, ces 7 peuvent nous donner des indications précieuses concernant les mystères de la vie. Leur chemin est construit sur une foi absolue qui inclut et transcende la logique et la raison.

Moins ils ont recours à la logique, plus ils savent. Toutefois, lorsqu'il est discipliné, leur cerveau peut pénétrer dans les profondeurs de la vie, y découvrir les fils entrecroisés qui forment le tissu même de l'existence, et ainsi devenir un outil important capable d'expliquer le mysticisme au monde. Quand ils vont méditer dans les cavernes, les forêts, les déserts, à la montagne ou à la mer, les 7 ont l'impression de se régénérer à la source même du pouvoir et de la lumière qui circulent en eux.

La plupart des 7 ressentent une grande affinité avec le monde naturel; parfois, ils préféreraient vivre dans une forêt ou dans une caverne parce qu'ils n'y seraient pas confrontés à la peur paranoïaque que leur inspirent les gens, paranoïa qui est en quelque sorte leur spécialité. Mais quand ils découvrent et sentent l'esprit d'amour et de confiance qui travaille en eux, les 7 le voient et le sentent aussi chez les autres; alors les murs de leur isolement s'effondrent et seules demeurent entre eux et les autres des frontières naturelles et saines.

Au chapitre des relations amoureuses, la plupart des 7 rêvent d'un partenaire qui soit à la fois un ami et quelqu'un qui puisse apporter à leur vie un sentiment d'achèvement, d'harmonie et d'équilibre. Mais une telle relation de couple, aimante et interdépendante, suppose une capacité d'ouverture, d'intimité... et de confiance, car une trahison est toujours possible. La plupart des 7 sont donc partagés à ce sujet: ils veulent d'une relation intime mais pas vraiment; ils rêvent d'un compagnon chaleureux mais eux-mêmes restent froids et distants, gardant jalousement pour eux un espace privé où ils se sentent en sécurité. Les relations de couple ressemblent donc à une ronde de négociations au cours de laquelle les 7 se montrent intraitables jusqu'à ce qu'ils aient développé une relation d'amour et de confiance avec eux-mêmes et avec l'esprit qui les habite. Ayant l'assurance qu'ils sont déjà des êtres complets indépendamment de leur vie amoureuse, ils cherchent un partenaire non plus pour se compléter mais pour partager avec lui.

Ces expériences de confiance, d'ouverture et de communion qui sont au cœur du but de vie des 7 n'ont rien à voir avec les rites en usage dans les sectes religieuses, aussi beaux soient-ils. Ce sentiment de communion est le résultat d'une démarche de foi toute personnelle qui conduit à une union directe avec l'énergie, l'amour et la confiance de l'Esprit. Plusieurs 7 font l'expérience d'une telle communion avec la nature, parmi les choses et les esprits vivants du monde naturel. Amants des beautés de la nature, ils se sentent parfois très proches de certaines cultures aborigènes, comme celle des Amérindiens. Lorsqu'ils élargissent l'horizon de leur conscience, les 7 découvrent que l'aigle, le ruisseau et le vent dans les arbres leur parlent. Leur plus grand désir est que l'Esprit les prenne dans Ses bras – ces bras en qui ils ont parfaitement confiance. Et quand ils sentent de plus en plus la présence de l'Esprit, une douce voix venant de l'intérieur leur dit: « Je suis prêt à rentrer chez moi. »

Autres qualités et tendances

Ceux qui travaillent l'énergie du 7 ont des émotions mais ils ont plus tendance à écouter leur tête que leur cœur. Les émotions sont porteuses de souvenirs, conscients ou inconscients, et ils ont peur de se rappeler à travers elles des trahisons et des hontes subies dans le passé. À cause de ces peurs, les 7 ont tendance à garder pour eux leurs émotions les plus profondes et les plus vraies. S'ils sont parfois sociables, ils parlent rarement de leur Moi profond et ce silence laisse la porte ouverte à tous les malentendus, à tous les espoirs déçus, c'est-à-dire à cela même qu'ils craignent par-dessus tout.

Presque tous les 7 ont des esprits incisifs, le genre d'esprit qui sait lire entre les lignes. Ils ont tout pour devenir des penseurs, des écrivains, des mystiques ou des savants connus internationalement. Plusieurs sont tentés par les études avancées et par la recherche soit en philosophie, en mathématiques, en physique, en religion, en métaphysique ou en psychologie. Ils veulent savoir comment l'être humain fonctionne, comment la vie fonctionne. Ils aspirent à une sagesse plus profonde qui se dérobe aux regards ordinaires. Mais dès qu'ils sont entrés en contact avec leur sagesse intérieure, les 7 découvrent, souvent à leur grande surprise, qu'ils comprennent beaucoup plus de choses qu'ils ne le croyaient possible, qu'ils savent des choses sans les avoir apprises ; et ils comprennent que la source de ces connaissances est en eux, prête à être exploitée.

En revanche, plusieurs 7 ne veulent rien savoir de la métaphysique ; ils rejettent, feignent d'ignorer ou ridiculisent toutes les idées spirituelles. Quoi qu'il en soit, le jour viendra où ils sentiront le besoin de creuser plus profondément dans leur vie ; ce jour-là, placés dans des circonstances qui invitent à plus d'introspection, ils feront un premier pas vers la foi en soi-même.

De nature, les 7 sont rarement attirés par les groupes ; ils sont ordinairement plus à leur aise quand ils travaillent seuls et ils ont régulièrement besoin de solitude. Même lorsqu'ils semblent grégaires, ils défendent leur vie intérieure comme s'il s'agissait d'une forteresse. Ils sont fortement attirés par les activités solitaires comme l'écriture, la recherche ou les arts. Même lorsqu'ils sont des personnages publics, des acteurs par exemple, ils conservent un espace privé à l'intérieur d'eux-mêmes. Plusieurs sont d'excellents danseurs, chanteurs, musiciens ou même hommes d'affaires, mais, quoi qu'ils fassent pour gagner leur vie, les 7 éprouvent une satisfaction vraiment profonde lorsque leur travail sert une cause plus élevée. Plusieurs 7 sont soit présidents de banque, menuisiers, imprimeurs, enseignants – métiers qui n'ont rien à voir avec la métaphysique.

Les enfants aiment les 7, et cette affection est réciproque car les 7 eux-mêmes ont des cœurs d'enfants qui sont en prise directe avec Dieu. Il importe que les 7 sachent distinguer la part de l'Esprit qui est en eux et qu'ils aient dans leur vie quotidienne le sentiment d'une plus grande communion avec l'esprit.

Au sommet : épanouissement et destinée

Au sommet de leur montagne, quand ils ont cessé de chercher des signes de trahison, les 7 voient la sagesse et l'ordre régner partout et en toutes circonstances. Ce qu'ils auraient perçu précédemment comme une trahison ou une déception, ils le voient maintenant comme une leçon riche d'enseignements. Ils ressentent de la gratitude même lorsqu'ils font face aux difficultés de la vie. Tout malentendu devient leçon de vie rappelant aux 7 la nécessité d'exprimer leurs émotions – de communiquer, de faire front, et d'apprendre. Dans certains cas, lorsque toutes les voies de communication sont rompues, la leçon à tirer est qu'il faut parfois qu'une relation meure pour qu'une autre puisse naître.

Les individus travaillant le 7 dans sa forme la plus pure voient la sagesse et la beauté partout – non seulement dans la splendeur du monde naturel, ce dont la plupart des 7 sont capables, non seulement dans les lieux sacrés, mais aussi dans les rues sales de la ville, chez les amis et les ennemis pareillement.

À ce stade de leur évolution, les relations personnelles, le travail, les expériences et les obstacles qu'ils rencontrent deviennent autant de grains pour leur moulin à sagesse. Les 7 trébuchent et tombent mais ils se relèvent, apprennent à se connaître et finissent par retrouver leur chemin vers la source. Ce ne sont pas tous les 7 qui utilisent la terminologie du spirituel mais tôt ou tard tous font l'expérience d'une confiance profonde qui évolue pour devenir foi, foi en eux-mêmes et foi en l'Esprit ;

et ils découvrent alors qu'ils sont plus heureux qu'ils n'auraient jamais cru possible de l'être.

Moyens d'action

Voici quelques moyens d'action pour les 7 qui veulent apporter un changement durable dans leur vie :

❖ Abordez une question en vous demandant : « Et si je savais déjà ? » Voyez quelle réponse vous viendra.

❖ Faites de votre mieux pour exprimer non seulement ce que vous pensez mais surtout ce que vous ressentez vraiment au fond du cœur, et ne laissez subsister aucune équivoque dans vos relations avec les autres.

❖ Respectez votre besoin de solitude, mais prenez de petits risques en exprimant vos sentiments ouvertement.

❖ Fiez-vous à votre instinct et à votre intuition ; vous êtes le seul expert en ce qui concerne votre corps et votre vie.

Vers l'ouverture et la foi

1. Pensez à quelqu'un que vous connaissez, ou pensez à un personnage cinématographique, littéraire ou historique, quelqu'un qui sait faire confiance aux autres et se relaxer en leur compagnie, quelqu'un qui ose révéler ses pensées et ses émotions profondes sans gêne ni crainte et qui a foi en sa propre connaissance intuitive.

2. Imaginez que vous êtes cette personne : vous vous sentez en sécurité, capable de vous relaxer, de vous ouvrir et de créer des liens avec d'autres personnes. De quelles façons précises pourriez-vous mettre ces qualités en action afin d'amener plus de foi et d'ouverture dans votre vie ?

8 : ABONDANCE ET POUVOIR

Imaginez une corne d'abondance,
d'où s'échappent des fruits multicolores,
des pierres et de l'or,
prête à combler de faveurs tous ceux
qui voudront bien se lever et tendre la main.
Comment pourriez-vous vous lever dans le monde ?
Cette corne d'abondance n'existe-t-elle pas déjà en vous ?

La vraie richesse,
c'est ce qui reste quand on a perdu tout son argent.

ANONYME

But de vie

Les individus qui ont le 8 comme but de vie sont nés pour travailler dans l'abondance, le pouvoir et la célébrité, et pour mettre leur réussite au service du bien commun. Toutefois, parce que notre chemin de vie comporte des défis spécifiques, ceux qui ont le 8 comme but de vie principal (les 17/8, 26/8, 35/8 et 44/8 principalement, mais aussi tous ceux qui ont un 8 dans leur nombre de naissance) y rencontreront des obstacles relevant du domaine de l'argent, du pouvoir, de l'autorité, du contrôle et de la reconnaissance publique. Les 8 doivent s'efforcer de concilier leurs aspirations profondes, quoique parfois refoulées, vers la réussite, avec l'influence contradictoire des craintes, croyances et pulsions inconscientes qui les poussent à fuir le succès matériel.

Chez certains 8, les questions d'argent prédominent; chez d'autres, ce sont les questions de pouvoir, de contrôle (ou domination), d'autorité ou de reconnaissance publique. Toutes ces questions doivent être soulevées, examinées et résolues en route vers le sommet de la montagne. Les gens qui travaillent le 8 doivent ressentir l'abondance, le pouvoir et le prestige à l'intérieur d'eux-mêmes avant de pouvoir manifester ces qualités dans le monde.

Ceux qui ont le 8 comme but de vie ne parviennent pas tous au même degré de réussite matérielle et d'abondance; mais qu'ils soient connus mondialement, dans leur pays ou dans un cercle plus restreint, cela importe peu car notre destinée peut trouver une expression pleine et satisfaisante aussi bien sur une petite que sur une grande échelle.

Tôt ou tard les 8 deviennent maîtres de leur destinée et ils transcendent les questions d'abondance et de pouvoir en dédiant ces qualités à un but plus élevé, avec générosité, sagesse et compassion. Les personnes qui travaillent le 8 peuvent être des gens puissants, riches et célèbres, ou des ermites, pauvres et anonymes. La destinée des 8 ne se limite pas à l'accumulation des richesses de ce monde ou au renoncement à ces mêmes richesses; renoncer n'est pas transcender. Bien que le degré d'accomplissement de leur but de vie ne corresponde pas à la quantité d'argent accumulée durant leur vie, il faut néanmoins que les 8 « entrent dans la danse », il faut qu'ils relèvent le défi de l'abondance et du pouvoir s'ils veulent arriver à les transcender.

L'essence de l'abondance et du pouvoir

Il y a plusieurs sortes de succès dont certains, comme le fait d'atteindre un but qu'on s'était proposé, d'aider les autres ou de trouver la paix intérieure, n'ont rien à voir avec l'argent. Cependant la réussite matérielle, point central de la destinée des 8, a ordinairement rapport à l'argent. Bien que les questions d'argent soient inévitables dans la vie des 8, l'argent n'est jamais qu'une façon parmi d'autres de tenir le score; c'est une forme d'énergie – une sorte de mercure dans le thermomètre de nos vies.

Ceux qui travaillent le 8 ne viennent pas sur terre uniquement pour l'*argent*; ils sont ici pour manifester l'*abondance*, mot qui a un sens beaucoup plus riche de possibilités. L'argent est une chose, un moyen d'échange. L'abondance est une attitude, une plénitude d'émotions; elle fait davantage référence à un état d'esprit qu'à une situation dans le monde. Des gens modestes peuvent s'estimer très heureux et ressentir une certaine forme d'abondance. Des millionnaires peuvent être accablés par le stress et finir dans la dèche parce qu'ils auront essayé de trop en faire; ceux-là n'ont pas connu de sentiment d'abondance.

Le pouvoir, qui peut aussi se manifester comme une forme de contrôle ou d'autorité, fonctionne à peu près comme l'argent; et dans notre culture les deux sont étroitement liés. Le pouvoir peut se manifester de façon négative, par des tentatives de manipulation ou de contrôle sur les autres, ou il peut devenir pouvoir intérieur et contrôle de soi. Comme on l'a dit plus haut, les 8 connaîtront l'abondance, le pouvoir et le prestige dans le monde dans la mesure où ils auront d'abord ressenti ces qualités intérieurement.

Obstacles sur le chemin des 8

Certains 8 pour qui la spiritualité et l'introspection comptent beaucoup seront déçus d'apprendre que leur but de vie concerne une chose aussi vile que l'argent, le pouvoir ou la renommée. À ceux-là il faut rappeler qu'on peut utiliser le succès matériel à des fins très positives. On peut très bien avoir un travail agréable, faire de l'argent et aider les autres tout à la fois. Étant moi-même un 26/8, j'ai la chance de gagner ma vie tout en faisant une chose que j'estime utile – j'aide les autres en écrivant des livres et en dirigeant des séminaires où il est question des grands thèmes spirituels. L'argent et le spirituel peuvent s'entraider; ils ne sont pas forcément incompatibles.

La plupart des 8 éprouvent des désirs impérieux (et des peurs tout aussi puissantes) à l'égard de l'argent, du pouvoir et de la renommée. Ces désirs et ces peurs (qu'ils soient conscients ou non), et la dynamique conflictuelle qui en résulte, se trouvent au cœur du chemin de vie des 8.

Plusieurs 8 veulent consciemment faire beaucoup d'argent, être reconnus et avoir un plus grand contrôle sur leur vie ou sur leur environnement, mais leurs peurs les empêchent d'atteindre ces buts. Parce que notre but de vie n'est jamais chose facile, la plupart des 8 présentent les doubles symptômes de l'attirance et de la répulsion que la réussite leur inspire. Comme quelqu'un l'a si bien dit : « Je n'aime pas l'argent mais c'est la seule chose qui me détend. »

Puisque je travaille le chemin 26/8, j'aimerais vous faire part d'un incident qui en me révélant l'une de mes propres croyances négatives au sujet de l'argent m'a aidé à négocier un important virage dans ma vie. À l'époque, j'avais deux boulots de typographe, j'essayais tant bien que mal de faire vivre ma famille et je m'endettais toujours de plus en plus. Un jour, dans le centre-ville, je vis deux jeunes femmes bien habillées s'engouffrer dans une Mercedes – un coupé sport qui devait valoir aux environs de soixante-dix mille dollars. Un noir nuage a assombri ma psyché pendant que je regardais avec animosité ces « deux filles à papa ». Soudain une pensée me vint à l'esprit, comme un éclair qui traverse le ciel : Ces deux jeunes femmes, pensais-je, étaient peut-être de très bonnes personnes, des femmes intelligentes et charitables. J'avais eu des sentiments négatifs à leur égard pour la seule raison qu'elles avaient l'air d'avoir beaucoup d'argent. En cet instant, je compris que si l'argent m'inspirait un tel dégoût, il n'était pas étonnant que je n'en attire pas. Peu après, ma vie matérielle a commencé de s'améliorer.

Ceux qui travaillent le 8 règlent leurs problèmes d'argent de diverses façons : certains s'arrangent pour avoir le moins d'argent possible, ils croient que richesse est synonyme de corruption et d'exploitation, comme si l'abondance et l'éthique s'excluaient l'une l'autre, et ils sont pleins de rancune contre les riches. D'autres 8 qui sont nés avec une cuillère d'argent dans la bouche peuvent se distancer ou s'isoler des autres. Ils peuvent se sentir coupables d'avoir tant d'argent ou au contraire en vouloir toujours plus. Ils ne savent jamais si on ne les aime pas uniquement pour leur argent, et ils peuvent avoir de la difficulté à concentrer leurs efforts et à se motiver.

Ceux qui travaillent le 8 doivent développer les qualités, les habiletés et la confiance qui leur permettront de comprendre les lois de la réussite matérielle, entre autres la loi qui régit l'équilibre des échanges d'énergie : si les 8 font de l'argent de façon malhonnête ou pour le seul plaisir de faire de l'argent, c'est-à-dire sans aucune motivation altruiste, alors même s'ils gagnent beaucoup d'argent, il y aura toujours un vide dans leur vie.

La plupart des 8 doivent prendre l'argent et le pouvoir comme ils viennent et tels qu'ils sont, ni plus ni moins, sans les adorer ni les détester. Ceux qui ont tendance à surestimer l'importance de l'argent devraient lire le texte de la Loi de l'Intuition (p. 536), et faire l'exercice suggéré (p. 540-541) en remplaçant le « dieu de l'opinion » par le « dieu de l'argent ».

La Loi de l'Honnêteté (p. 525) rappelle aux 8 qu'ils ne doivent jamais faire un dieu de l'argent, du pouvoir, de la renommée ou du succès. S'ils travaillent bien et s'ils rendent service, l'abondance suivra. Comme on l'a déjà dit, la quantité d'argent nécessaire pour « bien vivre » varie selon les besoins de chacun. Il faut beaucoup plus d'argent pour faire vivre une grosse famille dans une ville où tout est cher qu'il n'en faut lorsque l'on vit seul avec personne à sa charge.

Si les 4 ont du mal à voir la lumière au bout du tunnel, les 8 la voient très bien. Le problème est qu'ils sous-estiment l'importance des efforts qu'il faut faire pour rejoindre la source de cette lumière. Ils peuvent devenir paresseux ou blasés parce qu'ils ont déjà en tête la vision achevée de leur travail. Ils peuvent avoir du mal à commencer puis à persévérer dans le travail nécessaire à la concrétisation de cette vision. Avant de penser à la récolte, il faut que les 8 fassent les semences ; personne ne peut le faire à leur place.

Le succès est doux,
mais il a d'ordinaire une odeur de sueur.

ANONYME

Certains 8 semblent n'avoir aucun problème d'argent ; dans ce cas, leurs désirs peuvent avoir pour objet la renommée ou le pouvoir. Encore une fois, parce que notre but de vie comporte des défis spécifiques, certains 8 disent qu'ils préfèrent rester dans l'ombre ou même se cacher afin d'éviter toute forme de notoriété. Pourtant, par des moyens détournés et souvent très subtils, ils s'arrangent quand même pour être respectés ou reconnus.

La soif d'argent et de contrôle qu'éprouvent certains 8, désir extrêmement puissant mais refoulé loin dans l'inconscient, n'est pas sans rappeler celle des dictateurs et des despotes. Il se peut que, sans savoir pourquoi, les gens soient mal à l'aise en leur compagnie. Quoique calmes et mêmes passifs en apparence, ils sont intimidants à cause de cette puissance bâillonnée qu'on sent prête à exploser. Ces pulsions font même peur à certains 8 qui se considèrent intérieurement comme de «mauvaises personnes»; aussi craignent-ils d'autant plus d'affirmer leur puissance, puissance qui autrement pourrait servir à des fins positives, par exemple à la fondation d'œuvres philanthropiques ou à l'exercice d'un leadership dont tous pourraient profiter. Mais avant qu'ils ne puissent canaliser leur pouvoir dans une direction positive, encore faut-il qu'ils en soient conscients.

Les 8 qui doivent résoudre des questions de pouvoir souffrent du même déchirement intérieur que d'autres 8 éprouvent en rapport avec l'argent. Soit qu'ils recherchent le contrôle et le pouvoir, soit qu'ils les abandonnent à autrui; soit qu'ils soumettent leur entourage à leur domination, soit qu'ils agissent en faibles et abandonnent leur pouvoir à d'autres qui souvent en abuseront. Plusieurs 8 ont des conjoints dominateurs dont ils demeurent les victimes passives jusqu'au moment où ils font appel à leur propre pouvoir. Ils laissent patrons, parents et autres les traiter avec un mépris évident jusqu'à ce qu'ils aient appris à «se tenir debout intérieurement» et à réclamer leur pouvoir.

Le pouvoir, comme l'argent, peut servir à des fins négatives ou positives. Tôt ou tard les 8 apprennent à se tenir debout quand il le faut et à abandonner quand il vaut mieux ne pas se battre; ils apprennent que le plus grand contrôle qu'on puisse exercer est le contrôle de soi. En attendant, ils continuent à jouer le jeu de la domination ou de la soumission, à se battre avec les autres et avec le monde entier pour obtenir leur part de pouvoir. Si les 8 répriment leur puissance ou s'en servent à des fins négatives, celle-ci se retournera contre eux et les détruira. Il importe que les 8 expriment leur puissance et la laisse se déployer librement dans le monde au service d'une noble cause. Tant qu'ils n'ont pas trouvé leur équilibre et n'ont pas appris à exprimer leur puissance, les 8 ont tendance à passer d'un extrême à l'autre : ils ont beaucoup trop ou presque pas d'argent, sont trop puissants ou pas assez, vivent soit dans la misère soit dans l'opulence, font preuve de passivité ou d'agressivité.

Le comportement passif-agressif qu'on peut observer chez plusieurs 8 est dû au fait qu'ils répriment leur puissance au lieu de l'exprimer ; les tentatives d'avancement, d'enrichissement ou de domination se font alors de façon indirecte. Ils agissent avec calme et pondération mais à l'intérieur un volcan gronde, sur le point d'exploser. Certains semblent timides, effacés, accommodants, soucieux d'éviter les affrontements directs dans leur vie affective ou professionnelle. Dans ce cas leur but est moins de dominer les autres que de s'assurer que personne ne les domine.

La plupart des 8 préfèrent imposer les règles que les suivre. En s'élevant « au-dessus de leur condition », ils s'imaginent qu'ils sont au-dessus de la loi et que les règles ne s'appliquent pas à eux. Ils se croient trop intelligents ou trop rusés, en d'autres mots : des exceptions. Au regard des lois spirituelles, cependant, comme tous les 8 l'apprennent un jour ou l'autre, il n'y a pas d'exception.

Les problèmes des 8 ne sont pas subtils, et les leçons qu'ils doivent en tirer ne le sont pas davantage. S'ils sont malhonnêtes et le demeurent assez longtemps, la leçon sera telle qu'ils ne l'oublieront pas de sitôt, surtout s'ils doivent l'apprendre en prison. Aussi, les 8 feraient-ils mieux d'étudier et de se conformer aux lois spirituelles les plus pertinentes relativement à leur chemin de vie.

L'idée, ou la peur, d'être foncièrement « mauvais », explique le peu de valeur que plusieurs 8 s'accordent à eux-mêmes ainsi que les conflits intérieurs qui en résultent. Ayant peur du mal qu'ils pourraient faire avec l'argent, le pouvoir ou la gloire, ils préfèrent saboter leurs propres efforts. Lorsqu'ils sont au bord d'une grande réussite, leur subconscient leur réserve une maladie ou un accident de la route ; ils divorcent et y perdent leur chemise ou ils choisissent un voleur comme partenaire en affaires ; ils perdent au jeu, se ruinent en dépenses inutiles ou attirent sur eux l'une ou l'autre des catastrophes naturelles de la vie. Leur esprit conscient, avec tous ses désirs, demande alors: «Comment cela a-t-il pu m'arriver, à moi?» Leur subconscient connaît la réponse: la solution de l'autosabotage, quoique fâcheuse, était la seule qui pouvait les empêcher d'utiliser leur pouvoir à mauvais escient.

La Loi de l'Honnêteté (p. 525) est essentielle pour les 8, car si leur soif de réussite devient si forte qu'elle les aveugle et qu'ils s'en autorisent pour recourir à la force et au mensonge dans leur course à l'argent et au pouvoir, alors le prix à payer sera terrible. Tous les 8 doivent faire preuve de la plus haute intégrité en matières d'argent, de pouvoir, d'autorité ou de renommée, et éviter toutes les petites disputes ou chicanes d'argent. Lorsqu'ils agissent de façon malhonnête, la plupart du temps les 8 ne le font pas délibérément; ils se trompent eux-mêmes en cherchant à se justifier, tout hypnotisés qu'ils sont par les miroitements de l'or, tout séduits qu'ils sont par les promesses de pouvoir.

Contrairement aux 2, qui ont tendance à surcoopérer et à sacrifier leurs propres intérêts, la plupart des 8 et surtout les plus opportunistes d'entre eux n'aiment pas donner une chose sans en obtenir une autre en retour. Ces 8 doivent être disposés à servir d'une façon tout à fait désintéressée – ce qui signifie donner de leur temps, de leur énergie et de leur argent *sans rien attendre en retour*. Un tel dévouement augmentera leur estime de soi, contrera leur tendance à l'autosabotage et changera leur vie de mille et une façons. Lorsqu'ils axent leur vie sur le service, partageant avec les autres argent, énergie et sagesse aussi librement que possible, ils accomplissent leur destinée de la façon la plus positive qui soit: en mariant l'argent et le pouvoir matériel à la force du cœur.

La Loi de la Volonté supérieure (p. 531) élargit l'horizon des 8 et leur montre comment ils peuvent utiliser le succès matériel afin d'apporter un changement positif dans le monde. L'application de cette loi réduit aussi leur tendance à l'autosabotage.

Autres qualités et tendances

Lorsque les 8 travaillent dans le positif, tout ce dont ils ont besoin finit par se manifester parce qu'ils laissent l'abondance couler de l'intérieur vers l'extérieur. On peut dire qu'ils sont « chanceux », mais cette chance fait aussi partie des plans de l'Esprit. Néanmoins les 8 doivent travailler, car leur chemin est plein d'épreuves et de frustrations ; s'ils ne la ressourcent pas continuellement dans la vie, leur énergie s'épuisera. « Demandez et vous recevrez » dit la Bible, mais si les 8 demandent en tenant un gobelet dans leur main tendue, ils ne recevront jamais plus que le contenu d'un gobelet, même si un océan d'abondance se mettait soudain à tomber du ciel.

Tous les 8 peuvent pratiquer le genre de spiritualité qui se manifeste dans le monde – sous une forme concrète, observable. Souvenez-vous que *tout ce que l'on peut faire soi-même, on peut aussi aider les autres à le faire.* Les 8 peuvent offrir leur abondance en partage ; quel que soit leur salaire ils peuvent faire de généreux dons et témoignages d'amitié, d'amour et de paix. Ils apprennent que l'argent et le pouvoir ne sont que des formes d'énergie et que l'énergie ne fait pas de nous des personnes différentes, elle ne fait qu'amplifier ce que nous sommes déjà. Si c'est la cupidité qui les motive, les 8 deviennent de plus en plus cupides ; si c'est l'amour, cet amour prend de plus en plus d'ampleur et d'étendue. Plus leur énergie est grande, plus les 8 peuvent partager avec le monde.

Le chemin des 8 s'apparente à celui des 4 ; aussi il se peut que les 8 aient des problèmes familiaux (un parent alcoolique, par exemple), problèmes qu'ils devront résoudre s'ils veulent construire leur vie sur une solide fondation intérieure.

Pour les 8, le gros du travail consiste à entrer en contact avec leur abondance intérieure, leur puissance intérieure et leur autorité intérieure ; ensuite, après qu'elles ont été découvertes à l'intérieur, ces qualités se manifestent de façon naturelle dans le monde.

Au sommet : épanouissement et destinée

Les 8 qui approchent du sommet de leur montagne peuvent être très riches ou très ordinaires. Ils peuvent avoir beaucoup d'influence et d'immenses pouvoirs ou vivre simplement, sans histoires et sans prétention. Ils peuvent jouir d'une certaine notoriété, mériter notre respect et notre reconnaissance, ou ils peuvent être parfaitement inconnus sauf dans un cercle d'amis, de parents et de collègues. Ils sont toujours remarquables, toutefois, par le total désintéressement dont ils font preuve à l'égard des qualités précitées, précisément parce qu'ils ressentent ces qualités à l'intérieur. Par ce désintéressement, ils ont peut-être créé l'abondance, connu la gloire et mérité notre respect, mais ils n'attachent plus aucune importance à ces choses. Qui mieux est, ils mettent leur abondance et leur influence au service d'une cause plus élevée, pour faire un changement positif dans le monde.

Les 8 les plus évolués sont heureux et reconnaissants lorsqu'ils peuvent donner généreusement et judicieusement, et ils ne se lassent pas d'encourager les autres à cultiver en leur cœur un sentiment d'abondance, de pouvoir et de reconnaissance. Plusieurs 8 qui ont franchi leurs limites personnelles deviennent de généreux philanthropes qui épousent des causes dans lesquelles ils croient, offrant leur soutien et partageant leur fortune avec les plus démunis.

Au plus haut niveau, les 8 ressentent l'abondance immanente à la vie, à la nature et à l'Esprit, et ils se sentent appelés à partager avec le monde entier, qu'ils considèrent maintenant comme une extension de leur propre famille. Leur volonté de pouvoir et de domination se change en soumission pleine d'amour et de reconnaissance à l'autorité, au pouvoir et à l'intelligence supérieurs tels qu'ils se manifestent dans la trame même de leur vie.

Moyens d'action

Voici quelques moyens d'action pour les 8 qui veulent apporter un changement durable dans leur vie :

❖ Entrez en contact avec votre puissance et avec votre volonté d'affirmation grâce aux arts martiaux ou à toute autre avenue qui permette d'exprimer ces qualités de façon constructive.

❖ Prenez la responsabilité de l'abondance ou du manque d'abondance qui existe dans votre vie.

❖ Quels sont vos véritables sentiments sur la richesse, le pouvoir et la notoriété ?

❖ Estimez-vous heureux, et appréciez à sa juste valeur l'abondance dans laquelle vous vivez présentement; partagez un peu de votre bonne fortune avec les autres.

Vers l'abondance et le pouvoir

1. Pensez à quelqu'un que vous connaissez, ou pensez à un personnage cinématographique, littéraire ou historique, quelqu'un qui ait manifesté l'abondance et qui ait donné généreusement, quelqu'un qui ait dû surmonter des problèmes d'argent et qui sache se tenir debout quand il le faut.

2. Imaginez que vous êtes cette personne: vraiment riche, sans aucun souci d'argent, vous sentez votre puissance intérieure et vous la partagez avec les autres de façon positive. De quelles façons précises pourriez-vous mettre ces qualités en action afin d'amener une plus grande abondance dans votre vie ?

9 : INTÉGRITÉ ET SAGESSE

Imaginez un sage solitaire marchant dans les ténèbres
qui précèdent l'aube ; il tient une lanterne à la main,
lumière et phare que les autres n'ont plus qu'à suivre.
De tels sages, qui marchent devant pour éclairer la voie,
ne peuvent nous mener que dans la direction
qu'eux-mêmes ont déjà prise.
S'ils s'écartent du chemin,
ceux qui suivent s'écarteront aussi.
Si vous étiez l'un de ces sages,
sauriez-vous montrer la voie à suivre ?
Sauriez-vous inspirer les autres
par l'exemple de votre intégrité ?

Ma vie
est mon seul enseignement.

LE MAHATMA GANDHI

But de vie

Ceux qui ont le 9 comme but de vie sont nés pour vivre dans la plus parfaite intégrité, pour accorder leurs actes avec la sagesse intuitive de leur cœur et pour inspirer les autres par leur exemple. Parce que notre but de vie comporte des défis spécifiques, ceux qui ont le 9 comme but de vie principal (les 18/9, 27/9, 36/9 et 45/9 principalement, mais aussi tous ceux qui ont un 9 dans leur nombre de naissance) auront des obstacles à surmonter dans le domaine de l'intégrité et de la sagesse.

Bien que nous soyons tous plus ou moins capables de guider les autres, les 9 sont des meneurs d'hommes au sens le plus pur : ils mènent par l'exemple. Ceux qui travaillent le 9 arrivent dans ce monde doués d'un charisme qui attire les autres, et ils finissent donc soit par les guider dans le droit chemin soit par les fourvoyer. Il faut qu'ils prennent conscience que leur vie est un exemple qui sera suivi, pour le meilleur et pour le pire. Si les 9 manquent d'éthique en paroles ou en actes, s'ils mènent une double vie ou ont une conduite sexuelle répréhensible, ils doivent penser à l'exemple qu'ils sont en train de donner.

Puisque notre but de vie principal est aussi notre principal défi, les 9 doivent se conformer à des principes sévères d'honnêteté et d'intégrité ; autrement, ils ont tendance à briser les lois spirituelles ou à ignorer les grands principes moraux, et ils ont de la difficulté à assumer la pleine responsabilité de leurs actions.

Les lois spirituelles sont au cœur de la destinée des 9, et l'accès à cette sagesse ne passe pas par les mots ou par les idées mais par le canal plus subtil des émotions. Quand les 9 entrent en contact avec leurs propres émotions, la sagesse tranquille de leur cœur les guide bien. Mais il faut d'abord qu'ils sortent de leur tête et qu'ils subordonnent les processus mentaux et les idées à la sagesse du cœur.

L'essence de l'intégrité et de la sagesse

On a souvent dit que si les enfants écoutent rarement ce que disent leurs parents, ils ne manquent jamais de les imiter. La même chose s'applique aux adultes : notre esprit conscient enregistre les paroles mais pour notre esprit inconscient, infiniment plus puissant puisque c'est lui qui génère le changement, les actions comptent beaucoup plus que les mots. Nous apprenons en imitant ; nous enseignons par l'exemple. Ceux qui travaillent le 9 doivent repenser leurs relations personnelles, leurs transactions d'affaires, leur rôle de parents, leurs amitiés et leur style de vie, en se posant ces questions : « Quel exemple ma vie donne-t-elle aux autres ? Suis-je en accord avec les lois spirituelles ? »

Une personne éloquente peut inspirer les autres avec ses mots. Elle peut parler avec force, élégance, sagesse, et ses mots peuvent exprimer des idées élevées. Mais seul celui qui *vit* vraiment ce qu'il prêche peut s'appuyer sur une autorité spirituelle et toucher en nous l'endroit où s'opère le véritable changement. Les 9 ont une affinité naturelle avec la sagesse supérieure mais ils doivent faire plus que la reconnaître: ils doivent s'y conformer, s'assurer qu'ils font eux-mêmes ce qu'ils prêchent. Le mahatma Gandhi, un exemple positif d'intégrité, s'est refusé le droit de dire à un jeune homme d'arrêter de manger du sucre tant que lui-même n'eut pas cessé d'en manger.

Les 9 qui veulent donner un exemple positif d'intégrité doivent prendre conscience de la dimension affective de leur être – de l'importance des intuitions qui viennent du cœur – pour se mettre à l'écoute de l'Esprit. La véritable sagesse spirituelle ne peut pas être comprise uniquement par la pensée; elle nous est communiquée principalement par nos sentiments intuitifs. La plupart des 9 ont déjà fait des choses en accord avec leur tête qu'ils n'auraient pas faites s'ils avaient écouté leur cœur. Dans la pratique, cela signifie que les 9, avant d'agir ou de prendre une décision, doivent s'assurer qu'ils sont en règle avec les lois de l'Esprit telles que révélées par leur cœur.

Les lois de l'Esprit ne sont pas tirées des enseignements de la société. Par le passé, des 9 comme le mahatma Gandhi ont tendu, au-delà des lois de la société, vers une intégrité supérieure inspirée par les lois spirituelles. Lorsque les 9 unissent la tête et le cœur, la parole et l'action; lorsqu'ils règlent leur conduite sur un Code supérieur; lorsqu'ils soumettent leurs pensées et leurs désirs à la sagesse intuitive de leur cœur; alors ils incarnent l'essence même de l'intégrité.

Obstacles sur le chemin des 9

Certaines personnes auront plus de défis à relever dans leur vie affective, pour d'autres ce seront les problèmes physiques ou psychiques qui auront la première place, mais les principales difficultés auxquelles les 9 seront confrontés concernent les lois spirituelles – les règles de vie supérieures. L'énergie des 9 les rend sensibles aux archétypes inconscients du péché et de la rédemption, de l'offense spirituelle et du repentir. Quelques exemples d'«offenses spirituelles»: s'enlever la vie quand vivre devient trop pénible au lieu d'assumer les conséquences de ses actes et d'en tirer une leçon; ne pas respecter le chemin des autres et leur évolution; se servir de sa volonté pour dominer les autres; jouer au petit dieu et parler au nom du grand Dieu (comme le font certains télévangélistes dont la chute, par la suite, est fracassante).

À travers l'Histoire, certains 9 qui faisaient davantage confiance à leur tête qu'à leur cœur ont supplicié des innocents sur le bûcher pour «sauver leurs âmes»; ils ont persécuté les autres et eux-mêmes furent persécutés, les rôles étant interchangeables tant qu'ils n'ont pas appris à écouter la sagesse de leur cœur, «où parle l'Esprit».

Certains 9 ont trouvé la consolation, le pardon et l'inspiration qu'ils cherchaient dans l'une ou l'autre des religions établies en Occident; d'autres se sont tournés vers les pratiques spirituelles venues de l'Orient en se soumettant ou en s'abandonnant à un maître ou à un enseignement. Plusieurs 9 ont rejeté toute croyance religieuse. Quoi qu'il en soit, dès leur naissance les 9 recherchent en leur cœur l'inspiration qui vient de la connaissance et de l'observation des lois universelles.

Plusieurs 9 ne montrent aucun intérêt pour tout ce qui est spirituel ou religieux; pourtant, quelque part au plus profond de leur être, ils participent de la vieille lignée globale des sages, prêtres et prêtresses qui de tout temps ont cherché l'inspiration et qui, parfois, ont perdu leur chemin.

De toute façon, puisque notre but de vie n'est jamais chose facile, les 9 auront toujours tendance à ignorer ces mêmes lois qu'ils cherchent pourtant à connaître. Parce qu'ils vivent dans leur tête, ils ont souvent de la difficulté à faire ce qu'ils considèrent intuitivement comme étant pour le mieux.

La plupart des 9 ont eu beaucoup de difficultés avec la loi de cause à effet (action/réaction). Par exemple, ils décident d'avoir des enfants même s'ils sont encore très jeunes et malgré qu'on le leur déconseille, puis ils se plaignent du fardeau que représentent les enfants ; ils mangent trop ou trop mal ; ils ne font pas d'exercices ; ils abusent du tabac, de l'alcool, de la nourriture ou du sexe pour souffrir ensuite les conséquences physiques de ces abus. Ces 9 ont souvent l'impression d'être « punis » alors qu'ils récoltent ni plus ni moins ce qu'ils ont semé – ils ont créé de toutes pièces leur propre situation.

Souvent, si les 9 semblent faire exprès d'ignorer leur sagesse intuitive, c'est qu'ils savent, inconsciemment, que les leçons de l'expérience en feront des guides mieux avisés et mieux qualifiés pour comprendre les expériences des autres. Mais la plupart des 9 finissent par comprendre qu'ils ne peuvent échapper à la nécessité d'instruire par l'exemple.

Le chemin de vie des 9 est exigeant, qui conduit au-delà des distractions du monde matériel vers les hauteurs du monde spirituel. Tout ce qui arrive dans la vie des 9 les mène ou les pousse plus haut sur le chemin de la sagesse et de l'intégrité supérieures.

Ce ne sont pas tous les 9 qui endossent des rôles de maîtres ou de guides ; certains sont ébénistes, menuisiers, musiciens, secrétaires ou facteurs ; on en trouve dans toutes les carrières et professions. Cependant dans leurs relations avec les autres, relations familiales, amicales ou sociales, on aura toujours tendance à les considérer comme des meneurs, que cela leur plaise ou non.

Une femme nommée Gerta m'a raconté l'histoire suivante qui est un bon exemple de la façon dont les 9 sont parfois investis d'un rôle de leader. Parce qu'elle se trouvait nerveuse et tendue, Gerta a d'abord acheté un livre sur le hatha-yoga. En regardant les illustrations, elle a commencé à imiter quelques-unes des positions et à faire quelques étirements. Puis, pour se détendre, elle a entrepris de méditer. Mais très vite Gerta a senti qu'elle aurait besoin des conseils d'un professeur, alors elle s'est inscrite à un cours de yoga. Un peu intimidée, Gerta est entrée dans le local où le cours avait lieu et elle y a vu une dizaine de personnes qui attendaient le professeur. Pour se réchauffer les muscles, elle est allée dans un coin et a fait quelques étirements. Comme le professeur était en retard, elle a continué ses exercices. Finalement, quelqu'un a dit : « Eh bien, puisque le professeur n'arrive pas, aussi bien nous en aller. »

Une autre personne a répliqué : «Puisque nous sommes ici, pourquoi est-ce que l'un d'entre nous ne dirigerait pas la classe ? Pourquoi pas vous ? » dit-elle à Gerta.

«Moi ? répondit Gerta. Mais c'est ma première journée. Je ne connais rien au hatha-yoga. »

«On ne dirait pas, répliqua la femme. Allez, dirigez la classe. »

«Non, vraiment, répondit Gerta. Je ne faisais que me réchauffer les muscles. »

«Mais vous semblez vraiment savoir ce que vous faites, dit un autre élève. Dirigez-nous. » Alors Gerta a dirigé la classe, et tout s'est bien passé.

La semaine suivante elle a reçu un coup de téléphone du professeur qui lui a dit : «Les gens me disent qu'ils ont tellement aimé votre classe, pourquoi ne la donnerions-nous pas ensemble ? » Et voilà comment Gerta, à sa grande surprise, s'est retrouvée assistante-professeure : elle avait guidé les autres par son exemple.

Lorsque les 9 s'éveillent à leur but de vie, ils entrent en contact avec leurs émotions les plus profondes, et ils cherchent au-delà des lois de la société des lois plus élevées qui puissent les guider. S'ils ne peuvent toujours pas entrer en contact avec leur cœur, alors ils essaient de créer leur propre loi.

Lorsqu'ils contreviennent à leur propre loi, les 9 se jugent sévèrement ; ils souffrent en silence et doutent de leurs émotions. Si leur frustration ne trouve pas d'autre exutoire, ils peuvent tenter de détruire leur propre corps par l'alcool, les drogues ou tout autre moyen que la culpabilité leur inspire.

Plusieurs 9 alternent entre la rectitude morale la plus sévère et l'ignorance pure et simple de toute moralité. Ils sont souvent troublés de constater leur propre comportement erratique et leur confusion d'émotions, ne comprenant pas ou ne voulant pas croire qu'ils suivent un guide plus profond que l'esprit conscient. Tant qu'ils n'ont pas pris conscience de leur but de vie supérieur, les 9 sont des rebelles à qui il manque un sujet de révolte, ils sont punis par cela même qu'ils cherchent à transcender : les lois humaines. (Lorsque les 9 subissent un procès, les lois humaines servent souvent à leur enseigner les lois spirituelles.)

Les lois spirituelles ne parlent pas de bon ou de mauvais; elles parlent de vérité et de conséquence. Pour vivre en harmonie avec ces lois, il faut que les 9 s'abandonnent à la part d'eux-mêmes qui parle d'amour, de courage, de compassion et de sagesse. La Loi de la Volonté supérieure (p. 531) peut aider les 9 à entendre l'appel de cette voix intérieure. Quel que soit la forme ou le tour que prend leur vie, cette voix ne cesse de leur parler; elle est sous-jacente à toutes leurs quêtes: d'argent, de gloire, d'amour ou de sens. Quand ils commencent à prêter attention à la volonté supérieure qu'ils sont censés servir, la vie n'est pas nécessairement plus facile, mais elle devient certainement plus joyeuse; elle a enfin un sens et même une certaine légèreté qu'ils ne lui connaissaient pas.

Les 9 qui approchent de la maturité et qui entrent en contact avec la volonté supérieure sont comme des lanternes dans la nuit, éclairant la route et guidant les autres. La profondeur et la pureté de leurs aspirations leur confèrent un charisme et une présence exceptionnels. Les 9 eux-mêmes ne sont pas toujours conscients de tout l'amour, toute la compassion et toute la sagesse qu'ils portent en eux, mais les autres sont attirés par ces qualités et c'est pourquoi ils se tournent vers les 9 pour être guidés.

Ceux qui travaillent le 9 dans le négatif ont tendance à confondre leur propre opinion avec la volonté supérieure de l'Esprit. Ils peuvent devenir de ces fanatiques terriblement bien intentionnés qui errent au lieu de guider, se fourvoient et fourvoient ceux qui les ont suivis, semant le vent et récoltant la tempête jusqu'à ce qu'ils aient abandonné leur petit esprit à la Volonté supérieure qui parle en leur cœur.

Lorsque les 9 travaillent leur but de vie dans le négatif, ils prennent le dieu de leur tête – leurs opinions – pour le Dieu de l'univers; ainsi, ils se perdent et perdent ceux qui les suivent; et les conséquences de leurs actes sont de plus en plus pénibles jusqu'à ce qu'ils cèdent leur esprit et leurs désirs aux mains d'une Volonté supérieure.

De toute façon, tous les 9 instruisent par l'exemple, que ce soit dans le positif ou dans le négatif. Lorsqu'ils brisent les lois de l'Esprit, le contrecoup vient rapidement et la leçon est sans équivoque. Lorsqu'ils se trompent, comme il nous arrive à tous de nous tromper, la vie leur sert une série de conséquences bien précises destinées à leur faire comprendre le fonctionnement de la loi ou du principe sous-jacent. Cela est vrai pour tout le monde, mais pour les 9 le contrecoup vient plus vite et frappe plus fort. Avec le temps, aguerris à toutes ces conséquences, les 9 s'éveillent à la sagesse qui était en eux depuis le début.

Ceux qui travaillent le 9 n'ont pas besoin d'être des modèles de perfection, ils doivent simplement s'efforcer de donner le bon exemple. Il faut que les lois spirituelles viennent en priorité dans leur vie et qu'ils s'efforcent chaque jour de s'y conformer : dans leurs affaires et dans leurs relations personnelles, en ce qui concerne leur alimentation, leur forme physique et leur santé. Les 9 doivent se demander, intérieurement : « Si je me sentais généreux, courageux, altruiste, charitable et sage, que ferais-je maintenant ? » La réponse, quels que soient leurs préférences, désirs ou intérêts personnels, les guidera dans la plus haute direction. Mais la réponse ne viendra pas de la tête ; les réponses de la tête sont toujours intéressées et égoïstes. La réponse viendra des émotions.

Si les lois de l'Esprit sont écrites « dans le cœur », comment les 9 peuvent-ils lire dans leur cœur ? La Loi de l'Intuition (p. 536) nous dit qu'il nous sera impossible de toucher à notre sagesse intérieure tant que nous chercherons les réponses dans le monde extérieur.

Paradoxalement, ce sont parmi les 9 ceux qui dépendent le plus de l'opinion des autres qui finissent par élever leur propre opinion au rang de la vérité absolue. Plusieurs 9 agissent comme des fanatiques prisonniers de leurs propres opinions ; cela bloque le chemin à la sagesse transcendante et à l'assistance dont ils pourraient bénéficier s'ils « s'enlevaient du chemin ».

Lorsqu'ils ont trouvé leur propre centre d'émotions, les 9 abordent la réalité avec plus d'assurance. Guidés par la sagesse qu'ils trouvent en leur cœur, ils vivent dans l'intégrité, laissant aux autres le soin de vivre leur propre vie et de suivre leur propre vérité. Lorsqu'elle s'accorde avec l'intégrité et la sagesse supérieures, la vie des 9 devient plus facile, plus intense et plus pleine de sens.

À ce stade de leur propre éveil, les 9 commencent à aider les autres à s'éveiller. Ce sont de véritables guides, non plus des fanatiques tentant d'imposer leurs vues mais de paisibles bergers jouant du pipeau pour rassembler le troupeau; alors l'exemple de leur profondeur, de leur sagesse et de leur intégrité nous inspire et nous guide comme un phare dans la nuit.

Autres qualités et tendances

Plusieurs 9 semblent mener la belle vie mais à l'intérieur ils ressentent un manque, un vide, comme la nostalgie d'une chose qu'ils ne sauraient nommer. Consciemment ou non, ils aspirent à connaître les lois fondamentales de la vie afin de pouvoir s'y conformer; ils cherchent à se rapprocher des autres afin de trouver l'inspiration qui leur permettra d'accomplir leur destinée.

Lorsqu'ils refoulent leurs énergies ou qu'ils travaillent dans le négatif, quelques 9 sont atteints d'étranges maux chroniques: maladies rares, manque d'énergie, douleurs persistantes, maux de dos ou arthrite déformante. Ces maladies n'ont pas de cause extérieure; elles viennent de l'inconscient qui répond à des thèmes de «péché» et de «repentir».

Les méthodes de guérison et les formes de thérapie qui agissent sur l'inconscient, de l'hypnose à la prière qui guérit, peuvent aider les 9 qui choisiront parmi ces méthodes celles qui s'accordent avec leurs propres croyances.

Quand les 9 travaillent dans le positif, la plupart de leurs maux physiques disparaissent comme par enchantement. Tant qu'ils essaient de se guérir eux-mêmes, rien ne semble vouloir fonctionner, mais dès qu'ils se tournent vers l'extérieur pour servir les autres en acceptant totalement leur propre condition, la guérison commence. En se pardonnant à eux-mêmes, ils ouvrent la voie pour la guérison.

La plupart des 9 se sentent soulagés lorsqu'ils découvrent la Loi du Non-jugement (p. 509). Cette loi nous dit que l'Esprit ne juge jamais mais fournit plutôt des occasions de faire équilibre et d'apprendre. Comme pour les 6, mais d'une façon encore plus spectaculaire, la cessation des jugements opère une profonde guérison; les 9 ont alors l'impression qu'un lourd fardeau leur a été enlevé. Cela peut se faire très simplement, en prenant de grandes respirations et en s'affranchissant consciemment de ses jugements. Il suffit de dire, avec chaque expiration : « Je me libère des jugements qui pèsent sur moi », en continuant de se laisser pénétrer par la lumière miséricordieuse avec chaque inspiration.

Dans ces moments d'ouverture et de pardon, les 9 découvrent que l'Esprit n'a jamais été absent de leur vie, ne fût-ce qu'un instant. La Loi de la Foi (p. 514) nous rappelle que chaque être humain est uni au mystère et à la sagesse de l'Esprit par un lien intime et direct.

Au sommet : épanouissement et destinée

Lorsqu'ils sont sur le point d'accomplir leur but de vie, les 9 ont trouvé en leur propre cœur la source de l'intégrité et de la sagesse supérieures. Bien que les 9 les plus évolués ne soient pas tous des conseillers ou des enseignants, ce sont toujours des gens qui guident et inspirent les autres par leur exemple. Leur influence peut s'étendre à un grand nombre de personnes ou s'exercer dans un cercle relativement restreint, mais toujours elle apporte un changement positif dans le monde; l'intégrité peut faire forte impression, et les 9 qui vivent en harmonie avec les lois supérieures sont des lumières dans le monde.

Moyens d'action

Voici quelques moyens d'action pour les 9 qui veulent apporter un changement durable dans leur vie :

❖ Respectez l'opinion et le choix des autres mais, par-dessus tout, écoutez votre cœur.

❖ Avant d'agir ou de prendre une importante décision, demandez-vous : « Que ferait mon plus grand Moi ? »

❖ Rappelez-vous que quel que soit votre rôle dans la vie, et que cela vous plaise ou non, vous guidez les autres par votre exemple.

❖ Trouvez ce qui vous inspire dans la vie, et suivez cette inspiration.

Vers l'intégrité et la sagesse

1. Pensez à quelqu'un que vous connaissez, ou pensez à un personnage cinématographique, littéraire ou historique, quelqu'un qui soit un modèle dont l'exemple est suivi, quelqu'un dont la vie, l'intégrité et la sagesse inspirent les autres.

2. Imaginez que vous êtes cette personne : vous vivez en harmonie avec les principes supérieurs, heureux de servir une cause plus élevée. De quelles façons précises pourriez-vous mettre ces qualités en action afin d'amener plus de sagesse et d'intégrité dans votre vie ?

0 : DONS INTÉRIEURS

Imaginez une source cachée,
une eau profonde et invisible,
porteuse de multiples secrets ;
prête à jaillir, abondante,
nourricière, donnant la vie,
elle s'offre à quiconque voudra creuser le sol.
Êtes-vous comme cette source cachée ?
Quelles ressources vous attendent juste sous la surface ?
Quels dons y trouveriez-vous ?
Comment pourriez-vous rétablir l'équilibre dans votre vie
afin que vos dons intérieurs puissent faire surface ?

Ce que nous sommes est un don de Dieu ;
ce que nous devenons, nous en faisons don à Dieu.

ANONYME

Les nombres de 1 à 9 décrivent les voies fondamentales de la destinée. Quant à lui, le zéro ne comporte pas de but spécifique mais révèle des dons intérieurs, des ressources latentes. En plus de tendre à maximiser les énergies des autres chiffres du nombre de naissance, le zéro est signe du raffinement ou de l'amplitude des quatre qualités suivantes : *sensibilité, force, expression* et *intuition.*

Nous disposons tous de ressources intérieures, et les quatre qualités précitées sont universelles, mais les individus qui ont un zéro dans leur nombre de naissance (les 19/10, 28/10, 37/10, 46/10, 20/2, 30/3 et 40/4) tendent à les manifester plus intensément. De même que les énergies et tendances associées aux chiffres de 1 à 9, le zéro peut se manifester de façon positive ou négative – ou encore demeurer à l'état latent ; tout dépend dans quelle mesure les individus qui ont un zéro dans leur nombre de naissance ont résolu leurs questions de vie. Parce que ce pour quoi nous sommes prédisposés n'est jamais chose facile, les individus travaillant le zéro peuvent faire montre de moins de sensibilité, par exemple, que d'autres personnes, jusqu'à ce qu'ils aient progressé suffisamment dans l'ascension de leur montagne intérieure.

Ceux qui ont ces dons intérieurs peuvent en jouir, en faire profiter les autres, en abuser ou les ignorer ; cela dépend de l'ouverture de conscience de chacun. Il en va de ces dons comme de toutes les qualités : ils se développent à l'usage, dans l'inspiration, dans l'amour et le respect de la promesse qu'on a faite à soi-même de s'en servir à des fins plus élevées et pour le bien commun.

Le don intérieur de *sensibilité* peut prendre plusieurs formes. Cela peut être une profonde empathie – la faculté de ressentir ce que ressentent les autres (qualité des bons thérapeutes et des bons enseignants). Ceux qui travaillent le zéro sont à même de remarquer en entrant dans une pièce : « L'atmosphère dans cette pièce est bizarre (ou triste, ou trouble, ou sereine) », même si personne d'autre n'a remarqué quoi que ce soit.

Dans le négatif, ces personnes peuvent être hypersensibles et souffrir des problèmes des autres ; elles sont facilement submergées ou manipulées, elles deviennent comme des éponges qui absorbent les émotions des autres et elles présentent tous les symptômes de la dépendance affective. Elles sont facilement blessées parce que leur système nerveux émotionnel est grand ouvert.

Le don intérieur de *force* peut se traduire, au plan physique, par une force, une vigueur et une vitalité exceptionnelles ; ou, au plan moral, par de la force intérieure, de la fermeté et de la persévérance. Ceux qui jouissent de ces ressources peuvent apporter un soutien puissant s'ils se mettent au service des autres, et leur force peut aussi bien se prêter à l'exercice du leadership.

Dans le négatif, la force peut devenir de l'entêtement, de l'agressivité ou de la résistance si ceux qui disposent de ces ressources se servent uniquement de leur force au lieu de faire équilibre en usant également de leur sensibilité ou d'un autre de leurs dons.

Le don intérieur d'*expression* se traduit par une langue déliée, une grande facilité de parole. Les mots des personnes qui ont reçu ce don sont porteurs d'une émotion particulière qui leur permet d'édifier, d'enthousiasmer et d'inspirer les autres. Qu'ils soient poètes ou simplement beaux parleurs, leurs communications (qui peuvent se faire par le biais des arts, de la musique ou d'un autre média) sont toujours réussies parce qu'elles touchent les gens au niveau des émotions.

Dans le négatif, cette même éloquence peut être cruelle et tranchante comme un couteau; cette facilité d'expression ne vient donc pas sans la responsabilité d'en user d'une manière qui soit conforme aux principes supérieurs.

Le don intérieur d'*intuition* fait fondre les barrières conventionnelles entre le plan matériel et les dimensions plus subtiles de la perception et de l'expérience. Ceux qui possèdent ce don ont la faculté de suivre une sorte de vision ou de sentiment intérieur qui les aide à prendre leurs propres décisions ou à guider les autres. Dans le positif, ces personnes font d'excellents conseillers et guérisseurs; ils sentent et savent des choses sans savoir comment.

Dans le négatif, les gens qui ont ce don d'intuition peuvent être affectés par un phénomène d'interférence interne causé soit par les pensées et émotions d'autrui, soit par des entités ou énergies subtiles qu'ils sont les seuls à même de percevoir. Ils doivent donc vérifier la source de tout message intérieur en se demandant s'il vise le plus grand bien du plus grand nombre.

Ce ne sont pas toutes les personnes ayant un zéro dans leur nombre de naissance qui manifesteront les quatre dons intérieurs dans la même mesure; chez certains, la sensibilité et l'expression prédomineront; chez d'autres, ce sera la force ou l'intuition. Les dons intérieurs intensifient ou amplifient l'énergie des autres nombres de naissance, surtout celui de droite qui représente le but de vie principal.

Habituellement, les dons intérieurs ne se manifestent pleinement qu'à l'âge de la maturité, soit entre trente-cinq et quarante-cinq ans. Ils peuvent apparaître plus tôt, de façon soudaine, lors d'une crise ou d'une urgence, ou ils peuvent se développer lentement, sur de nombreuses années. Ces dons durent toute la vie mais ils ne se manifestent que dans la mesure où l'individu travaillant le zéro a surmonté les obstacles qui bloquaient sa route ; plus l'on s'engage à servir, plus ces qualités se manifestent puissamment.

Réfléchissez à vos dons intérieurs

1. Pensez à votre sensibilité : Comment vous êtes-vous servi de ce don ? Comment s'est-il servi de vous ? De quelles façons pourriez-vous mettre ce don au service des autres ?

2. Pensez à votre force : S'est-elle révélée comme une force tournée vers l'intérieur, vers l'extérieur, ou va-t-elle dans les deux sens ? Estimez-vous ce don ? Comment pourriez-vous en faire un meilleur usage dans votre vie ?

3. Pensez à votre don d'expression : Comment s'est-il manifesté dans le monde ? dans vos relations personnelles ? dans votre travail ? Comment pourriez-vous en user de façon plus positive ?

4. Pensez à votre intuition : Faites-vous confiance à vos capacités d'intuition lorsque vous devez prendre une décision ou conseiller les autres ? Avez-vous remarqué que lorsque vous écoutiez votre cœur, votre intuition s'ouvrait toute grande ?

LES CHEMINS
DE LA DESTINÉE

*Je crois qu'il faut finalement
tendre les bras à sa propre vie.*

ARTHUR MILLER

Introduction à la troisième partie

UN OUVRAGE
DE RÉFÉRENCE

Le chef-d'œuvre et la gloire de l'humanité
est de savoir vivre avec un but.

MONTAIGNE

Cette troisième partie, conçue pour servir d'ouvrage de référence au système But-de-vie, est organisée de telle façon que le lecteur puisse facilement trouver toute l'information relative à un nombre de naissance sans avoir à lire le livre en entier.

Avec le temps, le lecteur reviendra fréquemment consulter cette troisième partie pour relire le chapitre traitant son propre nombre de naissance ou tel autre concernant un associé, un enfant, un élève, un parent ou un ami, qu'il aimerait connaître davantage ou être à même de conseiller plus judicieusement.

Le lecteur ne devrait pas trop s'étonner si l'information relative à sa propre vie ou à celle d'une autre personne semble avoir changé d'une fois à l'autre; lors d'une deuxième, troisième ou quatrième lecture, il n'est pas rare de découvrir des choses que l'on n'avait pas notées quelques mois auparavant. Le texte est le même: c'est le lecteur qui a changé.

J'ai groupé les trente-sept nombres de naissance compris dans ce siècle selon le nombre de droite, ou *but de vie principal*, de chacun. Remarquez que j'ai placé le 10 avec les 1 (créativité et confiance), la créativité étant aussi le but de vie principal des 10. Ceux qui travaillent le 11, avec sa double dose de créativité et de confiance, suivent immédiatement. J'ai mis le 12 à la suite des 2 (coopération et équilibre) puisque le 1 et le 2 se combinent pour créer une forme de coopération créatrice.

Chaque nombre de naissance est envisagé sous les aspects suivants :

❖ *Comprendre le but de vie* explique le but de vie, résumé de toutes les interactions numériques et énergétiques qui composent ce chemin de vie.

❖ *Travailler le nombre de naissance dans le positif et dans le négatif* trace des portraits contrastants de personnes travaillant un même nombre de naissance, les unes dans le positif et les autres dans le négatif.

❖ *Questions de vie* identifie les tendances et les problèmes spécifiques en ce qui concerne la santé, les relations personnelles, les talents, le travail et la situation financière.

❖ *Liste des célébrités* donne en exemple quelques personnes célèbres qui ont réussi à exprimer un même nombre de naissance dans diverses sphères d'activités.

❖ *Votre destinée est entre vos mains* aide le lecteur à passer de la connaissance à l'action.

❖ *Lois spirituelles : leviers pour changer votre vie* souligne les lois essentielles à chaque nombre de naissance ; ces lois, si elles sont suivies, peuvent guider le lecteur vers le sommet de sa montagne et l'accomplissement de sa destinée.

1 : CRÉATIVITÉ ET CONFIANCE

La créativité est une fleur
qui s'épanouit dans les encouragements
mais que le découragement, souvent, empêche d'éclore.

ALEX F. OSBORN

Cette section comprend tous les nombres de naissance ayant le 1 comme but de vie principal. Pour les quatre premiers chemins de vie, 19/10, 28/10, 37/10 et 46/10, l'énergie du 1 (p. 64) est intensifiée par le 0 (dons intérieurs, p. 161). Les doubles 1 (11) sont traités à part (p. 201).

19/10

10: Créativité et confiance plus dons intérieurs
9: Intégrité et sagesse
1: Créativité et confiance

Comprendre le but de vie

Ceux qui se trouvent sur le chemin 19/10 y sont pour résoudre des questions touchant à l'énergie créatrice et à l'intégrité, et pour apprendre à canaliser leur énergie magnétique, leur sagesse intuitive et leurs dons intérieurs dans des voies positives et créatrices tout en inspirant et en guidant les autres par leur exemple. Toutefois, puisque notre but de vie n'est jamais ce pour quoi nous avons le plus de facilité, avant qu'ils ne puissent accomplir leur destinée, les 19/10 devront surmonter plusieurs obstacles et diverses tendances négatives. Ces individus sont enclins aux états d'extrême insécurité, de dépendance et de maladie qu'entraîne une énergie bloquée. Tant qu'ils manquent de confiance en eux-mêmes et qu'ils n'ont pas surmonté leur hypersensibilité, il leur arrive d'afficher un semblant de bravoure ou de paraître en colère quand en réalité ils se sentent attaqués et sont sur la défensive. Tant qu'ils n'ont pas la sagesse de vivre en accord avec les principes d'intégrité les plus stricts, les 19/10 apprennent de leurs erreurs comme un gymnaste apprend à garder l'équilibre à force de tomber.

La méthode utilisée dans ce livre ne prévoit pas d'additionner les deux derniers chiffres d'un nombre de naissance de quatre chiffres, mais si nous le faisions (1 + 0), nous obtiendrions un 19/10/1, soit une triple créativité intensifiée par les dons intérieurs de sensibilité, force, expression et intuition (0).

Du travail thérapeutique intuitif à la fabrication de cartes de souhaits pour des amis, le service créatif peut prendre plusieurs formes. Les entreprises créatives de quelques 19/10 célèbres illustrent bien cette diversité : du génie du cinéaste d'animation américain Walt Disney aux rimes magiques de Dr Seuss ; Florence Nightingale était une guérisseuse ; Jim Croce, un artiste de la chanson ; Jacques Cousteau, un explorateur des fonds sous-marins ; et Mikhaïl Gorbatchev, un chef d'État charismatique. Le magnétisme, le charisme et les dons intérieurs des 19/10 leur confèrent une capacité presque inégalée d'inspirer les autres. Plus les 19/10 permettent à leur énergie de circuler librement, mieux ils se sentent.

En raison de leur insécurité, les 19/10 sont très sensibles à l'opinion d'autrui : soit qu'ils s'y fient complètement, soit qu'ils y résistent. En même temps, parce que leur sentiment d'identité est trop fragile, il arrive qu'ils s'identifient à leurs propres opinions et qu'ils essaient de les imposer aux autres. La Loi de l'Intuition (p. 536) aide les 19/10 à s'en remettre à leurs propres émotions, à découvrir la beauté du cœur derrière les vagues qui rident la surface, et à écouter l'opinion d'autrui sans pour autant se sentir menacés – et sans tenter de faire contrepoids en imposant la leur.

Pour surmonter l'insécurité et l'hypersensibilité, les 19/10 doivent d'abord reconnaître ces traits de leur personnalité, les accepter puis trouver en eux-mêmes la confiance suffisante pour les dépasser (tel qu'il est écrit dans la Loi de l'Action, p. 543).

Comme tous ceux qui travaillent le 1, les 19/10 peuvent choisir de diriger leur énergie créatrice dans le positif ou dans le négatif. Ils doivent se souvenir qu'ils sont libres de faire ce choix (voir la Loi des Choix, p. 461), et que tout choix entraîne des conséquences.

Lorsque les 19/10, aiguillés par leurs dons intérieurs, prennent conscience de leur extraordinaire sensibilité, ils découvrent qu'ils peuvent se mettre à l'écoute des autres. Dans les moments difficiles, ils ont de grandes ressources de force et de courage qui leur permettent de persévérer.

Qu'ils choisissent ou non de pratiquer une forme de guérison créatrice (et cela peut être aussi bien le massage ou la psychothérapie que la peinture ou la littérature), ils peuvent, par leur seule présence et à la seule condition qu'ils fassent preuve d'intégrité, devenir des forces naturelles de guérison et d'inspiration.

Lorsqu'ils reprennent contact avec la ligne de lumière et d'énergie qui leur fut donnée en naissant, puis qu'ils trouvent le courage de vivre la vie qu'ils sont censés vivre, alors l'énergie jaillit et ils se mettent à vivre d'une façon qu'ils n'auraient jamais crue possible.

Travailler le 19/10 dans le positif

Ces individus ont des personnalités magnétiques qui attirent les autres. Ils peuvent mettre à profit leur grande sagesse créatrice dans la psychothérapie, la guérison, la résolution de problèmes ou d'autres formes d'activités créatrices. Ayant fait la paix avec eux-mêmes, ils guident par l'exemple au lieu de dogmatiser, et ils respectent l'opinion des autres sans en être dépendants. Ils ont trouvé le courage d'afficher leur vraie nature sensible, et leurs relations en sont plus riches. Ces individus aiment faire un peu d'exercice chaque jour afin d'équilibrer leurs énergies, et ils ont réussi à éviter ou à surmonter toutes les formes de dépendances. Ils énergisent, influencent et inspirent les gens autour d'eux.

Travailler le 19/10 dans le négatif

Lorsque les énergies sont bloquées ou refoulées, elles créent un malaise physique, une tension, une colère contenue, explo-sive, ainsi que des problèmes avec le tabac, l'alcool, les autres drogues ou la nourriture. Obstinés dans leurs opinions, ces indivi-dus s'identifient fortement à des causes, croyances ou philoso-phies. Ces 19/10 sont habituellement célibataires, divorcés, ou simplement difficiles à vivre. Ils semblent être tour à tour timides et frondeurs, entêtés et insécurisés. Pleins d'inhibitions, ils répri-ment leur énergie sexuelle ; pleins de frustrations, ils mésusent ou abusent de leur sexualité. Plus leurs opinions sont abruptes, moins ils sont sûrs d'eux-mêmes intérieurement.

Questions de vie

Santé

Le champ énergétique est très large et très sensible et cela se traduit souvent par une apparence inhabituelle du corps, du visage, des yeux, ou par quelqu'autre problème ou particularité physique inhabituel. Ces individus n'ont pas autant besoin de sommeil que la plupart des gens, surtout lorsqu'ils sont excités ou se sentent inspirés. Pour servir les autres, les 19/10 doivent vivre une vie équilibrée, agir en tout avec modération et tenir compte de leur nature hypersensible.

Si un blocage d'énergie survient, les 19/10 pourraient souffrir d'une maladie de cœur, de maux de dos, de troubles prostatiques ou ovariens. Les maladies les plus courantes étant localisées dans le bas du dos et dans la région des organes reproducteurs, s'ensuivent la constipation, des maladies psychosomatiques ou une tendance aux dépendances. Leur champ énergétique est si sensible que les 19/10 tolèrent très mal drogue et alcool; l'usage crée le besoin, qui engendre l'abus, et ils feraient mieux de ne pas y toucher du tout. Lorsqu'ils sont malades, les 19/10 répondent mieux aux thérapies énergétiques, massage, hypnose et visualisation, qu'aux drogues médicinales conventionnelles. Leur champ énergétique est tellement sensible, en fait, que même les acupuncteurs doivent se montrer très prudents.

Une alimentation saine et consistante leur est bénéfique. Même les 19/10 qui suivent un régime végétarien peuvent avoir besoin d'un supplément de poisson ou de volaille à l'occasion.

Tous les 19/10 peuvent s'épanouir dans un régime d'exercices équilibré et modéré comprenant la marche à pied, les étirements et la gymnastique douce, exercices qui aident à décharger l'énergie bloquée et la négativité en général, telles que les frustrations ou les colères refoulées, avant qu'elles ne trouvent à se libérer par des voies destructrices.

Plusieurs 19/10 ont une chance extraordinaire. On dirait qu'ils jouissent d'une protection spéciale ou qu'ils sont comme les chats dont on dit qu'ils ont neuf vies.

Relations

Ceux qui travaillent le 19/10 se sentent plus ou moins coupés du monde, comme s'ils vivaient « tout seuls dans leur tête ». Tous les 19/10 doivent donc s'efforcer de faire l'équilibre de la tête et du cœur. En d'autres mots, ils ne peuvent sentir leur cœur que s'ils sortent de leur tête.

La colère est un problème majeur dans la vie des 19/10. Alternativement réservés et rageurs, timides et dominateurs, ils sont parfois tout à fait charmants avec les étrangers cependant qu'ils maltraitent des membres de leur propre famille. Leur colère peut aussi se tourner contre leur propre personne ; dans tous les cas, c'est l'amour qui voudrait paraître et que les énergies frustrées empêchent de briller.

Ce chemin de vie n'est pas vraiment axé sur les relations personnelles, mais elles peuvent poser des problèmes aux 19/10 et à leurs proches. Les relations peuvent être bonnes, mais l'intimité n'est pas chose facile. La colère qu'ils ressentent envers leurs proches, qu'elle soit refoulée ou exprimée, se manifeste lorsqu'ils se sentent lésés ou manipulés. Ils doivent d'abord vaincre la timidité et la honte qu'ils ont tendance à ressentir s'ils veulent que l'intimité et l'ouverture se fassent. Mais les 19/10, comme nous tous, peuvent changer. Lorsqu'ils font confiance à l'amour qui est dans leur cœur, la sexualité peut devenir une forme de thérapie aussi bien pour eux que pour leur partenaire.

Talents, travail et situation financière

Ceux qui travaillent le 19/10 ressentent fortement le besoin de rendre service et leur esprit créateur peut trouver à s'exprimer dans un grand nombre d'entreprises. Grâce à leurs dons intérieurs de sensibilité, force, expression et intuition, et grâce à l'énergie magnétique qui les entoure, ils ont un charme et un charisme indéfinissables. Lorsqu'ils sont confiants, ils font preuve d'une perspicacité hors du commun et d'un sens pratique très poussé. Le 19/10 est l'un des chemins de vie les plus intuitifs. Ces individus ont des qualités uniques et sont d'une rare intensité ; quoiqu'ils puissent exceller dans tous les domaines, ils sont particulièrement doués pour les travaux et services faisant appel à la créativité et à l'intuition, tels que le travail communautaire et la psychothérapie. Ce sont des guérisseurs nés.

Il existe plusieurs façons de soigner et de guérir ; l'exercice légal de la médecine en est une, mais le fait de bien conseiller un ami ou de donner un massage sont aussi des actes guérisseurs. Même les 19/10 dont le travail n'a rien à voir avec la guérison peuvent avoir une *influence* curative sur les autres grâce à leur énergie magnétique ; le travail de guérisseur n'est pas toujours des plus spectaculaires.

Plusieurs 19/10 manifestent leur énergie créatrice en dessinant des cartes de souhaits, en écrivant des poèmes pour leurs parents et amis ou par quelqu'autre forme d'expression créatrice. Ils sont tellement inventifs que, si on leur donne assez d'espace pour créer, ils trouvent toujours une façon unique de servir et d'inspirer les autres.

Avec le temps, les 19/10 peuvent devenir des écrivains, des musiciens, des acteurs, des jardiniers ou des cinéastes talentueux. Ils font un travail psychophysique extraordinaire, car l'énergie qui circule dans leurs mains est très intense. Qu'ils choisissent ou non un travail relevant du domaine de la guérison ou des arts, les 19/10 peuvent diriger, guider ou servir les autres.

Plusieurs 19/10 hésitent à se faire guérisseurs soit par peur d'utiliser leurs dons à mauvais escient soit par timidité. Lorsqu'ils apprennent à mettre leurs dons au service des autres, pour le bien du plus grand nombre, leur vie s'épanouit.

Les 19/10 parviennent à la réussite financière dans la mesure où ils réussissent à vaincre leur insécurité et à se fier à leurs dons intérieurs.

Quelques 19/10 célèbres

Susan B. Anthony	Dick Gregory
Jacques Cousteau	L. Ron Hubbard
Walt Disney	Martin Luther
Placido Domingo	Florence Nightingale
Betty Friedan	Bhagwan Rajneesh (Osho)
Theodore Geisel (Dr Seuss)	Spencer Tracy
Mikhaïl Gorbatchev	George Washington

Votre destinée est entre vos mains

Si vous travaillez le 19/10, cette section peut vous aider à manifester votre but de vie en attirant votre attention sur les questions les plus importantes et en vous suggérant des actions précises capables de changer votre vie.

Conseils et recommandations

❖ Faites chaque jour une série d'exercices physiques pour relâcher la tension.

❖ Faites quelque chose de créatif chaque jour.

❖ Cultivez votre don d'intuition et faites-lui confiance.

❖ Ouvrez votre cœur ; laissez voir votre sensibilité et vos émotions.

Questions utiles

1. Réfléchissez aux questions suivantes :

   ❖ Comment ai-je l'habitude d'utiliser mon énergie créatrice ?

   ❖ Comment pourrais-je être en meilleure forme physique ?

   ❖ Suis-je capable de lâcher prise, d'abandonner et de montrer ma vulnérabilité ?

   ❖ Ai-je trouvé le courage d'être différent ?

2. Si ces questions ont trouvé quelques réponses en vous, comment pourriez-vous mettre ces réponses en pratique dans votre vie ?

Pour une meilleure compréhension

1. Relisez dans la deuxième partie les chapitres consacrés aux chiffres qui composent votre nombre de naissance : 1 (p. 64), 9 (p 150), et 0 (p. 161).
2. Vous pouvez de la même façon vous familiariser avec le nombre de naissance d'un parent ou d'un ami et discuter avec lui, s'il le veut bien, de ce que vous avez en commun et de ce qui vous distingue.

Lois spirituelles : leviers pour changer votre vie

1. Dans la quatrième partie, lisez le texte de chacune des lois spirituelles suivantes :
   ❖ **Loi des Choix** (p. 461) : La créativité est une énergie que nous pouvons choisir d'employer à des fins positives ou négatives.
   ❖ **Loi de la Volonté supérieure** (p. 531) : Notre volonté de servir une cause supérieure est une source d'inspiration pour les autres et pour nous-même.
   ❖ **Loi de l'Action** (p. 543) : Pour vaincre l'insécurité, nous devons accepter nos émotions telles qu'elles sont mais continuer d'agir avec confiance.
   ❖ **Loi de l'Intuition** (p. 536) : Lorsque nous cessons d'être attentif à l'opinion d'autrui, nous entrons en contact avec la sagesse de notre cœur.
   ❖ **Loi de la Flexibilité** (p. 456) : En demeurant flexible, nous pouvons tirer le meilleur parti possible de nos difficultés et des circonstances changeantes.
2. Faites les exercices prescrits pour chacune de ces lois.
3. Pensez aux occasions de mettre ces lois en application dans votre vie.

28/10

10 : Créativité et confiance plus dons intérieurs
8 : Abondance et pouvoir
2 : Coopération et équilibre

Comprendre le but de vie

Ceux qui se trouvent sur le chemin 28/10 y sont pour résoudre des questions mêlant le succès matériel et l'énergie créatrice, et pour mettre leur énergie créatrice et leurs dons intuitifs au service des autres tout en les guidant avec autorité et compassion. Dotés d'une grande créativité en plus de leurs dons intérieurs de sensibilité, force, expression et intuition, les 28/10 prendront possession de leur pleine autorité lorsqu'ils auront surmonté toutes leurs difficultés. Ce sentiment d'autorité et d'abondance peut se développer aussi bien dans le cercle familial qu'à l'échelle du monde, et il se manifeste dès qu'ils agissent avec confiance, dans la seule intention de rendre service.

La méthode utilisée dans ce livre ne prévoit pas d'additionner les deux derniers chiffres d'un nombre de naissance de quatre chiffres, mais si nous le faisions (1 + 0), nous obtiendrions un 28/10/1, soit une double dose potentielle d'énergie créatrice (1), intensifiée par les dons intérieurs de sensibilité, force, expression et intuition (0), ainsi que des problèmes d'insécurité.

Presque tous les 28/10 ont des « mains de guérisseurs »; s'en servant avec sensibilité, ils savent intuitivement où il faut diriger (ou canaliser) l'énergie vitale. Lorsqu'ils donnent un massage à un ami, les 28/10 – et l'heureux ami – font une expérience hors du commun.

Parce qu'il existe une filiation d'idées archétypes qui rattache les 28/10 à l'ancienne tradition des sorciers, enchanteurs et magiciens (dont quelques-uns abusèrent de leurs dons), il se peut que certains 28/10 aient peur d'utiliser leurs pouvoirs. C'est ici que la Loi de la Volonté supérieure (p. 531) entre en jeu : sous son inspiration, les 28/10 peuvent mettre leurs talents au service d'une cause supérieure et se libérer ainsi de toutes leurs peurs inconscientes.

De nature, tous les désirs des 28/10 tendent vers l'autorité, et la plupart savent gagner le respect de leurs amis, de leur famille et de la société en général. Le fait d'assumer positivement cette autorité est conforme à leur but de vie mais n'en constitue qu'un aspect. Étant donné que notre but de vie n'est jamais chose facile, afin qu'ils puissent ensuite assumer leur propre autorité les 28/10 doivent d'abord reconnaître, exprimer et finalement libérer la colère que leur inspirent toutes les figures d'autorité. Celui qui a eu l'idée de l'autocollant où il est écrit : « Défiez l'autorité ! » était probablement un 28/10.

La puissante créativité des 28/10 s'accompagne d'une tout aussi puissante insécurité. Cette insécurité, amplifiée par l'ambivalence de leurs sentiments au sujet du pouvoir, constitue un obstacle majeur sur le chemin de vie des 28/10. En conséquence, la plupart des 28/10 ressentent le besoin d'un certain soutien affectif ; ils ont peur de ne pas pouvoir se débrouiller tout seuls, de ne pas pouvoir prendre soin d'eux-mêmes ; pourtant, à long terme, la conquête de leur indépendance, le fait d'avoir la pleine maîtrise de leur vie, leur procure une énorme satisfaction.

Lorsqu'ils n'exercent pas eux-mêmes un rôle de leader, ils sont souvent de ceux qui détiennent le pouvoir caché ; en collaboration avec une ou plusieurs personnes, ils travaillent alors à la création de nouvelles formes de service afin de rendre le monde meilleur. Dans de tels rôles, ils doivent faire attention de ne pas se prendre trop au sérieux et se garder de faire la morale aux autres.

L'insécurité et le comportement passif-agressif typiques des énergies du 1 et du 8 expliquent en partie la tendance qui pousse les 28/10 à vouloir dominer les autres au détriment d'une communication ouverte et franche. La Loi de l'Honnêteté (p. 525) peut aider les 28/10 à soigner ou à améliorer leurs relations.

Lorsque ces individus doués et inspirés ont pleinement confiance en eux-mêmes et en leur autorité, ils utilisent leurs dons et leurs énergies avec générosité afin de guider et d'inspirer les autres.

Travailler le 28/10 dans le positif

Ce sont des personnes de bon conseil et des figures d'autorité que les gens écoutent, admirent et respectent. Ayant surmonté leur insécurité, ils gagnent bien leur vie tout en étant au service d'autrui, et ils sentent la force de guérison qui circule en eux. Indépendants, autonomes, charmants, ils attirent les autres dans leur champ énergétique. Ils savent qu'ils ont le pouvoir de résoudre toutes leurs difficultés, présentes et à venir. Intuitifs et inspirés, ils donnent de bons conseils en vue du plus grand bien de tous.

Travailler le 28/10 dans le négatif

Vivant dans l'insécurité et la dépendance, empêtrés dans leurs croyances négatives au sujet de l'argent et de l'autorité, ces 28/10 sont dominateurs et manipulateurs. Ils abhorrent les figures d'autorité parce qu'ils n'ont pas encore assumé la leur. Souffrant de troubles physiques causés par tant de colère refoulée, ils craignent les noirs desseins qui se profilent dans leur imagination ; ils ne savent plus faire la différence entre les impressions négatives et les intuitions claires. Ces 28/10 ne savent pas encore que des guides sont à leur disposition tant à l'intérieur d'eux-mêmes que dans le monde extérieur.

Questions de vie

Santé

Parce qu'ils sont nés pour devenir des agents de guérison, les 28/10 le découvrent parfois par l'observation de leurs propres problèmes et maladies, désordres de l'énergie et de la nutrition. Les symptômes physiques du refoulement de la colère apparaissent surtout dans la région du plexus solaire (abdomen), plus près du périnée (début de la colonne vertébrale) et dans le bas du dos. Si leurs énergies sont bloquées ou s'ils travaillent dans le négatif, les 28/10 peuvent souffrir de troubles ovariens ou prostatiques, de malaises dans le bas du dos et au coccyx, et cela peut dégénérer en infections génitales, diverticules et diverses maladies de l'appareil digestif. Les organes reproducteurs sont sensibles et parfois surstimulés. Lorsqu'ils comprennent que leur corps est un canal d'énergie, les 28/10 peuvent se soigner eux-mêmes et soigner les autres.

L'application des lois spirituelles qui gouvernent ce chemin de vie aidera les 28/10 à vaincre leur insécurité; en donnant libre cours à leurs émotions, ils font un premier pas vers un bien-être toujours plus grand.

Les troubles de la nutrition dont souffrent certains 28/10, tels que la boulimie et l'anorexie, sont souvent la transposition sur le plan physique d'un problème de contrôle (tendances opposées à la soumission et à la domination). Une alimentation équilibrée et un régime d'exercices physiques vigoureux permettront d'ouvrir les écluses au passage d'une force et d'une confiance nouvelles.

Certains 28/10 ont d'abord tendance à éviter toute forme d'exercice mais même ceux-là, lorsqu'ils s'y mettent, ne peuvent plus s'en passer. L'exercice peut améliorer leur vie de façon spectaculaire; c'est une façon de libérer l'émotion, de permettre à l'énergie bloquée de circuler et de relâcher la pression au niveau des organes reproducteurs. L'exercice peut aussi raffiner les instincts et stimuler l'appétit. L'exercice est une bonne chose pour tout le monde, et les 28/10 aiment particulièrement la gymnastique aérobique; la danse et les arts martiaux sont aussi tout à fait indiqués.

Relations

L'émotion refoulée, non exprimée, et surtout la colère, est un obstacle majeur sur le chemin des 28/10. Ils ont tendance à refouler ou à rationaliser leurs émotions, et ils sont plus souvent froids et pédants que passionnés. S'ils ravalent leur colère c'est soit par souci du qu'en-dira-t-on, soit parce que leur propre colère leur fait peur. Ils peuvent sembler discrets ou timides alors même qu'ils emmagasinent une négativité qui ferait mieux d'être déchargée. Dans le positif, les 28/10 peuvent être très honnêtes et directs dans leurs affrontements avec les figures d'autorité. La Loi de l'Honnêteté (p. 525) peut les aider à libérer leur colère et à exprimer ouvertement leurs émotions.

L'estime de soi, l'indépendance affective et le sentiment d'un pouvoir qui se suffit à lui-même sont les trois conditions dont dépendent les relations des 28/10. Lorsqu'ils ressentent le besoin de se reposer sur quelqu'un, ils se prennent facilement au jeu de la domination et de la manipulation. Mais lorsqu'ils réussissent à se rapprocher des gens sans y perdre leur sentiment de sécurité intérieure, conscients qu'ils sont de leur propre force d'attraction, ils constatent que toute manipulation est inutile, voire nuisible, et ils cessent également d'abandonner leur pouvoir.

En raison de leur énergie créatrice et de leur sensibilité, les 28/10 ont des organes sexuels puissants et sensibles. Ils n'auront pas de problèmes de ce côté s'ils évitent les abus et les excès. La plupart des 28/10 doivent prendre bien soin d'exprimer leur énergie sexuelle et leur créativité en conformité avec la Loi des Choix (p. 461). Ils doivent éviter d'utiliser la sexualité pour servir leur besoin de domination, leur sentiment d'identité ou leur amour-propre, et ils ne devraient avoir des relations sexuelles que s'ils se sentent ouverts, capables d'aimer et de donner.

Talents, travail et situation financière

Ceux qui travaillent le 28/10 ont des mains de guérisseurs, une sensibilité intuitive et une très grande énergie. Ils font d'excellents conseillers qui savent saisir toutes les subtilités d'une affaire. De plus, lorsque leur autorité et leur leadership naturels se manifestent, ils peuvent devenir des sources d'inspiration. La plupart des 28/10 peuvent trouver un travail satisfaisant dans le domaine de la santé ou dans une entreprise axée sur le service. Il existe plusieurs façons de soigner le corps, l'esprit et les émotions : le travail psycho-corporel avec imposition des mains, ou transfert d'énergie, le counseling, l'écriture, l'enseignement et la motivation en sont quelques-unes. Certains 28/10 travaillent dans le domaine de la croissance personnelle. On trouve des 28/10 dans tous les métiers, mais leur métier ne les satisfait pleinement que s'il leur donne l'occasion d'utiliser leurs dons intérieurs, leur énergie créatrice et leur sens naturel de l'autorité.

Ces individus doivent faire preuve de la plus grande honnêteté en matière d'argent. S'ils accordent plus d'importance à l'argent qu'au service, ils ne seront jamais satisfaits quelles que soient les richesses accumulées. Confrontés à un problème d'argent ou d'intégrité, ils doivent se poser la question suivante : « De quoi ai-je réellement besoin intérieurement ? » Lorsqu'ils subissent l'influence de croyances négatives concernant l'argent, ils ont beau essayer de gagner leur vie du mieux qu'ils peuvent, ils finissent toujours par saboter inconsciemment leurs propres efforts. Lorsque leur énergie créatrice circule librement avec courage et amour, ils manifestent l'argent naturellement ; ils trouvent du plaisir à en faire et ils dirigent leurs efforts de façon créative. Lorsqu'ils sont en sécurité et se sentent prêts à réclamer leur autorité, les 28/10 créent l'abondance sur tous les plans et font autant d'argent qu'ils se *permettent* d'en faire. Personne ne peut les arrêter sauf eux-mêmes. Lorsqu'ils comprennent cela, ils cessent de se mettre des bâtons dans les roues et ils apportent au monde d'importantes contributions.

Quelques 28/10 célèbres

Maya Angelou	Janis Joplin
Carol Burnett	Martin Luther King
Truman Capote	George Lucas
Jimmy Connors	Steve Martin
Sammy Davis	Ralph Nader
Simone de Beauvoir	Jack Nicholson
Billy Graham	Sarah Vaughan

Votre destinée est entre vos mains

Si vous travaillez le 28/10, cette section peut vous aider à manifester votre but de vie en attirant votre attention sur les questions les plus importantes et en vous suggérant des actions précises capables de changer votre vie.

Conseils et recommandations

❖ Exprimez et libérez votre colère contre l'autorité ; assumez ensuite votre propre autorité.

❖ Faites de l'exercice quotidiennement avec force et vigueur.

❖ Pour aller droit au but, passez au travers de votre insécurité.

❖ Trouvez des façons d'utiliser vos dons intérieurs et votre créativité.

Questions utiles

1. Réfléchissez aux questions suivantes :

   ❖ Comment puis-je mettre ma créativité en action pour gagner de l'argent tout en faisant ce que j'aime et en rendant service ?

   ❖ Quelle opinion ai-je de l'autorité, de la mienne et de celle des autres ?

   ❖ Suis-je fort et indépendant ?

   ❖ Ai-je parfois tendance à manipuler et à contrôler les autres ?

2. Si ces questions ont trouvé quelques réponses en vous, comment pourriez-vous mettre ces réponses en pratique dans votre vie ?

Pour une meilleure compréhension

1. Relisez dans la deuxième partie les chapitres consacrés aux chiffres qui composent votre nombre de naissance : 1 (p. 64), 2 (p. 74), 8 (p. 139), et 0 (p. 161).

2. Vous pouvez de la même façon vous familiariser avec le nombre de naissance d'un parent ou d'un ami et discuter avec lui, s'il le veut bien, de ce que vous avez en commun et de ce qui vous distingue.

Lois spirituelles : leviers pour changer votre vie

1. Dans la quatrième partie, lisez le texte de chacune des lois spirituelles suivantes :

   ❖ **Loi de l'Honnêteté** (p. 525) : Reconnaître ses émotions vis-à-vis de soi-même et des autres est le fondement de l'honnêteté.

   ❖ **Loi de l'Intuition** (p. 536) : Lorsque nous cessons d'être attentif à l'opinion d'autrui, nous entrons en contact avec la sagesse de notre cœur.

   ❖ **Loi de l'Action** (p. 543) : Pour vaincre l'insécurité, il nous faut reconnaître notre vulnérabilité mais continuer d'agir avec confiance.

   ❖ **Loi des Choix** (p. 461) : La créativité est une énergie que nous pouvons choisir d'employer à des fins positives ou négatives.

   ❖ **Loi de la Volonté supérieure** (p. 531) : Notre volonté de servir une cause supérieure est une source d'inspiration pour les autres et pour nous-même.

2. Faites les exercices prescrits pour chacune de ces lois.

3. Pensez aux occasions de mettre ces lois en application dans votre vie.

37/10

10: Créativité et confiance plus dons intérieurs
7: Foi et ouverture
3: Expression et sensibilité

Comprendre le but de vie

Ceux qui se trouvent sur le chemin 37/10 y sont pour résoudre des questions touchant à la créativité tout en s'efforçant de fortifier leur foi en l'esprit de sagesse et de beauté qui est en eux et en tout être humain, et pour appliquer leurs dons intérieurs à la création d'un monde de paix et d'harmonie. Ces individus accomplissent parfois leur but de vie à l'échelle du monde, comme le firent Jean Renoir, Aldous Huxley et Léon Tolstoï, mais ils peuvent le faire aussi bien à l'intérieur d'un cercle d'amis ou d'une petite communauté. Toutefois, parce que notre but de vie n'est jamais chose facile, il se peut que les 37/10 mettent beaucoup de temps à s'ouvrir, et que la foi, foi en eux-mêmes et dans le processus de leur vie, soit lente à venir. Ce sont des natures sensibles, réservées, et il leur faut d'abord surmonter un sentiment d'insécurité profondément enraciné.

La méthode utilisée dans ce livre ne prévoit pas d'additionner les deux derniers chiffres d'un nombre de naissance de quatre chiffres, mais si nous le faisions (1 + 0), nous obtiendrions un 37/10/1, soit l'influence potentielle d'une double énergie créatrice (1), intensifiée par les dons intérieurs de sensibilité, force, expression et intuition (0).

Pour la plupart d'entre nous, la confiance n'est pas autre chose qu'un sentiment parmi d'autres dont chacun reconnaît plus ou moins l'importance et l'utilité, mais chez les 37/10, la confiance, ou la foi en soi-même, est la pierre de touche qui détermine la qualité de toute leur vie. À cause de ce manque de foi en soi-même, la plupart des 37/10 cherchent la connaissance dans le monde extérieur au lieu de se fier à leurs propres profondeurs intuitives.

Dans la mesure où ils s'attendent inconsciemment à être trahis, les 37/10 deviennent tous plus ou moins victimes de véritables trahisons. Plusieurs 37/10 ont beaucoup à apprendre de la déchéance publique de certains « maîtres » plus humains que « spirituels », la leçon étant que chacun ne doit croire qu'en son propre « sage intérieur ».

Lorsqu'ils reconnaissent qu'ils ont eux-mêmes aidé à créer les trahisons passées, les 37/10 comprennent mieux quels rôles les autres ont eu à jouer, souvent inconsciemment, dans leur propre évolution. Ils n'auront peut-être aucune gratitude envers les personnes qui les ont trahis mais ils se sentiront redevables envers l'Esprit de l'éveil de conscience que ces expériences ont provoqué.

Lorsqu'ils observent la Loi des Attentes (p. 520), les 37/10 comprennent enfin le pouvoir des expectatives cachées ; alors ils changent leur manière de penser et, du coup, ils changent leur vie. Ils n'ont plus besoin de faire l'expérience de la trahison dans le monde extérieur parce qu'ils ont appris à se fier au processus global de leur vie.

Tous les 37/10, au fin fond d'eux-mêmes, sont des esprits sages et guérisseurs ; lorsque leur vie s'harmonise avec l'énergie et la volonté supérieures qui se manifestent en eux, ils peuvent s'exprimer comme des anges descendus du ciel. Ces individus sensibles et raffinés ont besoin d'un style de vie équilibré qui fasse une place au travail intérieur, comme la contemplation ou la méditation, afin de créer un espace intérieur paisible et rassurant où ils pourront aller se régénérer et se ressourcer.

Lorsqu'ils découvrent le lien étroit qui les unit au mystère et à la beauté de l'existence, ils se rendent compte que tout ce qui leur est arrivé dans le passé, le bon comme le mauvais, le facile et le difficile, l'agréable et le pénible, tout cela a servi leur apprentissage et fut pour leur plus grand bien.

Travailler le 37/10 dans le positif

Dans le positif, les 37/10 transmettent leur délicatesse et leur énergie à ceux qu'ils côtoient. Sûrs d'eux-mêmes et de l'énergie qui passe à travers eux, ils vont dans la vie avec confiance et grâce, sachant que s'ils devaient faire une erreur, celle-ci serait une part naturelle de leur chemin de vie. Ils ont suffisamment de courage et d'ouverture d'esprit pour exprimer leurs émotions et leurs besoins directement et clairement, ce qui crée autour d'eux un climat de confiance fondé sur la compréhension mutuelle. L'épanouissement de leurs dons et de leur créativité leur procure une grande joie qu'ils réussissent à communiquer dans leur travail de guérison ou dans tout autre métier qui demande d'être à l'écoute des gens ou de communier avec la nature. La guérison dont je parle ne se limite pas à la médecine : les arts, la musique et le théâtre sont des formes d'expression esthétique que j'associe également à la guérison.

Travailler le 37/10 dans le négatif

Ces 37/10 entrent dans la vie avec la foi et la naïveté des chercheurs d'absolu mais très tôt l'insécurité et la peur d'être trahis les forcent à se replier sur eux-mêmes. Leurs pires craintes deviennent alors réalité ; n'exprimant jamais leurs véritables sentiments, ils constatent ou s'imaginent qu'on ne les comprend pas, pire : qu'on se méfie d'eux. Fâchés, démoralisés, ils font des rêves troublants qui leur révèlent ce sombre côté d'eux-mêmes qu'ils craignent tant. Ils nourrissent de vieilles rancunes et refoulent ou bloquent leur énergie créatrice. Des maladies physiques peuvent les forcer à prendre soin de leur santé.

Questions de vie

Santé

Presque tous les 37/10 ont une constitution sensible et raffinée et un champ énergétique délicat. En raison de l'énergie sexuelle/créatrice des 37/10, la base de la colonne vertébrale, les organes reproducteurs et le plexus solaire sont des régions particulièrement vulnérables. Le cœur et les genoux peuvent être sensibles aussi. Hommes ou femmes, les 37/10 doivent prendre toutes les précautions nécessaires afin d'éviter les grossesses non désirées, car ils sont plus susceptibles que d'autres d'avoir des problèmes dans ce domaine.

Comme il arrive souvent aux guérisseurs naturels qui hésitent à utiliser leurs dons, il se peut que la vie leur réserve des problèmes physiques pour les obliger à se renseigner sur le sujet. Pour eux, ce n'est pas une découverte mais une sorte de mise à jour de leurs connaissances, car leur subconscient est déjà très versé dans les techniques de guérison énergétiques.

Soucieux du développement et du maintien de leur intuition et de leur sensibilité, les 37/10 préfèrent suivre une diète légère, le plus souvent végétarienne, bien qu'ils choisissent parfois d'y ajouter un peu de volaille et de poisson pour garder les pieds sur terre. Autrement, ils aiment une alimentation simple et agréable fondée sur de solides principes diététiques.

Lorsque l'insécurité bloque leur créativité, les 37/10 peuvent se laisser aller à des comportements autodestructeurs, tels que l'abus d'alcool, de drogues et de sexe. Mais avec une telle sensibilité, ils ne peuvent tolérer très longtemps quelque abus que ce soit.

Ceux qui travaillent le 37/10 devraient faire de l'exercice régulièrement et modérément; une série d'exercices raffinés, comme on en trouve dans la danse, le taï chi, le yoga ou la natation, favorise l'ouverture des canaux et la libre circulation de l'énergie. Dans ce domaine, les 37/10 doivent se faire confiance : l'exercice idéal est celui qui leur procure le plus de plaisir. Aussi, comme pour d'autres qui travaillent le 1, le but premier de l'exercice est d'empêcher que l'énergie ne cherche à se libérer par des voies moins constructives, par exemple dans des comportements générateurs de dépendances.

Relations

Comme la plupart des gens qui ont un 7 dans leur nombre de naissance, les 37/10 font davantage confiance à leur tête qu'à leur cœur parce que, dans leur souvenir, le cœur, les émotions, sont associés à la douleur et à la méfiance qu'ils ont ressentis lorsqu'ils ont été ou se sont crus trahis.

Les 37/10 sont très intimement reliés à la sagesse et à l'amour de leur cœur. Pour actualiser ce lien, ils doivent cesser de se cacher dans leur tête et apprendre à faire confiance à leurs émotions, même aux plus douloureuses.

Plusieurs 37/10 préfèrent écouter que parler parce qu'ils ont toujours peur de dire une bêtise. Ils préfèrent la solitude à la compagnie des autres, et pourtant ils sentent qu'ils auraient besoin d'un attachement sincère et profond. Ils s'attendent à recevoir beaucoup d'amour sans en donner beaucoup en retour, et ils ont tendance à trop compter sur la force des autres. Leur bonheur dépend toujours d'une aide extérieure : ils ont soit besoin d'un conjoint qui leur apporte un sentiment de complétude, soit d'un travail qui leur procure un sentiment de satisfaction. Sur ce point, ils ressemblent aux 28/10, mais les 28/10 le font en réaction contre leur tendance à la domination tandis que les 37/10 se cherchent des parents d'adoption parce qu'ils se sentent incapables de prendre soin d'eux-mêmes. Dans toutes leurs relations avec les autres, ils sont partagés entre des sentiments contradictoires ; et cette ambivalence est à l'image de la relation incertaine qu'ils entretiennent avec eux-mêmes.

La sexualité et les relations personnelles ont besoin d'ouverture et de confiance pour s'épanouir. La vie sexuelle des 37/10 devient plus satisfaisante lorsqu'il n'est plus uniquement question d'assouvir les besoins du corps mais aussi de les transcender. Pour plusieurs 37/10, il se peut qu'une thérapie sexologique axée sur le partage émotionnel, ou encore la pratique du yoga tantrique, une forme de communion profonde réalisée par l'échange d'énergie sexuelle dans le couple, soient des portes qui donnent sur l'intimité et la compréhension mutuelle.

Talents, travail et situation financière

Ce chemin de vie est l'un des plus sensibles et artistiques; les 37/10 se sentent inspirés par la beauté et par la nature. Presque tous les 37/10 aiment la musique et lui reconnaissent un pouvoir d'unification et de guérison émotive. Ils font preuve d'une grande habileté à s'exprimer par les arts d'interprétation, la poésie, la danse, la photographie, le design et toutes les formes d'expression créatrice, y compris l'enseignement.

Ces individus sont nés pour créer des formes élevées de guérison, de beauté et d'inspiration. Cela ne signifie pas que tous les 37/10 font profession de guérisseur, d'artiste ou de maître spirituel. Parmi les formes les plus pures de la guérison, il existe toute une gamme de métiers et d'occupations qui ont en commun de rechercher l'équilibre du corps, l'éveil des émotions et la clarté de l'esprit; en d'autres mots, qui ont pour but de « soigner » en remédiant à un quelconque déséquilibre. Par exemple, le fait de créer un environnement de travail serein est une forme de guérison; les artistes, les musiciens et les ménagères qui savent créer une atmosphère ou un décor de vie agréable apportent plus de beauté dans le monde; des enseignants, des amis et des collègues peuvent s'inspirer et s'encourager les uns les autres.

D'ordinaire, l'argent ne joue pas un rôle très important dans la vie des 37/10, à moins qu'il ne serve à les isoler des autres. Lorsque les 37/10 commencent à faire confiance à leurs habiletés et à les manifester dans le monde, l'argent apparaît dans leur vie presque par magie.

Quelques 37/10 célèbres

Napoléon Bonaparte	Robert Redford
Charlie Chaplin	Jean Renoir
Aldous Huxley	O. J. Simpson
Earvin (Magic) Johnson	Bruce Springsteen
Paul Klee	Léon Tolstoï
Michelle Pfeiffer	

Votre destinée est entre vos mains

Si vous travaillez le 37/10, cette section peut vous aider à manifester votre but de vie en attirant votre attention sur les questions les plus importantes et en vous suggérant des actions précises capables de changer votre vie.

Conseils et recommandations

❖ Faites confiance à vos émotions et à vos dons intérieurs de sensibilité, force, expression et intuition.

❖ Ayez le courage d'exprimer vos émotions.

❖ En face de la peur, ne reculez pas.

❖ Travaillez dans un jardin ; lisez un livre sur les anges.

Questions utiles

1. Réfléchissez aux questions suivantes :

 ❖ Lorsqu'il s'agit de mon corps, ai-je tendance à me fier davantage aux théories des experts qu'à mes propres intuitions et instincts ?

 ❖ Suis-je capable d'exprimer mes plus profondes émotions ? Si la réponse est non, pourquoi ?

 ❖ Comment puis-je utiliser mon énergie créatrice pour amener plus de beauté dans le monde ?

 ❖ Lorsque je sens un manque de confiance, comment puis-je m'en sortir ?

2. Si ces questions ont trouvé quelques réponses en vous, comment pourriez-vous mettre ces réponses en pratique dans votre vie ?

Pour une meilleure compréhension

1. Relisez dans la deuxième partie les chapitres consacrés aux chiffres qui composent votre nombre de naissance : 1 (p. 64), 3 (p. 83), 7 (p. 128), et 0 (p. 161).

2. Vous pouvez de la même façon vous familiariser avec le nombre de naissance d'un parent ou d'un ami et discuter avec lui, s'il le veut bien, de ce que vous avez en commun et de ce qui vous distingue.

Lois spirituelles : leviers pour changer votre vie

1. Dans la quatrième partie, lisez le texte de chacune des lois spirituelles suivantes :

   ❖ **Loi des Choix** (p. 461) : Nous pouvons choisir de créer et de nous exprimer de façon positive ou négative.

   ❖ **Loi de la Flexibilité** (p. 456) : En demeurant flexible, nous pouvons tirer le meilleur parti possible de nos difficultés et des circonstances changeantes.

   ❖ **Loi de l'Action** (p. 543) : Pour vaincre l'insécurité, il nous faut reconnaître notre vulnérabilité mais continuer d'agir avec confiance.

   ❖ **Loi de l'Intuition** (p. 536) : Lorsque nous cessons d'être attentif à l'opinion d'autrui, nous entrons en contact avec la sagesse de notre cœur.

   ❖ **Loi de la Responsabilité** (p. 471) : Savoir quand dire oui et comment dire non procure une profonde satisfaction.

2. Faites les exercices prescrits pour chacune de ces lois.

3. Pensez aux occasions de mettre ces lois en application dans votre vie.

46/10

10: Créativité et confiance plus dons intérieurs
6: Vision et acceptation
4: Stabilité et méthode

Comprendre le but de vie

Ceux qui se trouvent sur le chemin 46/10 y sont pour résoudre des questions touchant à la créativité et à l'idéalisme, pour trouver des applications constructives à leur énergie et à leurs dons intérieurs et pour suivre un cheminement méthodique, d'étape en étape, qui leur permettra de manifester leur vision d'un monde meilleur. Ils peuvent changer le monde d'une façon modeste, soit à la maison ou dans un cercle d'amis, ou le faire à l'échelle de la planète; l'étendue de leur influence n'a pas d'importance.

Avec les énergies du 4 et du 6 qui précèdent et influencent le 10, les difficultés, les forces et les tendances des 46/10 ne ressemblent pas à celles des autres 10. Ils peuvent entrer en contact avec la force et l'énergie vitale du 4, mais l'influence perfectionniste du 6 fera peut-être qu'ils ne se *sentiront* pas très créatifs.

La méthode utilisée dans ce livre ne prévoit pas d'additionner les deux derniers chiffres d'un nombre de naissance de quatre chiffres, mais si nous le faisions (1 + 0), nous obtiendrions un 46/10/1, soit l'influence potentielle d'une double énergie créatrice (1), intensifiée par les dons intérieurs de sensibilité, force, expression et intuition (0).

Parce que les 4 ont du mal à progresser lentement tout au long d'un cheminement méthodique et minutieux, et parce que les 6 ont plutôt tendance à s'impatienter si la perfection ne vient pas tout de suite, la combinaison 46 comporte un défi exceptionnel: apprendre à suivre et à aimer le chemin qui mène à la réalisation d'un but. Si les 46/10 sont parfois vaguement conscients de leur force créatrice, il reste que, pour l'actualiser, ils doivent faire ce pour quoi ils ont un handicap naturel : il leur faut ralentir et commencer par solidifier leurs fondations, c'est-à-dire se préparer minutieusement en cultivant les talents qui leur seront nécessaires. Ensuite, ils pourront accomplir des choses extraordinaires, vraiment brillantes, qu'ils se fassent guérisseurs, artistes ou hommes d'affaires, grâce à cette combinaison d'idéalisme, de sensibilité, de force, d'énergie créatrice et de dons intérieurs.

Les 46/10 peuvent voir sous la surface des choses le cœur et les structures cachées de la vie. Ils peuvent devenir des bâtisseurs et des visionnaires mais ils ont besoin de la réaction des autres, de leurs conseils et de leur soutien pour transformer leur rêve en réalité. Sous l'influence du 6, énergie de vision et d'idéal, les 46/10 risquent de s'égarer dans les dédales de leurs rêves et de perdre tout contact avec la réalité.

Lorsqu'ils ont enfin compris que leur travail n'a pas besoin d'être parfait, ils mettent leur créativité au service de l'excellence. Ils doivent travailler avec réalisme et compassion en se gardant des jugements hâtifs inspirés par leur perfectionnisme. En d'autres mots, ils concrétisent leur vision d'une vie meilleure en montant une à une les marches d'un escalier qu'ils bâtissent eux-mêmes, et ils le font non seulement pour eux-mêmes mais pour les autres également.

Quoi qu'il en soit, cette combinaison de force et de sensibilité, de vision et de dons intérieurs fera de puissantes vagues. Grâce aux dons intérieurs représentés par le zéro de leur nombre de naissance, les 46/10 sont doués d'une intelligence et d'une intuition incroyables qui leur permettent de concrétiser leurs idéaux. Ils sont sur terre pour mettre leur énergie créatrice au service d'une cause supérieure. Leur vision peut les soutenir et les nourrir.

Travailler le 46/10 dans le positif

Les qualités distinctives des 46/10 sont la force, la sensibilité et la vision ; leur champ énergétique est clair et lumineux. Ils ont la capacité intuitive de créer une vision, ou un idéal intérieur, et ils ont la force de travailler le temps qu'il faudra pour faire naître cette vision dans le monde. Pionniers qui montrent la voie à suivre, ils connaissent le succès dans les affaires et dans leurs relations personnelles parce qu'ils acceptent les gens tels qu'ils sont sans jamais cesser pour autant d'évoluer et de s'approcher du sommet. Ces 46/10 sont, au sens propre ou figuré, des prêtres-guerriers visionnaires luttant pour la justice supérieure.

Travailler le 46/10 dans le négatif

Impatients, frustrés, insécurisés et découragés parce que la vie met trop de temps à combler leurs attentes, ces individus voudraient avoir le paradis sur terre, tout de suite, et sans faire d'effort. Comme don Quichotte se lançant à l'assaut des moulins, ils « rêvent un impossible rêve ». Sensibles à la critique parce que se critiquant eux-mêmes continuellement sans s'en apercevoir, ils n'entendent pas vraiment les conseils ou les suggestions des autres ; au lieu de quoi ils échafaudent de savantes rationalisations qui les trompent eux-mêmes. Leur jugement interfère avec leur vision intuitive directe. Obsédés par leurs problèmes, ils libèrent l'énergie créatrice frustrée dans l'abus d'alcool, de drogues, de nourriture ou de sexe.

Questions de vie

Santé

Presque tous les 46/10 ont une constitution à la fois robuste et raffinée. S'ils travaillent dans le positif, leur style de vie honorable aidera à les maintenir en santé. Dans le négatif, des problèmes physiques peuvent résulter d'abus ou d'activités sexuelles inappropriées. La région la plus sensible et la plus vulnérable est celle des organes de la reproduction, mais aussi la région abdominale et, parfois, les genoux.

Plusieurs 46/10 ne font pas que manger ; une fois qu'ils ont compris l'influence de l'alimentation sur le corps, ils étudient le sujet à fond dans le but de trouver le régime alimentaire optimal.

On doit leur rappeler que le régime parfait n'existe pas, qu'ils devraient plutôt chercher le régime qui convient le mieux à leur corps et à leurs besoins actuels. Ils doivent aussi éviter les diètes miracles et accepter le fait que tout changement ou adaptation demande du temps.

Ceux qui travaillent le 46/10 ont tendance à rechercher les formes d'exercices les plus exigeantes, comme la gymnastique et les arts martiaux, ou à faire un dosage des activités qui leur conviennent le mieux et qui présentent le plus d'avantages.

Relations

C'est un défi pour les 46/10 que de reconnaître et d'accepter leurs émotions «bassement humaines» parce qu'ils préfèrent se concentrer sur ce qu'ils «devraient» ressentir au risque d'oublier ce qu'ils ressentent vraiment. Ces images mentales idéales forment un voile de dénégation et de déception qui les empêche de voir leur véritable Moi. Plus ils se connaissent et s'acceptent tels qu'ils sont, mieux vont leurs relations, car ils ont aussi moins de mal à accepter les imperfections des autres. La plupart des 46/10 ont de la difficulté à accepter les émotions humaines les plus ordinaires.

Talents, travail et situation financière

Bien que leurs hautes exigences, leur force, leur esprit analytique et leur sensibilité les servent aussi bien dans toutes sortes d'occupations, les 46/10 sont particulièrement doués pour le travail psycho-corporel et pour agir en tant que conseillers, soit dans la vie privée soit dans le monde des affaires. En général, ils excellent lorsqu'il s'agit de concevoir des structures, en architecture ou en design par exemple. D'autres possibilités: la gymnastique, les arts martiaux et la danse, activités où il s'agit de créer en se servant de son corps comme d'un pinceau et de l'air comme d'une toile. Ils peuvent même inventer de nouveaux types d'entreprises pour mieux servir les autres.

Ces individus doivent éviter le piège qui consiste à chercher l'emploi idéal, à n'être jamais satisfait du travail que l'on fait. Ils doivent exercer un métier qui non seulement s'accorde avec leur sens du « devoir » mais aussi qui les *attire*. Par-dessus tout, les 46/10 ont besoin de méthode, de confiance et de patience.

Pour les 46/10, la réussite matérielle dépend de l'estime de soi (ils gagnent autant d'argent qu'ils croient en mériter). Il faut qu'ils soient prêts à suivre un cheminement méthodique sans sauter des étapes. Surmonter l'insécurité est un autre défi, bien qu'il soit moindre ici que chez d'autres personnes dont le nombre de naissance se termine par 10.

Quelques 46/10 célèbres

Aucun 46/10 célèbre n'apparaît sur nos listes. Les plus vieux 46/10 de ce siècle sont nés en 1979, et ce nombre de naissance apparaît beaucoup moins fréquemment que d'autres; avec le temps, de plus en plus de 46/10 parviendront à la célébrité.

Votre destinée est entre vos mains

Si vous travaillez le 46/10, cette section peut vous aider à manifester votre but de vie en attirant votre attention sur les questions les plus importantes et en vous suggérant des actions précises capables de changer votre vie.

Conseils et recommandations

❖ Rappelez-vous que c'est en forgeant qu'on devient forgeron.

❖ Considérez votre vision comme la direction à suivre et non comme le but à atteindre.

❖ Continuez de rêver, mais créez dans la réalité.

❖ Préparez-vous avant d'agir; les petites étapes mènent loin.

Questions utiles

1. Réfléchissez aux questions suivantes :

    ❖ Comment ai-je l'habitude de me juger moi-même et de juger les autres ?

    ❖ Comment ai-je l'habitude d'exprimer mon énergie créatrice ?

    ❖ Quelle est mon attitude à l'égard des projets qui demandent beaucoup de temps ?

    ❖ Comment ai-je l'habitude d'utiliser ma sensibilité et ma force ?

    ❖ Comment puis-je apprendre à penser moins et à sentir plus ?

2. Si ces questions ont trouvé quelques réponses en vous, comment pourriez-vous mettre ces réponses en pratique dans votre vie ?

Pour une meilleure compréhension

1. Relisez dans la deuxième partie les chapitres consacrés aux chiffres qui composent votre nombre de naissance : 1 (p. 64), 4 (p. 93), 6 (p. 117), et 0 (p. 161).

2. Vous pouvez de la même façon vous familiariser avec le nombre de naissance d'un parent ou d'un ami et discuter avec lui, s'il le veut bien, de ce que vous avez en commun et de ce qui vous distingue.

Lois spirituelles : leviers pour changer votre vie

1. Dans la quatrième partie, lisez le texte de chacune des lois spirituelles suivantes :

    ❖ **Loi du Moment présent** (p. 505) : L'impatience et les regrets disparaissent lorsqu'on se rend compte que seul le moment présent existe.

❖ **Loi des Choix** (p. 461): La créativité est une énergie que nous pouvons choisir d'employer à des fins positives ou négatives.

❖ **Loi de la Méthode** (p. 485): Pour nous rendre où nous voulons aller, le plus sûr est de procéder par petites étapes.

❖ **Loi de la Perfection** (p. 500): Les idéaux peuvent nous inspirer mais, dans la vie de tous les jours, l'excellence est le plus haut sommet que nous puissions atteindre.

❖ **Loi de l'Intuition** (p. 536): Lorsque nous cessons d'être attentif à l'opinion d'autrui, nous entrons en contact avec la sagesse de notre cœur.

2. Faites les exercices prescrits pour chacune de ces lois.

3. Pensez aux occasions de mettre ces lois en application dans votre vie.

11: DOUBLE CRÉATIVITÉ
ET CONFIANCE

La vie nous laisse le choix d'en faire
un accident ou une aventure.

ANONYME

En termes simples, lorsqu'un double 1 (11) apparaît à droite de la barre (comme dans les nombres de naissance 29/11, 38/11 et 47/11), nous sommes en présence des mêmes énergies qui furent décrites dans la deuxième partie de cet ouvrage (1: créativité et confiance, p. 64), mais ces qualités, talents et difficultés potentielles ont ici une force redoublée.

29/11

11: Double créativité et confiance
9: Intégrité et sagesse
2: Coopération et équilibre

Comprendre le but de vie

Ceux qui se trouvent sur le chemin 29/11 y sont pour combiner l'énergie créatrice avec les plus hauts principes de vie et d'intégrité, et pour trouver des façons, inspirées par la sagesse supérieure, de mettre leur énergie créatrice au service des autres. Une telle sagesse supérieure nous est révélée par les lois spirituelles, surtout par celles que les 29/11 sont nés pour découvrir et sur lesquelles ils doivent régler leur vie.

La méthode utilisée dans ce livre ne prévoit pas d'additionner les deux derniers chiffres d'un nombre de naissance de quatre chiffres, mais si nous le faisions (1 + 1), nous obtiendrions un 29/11/2, soit une double influence de l'énergie de coopération (2) et une double créativité (1): service créateur.

Tous les 29/11, comme tous les doubles 1, ont une immense capacité créatrice. Mais parce que leur but de vie principal représente une sorte de montagne à gravir, il se peut qu'ils ne se sentent pas aussi créatifs que d'autres qui ne travaillent pas l'énergie du 1 et n'ont donc pas autant d'obstacles à surmonter de ce côté. Quelques 29/11, encore occupés à résoudre les questions du 2 et du 9, qui précèdent le 11, ne sont pas conscients de l'énorme quantité d'énergie qui est à leur disposition. Plusieurs 29/11 sont extrêmement créateurs, mais ils ne savent pas s'y prendre avec leur énergie.

Afin qu'ils puissent ouvrir les écluses au flot de leur créativité naturelle, il faut d'abord que les 29/11 se trouvent eux-mêmes – qu'ils trouvent leur centre, leur identité, leur équilibre et leurs limites (questions du 2). Il faut qu'ils passent au travers du 9, c'est-à-dire qu'ils rompent le lien de dépendance qui les rend si sensibles à l'opinion d'autrui (voir la Loi de l'Intuition, p. 536), puis qu'ils se mettent en règle avec les lois spirituelles en acceptant d'assumer la pleine responsabilité de leur vie.

Certains 29/11 ont été des enfants maltraités ou violentés ; il se peut que ceux-là aient du mal à se refaire une volonté et une identité cohérente. L'influence du 2 est grande ; d'une part, les 29/11 doivent parfaire l'intégration des parties conflictuelles de leur être ; d'autre part ils doivent vaincre leurs tendances à la résistance et à la rigidité.

L'insécurité est un autre obstacle sur le chemin des 29/11. La double créativité du 11 ne vient pas sans une double dose d'insécurité qui peut se manifester par l'un ou l'autre de ces deux extrêmes : certains 29/11 manquent de confiance en eux, ils sont insécurisés, nerveux, craintifs ; d'autres 29/11 surmontent ce sentiment d'infériorité en développant une attitude réservée qui peut ressembler à de la froideur ou à une trop grande confiance en soi. Par exemple, bien que la plupart des 29/11 aient le cœur sur la main en toutes circonstances, il arrive que leur esprit de compétition l'emporte sur leur esprit de service tout simplement parce qu'ils ont peur de perdre, peur que nourrit leur sentiment d'infériorité.

La combinaison du double 1 et du 9 signifie que l'énergie des 29/11 a besoin de se régler sur une volonté supérieure, d'aspirer à un but plus élevé, dans l'équilibre et l'amour. Leur créativité est plus mentale qu'émotive ; elle est toujours pleine de sens mais elle est moins riche en couleurs et en émotions que celle des artistes travaillant le 30/3, par exemple.

Les 29/11 ont un champ énergétique large et puissant, quel que soit le physique de l'individu. Lorsqu'ils sont excités ou inspirés, ils ont moins besoin de sommeil que la plupart des gens. Lorsqu'ils décident de créer quelque chose de nouveau, d'inventif, d'original ou de brillant, ils ont suffisamment d'énergie pour faire des merveilles. Mais cette abondance d'énergie est un couteau à deux tranchants, qui comporte autant de risques que d'avantages. L'énergie est un instrument qui peut servir des forces créatrices ou des forces destructrices ; par exemple, l'énergie électrique peut illuminer une ville mais elle peut aussi électrocuter un être humain. S'ils savent tirer les leçons de l'expérience, les 29/11 apprendront à diriger leur extraordinaire énergie dans des voies plus positives. Sinon, parce qu'il faut bien relâcher la pression qu'exerce une telle somme de créativité bloquée, ils ont fortement tendance à adopter des comportements générateurs de dépendances.

Pour faire face à tous ces défis, les 29/11 démontrent d'extraordinaires capacités; lorsqu'ils abordent leurs problèmes avec détermination et lucidité, ils sont parmi les personnes les plus créatrices sur la planète. L'énergie du 2 implique une forme de coopération, de travail avec les autres; et les 29/11 sont les piliers, petits et grands, sur lesquels repose l'humanité. Qu'ils soient hommes d'affaires ou guérisseurs, ouvriers du bâtiment ou coiffeurs, notaires ou athlètes, leur créativité au travail comme à la maison est un éclair capable d'illuminer la vie. En résumé, les 29/11 sont de véritables bombes de créativité dont la destination est d'instruire et d'inspirer, de soutenir et de guérir.

Travailler le 29/11 dans le positif

Ce sont des personnes inspirées, motivées uniquement par le désir de servir, qui suivent un chemin bien tracé. Fins stratèges, amis fidèles, loyaux alliés, leur charisme attire les gens et leur exemple leur sert de guide. Quel que soit le domaine créatif qu'ils choisissent, ils y apportent quelque chose de spécial; ils font preuve d'une vitalité et d'une endurance remarquables dans la poursuite de leurs buts. Détendus et ouverts, ces 29/11 tirent leur inspiration directement de l'Esprit.

Travailler le 29/11 dans le négatif

Qu'ils soient en apparence complexés et timides ou qu'ils semblent au contraire très sûrs d'eux-mêmes, ces individus sont tous hantés par un même sentiment d'infériorité qui se manifeste dans leur esprit de compétition et par leur peur de perdre.

Dominateurs et dogmatiques, on dirait qu'ils ont toujours quelque chose à prouver. Entêtés, obstinés, autoritaires et bien arrêtés dans leurs opinions, ils ont beaucoup de mal à passer l'éponge sur quoi que ce soit. Leur complexe d'infériorité les empêche de prendre les risques créateurs qui pourraient rendre leur vie passionnante. Perdus, ne sachant pas vraiment qui ils sont, ils ont des périodes de grandes dépenses d'énergie alternant avec d'autres où ils sont complètement effondrés. Leur énergie frustrée se déverse dans les dépendances et les abus; et lorsqu'ils apprennent enfin une chose ou deux au sujet des lois spirituelles (particulièrement au sujet des conséquences de leurs actes), la leçon est souvent donnée dans un palais de justice.

Questions de vie

Santé

Les individus travaillant le 29/11, parce qu'ils sont soumis à l'action d'une puissante énergie, ont souvent une apparence physique hors du commun. Leur champ énergétique est souvent deux ou trois fois plus grand que la normale. Lorsqu'un projet créatif les enthousiasme, les 29/11 n'ont pas besoin de beaucoup de sommeil. L'attraction qu'ils exercent sur les autres tient pour moitié à leur apparence physique et pour moitié à leur champ énergétique lumineux.

Les organes de la reproduction (système sexuel/créateur), ainsi que le bas du dos et l'abdomen, sont très sensibles. Les infections génitales, kystes, douleurs, maux de dos, constipation et obésité sont souvent causés par des blocages d'énergie. Parmi tous les nombres de naissance, les 29/11 ont les os les plus fragiles et ce sont les plus susceptibles de contracter des maladies rares. En revanche, ils ont parfois une chance exceptionnelle (par exemple, avoir un grave accident de la route et s'en tirer sans une égratignure).

Le plus souvent, tous les problèmes physiques, émotionnels ou sexuels des 29/11 ont pour cause un blocage d'énergie ou résultent d'un abus quelconque. Les massages, qu'ils les donnent ou les reçoivent, leur font toujours le plus grand bien.

Le subconscient des 29/11 est ouvert et suggestible ; aussi, la pensée positive, la visualisation et d'autres thérapeutiques qui agissent sur le subconscient et le « corps d'énergie » – comme l'acupuncture, l'acupressing, le shiatsu, l'imposition des mains, la bioénergie et les thérapies nutritionnelles – ont-elles souvent de meilleurs résultats sur eux que les médecines et drogues traditionnelles.

En général, les 29/11 ont besoin d'une diète comprenant beaucoup d'aliments riches – comme les grains, les haricots et occasionnellement un peu de volaille et de poisson. Les 29/11 doivent être aussi respectueux des lois de la nutrition et de l'exercice physique que des lois spirituelles. Plus que la plupart d'entre nous, les 29/11 ont raison de dire qu'ils « sont » ce qu'ils mangent. Leur énergie sensible tolère mal les drogues et l'alcool ; aussi feraient-ils mieux de ne pas y toucher du tout.

Comme tous les doubles 1, les 29/11 ont absolument besoin de *plus* d'exercice que la plupart des gens – non seulement pour garder la forme mais aussi pour que leur énergie ne cesse de circuler et de se ressourcer. Au début, leur corps a besoin d'un certain temps pour reprendre la forme mais ensuite il tolère bien l'exercice et ne cesse de s'épanouir. L'exercice quotidien, complément d'une activité professionnelle ou privée créatrice, apportera vitalité et bien-être aux 29/11.

Relations

Bien qu'ils aient aussi un petit côté sentimental, les 29/11 ont plutôt tendance à concentrer leur énergie créatrice sur le mental, et leur expression émotive s'en trouve diminuée. Ils ont tendance à réprimer ou à intellectualiser leurs émotions. Ce refoulement, ou cette apparente absence d'émotion, affecte souvent leurs relations personnelles.

Comme les 27/9 et les 25/7, les 29/11 estiment et recherchent les relations extérieures parce qu'ils n'ont pour ainsi dire pas de relations avec eux-mêmes. La plupart ont besoin d'amis, de connaissances, et aussi de quelqu'un qui soit une source de soutien ; mais cette contradiction, qui consiste à vouloir créer des liens tout en cherchant à conserver son indépendance, les mène parfois dans une impasse. Rarement à la remorque d'un groupe, les 29/11 sont habituellement des individualistes qui dansent au son de leur propre musique.

Les 29/11 sont des gens très attirants en raison de leur champ énergétique large et puissant. Toutefois, s'ils manquent de confiance, leurs relations personnelles peuvent être difficiles. Lorsque leur énergie créatrice trouve un exutoire dans un projet ou dans un travail, il se peut qu'ils soient trop pris pour accorder une quelconque attention à leurs relations. Cette combinaison de loyauté, d'insécurité (besoin de créer des liens) et d'indépendance n'est pas sans compliquer leurs relations.

Leur vie sexuelle peut être assez paradoxale : d'une part, avec toute cette énergie qui circule en eux, la plupart des 29/11 ont besoin d'orgasmes fréquents – à moins que leur énergie sexuelle ne soit bloquée ou canalisée dans une création ou dans un entraînement physique rigoureux. D'autre part, l'expression sexuelle peut être empêchée ou freinée par l'insécurité, ou elle peut se refuser volontairement (2 négatif, ou sous-coopération). Somme toute, l'équilibre de la vie sexuelle et affective des 29/11 reflète celui qu'ils ont réalisé dans les autres aspects de leur vie.

Talents, travail et situation financière

En vertu de leur créativité et de leur présence, tous les 29/11 représentent l'archétype, l'énergie et l'inspiration créatrice typique de l'inventeur, de l'athlète et du meneur d'hommes. À l'aise dans les grands réseaux d'influence, aimant jouir de multiples contacts, les 29/11 sont des individualistes convaincus qui, paradoxalement, sont sur terre pour servir le bien commun.

Financièrement, les 29/11 sont des aimants qui attirent l'argent, car l'argent est une forme d'énergie et l'on sait que : « qui se ressemble s'assemble ». De même que l'énergie circule en eux, ainsi va l'abondance. Dans la mesure où les 29/11 expriment leur créativité de façon positive, ils réussissent financièrement et parviennent à la sécurité souhaitée (influence du 2).

Dans le négatif, ils vivent des périodes de vaches maigres, d'insécurité et de privation.

Pour la plupart des 29/11 l'argent n'est qu'un compteur d'énergie, mais dans certains cas la course à l'argent peut devenir une sorte de compétition sportive, une façon de gagner le respect et l'assentiment des autres – motivation très puissante chez ces individus. Tant qu'ils se concentrent sur le service créateur, les 29/11 vivent dans l'abondance.

Quelques 29/11 célèbres

Judith Anderson	Henry Kissinger
Jack Benny	Wolfgang Amadeus Mozart
Jim Brown	Edward R. Murrow
J. Paul Getty	Edgar Allan Poe
Doug Henning	Isaac Bashevis Singer
Bob Hope	Jules Verne
Harry Houdini	Alice Walker

Votre destinée est entre vos mains

Si vous travaillez le 29/11, cette section peut vous aider à manifester votre but de vie en attirant votre attention sur les questions les plus importantes et en vous suggérant des actions précises capables de changer votre vie.

Conseils et recommandations

- ❖ Faites de l'exercice quotidiennement; l'exercice peut changer ou même sauver la vie d'un 29/11.
- ❖ Si l'insécurité vous bloque le chemin, passez au travers.
- ❖ Tâchez de maîtriser la technique; fiez-vous ensuite à votre créativité.
- ❖ Suivez un séminaire de deux jours sur un sujet qui vous plaît.

Questions utiles

1. Réfléchissez aux questions suivantes :

    ❖ Dans quelles directions mon énergie créatrice est-elle orientée ? Quels exutoires mon énergie bloquée trouve-t-elle ?

    ❖ Comment puis-je tirer profit de ma situation actuelle ?

    ❖ Comment aimerais-je aider les autres ?

    ❖ Comment puis-je commencer à écouter mon cœur plus que l'opinion d'autrui ?

2. Si ces questions ont trouvé quelques réponses en vous, comment pourriez-vous mettre ces réponses en pratique dans votre vie ?

Pour une meilleure compréhension

1. Relisez dans la deuxième partie les chapitres consacrés aux chiffres qui composent votre nombre de naissance : 1 (p. 64), 2 (p. 74), et 9 (p. 150).

2. Vous pouvez de la même façon vous familiariser avec le nombre de naissance d'un parent ou d'un ami et discuter avec lui, s'il le veut bien, de ce que vous avez en commun et de ce qui vous distingue.

Lois spirituelles : leviers pour changer votre vie

1. Dans la quatrième partie, lisez le texte de chacune des lois spirituelles suivantes :

    ❖ **Loi des Choix** (p. 461) : La créativité est une énergie que nous pouvons choisir d'employer à des fins positives ou négatives.

    ❖ **Loi de la Flexibilité** (p. 456) : En demeurant flexible, nous pouvons tirer le meilleur parti possible de nos difficultés et des circonstances changeantes.

❖ **Loi de l'Action** (p. 543): Pour vaincre l'insécurité, nous devons reconnaître notre vulnérabilité mais continuer d'agir avec confiance.

❖ **Loi de l'Intuition** (p. 536): Lorsque nous cessons d'être attentif à l'opinion d'autrui, nous entrons en contact avec la sagesse de notre cœur.

❖ **Loi de la Responsabilité** (p. 471): Savoir quand dire oui et comment dire non procure une profonde satisfaction.

2. Faites les exercices prescrits pour chacune de ces lois.

3. Pensez aux occasions de mettre ces lois en application dans votre vie.

38/11

11: Double créativité et confiance
8: Abondance et pouvoir
3: Expression et sensibilité

Comprendre le but de vie

Ceux qui se trouvent sur le chemin 38/11 y sont pour marier la créativité au succès matériel et pour apprendre à utiliser leur pouvoir et à exprimer leur énergie avec compassion et générosité. Leur but de vie ne consiste pas à rechercher la fortune ou le prestige comme une fin en soi mais comme un moyen de servir une plus large cause, que ce soit un cercle d'amis et de collègues ou l'ensemble de la communauté.

Ce pour quoi nous sommes ici n'est jamais chose facile; le but de vie des 38/11 ne fait pas exception à cette règle. Leurs pulsions créatrices étant plus fortes encore que celles des autres doubles 1 à cause de l'influence du 8, les 38/11 doivent venir à bout de l'insécurité et du doute de soi, puis vaincre leur tendance à abandonner, à fuir ou à saboter leur propre pouvoir (ce qu'ils font souvent en paroles, puisque l'expression est aussi une part importante de leur chemin de vie).

En route vers le sommet, les 38/11 devront se mettre à l'écoute de leur sensibilité, apprendre à exprimer leurs émotions, vaincre le doute de soi et passer au travers des énergies et tendances du 8, surtout en ce qui a trait à cette colère rentrée contre les figures d'autorité qui les empêche d'assumer leur propre autorité.

La méthode utilisée dans ce livre ne prévoit pas d'additionner les deux derniers chiffres d'un nombre de naissance de quatre chiffres, mais si nous le faisions (1 + 1), nous obtiendrions un 38/11/2, ce qui ajouterait l'influence du 2 (énergie de coopération) à la double créativité du 11. Aussi, tant que les 38/11 ne sont pas arrivés à maturité, leur nature indépendante, voire dominatrice, en fait des êtres qui sont difficiles à vivre ; ils peuvent se montrer très coopératifs et pleins de sollicitude au départ, mais s'ils en font trop ils se heurtent à un mur et l'énergie du 2 les envoie rebondir dans le ressentiment.

Ces individus foncièrement puissants, mais dont la puissance peut être alternativement explosive et refoulée, ont suffisamment d'énergie et de volonté pour faire des vagues et beaucoup d'argent. Le travail de leur vie, quelque forme qu'il prenne, consiste à apprendre le contrôle de soi (et non pas le contrôle qu'on peut exercer sur les autres) et à canaliser cette considérable énergie afin d'apporter une contribution constructive qui réjouisse l'âme et qui aide les autres à trouver leurs propres sources de pouvoir, d'énergie et d'inspiration.

La plupart des 38/11 pensent qu'ils ne pourront jamais donner ni recevoir assez. La combinaison de sensibilité et de pouvoir brut, quoique parfois refoulée, génère une puissante énergie créatrice. Ils peuvent passer toute leur vie avec le diable au corps mais il faut d'abord qu'ils domptent ce diable, qu'ils apprennent à diriger leur énergie dans des voies positives. Sinon, ils risquent fort de développer des dépendances aux drogues, au sexe ou à la nourriture.

Sous l'influence du 8, avec ses questions de pouvoir et d'autorité, les 38/11 peuvent devenir sermonneurs et pédagogues, ou encore dominateurs et tyranniques ; ces défauts guettent tous ceux qui travaillent le 8 mais ici l'énergie du 8 est amplifiée par la présence du double 1.

Comme tous les 1 et doubles 1, les 38/11 doivent venir à bout de l'insécurité, d'autant plus que chez eux ce sentiment est aggravé par la tendance qui les pousse à refouler ou à bloquer le pouvoir du 8. Plus les 38/11 se dévouent à la cause commune ou à une cause qui les dépasse, se conformant par là à la Loi de la Volonté supérieure (p. 531), plus ils purifient l'énergie du 8 tout en libérant leur énergie créatrice, ce qui leur donne le courage d'entrer de plain-pied dans la vie.

Travailler le 38/11 dans le positif

Puissants meneurs d'hommes, brillants et dynamiques conseillers, ces individus peuvent résoudre les problèmes les plus difficiles, ouvrir de nouvelles portes et montrer la voie vers un monde meilleur. L'argent n'est pas le plus important pour eux qui dépensent leur énergie et en ont toujours suffisamment. Ils donnent et reçoivent sans faire des comptes d'apothicaire, et ils attirent les autres dans leur champ énergétique très puissant. Ils donnent généreusement et ils encouragent les autres à exercer leur propre pouvoir. Ils ont appris à diriger dans un rapport d'égalité et de respect mutuel. Emportés par un raz-de-marée d'énergie, ils mènent une vie excitante et productive sur le chemin du succès matériel.

Travailler le 38/11 dans le négatif

Ces individus rusés à l'esprit hautement combatif s'arrangent pour dominer les autres, souvent par la manipulation. Soit qu'ils manquent de confiance en eux-mêmes, nient leur pouvoir et sabotent leurs chances de succès, soit qu'ils exploitent leur force et ne reculent devant rien pour réussir. Ils ne font pas d'exercice et souffrent de dépendances causées par des blocages d'énergie. Frustrés par tant d'énergie refoulée, ils s'aliènent les autres en adoptant une attitude distante et négative, quand à l'intérieur ils demeurent rongés par le doute et l'insécurité.

Questions de vie

Santé

Ceux qui travaillent le 38/11 ont en commun certaines prédispositions associées au 3 (expression bloquée affectant la gorge), au double 1 (organes de la reproduction, abdomen, bas du dos) et au 8 (autosabotage sous la forme d'accidents et, plus rarement, de burn-out). Cela ne signifie pas que les 38/11 souffriront nécessairement de ces maladies ou des suites de ces accidents ; les maladies frappent plus souvent les individus qui travaillent dans le négatif, et il faut les considérer comme des avertissements : c'est la vie qui leur intime de changer leurs vieilles habitudes.

Les moyens les plus efficaces pour guérir les 38/11 sont la visualisation positive, le travail sur les croyances, l'acupuncture, le travail psycho-corporel et d'autres thérapeutiques relativement subtiles qui agissent sur l'esprit et le champ énergétique. Tant qu'ils laissent circuler leur énergie créatrice, les 38/11 jouissent d'une constitution robuste et d'une bonne santé. Ces individus aiment établir leurs propres règles en matière d'alimentation. La plupart sont trop occupés pour que la nourriture puisse tenir beaucoup de place dans leur vie (sauf si la cuisine fait partie des activités créatrices); en général, ils considèrent la nourriture comme un simple carburant pour faire fonctionner le moteur de leur vie et de leurs ambitions. Un régime végétarien strict ou légèrement modifié aide à corriger leur tendance à l'agressivité.

Comme d'autres doubles 1, ils ont besoin d'exercice pour relâcher et ressourcer leur énergie créatrice. Une fois qu'ils ont repris la forme, un régime quotidien d'exercices aérobiques contribue à leur épanouissement.

Relations

Bien qu'ils puissent sembler très confiants, la présence du double 1 et du 3 signifie que les 38/11 ont souvent besoin d'un ou de plusieurs partenaires pour avoir une meilleure opinion d'eux-mêmes. La plupart ont une énergie paradoxale dans le sens où ils ressentent le besoin de se reposer sur une personne forte cependant qu'ils ont toujours tendance à vouloir dominer tous ceux qui entrent dans leur vie.

La nature de leurs relations et de leur sexualité nous en dit beaucoup sur la façon dont les 38/11 abordent la vie en général. Pour beaucoup, les questions de pouvoir, de contrôle et d'insécurité les suivent dans la chambre à coucher. Ils peuvent se servir de la sexualité comme d'un exutoire en demeurant tout à fait insensibles aux besoins de leur partenaire ; ils peuvent abuser de leur pouvoir ou l'abandonner. Sexuellement, ils aiment dominer ou être dominés. Les divers jeux sexuels de domination ont probablement été inventés par des 38/11.

Bien sûr, lorsqu'ils travaillent dans le positif, les 38/11 peuvent avoir des relations, sexuelles ou autres, qui soient satisfaisantes pour les deux partenaires. De toute façon, leurs relations personnelles sont un miroir qui devrait les aider à mieux comprendre le reste de leur vie.

Talents, travail et situation financière

La plupart des 38/11 sont des leaders naturels dotés des qualités – autorité, sensibilité et créativité – qui permettent de résoudre tous les problèmes. Ils peuvent faire d'admirables ou d'abominables politiciens, selon qu'ils travaillent dans le positif ou le négatif, c'est-à-dire qu'ils utilisent leur pouvoir avec autorité et sagesse ou qu'ils en usent pour subjuguer les autres.

Tous les 38/11 n'occupent pas des postes importants qui leur permettent d'exercer leur autorité mais tous guident les autres, que ce soit au travail, à l'école ou à la maison, grâce à leur esprit naturellement brillant et à leur créativité. Ils font de très bons inventeurs, innovateurs et leaders dans les métiers créatifs comme les affaires ou les arts. Plusieurs sont entrepreneurs, bâtisseurs d'empires financiers, chefs d'État ou présidents de petites entreprises. Qu'ils soient prédicateurs ou spécialistes en résolution de problèmes, ils sont toujours remarquables dans le domaine qu'ils ont choisi.

Au point de vue matériel, plusieurs 38/11 constateront qu'ils ont souvent saboté eux-mêmes leurs propres efforts; ayant peur de la richesse tout en se sentant attirés par l'argent, leur cœur balance entre la famine et l'opulence. Il leur serait profitable de s'associer en affaires avec un partenaire stable, conservateur, qui sait y faire avec l'argent. Lorsqu'ils décident de mettre leur créativité au service du bien commun, pour apporter des changements positifs dans le monde, l'argent coule de source. Plus ils s'investissent et servent dans le monde, plus ils en retirent de l'argent.

Quelques 38/11 célèbres

Kevin Bacon

Lionel Barrymore

Al Capp

Marc Chagall

Bill Clinton

Davy Crockett

Daniel Day-Lewis

Isadora Duncan

Peggy Fleming

Goethe

Madonna (Ciccone)

Jacqueline Kennedy Onassis

Votre destinée est entre vos mains

Si vous travaillez le 38/11, cette section peut vous aider à manifester votre but de vie en attirant votre attention sur les questions les plus importantes et en vous suggérant des actions précises capables de changer votre vie.

Conseils et recommandations

❖ Recouvrez votre pouvoir, mais sachez que vous ne pouvez pas tout contrôler.

❖ Faites de vigoureux exercices chaque jour pour prévenir ou remplacer les dépendances.

❖ Exprimez ce que vous ressentez, et ressentez le pouvoir de l'expression.

❖ Trouvez des façons créatrices de servir les causes charitables.

Questions utiles

1. Réfléchissez aux questions suivantes :

❖ En quelles occasions ai-je tendance à abandonner mon pouvoir ? En quelles autres ai-je tendance à vouloir tout contrôler ?

❖ En quoi mon énergie créatrice aide-t-elle les autres ?

❖ En quoi suis-je généreux avec mon argent et mon énergie ?

❖ Lorsque je doute de moi ou me sens frustré, est-ce que je libère mon énergie de façon constructrice ou destructrice?

2. Si ces questions ont trouvé quelques réponses en vous, comment pourriez-vous mettre ces réponses en pratique dans votre vie?

Pour une meilleure compréhension

1. Relisez dans la deuxième partie les chapitres consacrés aux chiffres qui composent votre nombre de naissance: 1 (p. 64), 3 (p. 83), et 8 (p. 139).

2. Vous pouvez de la même façon vous familiariser avec le nombre de naissance d'un parent ou d'un ami et discuter avec lui, s'il le veut bien, de ce que vous avez en commun et de ce qui vous distingue.

Lois spirituelles: leviers pour changer votre vie

1. Dans la quatrième partie, lisez le texte de chacune des lois spirituelles suivantes:
   ❖ **Loi des Choix** (p. 461): Nous pouvons choisir de créer et de nous exprimer de façon positive ou négative.
   ❖ **Loi de la Volonté supérieure** (p. 531): Notre volonté de servir une cause supérieure est une source d'inspiration pour les autres et pour nous-même.
   ❖ **Loi de l'Honnêteté** (p. 525): Reconnaître ses émotions vis-à-vis de soi-même et des autres est l'une des formes principales de l'honnêteté.
   ❖ **Loi de l'Action** (p. 543): Pour vaincre l'insécurité, nous devons reconnaître notre vulnérabilité mais continuer d'agir avec confiance.
   ❖ **Loi de l'Intuition** (p. 536): Lorsque nous cessons d'être attentif à l'opinion d'autrui, nous entrons en contact avec la sagesse de notre cœur.

2. Faites les exercices prescrits pour chacune de ces lois.

3. Pensez aux occasions de mettre ces lois en application dans votre vie.

47/11

11: Double créativité et confiance
7: Foi et ouverture
4: Stabilité et méthode

Comprendre le but de vie

Ceux qui se trouvent sur le chemin 47/11 y sont pour allier la créativité et la confiance en soi, pour mettre leur foi dans l'esprit créateur qui est en eux et pour employer leur énergie à la création d'un monde meilleur, plus stable et plus paisible. Leur « monde » peut s'étendre à toute la communauté ou, dans un sens plus restreint mais non moins plein, se limiter à un petit cercle d'amis, parents, collègues et associés ; cela n'a pas d'importance.

La méthode utilisée dans ce livre ne prévoit pas d'additionner les deux derniers chiffres d'un nombre de naissance de quatre chiffres, mais si nous le faisions (1 + 1), nous obtiendrions un 47/11/2, ajoutant ainsi l'influence potentielle du 2 (énergie de coopération) à la double créativité du 11.

Puisque notre but de vie est une pente abrupte, les 47/11 devront surmonter une série de difficultés ordonnées d'après la chronologie de leur nombre de naissance. Premièrement, ils devront examiner leur propre cheminement pour être à même de voir les choses dans leur évolution ; ensuite, ils devront vaincre leur crainte d'être trahis, crainte le plus souvent reliée à un problème familial datant de l'enfance ; troisièmement, ils devront venir à bout de l'insécurité qui interfère avec l'ouverture de cœur essentielle pour leurs relations.

Pour comprendre l'archétype central des 47/11, il faut faire appel aux concepts d'esthétique, d'harmonie, de rythme, de complétude et de raffinement. La confiance est d'une importance capitale, et la pure énergie de vie dont les 47/11 sont dotés se trouve à être à la fois atténuée par leur sens esthétique et renforcée par l'énergie du 4. Nous pouvons tous aimer la beauté mais pour la *créer*, il faut un temps de préparation et d'apprentissage. Il est donc essentiel que les 47/11 apprennent à suivre un cheminement méthodique, d'étape en étape.

Comme nous tous, la plupart des 47/11 font l'expérience des aspects difficiles, négatifs, de leur nombre de naissance, alors même qu'ils s'acheminent vers un accomplissement plus positif de leur but de vie. La Loi de la Méthode (p. 485) les aidera à contrer une tendance à la naïveté et à l'impatience; et la Loi de la Foi (p. 514) servira d'antidote contre leur manque de foi et leur tendance à vivre dans l'expectative d'une trahison. Il est triste et ironique de constater que ces individus raffinés et forts se considèrent souvent comme des ratés avant même d'avoir commencé leur vie.

Une fois qu'ils ont eu la chance de s'attaquer à tous ces problèmes concernant la méthode, la foi et l'insécurité, les 47/11 continuent de croître en assurance, en beauté et en esprit. Ouverts à l'inspiration, ils sentent la présence de l'Esprit partout et en tout être humain. Lorsqu'ils ont une foi totale en l'Esprit qui est en eux, ils apportent lumière, énergie et magie dans le monde.

Prenez l'esprit incisif des 7, les capacités d'analyse et la force des 4, puis amplifiez le courant d'une double dose de créativité (11) et vous obtenez un mélange énergétique aux possibilités extraordinaires. La combinaison 47/11 n'est apparue que très rarement sur la planète; ceux qui viennent de naître arrivent à une époque qui a grand besoin de leur raffinement et de leur énergie, non seulement pour aider à sauver le monde mais aussi pour en célébrer la beauté. Suivre un cheminement d'étape en étape jusqu'à ses buts demande une bonne mesure de foi. Les 47/11 doivent se rappeler que la créativité est peu de chose sans le temps et la technique qui ensemble agissent comme un catalyseur.

Ceux qui travaillent le 47/11 peuvent construire des ponts de lumière grâce à leur imagination créatrice. Le plus difficile sera peut-être d'exprimer leur créativité de façon pratique, en gardant les pieds sur terre. Ils ne sont pas ici pour s'envoler sur les ailes de leurs caprices personnels mais pour partager leurs visions créatrices avec les autres, ici-bas.

Les 47/11 sont à la fois rêveurs et clairvoyants ; ils peuvent nous faire voir une beauté qui a tendance à nous échapper, ici et maintenant, dans les profondeurs de la vie. D'une façon ou d'une autre, ils deviennent source de lumière pour les autres, et ils trouvent ainsi leur place dans l'ordre supérieur de la vie.

Travailler le 47/11 dans le positif

Le champ énergétique de ces individus répand une sorte de vive clarté que l'on sent plus qu'on ne la voit avec les yeux du corps. Par leur présence, ils nous rappellent l'Esprit et l'énergie créatrice qui sont à l'œuvre en chacun de nous, que nous en soyons ou non conscients. Capables de voyager par l'imagination dans différentes dimensions, ils vivent leur vie comme s'il s'agissait d'un mystère spirituel – d'une réalisation vivante, implicite – et ils utilisent leurs dons analytiques, leurs esprit vif comme l'éclair et leur énergie créatrice pour nous faire partager cette expérience de vie plus élevée. Il nous est parfois difficile de concevoir quelle peut être la source de leur inspiration ou même de suivre leur rythme. Tout se passe comme si un ange veillait sur eux ; plus ils se fient à leurs guides intérieurs et à leurs intuitions, plus ils apportent de l'énergie positive et de la beauté dans ce monde.

Travailler le 47/11 dans le négatif

Ces individus vivent dans le monde de leur imagination, sans rien qui les relie à la Terre. Isolés, amers, ils se perdent dans la « réalité virtuelle » de leur imagination créatrice et ils vivent comme des ermites, même en société. Ils préfèrent les ordinateurs aux gens, et la solitude à la compagnie des gens en qui ils n'ont pas confiance. Ce sont des ratés magnifiques qui rêvent d'un monde magique où les choses vont vite et toujours bien ; par conséquent, ils n'ont pas toujours envie de vivre sur la planète Terre. Ils se sentent trahis par les autres, et ils vivent de constants tiraillements entre leur réalité intérieure et la réalité du monde extérieur. En proie à des tourments qui remontent à l'enfance, refoulant leurs émotions, ils peuvent développer des dépendances aux drogues et autres moyens d'évasion.

Questions de vie

Santé

La plupart des 47/11 ont un corps et un champ énergétique raffinés et sensibles. Comme tous les doubles 1, la région des organes reproducteurs (y compris l'abdomen et le bas du dos) est vulnérable, surtout s'il y a blocage d'énergie créatrice. Le cœur et, dans une moindre mesure, les jambes, peuvent aussi être des points sensibles si les questions du 7 et du 4 n'ont pas été résolues. Règle générale, le corps est fort mais aussi très sensible.

Lorsqu'ils sont malades, la guérison peut être accélérée par un travail sur l'esprit (aux niveaux conscient et inconscient), par exemple par la visualisation créatrice et le renforcement des croyances positives.

Ces individus ont tout à gagner à adopter un régime sain, de préférence végétarien, comprenant peu ou pas de produits laitiers ; cependant ils doivent manger suffisamment pour garder les deux pieds sur terre. L'important est qu'ils se fient à leurs instincts en matière d'exercice et de nutrition.

Ceux qui travaillent le 47/11 aiment les exercices esthétiques pratiqués dans un cadre naturel, par exemple la marche en montagne dans un paysage qui procure une sensation d'équilibre et de paix ; ils aiment aussi la sculpture et la peinture qui peuvent être des arts très «physiques» (par exemple, lorsque la peinture est projetée sur la toile); ils aiment la gymnastique suédoise qui incorpore respiration, mouvement et relaxation dans ses exercices. À cause de l'influence du 4, les 47/11 doivent s'imposer une routine quelconque, même variée, s'ils veulent que leurs énergies créatrices demeurent claires et ouvertes. Des exercices plus exigeants, qui requièrent la coordination de l'esprit, des émotions et de l'attention, aident les 47/11 à garder les pieds sur terre. La

forêt, les déserts et presque tous les paysages naturels les susten-
tent.

Relations

Plusieurs 47/11 se marient, ont des enfants et mènent une
vie stable. Néanmoins, la plupart ne jouent pas des rôles conven-
tionnels ; ils sont trop occupés à créer, à guider les autres dans la
nature ou dans le champ de leur propre imagination. Dans toute
relation, l'important est de développer un rapport de confiance
mutuelle fondé sur la vulnérabilité et l'honnêteté. Les 47/11 doivent également s'efforcer d'être vraiment disponibles sur le plan
affectif.

Leur sexualité peut faire la part belle à la fantaisie ; ils ont
généralement une vie sexuelle active dont la masturbation peut
faire partie si leur partenaire a un appétit sexuel moindre ou
encore s'ils préfèrent la sécurité de leurs fantasmes à la vulnérabilité de l'intimité sexuelle.

Talents, travail et situation financière

Ceux qui travaillent le 47/11 font preuve de la plus haute
créativité mentale. Grâce à leur imagination créatrice, ce sont de
magnifiques écrivains de fiction, de messages publicitaires ou de
discours publics. Préférant les travaux solitaires, ils font aussi de
très bons recherchistes à moins qu'ils n'aient pas la patience ou
que la routine ne les fasse fuir. Ils peuvent employer leur créativité dans toutes sortes d'entreprises, au service de la grande
famille humaine. Ils peuvent devenir (ou écrire au sujet) de
brillants inventeurs, des génies de la forêt (ou génies de l'informatique), des ermites pleins de sagesse ou des guérisseurs qui
travaillent avec l'aide de guides spirituels.

Comme les 29/11 et les 38/11, les 47/11 ont une double énergie créatrice qui attire l'argent vers eux, mais l'argent demeure un
motif secondaire ; ils le remarquent à peine lorsqu'il vient ou

repart. Lorsque l'énergie coule à flots, les 47/11 créent l'argent de la même façon qu'ils créent tout le reste : comme par magie.

Quelques 47/11 célèbres

Aucun 47/11 célèbre n'apparaît sur nos listes. Les plus vieux 47/11 de ce siècle sont nés en 1989. Ce nombre de naissance représente encore un très mince pourcentage de la population ; dans l'avenir, le nombre des 47/11 ne cessant d'augmenter, plusieurs connaîtront sans doute la célébrité.

Votre destinée est entre vos mains

Si vous travaillez le 47/11, cette section peut vous aider à manifester votre but de vie en attirant votre attention sur les questions les plus importantes et en vous suggérant des actions précises capables de changer votre vie.

Conseils et recommandations

❖ Gardez les pieds sur terre ; procédez par petites étapes pratiques.

❖ Faites de l'exercice chaque jour : danse, arts martiaux, tout ce qui exige que vous vous étiriez et preniez de profondes respirations.

❖ Trouvez des occasions d'affaires qui vous inspirent et vous permettent d'inspirer les autres.

❖ N'oubliez pas que l'analyse est incomplète sans les émotions.

Questions utiles

1. Réfléchissez aux questions suivantes :
   ❖ Quelle serait la meilleure façon de partager mon énergie avec les autres ?

❖ Ai-je servi ma créativité en cultivant mes talents ?

❖ Comment puis-je créer des liens forts et sincères avec les autres ?

❖ En quoi les autres m'effraient-ils et en quoi me plaisent-ils ?

2. Si ces questions ont trouvé quelques réponses en vous, comment pourriez-vous mettre ces réponses en pratique dans votre vie ?

Pour une meilleure compréhension

1. Relisez dans la deuxième partie les chapitres consacrés aux chiffres qui composent votre nombre de naissance : 1 (p. 64), 4 (p. 93), et 7 (p. 128).

2. Vous pouvez de la même façon vous familiariser avec le nombre de naissance d'un parent ou d'un ami et discuter avec lui, s'il le veut bien, de ce que vous avez en commun et de ce qui vous distingue.

Lois spirituelles : leviers pour changer votre vie

1. Dans la quatrième partie, lisez le texte de chacune des lois spirituelles suivantes :

❖ **Loi des Choix** (p. 461) : La créativité est une énergie que nous pouvons choisir d'employer à des fins positives ou négatives.

❖ **Loi de la Foi** (p. 514) : Il faut avoir foi en soi-même pour accorder sa confiance aux autres.

❖ **Loi des Comportements** (p. 489) : Nos comportements ont tendance à se renforcer jusqu'à devenir des habitudes, à moins que nous n'utilisions de puissants leviers pour les changer.

❖ **Loi de l'Action** (p. 543) : Pour vaincre l'insécurité, nous devons reconnaître notre vulnérabilité mais continuer d'agir avec confiance.

❖ **Loi des Attentes** (p. 520) : Notre vie se déroule suivant nos attentes et nos prévisions cachées.

2. Faites les exercices prescrits pour chacune de ces lois.

3. Pensez aux occasions de mettre ces lois en application dans votre vie.

2 : COOPÉRATION ET ÉQUILIBRE

Qui vit en paix avec soi-même
vit en paix avec l'univers.

MARC AURÈLE

Ce chapitre est consacré au chemin de vie 20/2 sur lequel l'énergie du 2 se manifeste à l'état pur, non diluée et même intensifiée par le 0 (dons intérieurs, p. 161). Les nombres de naissance qui finissent par 12 sont traités à part, dans leur propre chapitre commençant en page 236.

20/2

2 : Coopération et équilibre
20 : Coopération et équilibre plus dons intérieurs

Comprendre le but de vie

Ceux qui se trouvent sur le chemin 20/2 y sont pour employer leurs dons intérieurs dans un esprit de service, pour définir de saines limites à leur responsabilité et pour parvenir dans la joie à la coopération et au soutien mutuel. Lorsqu'ils ont atteint ce point d'équilibre, les 20/2 ne dépendent plus des autres et ils peuvent coopérer au bien commun par amour et par pure charité. Ce ne sont pas tous les dépendants affectifs qui travaillent le 20/2, bien sûr, et tous les 20/2 ne souffrent pas de dépendance affective, mais tant qu'ils n'ont pas trouvé leur équilibre, les 20/2 ont tendance à se sentir responsables de tout, à aider plus qu'il ne faut puis à sombrer dans le ressentiment avant de se replier sur eux-mêmes.

Parce qu'ils se sentent responsables de tout, même de ce qui ne les concerne pas, responsables et jusqu'à un certain point aussi coupables, les 20/2 sont prompts à jeter la pierre aux autres. C'est un mécanisme de défense ; ce qu'ils disent, en fait, c'est : « Vous voyez, ce n'est pas ma faute ! » Les 20/2 doivent assumer la pleine responsabilité de leur vie mais cesser de se sentir responsables de la vie des autres – à moins, bien sûr, que ce ne soit approprié, avec des enfants par exemple.

La plupart des 20/2 doivent apprendre à faire la différence entre le service et la servitude. Au sens le plus large, au lieu de lutter contre les situations et les circonstances de leur vie, les 20/2 peuvent appliquer leur faculté de coopération à la vie elle-même.

Dans leur vie et dans leurs relations, les 20/2 commencent par en faire trop ; puis le mouvement du pendule, inévitablement, les ramène à l'autre extrême: alors ils se raidissent, résistent et enfin se replient sur eux-mêmes. Ils sont ici pour définir des limites saines à l'intérieur desquelles ils se sentent à l'aise – c'est-à-dire libres de choisir de faire ce qui leur fait du bien et, lorsqu'ils ne se sentent pas bien, libres de dire: «assez!» avant d'être forcés à dire: «je n'en peux plus». Lorsque les 20/2 prêtent attention à ce qu'ils ressentent vraiment (et non plus à ce qu'eux-mêmes ou les autres pensent qu'ils devraient ressentir), alors ils peuvent vraiment soutenir les autres et sentir qu'ils sont eux-mêmes soutenus.

Ceux qui travaillent le 20/2, le 22/4 et le 40/4 ont plusieurs points communs, dont le besoin d'aborder les problèmes d'une façon méthodique, par petites étapes. Bien que les 20/2 puissent s'épanouir dans un poste de soutien, ils peuvent certainement devenir des meneurs et des artistes dans n'importe quel domaine. Habituellement, leur plus grande satisfaction consiste à apporter aide et soutien à une noble cause.

Comme les 4, les 20/2 ont tendance à tourner en rond quand vient le temps de prendre une décision; afin d'être vraiment sûrs de faire ce qu'ils «doivent» faire, ils pèsent le pour et le contre, évaluent tous les avantages et les inconvénients. La plupart des 20/2 se soucient de leur propre stabilité, c'est pourquoi ils tiennent tant à être maîtres de la situation; tout désordre leur est aussi pénible que le pire des chaos et peut ramener à la surface les peurs de l'enfance.

Le plus grand défi des 20/2 consiste à trouver leur propre harmonie intérieure. Ils doivent donner congé à leur esprit analytique et laisser les autres régler leurs propres problèmes. Lorsque les 20/2 découvrent ce sentiment de paix à l'intérieur des limites qu'ils ont eux-mêmes fixées, ils deviennent des modèles d'équilibre sur lesquels les autres peuvent régler leurs propres mécanismes intérieurs.

Dotés d'une force et d'une résistance étonnantes peu importe le type physique, les 20/2 sont à même d'appliquer pleinement leurs dons intérieurs de sensibilité, force, expression et intuition (ou intuition raffinée) à leur travail dans le monde.

Ces individus d'une extraordinaire sensibilité doivent se rappeler que si une personne de leur entourage se place dans une situation fâcheuse ou difficile, ils peuvent offrir leur aide s'ils le désirent mais ils ne sont nullement responsables des ennuis d'autrui. Rien ne les oblige à sortir quelqu'un du trou qu'il s'est lui-même creusé. Quelquefois les gens ont besoin de rester dans le noir pendant un certain temps, jusqu'à ce qu'ils aient appris leur leçon. Ce n'est pas toujours l'aider que de « sauver » quelqu'un qui ne veut pas être sauvé. Ce n'est pas à nous de décider ce que les autres devraient faire pas plus que les autres ne devraient juger de ce qui est bon pour nous. Ceux qui travaillent le 20/2 doivent servir mais en demeurant centrés sur eux-mêmes, avec une sorte de détachement compatissant.

Travailler le 20/2 dans le positif

Ces individus ont réalisé l'équilibre de la force et de la flexibilité, de la vie familiale et professionnelle, du temps pour les autres et du temps pour soi. À l'image de leur sérénité intérieure, leur corps demeure souple et décontracté parce qu'ils se font moins de soucis et se fient davantage à leur intuition. Véritables professionnels de la résolution de problèmes, excellents médiateurs dans la famille ou au travail, ils aident les autres à parvenir à une entente de la même façon qu'eux-mêmes sont parvenus à l'harmonie intérieure et à l'intégration parfaite. Usant de leur sensibilité et de leur force afin de soutenir les autres, ils se sentent utiles et appréciés; alors ils s'aident et s'apprécient eux-mêmes à leur juste valeur, dans le respect de leurs propres limites, émotions et responsabilités.

Travailler le 20/2 dans le négatif

Personne ne sait jamais ce qu'ils veulent, pas même eux-mêmes, trop préoccupés qu'ils sont de faire ce qu'ils pensent qu'ils doivent faire, puis trop prompts à penser que les autres devraient faire la même chose. Souffrant de dépendance affective chronique, ils se sentent responsables d'à peu près tout, de la lune, des étoiles et des désirs de tout un chacun. Les désirs d'autrui deviennent leurs ordres. Ils « se sacrifient » pour les autres puis en éprouvent un vif ressentiment; ils ont tendance à trop donner pour ensuite résister ou se replier sur eux-mêmes. À force de s'inquiéter au sujet de tout le monde, ils deviennent stressés à tous les points de vue: physique, mental et affectif, et ils souffrent d'allergies, entre autres maladies.

Questions de vie

Santé

Leur corps vigoureux et généralement robuste résiste à presque toutes les maladies, mais les soucis et l'inquiétude chronique peuvent lui causer un stress. Les allergies reprennent en période de grand stress; et la tension physique peut obstruer les vaisseaux lymphatiques et compromettre le système immunitaire.

En général, les 20/2 (comme les 40/4 et les 22/4) ont un corps large et trapu, reflet de leur force, ou un corps long et musclé qui est étonnamment résistant. Lorsqu'ils font de l'embonpoint, les 20/2 ont tout avantage à suivre une diète à faible teneur en gras accompagnée d'exercices aérobiques, étirements, exercices de respiration, méditation et relaxation. La méditation et la souplesse leur sont essentielles mais ils ont tendance à les négliger au profit d'exercices plus spectaculaires censés augmenter leur force – ce dont ils n'ont pas vraiment besoin. La plupart des 20/2 sont capables d'une grande force physique mais ils manquent de flexibilité; le meilleur exercice est donc celui qui saura leur apprendre la fluidité, la souplesse et l'équilibre, comme la danse, le yoga, le taï chi, l'aïkido et les autres arts martiaux qui mettent l'accent sur les étirements et la relaxation.

Les 20/2 ayant des liens très étroits avec le subconscient, ils sont très suggestibles; l'hypnose et la visualisation positive peuvent donc apporter un contrepoids aux soucis et aux fantasmes négatifs auxquels ils sont par ailleurs enclins.

Relations

En périodes de surcoopération, les 20/2 ont tendance à refouler leurs émotions parce qu'ils ne savent plus très bien eux-mêmes ce qu'ils ressentent vraiment – ou encore si ce qu'ils ressentent est «juste et bon». D'habitude, ils sont attentifs aux besoins et aux sentiments de leur partenaire, mais ils peuvent se sentir accablés s'ils ont l'impression de donner plus de soutien qu'ils n'en reçoivent.

La tendance des 20/2 à surcoopérer puis à sous-coopérer est particulièrement évidente dans leurs relations. Ils mettent leurs émotions en veilleuse jusqu'à ce que quelque chose explose à l'intérieur ; alors ils réagissent et deviennent amers. La colère ou le ressentiment sont signe qu'ils ont surcoopéré.

Typiquement, au début d'une relation, ils coopèrent à l'excès ; oublieux de leurs propres valeurs, intérêts et besoins, changeants comme des caméléons, ils deviennent tout ce que leur partenaire semble désirer. Puis ils passent à la sous-coopération, se replient sur eux-mêmes ou bien résistent. Si la relation prend fin, ils souffrent : «J'ai tant donné, disent-ils, et il (elle) est parti(e) ! »

Il est essentiel que les 20/2 s'instruisent dans l'art du compromis et de la négociation : «Je ferai cela si tu fais ceci.» Ils sont sur terre pour en arriver à ce genre de coopération.

Sexuellement, les 20/2 suivent le même schéma comportemental. Ils font d'abord tout ce que, à leur avis, l'autre personne désire. Cela dure quelques mois ou de longues années – jusqu'à ce qu'ils deviennent frigides ou impuissants, ou jusqu'à ce qu'ils abandonnent la partie. Leur subconscient abandonne parce qu'il considère avoir déjà trop donné. En de tels cas, les 20/2 et leurs partenaires doivent consulter un spécialiste afin de rouvrir les lignes de communication ; une «petite conversation» à deux ne suffira pas.

Talents, travail et situation financière

Lorsqu'ils se sentent inspirés, les 20/2 n'y vont pas par quatre chemins ; ils sont équilibrés et ne s'en laissent pas imposer par les émotions, désirs et opinions d'autrui. Ils peuvent exceller dans plusieurs domaines grâce à ce juste équilibre entre la force et la sensibilité.

Tous les 20/2 sont dépositaires d'un heureux mélange de force, de sensibilité et de dons intérieurs, mais les facultés exceptionnelles qui en résultent ne sont pas toujours visibles en surface. Comme les 40/4, ils axent généralement leur vie sur la famille ; aussi lorsqu'ils travaillent dans le positif, ce sont des conjoints et des parents affectueux, dignes de confiance et capables d'un grand soutien. Ce sont aussi des diplomates dont les talents s'exercent aussi bien dans la famille que dans le monde, auprès des gouvernements et des grandes organisations.

Ceux qui travaillent le 20/2 ont d'excellentes capacités d'organisation et de coordination et ils font donc de très bons médiateurs ou négociateurs. Ils font souvent partie de ces inestimables assistants dont la présence et le travail comptent pour beaucoup dans le succès de toute entreprise. Mais ils ne travaillent pas toujours dans l'ombre ; parfois ils prennent place devant les caméras et il arrive même que l'un d'eux s'installe à la Maison Blanche. Mais, pour chaque 20/2 célèbre, il y en a des milliers qui œuvrent dans les coulisses.

La sécurité est une question importante pour les 20/2 ; financièrement, il s'agit de savoir s'il y aura assez d'argent pour payer le loyer ou l'hypothèque et s'il en restera ensuite suffisamment pour la nourriture. Leur nature pratique les guide, de façon presque intuitive, vers la sécurité dont ils ont besoin et vers la forme de service qui convient parfaitement à leurs talents et à leur tempérament.

Quelques 20/2 célèbres

Julie Andrews
Richard Burton
Piper Laurie
Norman Mailer
Édouard Manet
Claude Monet
Carlos Montoya

Sidney Poitier
Ronald Reagan
Debbie Reynolds
Dr Benjamin Spock
Elizabeth Cady Stanton
Robert Louis Stevenson
Gloria Vanderbilt

Votre destinée est entre vos mains

Si vous travaillez le 20/2, cette section peut vous aider à manifester votre but de vie en attirant votre attention sur les questions les plus importantes et en vous suggérant des actions précises capables de changer votre vie.

Conseils et recommandations

❖ Avant de prendre une décision, notez vos idées par écrit puis fiez-vous à votre intuition.

❖ Apprenez à dire non sans vous sentir coupable.

❖ Faites de l'exercice chaque jour, sans oublier les étirements et la relaxation.

❖ Balancez le donner par le recevoir.

Questions utiles

1. Réfléchissez aux questions suivantes :

   ❖ M'arrive-t-il de trop plier pour faire plaisir aux gens puis de le regretter amèrement ?

   ❖ Où s'arrête ma responsabilité et où celle des autres commence-t-elle ?

   ❖ Ai-je défini et respecté les limites de mon propre bien-être ?

❖ M'arrive-t-il de me sentir coincé dans une situation sans issue?

2. Si ces questions ont trouvé quelques réponses en vous, comment pourriez-vous mettre ces réponses en pratique dans votre vie?

Pour une meilleure compréhension

1. Relisez dans la deuxième partie les chapitres consacrés aux chiffres qui composent votre nombre de naissance: 2 (p. 74), et 0 (p. 161).

2. Vous pouvez de la même façon vous familiariser avec le nombre de naissance d'un parent ou d'un ami et discuter avec lui, s'il le veut bien, de ce que vous avez en commun et de ce qui vous distingue.

Lois spirituelles: leviers pour changer votre vie

1. Dans la quatrième partie, lisez le texte de chacune des lois spirituelles suivantes:

❖ **Loi de la Responsabilité** (p. 471): Lorsque nous savons quand dire oui et comment dire non, nous découvrons la joie du service et de l'entraide.

❖ **Loi de l'Équilibre** (p. 478): Pour vaincre notre tendance à passer d'un extrême à l'autre, nous réalisons l'équilibre des deux extrêmes.

❖ **Loi des Cycles** (p. 549): La vie est un cycle immuable dans lequel des occasions se présentent, disparaissent et réapparaissent comme les saisons.

❖ **Loi des Comportements** (p. 489): Nos comportements ont tendance à se renforcer jusqu'à devenir des habitudes, à moins que nous n'utilisions de puissants leviers pour les changer.

- ❖ **Loi de la Flexibilité** (p. 456): En demeurant flexible, nous pouvons tirer le meilleur parti possible de nos difficultés et des circonstances changeantes.

2. Faites les exercices prescrits pour chacune de ces lois.
3. Pensez aux occasions de mettre ces lois en application dans votre vie.

12 : COOPÉRATION CRÉATRICE

Il n'est plus temps
d'accorder nos instruments séparément ;
il est temps, tous ensemble,
de créer une symphonie.

ANONYME

L'énergie du 12 étant la synthèse parfaite du 1 (p. 64) et du 2 (p. 74), il en résulte une forme unique et puissante de coopération créatrice. Les individus travaillant le 12 (39/12 et 48/12) peuvent rencontrer tous les obstacles et faire preuve de toutes les habiletés du 1 et du 2 séparément, mais la combinaison des deux signifie que leur créativité brillera de tous ses feux, et se manifestera pleinement, en situation de coopération.

Un bel exemple de coopération créatrice nous est donné par l'auteur et l'éditeur qui unissent leurs efforts afin de créer le meilleur livre possible. Les scénaristes, auteurs-compositeurs et musiciens qui doivent compter sur le soutien de nombreuses personnes en sont d'autres exemples. La coopération créatrice se rencontre partout où deux personnes et plus travaillent ensemble à la résolution d'un problème, à la réalisation d'une œuvre originale ou à la création d'une magie que ni l'une ni l'autre n'aurait pu accomplir seule.

39/12

Comprendre le but de vie

Ceux qui se trouvent sur le chemin 39/12 y sont pour résoudre des questions touchant à la créativité, à la coopération et à l'intégrité, et pour s'exprimer, en harmonie avec la sagesse supérieure, dans le contexte d'un travail créatif effectué en équipe dans un esprit de coopération et d'entraide. Quelques exemples de travail en équipe : les frères Wright, Gilbert et Sullivan, Barnum et Bailey, Rogers et Hammerstein, Fred Astaire et Ginger Rogers ; les équipes sportives, qui accomplissent collectivement ce que chaque joueur, pris séparément, ne pourrait pas accomplir, sont une autre forme de coopération créatrice.

Le but de vie de tous les 1 concerne l'énergie créatrice, mais la plupart des 1 peuvent créer dans une indépendance relative, voire dans la solitude. Cependant, parce que les 39/12 subissent aussi l'influence du 2, cette abondante énergie créatrice se manifeste avec le plus d'éclat lorsqu'ils travaillent à une œuvre commune plus grande que la somme de ses parties.

La méthode utilisée dans ce livre ne prévoit pas d'additionner les deux derniers chiffres d'un nombre de naissance de quatre chiffres, mais si nous le faisions (1 + 2), nous obtiendrions un 39/12/3, ce qui mettrait en évidence la double influence de l'énergie du 3 (expression).

Bien que les 39/12 et les 48/12 aient le même 12 comme but de vie principal, leurs chemins de vie sont sensiblement différents. Chez les 39/12, la sensibilité et l'expressivité du 3 se combinent à la puissante énergie du 9 (profonde sagesse, esprit de sérieux et charisme). Les 39/12 sont parfaitement comblés lorsqu'ils peuvent coopérer tout en se conformant aux principes supérieurs des lois spirituelles sans pour autant cesser d'apprendre et de grandir en tant qu'individus.

Les gens qui travaillent des nombres de naissance comme le 20/2 et le 30/3 ont pour ainsi dire tous leurs œufs énergétiques dans le même panier; dès le début, ils savent de quoi sera fait le chemin de vie. Mais les 39/12 – avec leur besoin d'expression (3), leur souci d'intégrité et de sagesse (9), leur abondance d'énergie créatrice (1) et toutes les responsabilités que cela implique (2) – sont en droit de se sentir submergés. Il se peut qu'ils prennent plus de temps à devenir eux-mêmes, le temps que leur psyché ait fait le tri de tous ces besoins et qualités à mesure qu'ils émergent. Notre but de vie n'est jamais ce pour quoi nous avons le plus de facilité, mais lorsqu'ils réalisent l'intégration des différentes parties de leur être intérieur; lorsqu'ils trouvent le juste milieu entre aider trop et pas assez; lorsqu'ils apprennent à se donner à eux-mêmes autant qu'ils donnent aux autres; alors les 39/12 font preuve d'une habileté naturelle à créer des formes nouvelles d'intelligence, d'inspiration, de service et de beauté.

À deux ou à plusieurs, les 39/12 font montre d'une profondeur d'émotion et d'une capacité d'intériorisation du sens et du but qui confinent au sentiment religieux et qui leur permettent de connaître les profondeurs de leur âme et de celle des autres.

Presque tous les 39/12 ont de l'énergie en abondance. Très émotifs, ils basent leur intelligence sur l'intuition émotive et sur leur sensibilité aux questions fondamentales de l'existence. Pour la plupart, les 39/12 ont peu de temps à consacrer aux choses frivoles ou égoïstes; ils feraient bien de s'amuser, de faire des bêtises à l'occasion, pour se rappeler que la vie n'est pas une chose si grave, du moins lorsqu'on la considère d'un point de vue transcendant.

D'une façon ou d'une autre, la plupart des 39/12 se sentent différents des autres, presque comme des étrangers. À cause de leur émotivité combinée avec la fragilité de leur sentiment d'identité (9), les 39/12 doutent d'eux-mêmes et sont très sensibles à l'opinion d'autrui. Ils peuvent paraître réservés ou complexés, mais sous cette apparence de maîtrise brûle un désir de vie passionné, le désir d'être une force de changement dans le monde. S'ils sont timides et renfermés, les 39/12 doivent se faire violence, « se tenir debout intérieurement », et sortir leur énergie au grand jour quoi qu'en pensent les autres.

La plupart des 39/12 doivent faire attention à la façon, positive ou négative, dont ils utilisent leur énergie créatrice en situation de coopération. Pour éviter de se laisser envahir par les problèmes des autres, ils doivent se souvenir de la différence entre la sympathie (aller rejoindre l'autre dans son trou noir) et l'empathie (lui lancer une échelle).

Ceux qui travaillent le 39/12 doivent trouver leur centre et leur équilibre s'ils veulent être à même d'aider les autres tout en prenant soin d'eux-mêmes. Le temps qu'ils consacrent à leurs propres besoins est un temps de régénération grâce auquel ils peuvent ensuite servir plus efficacement. Lorsqu'ils se sentent bien dans leur peau, ils peuvent déployer leur énergie créatrice dans sa pleine extension et manifester dans le monde leur passion et la beauté de leur créativité.

Somme toute, quelle que soit la forme que prendra leur contribution, les 39/12 seront pleinement heureux lorsqu'ils serviront une cause supérieure en coopération avec des amis, des collègues, des clients, et avec le monde en général.

Travailler le 39/12 dans le positif

Les nombreuses qualités que ces individus ont en partage se trouvent donc comme magnifiées par leurs interactions et leurs gestes de coopération. Ils apportent une passion, une présence et une expression créatrice dans le monde. Ils respectent leurs propres opinions comme celles des autres. Ils savent quand il faut tenir bon et quand il faut faire preuve de souplesse. Ce sont des amis fidèles, et leurs relations sont basées sur l'ouverture de cœur, la compréhension et le respect mutuel. Leur travail, qui fait appel à la créativité et à l'expression de soi, est source de joie et de valorisation ; et ils ne cessent d'aider les autres à faire de leur mieux. Ces individus font preuve de classe et de raffinement, de force et de sensibilité.

Travailler le 39/12 dans le négatif

Entêtés et insécurisés, ces individus créent dans le négatif; plaintes, doléances et méchancetés sont les manifestations détournées d'une passion profonde pour laquelle ils ne trouvent aucune autre forme d'exutoire. Ils se dépensent sans compter, puis ils distribuent les blâmes et enfin se replient sur eux-mêmes. Ils ont du mal à s'entendre, même avec eux-mêmes; en même temps qu'ils essaient de décider ce qu'ils devraient faire pour les autres, leurs propres besoins et désirs sollicitent leur attention et se disputent entre eux pour savoir lequel passera en priorité. Ils ont l'impression de vivre pour les autres, d'être à la merci de leurs désirs et de leurs fantaisies. Les malaises physiques plutôt inhabituels dont ils souffrent découlent d'une expression émotive frustrée. Ils se sentent seuls et coupés du monde.

Questions de vie

Santé

En général, quand les 39/12 se blessent, la blessure est profonde. Leur hypersensibilité est aggravée par leur tendance à se responsabiliser. En période de stress, ou lorsqu'il y a blocage d'énergie, ils sont non seulement sujets à la grippe ou au rhume mais ils risquent de contracter des maladies plus rares et de développer des affections psychosomatiques. Cette tendance diminue progressivement quand les 39/12 commencent à travailler leur but de vie dans le positif.

Suivant l'endroit où chacun se situe dans la chronologie de son nombre de naissance, différentes régions du corps sont tour à tour vulnérables. La gorge peut s'enflammer à cause d'un blocage d'énergie. La région des organes reproducteurs (y compris l'abdomen et le bas du dos) est aussi sensible. Les 39/12 sont sujets aux allergies causées par le stress. La créativité et l'expression bloquées sont à l'origine de plusieurs malaises physiques; ce sont des signaux d'alarme auxquels les 39/12 devraient répondre en libérant leur créativité et en exprimant leurs émotions refoulées. Pour les 39/12, les symptômes physiques soulignent également la nécessité de régler leur conduite sur les lois spirituelles.

Chez la plupart des 39/12 le sens du goût est très raffiné; l'émotion et la nourriture sont étroitement liées. S'ils sont tristes, il se peut qu'ils décident de ne pas manger du tout, ou qu'ils mangent du bout des lèvres; inversement, si la nourriture est considérée comme une consolation, ils peuvent se mettre à manger excessivement. Lorsqu'ils expriment leurs émotions, leurs goûts deviennent plus intuitifs et moins dépendants de leurs états affectifs.

Ils se portent mieux lorsqu'ils font des exercices qui combinent des éléments de force et de sensibilité; le yoga, le taï chi et plusieurs autres techniques artistiques ou méditatives peuvent leur convenir. Ils peuvent transformer une partie de basket ou de volley-ball en quelque chose d'esthétique mais les sports d'équipe, lorsqu'ils en font, leur plaisent plus pour la camaraderie que pour le sport lui-même. Le plus souvent, ils préféreront faire chaque jour une série de mouvements choisis et d'exercices de respiration; c'est aussi ce qui leur est le plus bénéfique.

Relations

Ceux qui travaillent le 39/12 sont nourris, abreuvés et guidés par leurs émotions. Tant qu'ils demeurent attentifs à leurs émotions, ils ne se trompent pas dans leurs relations. Ils savent – sinon consciemment, au moins intuitivement – que leur plus importante relation sert un but transcendant qui se situe au-delà de la camaraderie ou de la sexualité.

Sur certains chemins de vie, les relations ne sont pas indispensables et l'on peut très bien accomplir son but de vie sans elles; mais les 39/12 ressentent presque toujours le besoin de partager leur vie avec quelqu'un car leur créativité ne peut trouver sa pleine expression que dans les rapports avec autrui et dans la coopération. Leurs relations personnelles sont un miroir fidèle de toutes les autres questions importantes de leur vie, y compris le doute de soi et l'insécurité, l'importance accordée à l'opinion d'autrui, le besoin d'expression sincère et, surtout, la coopération. Les 39/12 ont besoin d'un partenaire compréhensif et compatissant, quelqu'un qui ait beaucoup à offrir et peu à demander. Ce n'est pas que les 39/12 n'aient rien à donner, au contraire : ils ont tendance à satisfaire toutes les demandes puis à tomber dans l'épuisement.

Du côté de la sexualité, ils doivent éviter de se laisser entraîner dans des situations embarrassantes. Bien que ce ne soit pas toujours évident, ce sont des romantiques qui ont le « coup de foudre » plus souvent qu'à leur tour. Tous les 39/12 devraient avoir pour règle de ne jamais se lier avec quelqu'un qui a plus de problèmes qu'eux, et les célibataires devraient se tenir loin des hommes ou des femmes mariés. Les relations n'échappent pas aux lois spirituelles : lorsqu'un 39/12 s'embarque dans une relation pleine d'embûches, la leçon peut être cruelle.

Les 39/12 sont des êtres profonds et passionnés. Lorsqu'elle peut s'exprimer dans l'atmosphère sécuritaire d'une relation durable, leur passion nourrit le sol où leur vie prend racine et s'épanouit. L'émotion et le soutien mutuel fournissent l'engrais et la magie. Une vie sexuelle pleine et satisfaisante, peu importe son expression, s'ensuit naturellement.

Talents, travail et situation financière

Lorsqu'ils se sentent en confiance, les 39/12 ont assez de bagout pour faire de bons acteurs, être vendeurs de commerce, raconteurs d'histoires ou prédicateurs. Ils excellent également lorsqu'ils sont en position d'offrir un soutien à la créativité des autres, par exemple en tant qu'éditeurs de revues ou de livres. Leur charisme leur apporte tôt ou tard la notoriété, même s'ils ont commencé dans l'ombre. Ce sont aussi des thérapeutes très créatifs qui savent se mettre à l'écoute des émotions d'autrui. À la diversité de leurs énergies et passions correspondent des talents aussi variés ; ces individus peuvent voir et sentir les choses sous plusieurs angles à la fois. Ils savent faire preuve de sensibilité ou de force selon les cas. Leurs opinions arrêtées sont habituellement bien fondées mais ils doivent demeurer flexibles et ouverts. Ils excellent dans n'importe quel domaine où leur génie créatif peut encourager les autres à faire leur propre travail créatif. Ils sont mieux inspirés lorsque leur travail sert une noble cause.

En général, lorsque les 39/12 abordent leurs questions de vie d'une façon positive – lorsqu'ayant surmonté leur insécurité, ils se concentrent sur un travail qui maximise leurs talents –, leur situation financière est tout aussi positive. Autrement, parce qu'il y a trop d'occasions dans le monde et trop de forces à l'intérieur d'eux-mêmes qui se disputent leur attention, ils dépensent leurs énergies dans toutes les directions et il leur faut faire de grands efforts de concentration juste pour ne pas perdre la tête. La plupart font beaucoup d'argent mais d'ordinaire ils choisissent un métier en fonction d'autres critères. S'ils décident de diriger une grande compagnie, ils feront beaucoup d'argent; s'ils décident de raconter des histoires dans un parc, ils en feront juste assez pour survivre. Habituellement, une fois qu'ils ont surmonté le doute de soi et qu'ils sont entrés de plain-pied dans le monde, avec leur mélange unique de talents et d'aspirations, la fortune leur sourit.

Quelques 39/12 célèbres

Ethel Barrymore	Ramana Maharshi
Frank Capra	Olivia Newton-John
Emma Goldman	Walter Pidgeon
Tom Harmon	John Ritter
Alfred Hitchcock	Paul Robeson
T. E. Lawrence (Lawrence d'Arabie)	

Votre destinée est entre vos mains

Si vous travaillez le 39/12, cette section peut vous aider à manifester votre but de vie en attirant votre attention sur les questions les plus importantes et en vous suggérant des actions précises capables de changer votre vie.

Conseils et recommandations

❖ Laissez l'empathie former un pont entre vous et les autres ; mais ne laissez pas la sympathie vous enchaîner aux autres.

❖ Respectez votre cerveau mais fiez-vous à vos émotions.

❖ Concentrez-vous sur une tâche à la fois.

❖ Prenez conscience de la créativité que vous faites naître chez les autres.

Questions utiles

1. Réfléchissez aux questions suivantes :

   ❖ Ai-je vraiment conscience de toutes mes capacités ?

   ❖ Lorsque le doute s'empare de moi, quelle est ma réaction ?

   ❖ Ma vie est-elle un bon exemple pour les autres ?

   ❖ Ai-je trouvé le moyen de coopérer en apportant ma contribution à une cause supérieure ?

2. Si ces questions ont trouvé quelques réponses en vous, comment pourriez-vous mettre ces réponses en pratique dans votre vie ?

Pour une meilleure compréhension

1. Relisez dans la deuxième partie les chapitres consacrés aux chiffres qui composent votre nombre de naissance : 1 (p. 64), 2 (p. 74), 3 (p. 83), et 9 (p. 150).

2. Vous pouvez de la même façon vous familiariser avec le nombre de naissance d'un parent ou d'un ami et discuter avec lui, s'il le veut bien, de ce que vous avez en commun et de ce qui vous distingue.

Lois spirituelles : leviers pour changer votre vie

1. Dans la quatrième partie, lisez le texte de chacune des lois spirituelles suivantes :

   ❖ **Loi de la Responsabilité** (p. 471) : Nous éprouvons plus de joie dans le service lorsque nous savons quand dire oui et comment dire non.

   ❖ **Loi de l'Intuition** (p. 536) : Lorsque nous cessons d'être attentif à l'opinion d'autrui, nous entrons en contact avec la sagesse de notre cœur.

   ❖ **Loi de l'Action** (p. 543) : Pour vaincre le doute de soi, nous devons reconnaître notre vulnérabilité mais continuer d'agir avec confiance.

   ❖ **Loi de la Volonté supérieure** (p. 531) : Notre volonté de servir une cause supérieure peut nous inspirer les gestes et les mots qui vont inspirer les autres.

   ❖ **Loi de la Flexibilité** (p. 456) : En demeurant flexible, nous pouvons tirer le meilleur parti possible de nos difficultés et des circonstances changeantes.

   ❖ **Loi des Choix** (p. 461) : Nous pouvons choisir de manifester notre énergie créatrice de façon positive ou négative.

2. Faites les exercices prescrits pour chacune de ces lois.

3. Pensez aux occasions de mettre ces lois en application dans votre vie.

48/12

12 : Coopération créatrice et équilibre
8 : Abondance et pouvoir
4 : Stabilité et méthode

Comprendre le but de vie

Ceux qui se trouvent sur le chemin 48/12 y sont pour répondre à des questions touchant à la créativité, au travail en équipe et au succès, pour coopérer avec les autres et pour suivre un cheminement méthodique, d'étape en étape, afin d'amener plus de stabilité et de sécurité dans le monde. La plupart des 48/12 feront ce travail de stabilisation à l'intérieur d'un cercle restreint d'amis et de parents, mais quelques-uns le feront pour et dans la société. Dans les deux cas, les 48/12 veulent que le monde change sous leur influence. Parce que notre but de vie comporte des défis spécifiques, la méthode et le pouvoir ne seront pas choses faciles à acquérir, et il se peut que les 48/12 y mettent du temps avant d'établir avec les autres des relations de coopération vraiment équilibrées et créatrices.

Le chemin de vie 48/12 est nouveau sur la planète ; les premiers individus travaillant cette énergie naîtront le 29 septembre 1999. Puisque je ne pouvais pas me référer à des études de cas ou aux témoignages d'amis et connaissances, j'ai écrit ce chapitre en me basant sur les archétypes, les schémas comportementaux et les qualités normalement rattachés aux nombres 4, 8, 1 et 2.

La méthode utilisée dans ce livre ne prévoit pas d'additionner les deux derniers chiffres d'un nombre de naissance de quatre chiffres, mais si nous le faisions (1 + 2), nous obtiendrions 48/12/3, soit l'influence potentielle de l'énergie d'expression (3) qui s'ajouterait au bagage des 48/12.

Ceux qui travailleront le 48/12 seront porteurs de lumière et de créativité. Leur apparition annoncera de grands changements sur le plan physique, signe que les temps à venir auront besoin du leadership de leurs chefs et de la coopération créatrice de tous.

La terre connaîtra de nombreux changements, dont d'importants virages technologiques et un grand éveil de la conscience. Au sein de ces bouleversements, tandis que l'ancien cédera le pas au nouveau, nous devrons créer de nouvelles structures et un nouvel ordre, ce pour quoi les 48/12 seront tout à fait adaptés.

Afin qu'ils puissent servir une aussi noble cause, il faudra d'abord que les 48/12 se dotent de solides fondations, ensuite qu'ils suivent patiemment toutes les étapes de leur propre évolution et enfin qu'ils acceptent d'assumer leur propre pouvoir. Ce ne sont pas tous les 48/12 qui travailleront sur une aussi grande échelle, mais même dans un contexte plus restreint, dans le cercle familial ou dans une petite communauté, tous les 48/12 auront un brillant esprit analytique à mettre à contribution en plus d'avoir le pouvoir de faire fructifier leurs idées créatrices.

Parce qu'ils subiront l'influence du 8 avec une telle acuité, les 48/12 devront se conformer en tout temps à la Loi de l'Honnêteté (p. 525). Aussi, sous l'influence du 2 et du 4, ces individus auront des problèmes à résoudre concernant la responsabilité; ils auront tendance à travailler trop fort, rongés par l'ambition. Heureusement, leur énergie créatrice les soutiendra tout au long de cette vie axée sur le travail.

La famille sera aussi une question prioritaire; ils devront faire la paix avec leurs parents, et ils apprendront beaucoup de leurs enfants s'ils décident d'en avoir.

Tous les 48/12 devront faire bien attention de ne pas laisser leurs ambitions dépasser leurs habiletés (4) ou compromettre leur intégrité (8). Ils feraient mieux de se souvenir que les succès « instantanés » sont habituellement le fruit de longues années d'apprentissage. S'ils veulent bien suivre un cheminement méthodique, les 48/12 seront qualifiés pour réussir dans tout ce qu'ils choisiront d'entreprendre – à la seule condition qu'ils travaillent dans un esprit de coopération.

À l'époque où les 48/12 apparaîtront, le monde aura grand besoin d'eux. Grâce à un travail méthodique et patient, et tout en surmontant leurs propres défis, ils développeront la force et la clarté qui serviront à éclairer la voie que les hommes emprunteront pour entrer dans le nouveau millénaire.

Travailler le 48/12 dans le positif

Ces individus apprendront de leurs propres erreurs de méthode : « Si tu es pressé, ralentis », et « Mieux vaut bien faire que devoir refaire ». De leurs propres difficultés familiales, ils tireront les leçons de la compassion et de l'indulgence. Arbitres créatifs en cas de conflit, ils trouveront la maturité et la maîtrise de soi nécessaires pour servir la cause commune avec force et efficacité. À la fin, les services rendus leur vaudront de recevoir toute la reconnaissance désirée. Si on leur donne le choix ils préféreront toujours se trouver en plein cœur de l'action, dans l'œil du cyclone, mais ils iront là où ils pourront servir, et ils serviront de la façon qui leur donnera le plus de joie, souvent en tant que pionniers des nouvelles frontières.

Travailler le 48/12 dans le négatif

Pris dans une tempête de changements comme de grands arbres trop rigides incapables de plier sous un grand vent, ces individus se battront pour ne pas perdre le contrôle dans un monde en apparence incontrôlable, et ce combat sera le reflet du trouble intérieur causé par leurs ambitions frustrées. Leur énergie créatrice aura besoin d'une expression mais ils la ravaleront, effrayés à l'idée de ce qu'elle pourrait faire. Ils se mettront en quatre pour aider les autres puis ils le regretteront amèrement. Comme Staline, il se peut qu'ils décident alors « de commander pour aider », et ce même au sein de leur propre famille. Ils détesteront l'autorité des autres tant qu'ils n'auront pas trouvé le courage d'assumer la leur. Trop ambitieux, trop pressés d'arriver, ils ne comprendront pas qu'il faut y mettre du temps et beaucoup d'efforts pour atteindre un but; et ils finiront donc comme des ratés magnifiques. En compromettant leur intégrité, ils trouvent leur profit à court terme mais flirtent avec la faillite à long terme. Lorsqu'ils tombent, ils tombent de haut.

Questions de vie

Santé

Dans presque tous les cas, l'état de santé des 48/12 dépendra du régime de vie qu'ils auront choisi: s'ils font preuve de patience, s'alimentent consciencieusement et font de l'exercice régulièrement, leur tempérament exceptionnellement robuste sera gage de santé et de vitalité. S'ils ont tendance à se culpabiliser ou à s'inquiéter de la vie de tout un chacun, ils seront sujets au stress et à la tension physique correspondante. Dans le pire des cas, leur système immunitaire sera compromis et ils s'affaibliront petit à petit. Ces symptômes n'apparaîtront toutefois qu'à la suite d'un stress prolongé. La méditation, en apportant un contrepoids à leur agressivité, peut agir directement sur la cause du stress et améliorer grandement leur santé.

La plupart des 48/12 auront tendance à prendre de l'embonpoint, surtout s'il y a blocage d'énergie créatrice. Un régime alimentaire à faible teneur en gras, végétarien ou semi-végétarien, leur sera bénéfique à longue échéance.

Plutôt que de faire des exercices de façon intermittente, les 48/12 feraient mieux de rechercher la stabilité que procure un entraînement physique régulier; autrement, ils seront susceptibles de se blesser aux genoux, aux chevilles et aux autres extrémités. Il se peut aussi qu'ils souffrent de troubles congénitaux (hérités); dans ce cas, les traitements auxquels ils devront se soumettre les rendront plus sensibles à la souffrance des autres. L'entraînement physique peut aussi devenir le fondement même de leur vie: en plus de leur assurer santé et longévité, c'est un mode de vie qui leur apprendra la marche à suivre pour atteindre tous leurs buts.

Relations

À leur mieux, ce sont des individus de grand soutien, forts, loyaux et dignes de confiance. Cependant leur attitude sera plus souvent raisonnable que romantique. Il importe que leur partenaire en soit conscient et qu'il ou elle ne forme pas de folles espérances à ce sujet. Les relations les plus durables auront été fondées sur le soutien mutuel et la coopération. Les sentiments seuls, ou même la plus parfaite harmonie sur le plan sexuel, ne suffiront pas à satisfaire leurs besoins et leurs ambitions. Ils auront besoin d'un amant qui soit aussi un ami; ou bien, s'ils ont beaucoup d'amis, il se peut qu'un amant soit tout ce qui manque à leur bonheur.

Les 48/12 considéreront la sexualité non seulement comme un moyen de satisfaire leurs besoins et d'employer leur énergie créatrice, mais aussi comme un point de jonction, lieu privilégié où ils feront montre de vulnérabilité.

Talents, travail et situation financière

L'énergie du 4, signe d'un esprit pratique, leur vaudra de connaître le succès en affaires, du moins tant qu'ils ne sauteront pas les étapes. L'énergie du 8 se traduira par une soif de pouvoir, de richesse et de reconnaissance. S'ils font preuve de patience, les 48/12 réussiront tout ce qu'ils tenteront d'accomplir. Leur énergie créatrice et leurs capacités analytiques les inciteront à créer leurs propres entreprises. Ils pourront créer les structures, façonner le matériau et résoudre tous les problèmes avec créativité. Ce seront des pionniers en quête de nouvelles frontières. Certains, par exemple, pourraient devenir d'habiles mécaniciens; d'autres fonderont une famille ou un empire financier, ce qui leur permettra de subvenir aux besoins de nombreuses personnes. Ce seront des innovateurs quel que soit leur domaine, des athlètes créatifs et des entrepreneurs-artistes.

Avec ce mélange du 4, du 8 et du 12, les 48/12 rencontreront plusieurs obstacles avant d'atteindre leurs buts. Mais s'ils persévèrent, ils verront leur travail porter ses fruits. S'ils s'engagent pleinement dans leur voie, se dotent de solides fondations et demeurent fidèles à leur plan de vie tout en sachant s'adapter aux circonstances – *et s'ils servent le plus grand bien de tous* – alors ils utiliseront l'argent et le pouvoir pour faire ce qu'ils aiment: travailler avec les autres en coopération.

Quelques 48/12 célèbres

À ce jour, il n'existe aucun 48/12; la première personne à travailler l'énergie du 48/12 naîtra le 29 septembre 1999.

Votre destinée est entre vos mains

Si vous travaillez le 48/12, cette section peut vous aider à manifester votre but de vie en attirant votre attention sur les questions les plus importantes et en vous suggérant des actions précises capables de changer votre vie.

Conseils et recommandations

❖ Souvenez-vous que le contrôle de soi est la plus haute forme de pouvoir personnel.
❖ Quel que soit votre but, procédez par étapes.
❖ Sachez quand vous accrocher et quand lâcher prise.
❖ Apprenez à coopérer en traitant les autres comme des parties de votre plus grand Moi.

Questions utiles

1. Réfléchissez aux questions suivantes:
   ❖ Quelle est la prochaine étape vers mon but?
   ❖ Comment puis-je atteindre mon but dans la plus parfaite intégrité?

❖ Est-ce que je prends soin de moi et des autres dans la même mesure ?

❖ De quelles façons ai-je réussi à exprimer mes pouvoirs créateurs ?

2. Si ces questions ont trouvé quelques réponses en vous, comment pourriez-vous mettre ces réponses en pratique dans votre vie ?

Pour une meilleure compréhension

1. Relisez dans la deuxième partie les chapitres consacrés aux chiffres qui composent votre nombre de naissance : 1 (p. 64), 2 (p. 74), 4 (p. 93), et 8 (p. 139).

2. Vous pouvez de la même façon vous familiariser avec le nombre de naissance d'un parent ou d'un ami et discuter avec lui, s'il le veut bien, de ce que vous avez en commun et de ce qui vous distingue.

Lois spirituelles : leviers pour changer votre vie

1. Dans la quatrième partie, lisez le texte de chacune des lois spirituelles suivantes :

❖ **Loi de la Responsabilité** (p. 471) : Nous éprouvons plus de joie dans le service lorsque nous savons quand dire oui et comment dire non.

❖ **Loi de l'Honnêteté** (p. 525) : Pour être honnête envers les autres, il faut d'abord être honnête envers soi-même.

❖ **Loi des Choix** (p. 461) : Nous pouvons choisir de manifester notre énergie créatrice de façon positive ou négative.

❖ **Loi de la Flexibilité** (p. 456) : En demeurant flexible, nous pouvons tirer le meilleur parti possible de nos difficultés et des circonstances changeantes.

- ❖ **Loi de l'Équilibre** (p. 478) : Pour vaincre notre tendance à passer d'un extrême à l'autre, nous réalisons l'équilibre des deux extrêmes.

- ❖ **Loi de la Méthode** (p. 485) : Pour nous rendre où nous voulons aller, le plus sûr est de procéder par petites étapes.

2. Faites les exercices prescrits pour chacune de ces lois.

3. Pensez aux occasions de mettre ces lois en application dans votre vie.

3: EXPRESSION ET SENSIBILITÉ

Ce que nous ne pouvons pas exprimer
gouverne notre vie.

ANONYME

Cette section comprend tous les nombres de naissance ayant le 3 (p. 83) comme but de vie principal: 12/3, 21/3 et 30/3. Bien que tous ces nombres reflètent puissamment l'énergie du 3, les 12/3 et 21/3 subissent également l'influence du 1 et du 2 tandis que chez le 30/3 la pure énergie du 3 est amplifiée par le 0 (dons intérieurs, p. 161).

30/3

Comprendre le but de vie

Ceux qui se trouvent sur le chemin 30/3 y sont pour résoudre des questions touchant à l'expression et à la sensibilité, pour s'exprimer après avoir surmonté le doute de soi et pour employer leurs dons intérieurs à encourager, instruire et inspirer les autres. La plupart des gens doivent composer avec un mélange énergétique plus ou moins hétéroclite mais le destin et le travail des 30/3 sont clairs et homogènes. Ceux qui travaillent le 30/3 disposent de dons intérieurs dont une sensibilité extrêmement vive, la force intérieure, l'expressivité et l'intuition. Toutes ces ressources sont mises en œuvre pour compléter et étayer un thème de vie majeur : l'expression affective.

Toutefois, parce que notre but de vie n'est jamais chose facile, les 30/3 auront des obstacles distincts à surmonter avant de pouvoir accomplir leur destinée. Parce qu'ils ont des tendances perfectionnistes (influence indirecte du 6) et sont particulièrement sensibles à la souffrance des autres, les 30/3 seront facilement désappointés ou découragés, et il leur arrivera de s'exprimer de façon négative, par exemple en se plaignant et en critiquant.

Chez les 30/3 le besoin de s'exprimer est une force inhérente ; qu'ils s'expriment de façon négative ou positive, il faut qu'ils s'expriment (que ça sorte) ! L'expression des états affectifs n'est pas chose facile ; au début, les 30/3 peuvent être complexés mais une fois qu'ils ont vaincu leur timidité les mots coulent de source.

Les 30/3 peuvent s'exprimer devant un vaste public, sur une scène ou dans une salle de classe, ou ne s'adresser qu'à un cercle restreint d'amis et de parents. Dans les deux cas, le défi et le plaisir sont les mêmes : il s'agit d'exprimer leurs émotions, en paroles ou en actes, par la peinture, la musique ou tout autre média, et de le faire tout en aidant les autres à s'exprimer aussi.

L'expression des 30/3 est une fleur qui a besoin d'un public pour éclore et s'épanouir. Ce public peut être une seule personne au début mais plus tard, si le courage ne manque pas, plusieurs 30/3 finissent par trouver un large public. Je recommande souvent aux 30/3 des cours d'art oratoire.

Plusieurs 30/3 réagissent contre leur trop grande sensibilité en tentant de s'insensibiliser ; ils mettent une sorte d'armure psychologique pour se protéger de la tempête émotive qui s'abat sur eux. Ils peuvent paraître insensibles mais des émotions intenses, voire violentes, font rage à l'intérieur. Ceux qui travaillent le 30/3 rêvent d'engagements passionnels, de liens émotifs intenses, et il leur arrive souvent de faire un drame d'un rien juste pour susciter des réactions émotives autour d'eux. Plusieurs 30/3 aiment regarder ou jouer dans les soap-opéras, émissions dramatiques et passionnelles par excellence. Les 30/3 font de bons comédiens parce qu'ils se reconnaissent dans les émotions de leur personnage et savent reproduire toutes les qualités humaines.

Chez les 30/3, les dons intérieurs d'expression, de sensibilité et de discernement spirituel sont amplifiés par la sensibilité déjà présente. D'autres nombres de naissance, comme les 12/3 et les 21/3, sont aussi sur terre pour s'exprimer, mais chez les 30/3 la sensibilité naturelle et le besoin d'expression se combinent avec les dons intérieurs de sensibilité et d'expressivité. Dans la mesure où les 30/3 sont en contact avec leurs émotions, ils jouissent de pouvoirs intuitifs très développés. Lorsqu'ils lisent le journal ou prêtent attention au monde extérieur, ils savent intuitivement ce dont le monde a besoin, et ils l'expriment.

Les 30/3 doivent donc trouver des façons ingénieuses de faire passer leur message. Lorsqu'ils ne font que se plaindre – et ils sentent que leurs plaintes sont justifiées car les injustices qu'ils dénoncent sont bien réelles –, ils n'avancent à rien ; le défi consiste à canaliser leur énergie d'expression dans une voie constructive. Il faut qu'ils s'expriment honnêtement et directement mais surtout de la façon la plus positive et la plus efficace possible. Ils doivent se concentrer sur la solution, pas sur le problème. Voilà un conseil qui est bon pour tout le monde mais qui est particulièrement utile aux 30/3, car le monde qu'ils décrivent, c'est le monde tel qu'il est.

Si les 3 en général font les pires dépressifs, les 30/3, hypersensibles et doutant sans cesse d'eux-mêmes, sont les plus grands experts en matière de dépression. Ils ont des hauts, des moments de grande confiance en soi (« Je peux faire tout ce que je veux ») puis ils sombrent très bas, dans de profondes léthargies (« C'est beaucoup trop gros pour moi : je ne suis pas prêt »). Le doute de soi est un problème majeur qui les empêche parfois d'atteindre leur but quand ils sont pourtant tout prêts de réussir. Ils ne se sentent jamais à la hauteur, jamais assez prêts, jamais assez bons. Le doute de soi les ronge tant qu'ils n'ont pas appris à le considérer comme un défi, un simple obstacle qu'ils doivent surmonter dans leur progression vers le sommet de la montagne.

Le plus grand don des 30/3 réside dans l'*expression*, dans la *communication inspirée*. Que ce soit par la parole, l'art dramatique, l'écriture ou les beaux-arts, ils sont heureux lorsqu'ils peuvent émouvoir les autres et peut-être les inciter à l'action, au changement ou au bonheur. Dans le positif, ils sont efficaces parce qu'ils savent parler avec émotion – c'est-à-dire parler non seulement avec la tête mais aussi et surtout avec le cœur.

Les gens qui travaillent le 30/3 auront des obstacles à surmonter avant de parvenir à cette magie d'expression. En général, au début, plus que la plupart des gens qui ne travaillent pas le 3, les 30/3 se sentent incapables de parler en public. Mais lorsqu'ils entrent dans la danse, ils y trouvent une grande satisfaction ; ils savent, d'une manière fondamentale, qu'ils ont trouvé leur voie.

Travailler le 30/3 dans le positif

Ce que ces individus offrent au monde, par leur énergie créatrice, c'est un don d'enthousiasme, de compassion, de compréhension et d'altruisme. Lorsque les 30/3 parlent, quelle que soit leur occupation, ils parlent avec harmonie et sensibilité, et leurs paroles sont édifiantes. Ils sont en prise directe sur leurs émotions et leur expression est enthousiaste, passionnée, franche et même inspirée. Ils communiquent honnêtement leurs besoins et leurs émotions ; ils ne tentent pas de manipuler et ne permettent pas qu'on les manipule. Ils mènent leur vie de façon responsable et ils ne laissent pas leurs émotions ou celles des autres influencer leur volonté. Lorsqu'ils mettent leurs dons intérieurs de sensibilité, d'expression et d'intuition au service des autres, ils le font avec une joie et un altruisme qui amplifient encore davantage leurs immenses ressources. Alors les 30/3 peuvent toucher aux aspects les plus subtils et les plus mystérieux de l'existence.

Travailler le 30/3 dans le négatif

Déprimés, soi-disant mal aimés, ces individus se plaignent soit en leur nom propre soit au nom de la société et ils se sentent en droit de le faire parce que les sujets de plaintes ne manquent pas dans le monde. Hypersensibles, dépendants des autres, ils se plaignent et manipulent au lieu de dire honnêtement ce dont ils ont besoin, qui ils sont, ce qu'ils ressentent. Certains sont complètement bloqués sexuellement, tandis que d'autres ont des problèmes de fidélité émotive ou sexuelle et se retrouvent souvent dans des situations de promiscuité.

Questions de vie

Santé

La plupart des 30/3, mais surtout ceux qui refoulent leurs émotions, ont la gorge rendue sensible par ce blocage d'énergie. Si la gorge est irritée ou s'ils sentent un quelconque blocage dans cette région, il faut qu'ils se posent cette question : « Que devrais-je exprimer que je suis en train de réprimer ? » Souvent, une fois qu'ils ont exprimé ce qu'ils ressentaient, leur gorge se remet rapidement. La musique qui ouvre le cœur, qui touche les émotions, qui réjouit ou élève l'âme, a un effet curatif sur les 30/3 pour qui les états de santé ou de maladie sont toujours liés aux états affectifs.

Le cœur et les genoux sont aussi des points sensibles et vulnérables. Certains 30/3 dont les difficultés d'expression provoquent de nombreux malentendus souffrent de blocages d'énergie au niveau des genoux, blocages qui risquent éventuellement d'affecter la circulation et toute la structure corporelle.

En matière d'alimentation et d'exercice, les 30/3 devraient se fier à leurs intuitions, c'est-à-dire manger et s'entraîner dans la mesure où ils se sentent bien affectivement et physiquement. Ils doivent faire attention de ne pas être à la merci de leurs états d'âme ou de ne pas chercher une consolation dans la nourriture lorsqu'ils ont une peine d'amour. Souvent, lorsqu'ils sont tristes, faire un exercice physique vigoureux en écoutant de la musique suffit à leur remonter le moral.

Relations

Presque tous les 30/3 ont une qualité d'émotion qui semble dire: «Appréciez-moi!»; et ils quêtent ce soutien affectif dans le monde extérieur au lieu de le chercher en eux-mêmes. Bien qu'il leur arrive parfois de s'attendre à recevoir beaucoup sans avoir à donner en retour, ils ont également une grande capacité d'aimer et de donner.

Même s'ils peuvent paraître insensibles, voire froidement rationnels, en réaction contre leur hypersensibilité, leur champ énergétique est exceptionnellement large et sensible. Leur voix révèle habituellement leur vraie nature, et leur habileté à se mettre à l'écoute des émotions d'autrui enrichit leurs relations personnelles.

Malgré les apparences, ce sont des romantiques. Ils aiment tomber en amour, et ils ont le coup de foudre plus souvent qu'à leur tour. S'ils ont un partenaire régulier, ils ne doivent lui faire aucun secret à ce sujet. Lorsqu'ils se sentent libres d'avouer qu'ils sont attirés par une tierce personne, il n'y a plus de risque

que cette attirance tourne à l'obsession. En d'autres mots, leurs relations seront plus durables et moins soumises au hasard des coups de cœur s'ils en parlent honnêtement et ouvertement. Quand ils se laissent mener par leurs émotions, ils s'engagent dans des situations de promiscuité ou d'infidélité (réelles ou imaginaires) et ils se demandent ensuite ce qui a bien pu se passer.

Le champ énergétique, ou aura émotionnelle, des 30/3 est leur plus importante zone érogène. Si l'émotion n'y est pas, la meilleure technique amoureuse n'est bonne à rien. Lorsqu'ils sont amoureux, la passion les transporte, et la technique devient secondaire.

Les relations des 30/3 leur sont autant d'occasions de se bonifier sur le plan de l'expression et de la vulnérabilité. Ils feraient mieux de considérer leurs relations non seulement comme une source de consolation et de régénération mais aussi comme une sorte de pratique spirituelle.

Talents, travail et situation financière

Avec leurs dons intérieurs d'expression, de sensibilité et de discernement spirituel, sans oublier leur grande facilité d'expression, les 30/3 réjouissent l'âme et l'esprit de tous et chacun dans leur entourage. Ils peuvent choisir de se faire enseignant, vendeur, écrivain ou conférencier – métiers qui ont en commun de rappeler les gens à leur propre vie affective. Ce sont des enseignants, conseillers, guérisseurs et acteurs particulièrement doués, et la facilité avec laquelle ils peuvent se mettre à l'écoute d'autrui et se brancher sur les dimensions les plus subtiles de l'existence leur permet d'exceller dans n'importe quelle forme d'expression créatrice. Ceux qui travaillent le 30/3 peuvent suivre la voie du service social, et ils font de bons gérants. Ils peuvent réussir dans plusieurs domaines mais ils sont toujours satisfaits pour peu que leur travail leur donne l'occasion de s'exprimer.

En plus de cette sensibilité émotive, ceux qui travaillent le 30/3 jouissent d'une superbe intelligence intuitive qui leur permet de percer à jour certains des plus grands mystères de la vie.

Ils excellent dans tous les domaines qui requièrent logique et raisonnement.

Tout manque d'argent renvoie d'une façon ou d'une autre au doute de soi. Si les 30/3 utilisent leurs dons et leur expression de façon positive, l'argent suivra.

Quelques 30/3 célèbres

Wilt Chamberlain	Andrew Jackson
Eldridge Cleaver	Ann Landers
Bill Cosby	Norman Lear
Miles Davis	Joan Rivers
Douglas Fairbanks	Carlos Santana
Ella Fitzgerald	Barbara Walters
Jodie Foster	John Wayne

Votre destinée est entre vos mains

Si vous travaillez le 30/3, cette section peut vous aider à manifester votre but de vie en attirant votre attention sur les questions les plus importantes et en vous suggérant des actions précises capables de changer votre vie.

Conseils et recommandations

❖ Traitez le doute de soi comme s'il s'agissait d'un obstacle à franchir et non pas comme si c'était un signal d'arrêt.

❖ Donnez-vous sans compter sur le plan émotif, même si vous n'êtes pas toujours sûr de recevoir votre juste part en retour.

❖ Acceptez vos émotions et exprimez-les telles qu'elles se présentent.

❖ Fiez-vous à votre intuition et utilisez vos ressources exceptionnelles.

Questions utiles

1. Réfléchissez aux questions suivantes :
   - ❖ Ai-je déjà mis un frein à mon expressivité parce que je doutais de moi-même ?
   - ❖ Est-ce que j'exprime mes besoins et émotions directement ?
   - ❖ Suis-je sensible aux besoins des autres ?
   - ❖ Ai-je tiré profit de mon « dispositif de guidage interne » et de mes autres dons intérieurs ?
2. Si ces questions ont trouvé quelques réponses en vous, comment pourriez-vous mettre ces réponses en pratique dans votre vie ?

Pour une meilleure compréhension

1. Relisez dans la deuxième partie les chapitres consacrés aux chiffres qui composent votre nombre de naissance : 3 (p. 83), et 0 (p. 161).
2. Vous pouvez de la même façon vous familiariser avec le nombre de naissance d'un parent ou d'un ami et discuter avec lui, s'il le veut bien, de ce que vous avez en commun et de ce qui vous distingue.

Lois spirituelles : leviers pour changer votre vie

1. Dans la quatrième partie, lisez le texte de chacune des lois spirituelles suivantes :
   - ❖ **Loi des Choix** (p. 461) : Nous pouvons choisir de manifester notre énergie et d'exprimer nos émotions de façon positive ou négative.
   - ❖ **Loi de l'Honnêteté** (p. 525) : Reconnaître ses émotions vis-à-vis de soi-même et des autres est l'une des formes principales de l'honnêteté.

- ❖ **Loi des Attentes** (p. 520): Notre vie se déroule suivant nos attentes et nos prévisions cachées.

- ❖ **Loi de la Foi** (p. 514): Il faut avoir foi en soi-même pour accorder sa confiance aux autres.

- ❖ **Loi de l'Action** (p. 543): Pour vaincre le doute de soi, nous devons reconnaître notre vulnérabilité mais continuer d'agir avec confiance.

2. Faites les exercices prescrits pour chacune de ces lois.

3. Pensez aux occasions de mettre ces lois en application dans votre vie.

21/3 et 12/3

3 : Expression et sensibilité
1 : Créativité et confiance
2 : Coopération et équilibre

Comprendre le but de vie

Ceux qui se trouvent sur les chemins 21/3 et 12/3 y sont pour résoudre des questions touchant à la créativité, à l'expressivité et à l'équilibre, pour coopérer au soutien d'une cause ou d'un groupe de personnes, et pour utiliser leur énergie de façon constructive et positive afin d'instruire et d'inspirer les autres par un travail qui élève l'âme et l'esprit. Pour surmonter les inévitables défis de leur chemin de vie, entre autres ceux que représentent l'insécurité et le doute de soi, les personnes travaillant le 21/3 et le 12/3 auront besoin de courage ; elles devront apprendre à canaliser leurs énergies créatrices et émotives dans des voies positives. Autrement, écrasées par le doute ou l'insécurité, elles ont tendance à libérer leur énergie dans des voies destructrices, dans l'alcool, le tabac ou d'autres drogues. Si elles répriment leur expression émotive, cette contrainte se fera sentir par une tension physique et plusieurs autres symptômes.

Ceux qui travaillent le 21/3 et le 12/3 comptent parmi les personnes les plus évoluées, les plus versatiles et les plus créatives sur terre. Profitant du soutien et de la force du 2, ces individus peuvent inventer, innover, synthétiser, et ils sont capables d'une somme de travail impressionnante dans n'importe quel domaine. Ils peuvent exprimer leur créativité quels que soient la forme ou le matériel, et leur message ne manque jamais d'être compris.

L'ordre des deux premiers nombres (1 et 2) est significatif : les questions de créativité seront plus pressantes pour les 21/3 ; et les questions de coopération prédomineront chez les 12/3. Cependant les questions de vie principales (que l'on rencontre à l'état pur chez les 30/3) sont les mêmes pour les deux chemins de vie : sensibilité, doute de soi et expressivité. Eu égard à leur but de vie, on comprend que les 21/3 et les 12/3 aient tendance à s'exprimer de façon négative, à se plaindre et à critiquer, quoique dans la plupart des cas ils le fassent uniquement lorsqu'ils sont blessés dans leurs sentiments.

Les 21/3 et les 12/3 sont des personnes très sensibles mais qui ont tendance à *intellectualiser leurs émotions* au lieu de laisser paraître leur vraie nature sensible et empreinte d'insécurité. Ils répondent à ce sentiment d'insécurité qu'on associe à l'énergie créatrice soit en se montrant tels qu'ils sont, soit, et c'est beaucoup plus fréquent, en affectant une courageuse mais illusoire attitude compensatoire : intellectualisme froid et sec, extraversion, ostentation de bravoure ou confiance excessive.

Chez les 12/3, les questions du 2 seront plus importantes que celles du 1 ; ils seront donc un peu plus confiants que les 21/3 mais ils auront plus de mal à trouver le juste milieu entre la confiance en soi et le repli sur soi. La plupart des 21/3 tendent à l'indigence affective ; ils doivent s'efforcer de laisser leurs émotions aller librement vers les autres car ils ont plutôt tendance à en être avares.

Le destin des 21/3 et des 12/3 est de s'exprimer positivement et honnêtement dans la voie qu'ils auront choisie. Lorsqu'ils sont malhonnêtes, leur malhonnêteté découle habituellement du fait qu'ils taisent leurs véritables émotions et non pas d'une hypocrisie ou d'un mensonge manifeste. Ils parviennent à l'honnêteté d'expression lorsqu'ils découvrent et dévoilent leur propre sensibilité, cette partie d'eux-mêmes qu'ils avaient jusque-là reniée par peur de passer pour faibles ou dépendants. De fait, parce qu'ils ont tant besoin de nourrir des liens affectifs, on peut dire qu'ils sont dépendants ; mais ce ne sont certainement pas des faibles.

Bien qu'ils aient reçu en partage la force intérieure et l'endurance du 2, la plupart des 21/3 et 12/3 ont un champ énergétique très sensible et une énergie créatrice plutôt hésitante, qu'il faut pousser vers le monde. Ils ont tendance à être plus secrets que les 30/3, et leur sensibilité, leur émotivité, n'est pas aussi flagrante. Plutôt que d'intellectualiser leurs émotions, ils doivent *montrer* et exprimer leur peur, leur colère, leur douleur et leur joie, donc être plus présents et vrais sur le plan émotionnel. Lorsqu'ils le font, leur corps s'ouvre aussi, se relaxe et semble rajeunir.

Lorsqu'ils enlèvent leur masque, mettent cartes sur table et montrent ouvertement leur insécurité et leur vulnérabilité, les 21/3 et les 12/3 découvrent, à leur grande surprise, que leurs liens affectifs, avec les autres et avec eux-mêmes, deviennent plus profonds, plus riches et plus substantiels.

Un tel éveil de conscience ne se fait pas sans difficulté. Avant tout, il leur faut vaincre le doute de soi, surmonter leur insécurité et se débarrasser de la peur, profondément enracinée, d'être exclus ou rejetés. Ici, la Loi de l'Action (p. 543) peut jouer un rôle primordial en balayant les peurs qui hantent leur subconscient et étouffent tout effort d'expression émotive, entre autres la peur d'exploser de colère ou de s'effondrer de tristesse. Avec le temps et l'expérience, les 21/3 et les 12/3 acquièrent une confiance en soi bien réelle et ils font montre d'une générosité émotive qui irradie dans leur entourage.

Travailler le 21/3 ou le 12/3 dans le positif

Ces individus font un travail brillant et sensible ; on rencontre sur ces chemins de vie quelques-unes des personnes les plus créatives de la planète. Leur corps est relaxe, souple et relativement exempt de tension parce qu'ils expriment leurs émotions à mesure qu'elles font surface, honnêtement et ouvertement, au lieu de les emmagasiner sous la forme d'une tension neuro-musculaire. Ils respirent profondément sans effort et sans peine. Leurs relations personnelles sont basées sur l'honnêteté et la compréhension émotive ; lorsqu'un problème surgit, ils en parlent et le résolvent. Quel que soit leur métier, chanteur, enseignant, écrivain ou épicier, ces individus prennent un réel plaisir à réconforter les autres par des paroles d'affection. Le genre d'occupation n'a pas d'importance, pourvu qu'ils aient la chance de toucher les gens et de créer des liens affectifs.

Travailler le 21/3 ou le 12/3 dans le négatif

Ces individus hypersensibles ont une attitude équivoque ; ils montrent une confiance inébranlable puis s'effondrent lorsqu'on leur fait la moindre critique. Alors ils vous attaquent, vous blessent ou bien ils se replient sur eux-mêmes, mais jamais ils ne révèlent leurs véritables émotions. Avec le temps, toutes ces émotions refoulées se manifestent au plan physique par de la tension et un manque de souplesse. Pleins de doutes et d'émotions rentrées, leur créativité étant complètement bloquée, ces individus ne trompent personne sauf eux-mêmes.

Questions de vie

Santé

Cette combinaison, qui joint la vigueur du 2 à l'énergie du 1, est l'une des plus fortes physiquement. Comme les 30/3, les 21/3 et les 12/3 ont la gorge sensible et il est à prévoir qu'une inflammation surviendra chaque fois qu'il y aura blocage d'énergie ; si le problème devient chronique, il se peut qu'on ait besoin de les opérer. Une énergie créatrice bloquée ou réprimée pourrait occasionner des troubles dans la région de l'abdomen et des organes reproducteurs : maux d'estomac, hernies, troubles ovariens chez les femmes et prostatiques chez les hommes.

En général, toutefois, les 21/3 et les 12/3 sont forts et robustes. S'ils essaient de refouler leurs émotions, c'est comme si l'on bouchait un volcan : le corps subit la pression d'une énergie qui est supposée circuler librement. Tant qu'ils expriment leur énergie dans le positif et laissent libre cours à leurs émotions, les 21/3 et les 12/3 jouissent d'une santé exceptionnelle. Lorsqu'ils ont besoin de soins, ils feraient mieux de combiner le traitement

LES CHEMINS DE LA DESTINÉE

conventionnel avec une thérapie des émotions. Écouter de la musique ou aller voir un film à forte charge émotive donne à ces gens sensibles et créatifs l'occasion de s'exprimer. S'ils ne peuvent même pas pleurer au cinéma, ils devraient examiner sérieusement toutes les façons dont ils bloquent leur expression.

Pour les 21/3 et les 12/3, l'excès de poids est habituellement causé par un blocage d'énergie créatrice. Un programme à deux facettes, l'une étant l'exercice physique et l'autre la pratique d'un hobby créatif, apportera au corps un équilibre optimal. Pour ces individus, l'exercice est un bon moyen de libérer l'expression refoulée. Étant donné leur créativité et leur émotivité, les 21/3 et les 12/3 se sentent en parfaite harmonie avec la musique et avec la nature. Écouter de la musique et marcher dans la nature sont pour eux des activités thérapeutiques tant au plan physique qu'affectif.

Relations

Pour que leurs relations personnelles durent, il faut que les 21/3 et les 12/3 soient prêts à «perdre la face», à se démasquer eux-mêmes en exprimant ce qu'ils ressentent vraiment, *au moment présent*. Ils doivent se demander à quelques reprises durant la journée: «Comment est-ce que je me sens vraiment maintenant?» Une fois qu'ils ont appris à reconnaître comment ils se sentent, il importe qu'ils expriment leurs émotions d'une manière ou d'une autre – et pas seulement les émotions «correctes» et rassurantes, mais aussi la colère, l'impatience, la honte, l'embarras, la jalousie et la combativité – afin d'amorcer un processus de régénération de l'âme et du corps.

Le comportement amoureux des 12/3 et surtout celui des 21/3 correspond souvent au besoin de masquer leur insécurité. Par exemple, il leur arrive de flirter pour voir si on les trouve encore attirants, ou d'entrer en conflit avec leur partenaire par peur de se retrouver dans une position subalterne.

Lorsque les 12/3 et surtout les 21/3 font un travail créatif, il se peut qu'il ne leur reste plus que très peu de temps ou d'énergie pour leurs relations personnelles. Parce qu'ils bloquent parfois les sentiments négatifs, comme la colère ou la tristesse, il arrive qu'ils se replient sur eux-mêmes. Mais le mur qu'ils bâtissent empêchent les émotions positives de passer, comme l'amour, l'affection et la passion. Ils ont parfois besoin d'une bonne dispute durant laquelle ils sont forcés de demeurer présents physiquement mais surtout affectivement. Une telle décharge expressive peut raviver de vieilles passions. Pour les 21/3 et les 12/3, le secret d'une relation solide réside dans le contact émotif, quitte à se disputer passionnément.

Le 2 signifie que les individus sur ces chemins de vie très semblables doivent garder un juste milieu entre le don de soi excessif et le repli sur soi dans l'amertume. La Loi de l'Équilibre (p. 478), qui traite de donner et recevoir, est donc ici d'une importance primordiale.

Talents, travail et situation financière

Les 21/3 et les 12/3 déploient une solide combinaison d'énergies créatrices et expressives pour l'écriture, le design, la communication, le counseling, la vente ou tout autre domaine créatif. Bien qu'ils soient extrêmement versatiles, le plus grand bonheur des 21/3 et des 12/3 consiste à créer et à s'exprimer tout en apportant aide et réconfort aux autres.

Peu importe le genre de travail, les 21/3 et 12/3 y rencontrent l'insécurité et le doute de soi. Avec de la persévérance, ils obtiennent le soutien et l'approbation des autres, et leur confiance ne cesse d'augmenter.

Les énergies pleines et épanouies dont jouissent les 21/3 et les 12/3 les prédisposent à accomplir un travail utile et novateur. Lorsqu'ils ont surmonté le double défi de l'insécurité et du doute de soi, leur créativité et leurs émotions coulent d'abondance, et leur situation financière est aussi bonne.

Quelques 21/3 et 12/3 célèbres

21/3

Hans Christian Andersen	Judy Garland
Louis Armstrong	Robert F. Kennedy
Yul Bryner	Vivian Leigh
Maria Callas	Margaret Mead
Bing Crosby	Thomas Merton
Salvador Dali	Sugar Ray Robinson
Charles Dickens	George Sand

12/3

Helen Hayes

Votre destinée est entre vos mains

Si vous travaillez le 21/3 ou le 12/3, cette section peut vous aider à manifester votre but de vie en attirant votre attention sur les questions les plus importantes et en vous suggérant des actions précises capables de changer votre vie.

Conseils et recommandations

❖ Si vous tenez à demeurer souple et en santé, exprimez vos émotions.

❖ Faites de l'exercice pour libérer l'énergie créatrice et les émotions refoulées.

❖ Rappelez-vous vos plus grandes qualités par la visualisation.

❖ Faites de l'authenticité – le fait de montrer ce que vous ressentez vraiment – la priorité des priorités.

Questions utiles

1. Réfléchissez aux questions suivantes :

   ❖ Ai-je pleinement conscience de mes capacités créatrices ?

   ❖ Ai-je des périodes d'extrême confiance en moi suivies de périodes où je doute de moi profondément ?

   ❖ Ai-je l'habitude d'intellectualiser mes émotions ou est-ce que je laisse les gens connaître mes véritables émotions ?

   ❖ Que me révèle mon corps sur la façon dont j'utilise mon énergie créatrice ?

2. Si ces questions ont trouvé quelques réponses en vous, comment pourriez-vous mettre ces réponses en pratique dans votre vie ?

Pour une meilleure compréhension

1. Relisez dans la deuxième partie les chapitres consacrés aux chiffres qui composent votre nombre de naissance : 1 (p. 64), 2 (p. 74), et 3 (p. 83).

2. Vous pouvez de la même façon vous familiariser avec le nombre de naissance d'un parent ou d'un ami et discuter avec lui, s'il le veut bien, de ce que vous avez en commun et de ce qui vous distingue.

Lois spirituelles : leviers pour changer votre vie

1. Dans la quatrième partie, lisez le texte de chacune des lois spirituelles suivantes :

   ❖ **Loi de l'Honnêteté** (p. 525) : Reconnaître et exprimer ses émotions est l'une des formes principales de l'honnêteté.

   ❖ **Loi de la Foi** (p. 514) : Il faut avoir foi en soi-même pour accorder sa confiance aux autres.

❖ **Loi des Choix** (p. 461) : Nous pouvons choisir de manifester notre énergie créatrice de façon positive ou négative.

❖ **Loi de l'Équilibre** (p. 478) : Pour vaincre notre tendance à passer d'un extrême à l'autre, nous réalisons l'équilibre des deux extrêmes.

❖ **Loi de la Responsabilité** (p. 471) : Nous découvrons la joie de servir lorsque nous apprenons à dire oui quand il le faut et à dire non comme il le faut.

2. Faites les exercices prescrits pour chacune de ces lois.

3. Pensez aux occasions de mettre ces lois en application dans votre vie.

4: STABILITÉ ET MÉTHODE

La vie est comme une danse ;
il suffit de faire un pas, puis un autre.

ANONYME

Cette section comprend tous les nombres de naissance ayant le 4 (p. 93) comme but de vie principal : 40/4, 13/4, 31/4 et 22/4. Bien que tous ces nombres de naissance reflètent puissamment l'énergie du 4, l'interaction et l'influence des autres nombres – et des qualités, questions et caractéristiques qui leur sont rattachées – confèrent à chacun sa saveur unique.

40/4

4 : Stabilité et méthode
40 : Stabilité et méthode plus dons intérieurs

Comprendre le but de vie

Ceux qui se trouvent sur le chemin 40/4 y sont pour établir leur vie sur des fondations solides en suivant une méthode progressive pour atteindre leurs buts et en mettant leurs dons intérieurs au service de causes ou de personnes pour lesquelles ils ont de l'estime. Comme les 20/2 et les 30/3, les 40/4 ont un but de vie très pur, non dilué par l'action d'autres nombres et énergies. Parce que notre but de vie principal n'est jamais chose facile, plusieurs 40/4 auront du mal à jeter des racines ou à suivre un cheminement méthodique parfois long et difficile pour atteindre leurs buts. Il se peut qu'ils négligent ou sautent des étapes importantes ou encore qu'ils se sentent coincés dans des situations qui ne fonctionnent plus.

Pour réussir, les individus travaillant le 40/4 doivent adopter une méthode inspirée du modèle suivant : d'abord prendre des engagements à court terme, faciles à compléter, puis en rallonger les délais jusqu'à ce qu'un engagement à long terme soit une chose faisable. De la même façon, en divisant un grand but en petites parties et en se concentrant sur une étape à la fois, les 40/4 se donnent une fondation intérieure et une méthode sur lesquelles ils pourront compter leur vie durant.

Dans le positif, les 40/4 ont une capacité d'analyse exceptionnelle qui se combine avec leurs dons intérieurs de force et de persévérance, de sensibilité (qui fait contrepoids à leur force), d'expressivité et de pure intuition. Lorsqu'ils évitent les pièges de la « suranalyse » et se fient à leurs instincts, ils prennent des décisions pratiques inspirées, vraiment brillantes. Leur sensibilité et leur force – l'élégance de la ballerine et la robustesse du taureau – sont de puissants alliés quand ils agissent en synergie. Cependant, lorsque les 40/4 s'entêtent à vouloir tout analyser, ils finissent par se sentir perdus et désorientés.

Les 20/2 et les 40/4 se ressemblent en ce qui concerne leurs qualités, tendances et problèmes spécifiques, mais le chemin des 20/2 est celui de la responsabilité, de l'équilibre intérieur et de la coopération tandis que les 40/4 doivent se préoccuper davantage de la stabilité de leurs fondations et de l'efficacité de la méthode adoptée pour atteindre leurs buts. Lorsque leurs énergies sont bien enracinées, les 40/4 peuvent mettre leur intuition au service des autres et rechercher dans leur propre vie plus de lumière et de pur plaisir.

Tous les 40/4 sont à même de mettre en œuvre les immenses ressources représentées par le 0 de leur nombre de naissance, mais ils ne pourront cultiver ces dons que dans le contexte d'un processus d'apprentissage et de maturation (dans la pratique, cela peut impliquer, par exemple, un retour aux études).

Comme tous les 4, les 40/4 n'aiment pas beaucoup les cheminements lents et progressifs ; le plus souvent, ils ne veulent attendre pour rien, et tout ce qui est le moindrement éloigné leur semble inaccessible ; ou bien c'est le chemin qui mène à leur but qui semble trop contourné. Il est particulièrement important qu'ils apprennent à faire confiance à ce qu'ils ressentent au fin fond d'eux-mêmes (intuitions physiques) lorsqu'ils doivent prendre une décision, plutôt que de peser le pour et le contre dans leur tête, où ils ne peuvent que tourner en rond.

Leur sens des responsabilités étant exceptionnellement développé, s'étendant parfois très loin hors de leurs limites personnelles, les 40/4 ont tendance à penser en fonction de leur devoir (ce qu'ils « devraient » faire), plutôt que de leur désir (ce qu'ils aimeraient faire). Comme tous les 4, ils ont aussi tendance à projeter ces « devraient » sur les autres.

La plupart des 40/4 sont encore plus têtus que les 20/2 (qui confondent moins le mental et l'affectif). Les 40/4 sont entêtés, ils ne veulent pas changer, s'adapter, bouger. Il faudra parfois que la vie leur serve de dures leçons avant qu'ils n'acceptent de changer.

Presque tous les 40/4 ont du mal à oublier les vieilles relations, les décisions prises et les événements vécus – et en général à oublier le passé. Ils peuvent donc avoir de nombreux regrets : « Si seulement j'avais dit quelque chose ! » Ils doivent examiner cette tendance et reconnaître tout le mal qu'elle leur apporte pour ensuite passer à un stade de confiance, de foi, dans leur propre cheminement : quelles que soient les décisions qu'ils ont prises, chacune fut une leçon de vie sans laquelle ils ne seraient pas rendus là où ils sont aujourd'hui.

La Loi de la Méthode (p. 485) est un précieux outil pour l'accomplissement de leur destinée. D'abord et avant tout, il faut couler le ciment des fondations, puis prendre une étape à la fois. L'échec ou la réussite finale des 40/4, dans les affaires, en amour ou ailleurs, dépendent largement de la façon dont ils sauront se conformer à la Loi des Comportements (p. 489), et surtout à la Loi de la Méthode (p. 485).

Comme les 22/4 et les 20/2, les 40/4 ont tendance à passer de l'analyse à l'impulsion, voire à l'hystérie. Il faut qu'ils fassent l'équilibre entre l'esprit et l'émotion. Lorsqu'ils combinent la capacité d'analyse avec l'intuition, ils sont d'une clairvoyance et d'une intelligence exceptionnelles.

Travailler le 40/4 dans le positif

Ces individus se préparent minutieusement avant d'entreprendre une tâche, et ils suivent patiemment, d'étape en étape, le chemin qui mène à leur but. On peut compter sur eux pour respecter leurs engagements et on les considère comme des amis fidèles et dignes de confiance. Lorsqu'ils doivent prendre une décision, ils analysent la question sous tous ses angles mais ne manquent pas d'écouter leurs instincts. Ils ont résolu leurs problèmes familiaux de sorte qu'ils ont la meilleure relation possible avec leurs parents. Ces 40/4 démontrent une exceptionnelle force morale, mais ils font également bon usage de leurs dons plus subtils et de leur intuition. Ils persévèrent malgré les obstacles et les revers, malgré le temps qui passe, et ils demeurent flexibles lorsqu'ils rencontrent un obstacle. Leur situation familiale est stable et durable. Misant sur l'intuition et sur la foi, ils trouvent tôt ou tard le métier et le poste qui conviennent parfaitement à leurs habiletés et à leurs intérêts.

Travailler le 40/4 dans le négatif

Ces individus se méfient de leurs intuitions, par conséquent chaque prise de décision devient un exercice pénible et déroutant. Pris au piège de la suranalyse, ils tournent en rond en se demandant: «Comment faire pour provoquer des choses?» Et ils finissent par prendre des décisions irréfléchies qu'ils regretteront plus tard. Leurs relations personnelles sont instables et de courte durée. Incapables de se lier formellement, de rester très longtemps fidèles à quelqu'un ou à quelque chose, ils répètent sans cesse le même aller-retour amoureux. Leur entêtement et leur aveuglement font obstacle aux compromis indispensables à toute relation. Impulsifs, ils entreprennent plusieurs tâches à la fois mais terminent rarement ce qu'ils ont commencé.

Questions de vie

Santé

Quoiqu'ils soient en général robustes et résistants (ils résistent aux maladies comme ils résistent à tout), les 40/4 peuvent avoir des problèmes aux hanches, cuisses, genoux, chevilles, pieds, etc., c'est-à-dire aux fondations de leur corps. Les aspirations et les désirs refoulés – le fait de penser à ce qu'ils «devraient» faire au lieu de se fier à leur intuition – se traduisent au physique par de la constipation. Comme les 20/2, ils peuvent avoir des allergies, mais ils sont plus que les 20/2 sujets aux accidents causés par l'impatience ou la distraction. Plusieurs 40/4 ont des problèmes congénitaux ou souffrent de malaises physiques qui ont leur origine dans l'enfance.

Le corps est soit court et trapu soit élancé. Plusieurs prennent facilement de l'embonpoint; une diète sévère, à faible teneur en gras, de préférence végétarienne, et des exercices aérobiques, leur sont habituellement bénéfiques. Toutes les formes d'exercices d'étirement et de relaxation, telles que le yoga, l'aïkido, le taï chi et les autres arts martiaux, leur sont profitables.

Relations

Dans le négatif, les 40/4 comme les 20/2 peuvent paraître agressifs, fouineurs, dominateurs ou autoritaires, quand en réalité ils voudraient seulement bien faire: c'est qu'ils se sentent effectivement responsables de tout l'univers. La stabilité peut aussi leur poser problème. Dans le positif, ils sont stables et sûrs comme le roc de Gibraltar. Ils sont fortement tentés, quoique ce soit parfois inconscient, de fonder une famille. Leur sexualité peut souffrir de tensions ou de blocages d'énergie; dans ce cas le yoga, les exercices d'étirements et de relaxation, peuvent les aider à s'ouvrir et à mieux apprécier leur sexualité. Plus les 40/4 « sortent de leur tête » – plus ils « perdent la tête et reprennent leurs sens », comme l'a si bien dit Timothy Leary –, mieux vont leurs relations personnelles.

Talents, travail et situation financière

Grâce à leur esprit à la fois analytique et intuitif, et parce qu'il est dans leur nature de chercher à solidifier leurs fondations, les 40/4 peuvent réussir dans toutes les sphères du monde des affaires. Ils peuvent avoir du mal à prendre des décisions personnelles mais ils n'en font pas moins d'excellents conseillers, financiers, organisateurs ou agents immobiliers. Ils s'estiment vraiment satisfaits lorsque leurs entreprises contribuent activement au bien-être de la communauté. Ils peuvent axer leur vie sur le service, devenir infirmiers ou travailleurs sociaux, par exemple, mais ils peuvent également exceller en d'autres domaines comme les sports et l'athlétisme – partout, en fait, où leur esprit d'analyse et leurs dons de persévérance, force et sensibilité peuvent être mis à profit. Tant qu'ils observent la Loi de la Méthode (p. 485) et qu'ils emploient leurs énergies à des fins pratiques, les 40/4 trouvent le succès.

Quelques 40/4 célèbres

Elliott Gould   Jim Thorpe

Votre destinée est entre vos mains

Si vous travaillez le 40/4, cette section peut vous aider à manifester votre but de vie en attirant votre attention sur les questions les plus importantes et en vous suggérant des actions précises capables de changer votre vie.

Conseils et recommandations

❖ Appréciez votre sensibilité autant que votre force.

❖ Suivez toutes les étapes sur la route qui mène à votre but.

❖ Lorsque vous êtes pressé, prenez le chemin le plus sûr et le plus long.

❖ Considérez votre vie comme s'il s'agissait d'une maison à bâtir: occupez-vous d'abord des fondations puis suivez une méthode progressive.

Questions utiles

1. Réfléchissez aux questions suivantes:

    ❖ Lorsque je dois prendre une décision, ai-je tendance à trop analyser ou est-ce que je me fie à mes instincts?

    ❖ Comment pourrais-je transformer mes problèmes familiaux en instruments de croissance personnelle?

❖ Ai-je trouvé le juste milieu entre soutenir les autres et me faire soutenir par les autres?

❖ Suis-je flexible lorsque les besoins ou les situations changent?

2. Si ces questions ont trouvé quelques réponses en vous, comment pourriez-vous mettre ces réponses en pratique dans votre vie?

Pour une meilleure compréhension

1. Relisez dans la deuxième partie les chapitres consacrés aux chiffres qui composent votre nombre de naissance: 4 (p. 93), et 0 (p. 161).

2. Vous pouvez de la même façon vous familiariser avec le nombre de naissance d'un parent ou d'un ami et discuter avec lui, s'il le veut bien, de ce que vous avez en commun et de ce qui vous distingue.

Lois spirituelles: leviers pour changer votre vie

1. Dans la quatrième partie, lisez le texte de chacune des lois spirituelles suivantes:

❖ **Loi de la Méthode** (p. 485): Pour être sûr d'atteindre nos buts, il faut procéder par petites étapes.

❖ **Loi des Comportements** (p. 489): Nos comportements ont tendance à se renforcer jusqu'à devenir des habitudes, à moins que nous n'utilisions de puissants leviers pour les changer.

❖ **Loi de la Flexibilité** (p. 456): En demeurant flexible, nous pouvons tirer le meilleur parti possible de nos difficultés et des circonstances changeantes.

❖ **Loi de la Volonté supérieure** (p. 531): Notre volonté de servir une cause supérieure peut nous inspirer les gestes et les mots qui vont inspirer les autres.

❖ **Loi des Cycles** (p. 549): La vie est un cycle immuable dans lequel des occasions se présentent, disparaissent et réapparaissent comme les saisons.

2. Faites les exercices prescrits pour chacune de ces lois.

3. Pensez aux occasions de mettre ces lois en application dans votre vie.

22/4

4 : Stabilité et méthode
2 : Coopération et équilibre
2 : Coopération et équilibre

Comprendre le but de vie

Ceux qui se trouvent sur le chemin 22/4 y sont pour résoudre des questions touchant à la coopération, à la responsabilité et à la méthode, pour établir leur vie sur des fondations solides et pour atteindre leurs buts en suivant un cheminement méthodique impliquant le travail en équipe et le secours mutuel. Toutefois, parce que notre but de vie comporte des défis spécifiques, les 22/4 auront fortement tendance à coopérer jusqu'à l'épuisement avant de sombrer dans le ressentiment et le repli sur soi. L'ambition peut parfois les aveugler ; aussi ont-ils tendance à sauter des étapes. L'échec peut être riche d'enseignements s'ils y prêtent attention. Lorsque les 22/4 subissent un échec, ils doivent d'abord déterminer quelle est l'étape qu'ils ont escamotée et qu'ils doivent maintenant recommencer. Nul défi n'est trop grand pour eux quand les 22/4 ont appris à diviser les tâches en petites étapes faciles à réaliser.

Le double 2 exerce une influence déterminante sur ce chemin de vie. Le premier 2 a surtout et presque exclusivement rapport à la *coopération intérieure* ; ainsi l'accomplissement de la destinée des 22/4 commence par l'intégration de leurs croyances, valeurs et tendances conflictuelles. Lorsque les 22/4 ont une période difficile dans leur vie, il faut qu'ils retournent à leurs fondations intérieures et qu'ils s'efforcent, à l'aide d'une thérapie ou par quelqu'autre moyen, de refaire l'harmonie de leur monde intérieur avant de chercher à organiser et à maîtriser leur environnement. Le second 2 a rapport à la coopération extérieure :

relations avec les autres, respect de ses limites et de celles des autres, juste milieu entre le don de soi et le repli sur soi.

Presque tous les 22/4 ont des capacités analytiques et structurales très développées, mais lorsqu'ils font un usage abusif de ces capacités la réflexion tourne à l'idée fixe ou à l'obsession, leur esprit s'embrouille et finit par bloquer complètement, laissant les gestes irréfléchis et les réactions émotives prendre le dessus. Les gestes irréfléchis sont suivis de regrets. Comme pour tous les 2, la clé de voûte est l'équilibre, l'intégration ; le défi est de fondre l'esprit et l'émotion, de balancer la logique par l'intuition, au lieu de passer d'un extrême à l'autre. Lorsqu'ils se sentent perdus, ils devraient écrire leurs idées sur le papier mais se fier à leurs intuitions – à leurs instincts – pour prendre la décision finale.

Ceux qui travaillent le 22/4 doivent aborder leurs problèmes avec intelligence, lucidité, et un brin d'indulgence envers eux-mêmes ; sans quoi il se peut qu'ils réagissent contre l'envahissement de leur sens des responsabilités en se mettant des œillères, en ignorant tout conseil et en allant jusqu'à nier que le problème ou le déséquilibre existe. La plupart des 22/4 ont des opinions bien arrêtées et ne manquent pas d'idées, c'est pourquoi ils sont parfois réfractaires aux points de vue contradictoires.

Lorsque le double 2 et le 4 travaillent de concert, les 22/4 peuvent atteindre une vigueur et un épanouissement exceptionnels. Mais cet épanouissement dépend de la façon dont ils accordent leur vie avec les lois spirituelles qui gouvernent leur destinée. Avec l'énergie du 4, les 22/4 disposent de toute la force, l'endurance et la fermeté d'âme dont ils pourraient avoir besoin durant l'ascension de leur montagne mais il leur reste encore à diviser le trajet en petites étapes faciles et à assurer la stabilité de leurs fondations. Lorsque ce nombre de naissance est travaillé dans le positif, le chemin des 22/4 est le site d'extraordinaires exploits.

Travailler le 22/4 dans le positif

Ces individus intelligents et concentrés procèdent par étapes et ils réussissent dans tout ce qu'ils entreprennent, transformant en pierres de gué ce que d'autres considéreraient comme des pierres d'achoppement. Lorsqu'ils se trompent, ils apprennent de leurs erreurs et ne les répètent pas. La vie leur a servi de dures leçons mais avec le temps l'apprentissage devient plus aisé. Ils savent garder un juste milieu entre donner trop et pas assez. Ils ont trouvé à l'intérieur d'eux-mêmes un point d'harmonie et de coopération. Ils rendent service aux autres mais uniquement dans la mesure où ils peuvent le faire avec les idées claires et le cœur léger. Leur vie étant relativement exempte de soucis ou de stress, ils permettent à leur corps de se relaxer; leur esprit peut se concentrer sur le moment présent en même temps qu'ils pensent à la prochaine étape.

Travailler le 22/4 dans le négatif

Ces individus semblent être dans un perpétuel état de crise. Ils sont fréquemment paniqués pour ne pas dire hystériques. Ils vivent dans la confusion et le stress. Prenant des décisions impulsives qu'ils regrettent plus tard, ils vont droit devant sans jamais dévier de leur route et ils répètent donc toujours les mêmes erreurs. Ils sont fermés et inflexibles dans leurs convictions et ils se mettent facilement en colère quand les autres ne font pas ce qu'ils «devraient» faire. Passés maîtres dans l'art de la dépendance affective, ils donnent d'eux-mêmes jusqu'à l'épuisement complet. Ils vivent des relations intenses dans lesquelles ils se jettent tête baissée et dont ils ressortent aussi vite, se sentant amers et plus isolés que jamais. Impatients, ils veulent tout faire d'un seul coup, sans avoir à suivre toutes les étapes nécessaires.

Questions de vie

Santé

La plupart des 22/4 sont minces, forts et musclés; différents facteurs (des parents violents, une éducation déficiente ou une mauvaise nutrition) expliquent qu'ils fassent parfois de l'embonpoint. Ils peuvent avoir des accidents par la faute de leur impulsivité ou de leur distraction. Lorsqu'ils assument la seule responsabilité de leur vie au lieu de porter le sort du monde entier sur leurs épaules, leur santé est généralement très bonne. Tant qu'ils mènent une vie ordonnée et évitent le stress, ils ont une constitution des plus robustes.

Puisque leur vie est axée sur le service et l'altruisme, les 22/4 se paient rarement le luxe d'un excès de table ; pour la plupart, ils préfèrent la qualité à la quantité. La nourriture est comme un mal nécessaire entre deux tâches, deux étapes, et les repas sont souvent pris sur le pouce.

Presque tous les 22/4 aiment les exercices et les mouvements faits pour développer la flexibilité, la relaxation et la fluidité : la danse, l'aérobique avec étirements, le yoga, l'aïkido, le taï chi et les autres arts martiaux. Mieux que l'haltérophilie, par exemple, ces pratiques qui mettent l'accent sur le perfectionnement progressif des habiletés et sur les concessions mutuelles entre partenaires, contribuent à équilibrer un corps qui est déjà fort et un tempérament trop souvent inflexible.

Relations

Fondation de toutes les relations qui suivront, la relation parents-enfants est d'une importance primordiale sur ce chemin de vie. Tous les 22/4 ont une énergie de fondation ; leur vie familiale durant l'enfance représente la base sur laquelle ils construisent. Puisque notre but de vie principal soulève des questions qu'il nous faut résoudre, la plupart des 22/4 ont des choses à tirer au clair avec l'un ou l'autre de leurs parents ou de leurs frères et sœurs. Dans la plupart des relations parents-enfants, il y a de ces questions trop longtemps laissées en suspens, mais il est particulièrement important que les 22/4 (et tous les 4) les règlent une fois pour toutes. Je ne dis pas qu'il leur faut chercher à tout prix à obtenir l'assentiment de leurs parents mais ils doivent à tout le moins leur parler, échanger des idées, quitte à ne pas toujours être d'accord ; il faut qu'ils soient sincères et qu'ils cessent d'éviter les sujets de ressentiment ou même de nier qu'il y en ait. La plupart des 22/4 apprennent beaucoup de leurs relations avec leurs propres enfants ou avec d'autres dont ils auraient la garde ou la charge.

La plupart des 22/4 ont tendance à prendre soin des autres d'une façon purement pratique : ils prennent leur rôle de parents et de protecteurs très au sérieux mais ce ne sont pas de grands sentimentaux ; ils préfèrent les gestes concrets à la substance émotive. Si par exemple leur enfant se blesse, ils n'en feront pas tout un plat mais ils soigneront la plaie, la laveront et la panseront efficacement.

En amour, ils sont pratiques, directs, confiants et francs ; pour contrebalancer ces qualités ils doivent prendre le temps de ralentir, relaxer, respirer, sentir, et en général s'efforcer d'amener plus d'empathie et de sensibilité dans leurs relations amoureuses. Surtout dans ce domaine, ils doivent se concentrer sur ce qu'ils ressentent vraiment et non pas sur ce qu'ils pensent ou sur ce qu'ils « doivent » faire.

Dans le positif, la plupart font des efforts extraordinaires pour aider ceux qu'ils aiment. Mais lorsque les aspects négatifs et réactionnels de leur force sont activés, ils se mettent à considérer leurs relations en fonction des « devoirs » de chacun, et alors ils se montrent intraitables. Parce qu'ils ont un tempérament changeant, qui passe de la passivité à la résistance, ce n'est pas tous les jours qu'ils sont prêts à faire des compromis ou à écouter ce que les autres ont à dire.

Dans le positif, en revanche, leur loyauté et leur intelligence intrinsèques récompensent les efforts de leurs partenaires. La relation est moins pleine d'embûches lorsque leur partenaire est une personne facile à vivre qui n'a pas elle-même de problème de contrôle.

Leur sexualité est axée sur le vital, le terre-à-terre et le fonctionnel ; l'amour est souvent violent, rarement romantique, lent et sensuel. De plus, certains 22/4 qui ont été maltraités, soit sexuellement, verbalement ou physiquement, devront avoir résolu ces problèmes pour que leur vie sexuelle puisse s'épanouir.

Talents, travail et situation financière

Leur force, leur persévérance, leur sens commun et leur force morale peuvent les conduire à destination à condition qu'ils soient prêts à passer par toutes les étapes. Ils éprouvent une grande satisfaction lorsqu'ils mettent leurs talents au service des autres, que ce soit dans leur famille ou dans l'enseignement, en tant que conseillers ou dans les affaires. Leurs talents d'organisateurs et leur esprit analytique les aident à exceller dans d'autres domaines. Parce qu'ils aiment savoir ce qu'on attend d'eux, ils sont habituellement attirés par les tâches pratiques, aux limites bien définies, dont on peut aisément mesurer le succès.

La façon dont ils abordent le travail et la vie en général est souvent déterminée durant l'enfance. Plusieurs 22/4 qui ont sur-coopéré lorsqu'ils étaient petits, faisant toujours tout ce que les autres leur demandaient de faire, développeront en vieillissant des qualités de franc-tireur; comme Frank Sinatra, ils feront les choses *«their way»*, à leur manière.

Le besoin de sécurité se traduit ici par la recherche de la stabilité financière; ils y arrivent grâce à leur énergie et à leur travail soutenu. Tant qu'ils avancent vers leur but d'étape en étape et tant qu'ils n'oublient pas d'apprécier le trajet lui-même, ils prospèrent.

Quelques 22/4 célèbres

Woody Allen	James Michener
P. T. Barnum	Luciano Pavarotti
Annie Besant	Jean-Paul 1er
Lenny Bruce	John D. Rockefeller III
Samuel Clemens (Mark Twain)	J. D. Salinger
Alistair Cooke	Frank Sinatra
Clint Eastwood	Margaret Thatcher

Votre destinée est entre vos mains

Si vous travaillez le 22/4, cette section peut vous aider à manifester votre but de vie en attirant votre attention sur les questions les plus importantes et en vous suggérant des actions précises capables de changer votre vie.

Conseils et recommandations

❖ Devenez votre propre ami en incorporant vos parties conflictuelles.

❖ Restez ouvert aux remarques de vos amis; donnez-vous trop?

❖ Demeurez flexible en corps et en esprit – pliez mais ne cassez pas.

❖ Structurez votre vie et marchez en appréciant chacun de vos pas.

Questions utiles

1. Réfléchissez aux questions suivantes:

    ❖ Lorsque je prends une décision, est-ce que je me base sur mes besoins et valeurs authentiques ou sur ce que je suis « supposé » faire?

    ❖ Suis-je content de ce que je fais pour les autres?

    ❖ Quelle est la prochaine étape vers mon but?

    ❖ À qui dois-je pardonner et à qui dois-je demander pardon?

2. Si ces questions ont trouvé quelques réponses en vous, comment pourriez-vous mettre ces réponses en pratique dans votre vie?

Pour une meilleure compréhension

1. Relisez dans la deuxième partie les chapitres consacrés aux chiffres qui composent votre nombre de naissance : 2 (p. 74), et 4 (p. 93).

2. Vous pouvez de la même façon vous familiariser avec le nombre de naissance d'un parent ou d'un ami et discuter avec lui, s'il le veut bien, de ce que vous avez en commun et de ce qui vous distingue.

Lois spirituelles : leviers pour changer votre vie

1. Dans la quatrième partie, lisez le texte de chacune des lois spirituelles suivantes :

   ❖ **Loi de la Méthode** (p. 485) : Pour être sûr d'atteindre nos buts, il faut procéder par petites étapes.

   ❖ **Loi de la Responsabilité** (p. 471) : Pour être à même de se soutenir mutuellement, il faut savoir quand dire oui et comment dire non.

   ❖ **Loi des Comportements** (p. 489) : Nos comportements ont tendance à se renforcer jusqu'à devenir des habitudes, à moins que nous n'utilisions de puissants leviers pour les changer.

   ❖ **Loi de l'Honnêteté** (p. 525) : Pour être honnête envers les autres, il faut d'abord être honnête envers soi-même.

   ❖ **Loi de l'Équilibre** (p. 478) : Pour vaincre notre tendance à passer d'un extrême à l'autre, nous réalisons l'équilibre des deux extrêmes.

2. Faites les exercices prescrits pour chacune de ces lois.

3. Pensez aux occasions de mettre ces lois en application dans votre vie.

31/4 et 13/4

4: Stabilité et méthode
1: Créativité et confiance
3: Expression et sensibilité

Comprendre le but de vie

Ceux qui se trouvent sur les chemins 31/4 et 13/4 y sont pour résoudre des questions touchant à la stabilité, à la créativité et à l'expressivité, pour apprendre à canaliser leur énergie dans des voies constructives et pour atteindre leurs buts en suivant un cheminement méthodique. Puisque notre but de vie n'est jamais chose facile, les 31/4 devront vaincre le doute de soi et l'insécurité, puis acquérir la confiance suffisante pour suivre jusqu'au bout la route longue et parfois tortueuse qui mène à leurs buts. En attendant, ils fonctionnent à l'espoir, avancent par à-coups enthousiastes mais illusoires. Puisque les 31/4 et les 13/4 sont ici pour plonger leurs racines et pour solidifier leurs fondations, ils ont souvent à combattre une tendance à l'instabilité et à l'inconstance qui va à l'encontre de leur but de vie.

Pour compenser leur insécurité, plusieurs 31/4 développent une personnalité extrêmement ambitieuse, quasiment égotiste. Ces 31/4 à l'ego hypertrophié ressentent continuellement le besoin de prouver leur propre valeur; et s'ils s'efforcent de faire sentir leur supériorité sur les autres, c'est parce qu'à l'intérieur, ils ont peur de leur être inférieurs.

C'est la synergie et l'équilibre des énergies de fondation, de création et d'expression qui donnent aux 31/4 et aux 13/4 ce mélange unique de force, sensibilité et créativité. Qu'on ajoute à cela un grand besoin de sécurité et de fortes ambitions et on obtient des possibilités de réussite nombreuses et variées.

Lorsque ces qualités, besoins et pulsions fonctionnent en harmonie, les 31/4 et les 13/4 peuvent s'élever au niveau de leurs plus nobles aspirations. Mais lorsque ces mêmes qualités et besoins luttent les uns contre les autres, ou se manifestent de façon négative, la frustration et l'échec obscurcissent leur ciel.

Il faut de la persévérance et un grand effort de volonté pour suivre jusqu'au bout un cheminement méthodique et graduel mais c'est pour les 31/4 et les 13/4 la seule façon de manifester leur plus haute créativité et leur plus grande expression. Qu'ils s'appuient sur la famille, la maison, la terre, l'éducation ou le travail, cette fondation est l'endroit à partir duquel leur vie peut commencer à se déployer dans le monde. Un « chez-soi » où ils se sentent en sécurité et un environnement sain, stable et ordonné décuplent la « force de frappe » de ces individus. Les accès d'inspiration et les élans d'énergie ne peuvent pas remplacer l'assiduité au travail sur une longue période de temps. À la fin, l'édifice de leur vie reposera sur les préparations qu'ils auront faites et sur la méthode qu'ils auront suivie.

L'ordre et l'influence relative des nombres 1 et 3 sont les seules véritables différences entre les chemins de vie 31/4 et 13/4. Chez les 31/4, l'énergie créatrice a une plus grande influence que l'énergie d'expression ; chez les 13/4, les questions d'expression prédominent. Les pulsions créatrices, le désir de vaincre et la personnalité aimable et sociable des 31/4 voilent leur insécurité. Ce sont des êtres extrêmement combatifs ; motivés par la peur de ne pas être à la hauteur, par leur propre sentiment d'infériorité, ils ressentent sans cesse le besoin de prouver leur valeur. Chez les 13/4, plus que l'insécurité, c'est le doute de soi, le sentiment de leur insuffisance, qui surgit de temps à autre comme des nuages menaçants apparaissent parfois soudainement dans un ciel bleu d'azur.

Mises à part ces petites nuances, les 31/4 et les 13/4 ont des tendances et besoins pratiquement identiques. Tous deux ont de fortes pulsions d'expression créatrice. Ils ont les mêmes forces, les mêmes ambitions et le même désir de s'élever dans l'échelle sociale. Sous l'apparence changeante des ombres jumelles insécurité/doute de soi, les 31/4 et les 13/4 sont confrontés à de nombreuses difficultés qu'ils devront surmonter en route vers la réussite et la manifestation de leur force. L'idée maîtresse des 31/4 et des 13/4 devrait être que le succès – du moins en ce qui concerne leur but de vie – ne se trouve pas tant dans le produit obtenu comme dans le procédé de fabrication.

Plusieurs 31/4 et 13/4 ont eu une enfance difficile; certains ont été maltraités physiquement par l'un ou l'autre de leurs parents; certains, dont les parents étaient militaires, ont vécu de nombreux déménagements et n'ont jamais connu de vie familiale stable. Ces 31/4 et 13/4 ne pourront établir leur vie sur des fondations solides qu'après avoir surmonté ces obstacles qui remontent à l'enfance. Même s'ils viennent de familles relativement stables, les 31/4 et les 13/4 doivent effacer toute trace d'animosité, de ressentiment ou de mésentente afin de recréer un climat de stabilité. Ils doivent avoir exprimé toutes leurs émotions, y compris la colère et le ressentiment, avant de pouvoir exprimer leur amour. Il n'est pas nécessaire qu'ils soient d'accord avec leurs parents, mais il faut mettre cartes sur table, régler toutes les vieilles querelles et ce même si les parents sont décédés. Ils auront également beaucoup à apprendre de leurs propres enfants ou de ceux des autres.

Parce qu'ils ont tendance à connaître davantage la division que l'intégration, ils doivent absolument apprendre à fondre ensemble l'intuition émotionnelle et la clarté d'esprit. Lorsqu'ils ont une décision à prendre, ils peuvent se demander: «Qu'est-ce que mon Moi le plus calme, le plus averti, le plus réfléchi, ferait maintenant?» S'ils se fient à leurs instincts, ils peuvent éviter la confusion; sinon, ils ont tendance à pousser l'analyse jusqu'à l'extrême. Lorsqu'ils connaîtront la clarté, ils pourront l'enseigner aux autres.

Pour les 31/4 et les 13/4 comme pour d'autres 4, le principal défi consiste à suivre un cheminement méthodique d'étape en étape; ils doivent se rappeler que la tâche la plus difficile devient aisée lorsqu'on la divise en petites étapes. Puisque le but de vie des 31/4 et des 13/4 n'est pas ce pour quoi ils ont le plus de facilité, une partie d'eux-mêmes déteste tout ce qui demande du temps et de la méthode. Combinant l'impatience inhérente au 4 avec l'inspiration créatrice du 1, ils aiment les choses qui se font toutes seules, comme par magie. D'un autre côté, sous l'influence du 3 (doute de soi), ils peuvent se mettre à ralentir, se lancer dans des préparatifs à n'en plus finir ou rester coincés sur une étape en particulier.

Ceux parmi les 31/4 et les 13/4 qui ont fait l'expérience d'un processus d'apprentissage structuré, comme les athlètes ou les musiciens, et qui ont donc été forcés de développer leurs habiletés dans le cadre d'un programme donné – ceux-là sont très en avance sur les autres parce qu'ils disposent d'un modèle qu'ils peuvent appliquer à tout ce qu'ils font.

Lorsque les 31/4 et les 13/4 se sont dotés d'un environnement stable, qu'ils ont surmonté le doute ou l'insécurité et qu'ils ont acquis la patience de procéder par étapes, ce n'est plus qu'une question de temps avant qu'ils n'atteignent tous leurs buts.

Travailler le 31/4 ou le 13/4 dans le positif

Ces individus ont acquis de solides assises financières ainsi qu'une bonne base familiale composée de parents, amis et associés. Ils prennent leurs décisions en fusionnant la tête (l'analyse) et le cœur (l'intuition), et ils ont appris à faire confiance à l'avenir, à leur propre évolution. Ce sont des hommes d'affaires accomplis ; ils développent, tout en poursuivant leurs buts, des habiletés qui leur serviront plus tard dans la poursuite de nouveaux buts. Équilibrés, dignes de confiance, ils ont en eux ce mélange de force, de flexibilité, de sensibilité et de créativité qui est comme une source où les autres peuvent aller chercher un encouragement ou une aide concrète.

Travailler le 31/4 ou le 13/4 dans le négatif

Même s'ils ont un toit au-dessus de leur tête, il manque à ces individus un sentiment de stabilité intérieure ; on dirait toujours qu'ils vivent dans leurs valises. Peu enclins à s'engager formellement, incapables du moindre suivi, ils ne savent jamais combien de temps ils resteront au même endroit, au même boulot, avec la même personne. Ambitieux mais beaucoup trop impatients, ils posent le pied en plusieurs endroits mais ne laissent jamais pousser leurs racines. La confusion sous-tend leur défaut d'engagement: n'étant pas sûrs de savoir ce qu'ils « devraient » faire, pensant une chose mais ressentant autre chose, ils ne savent tout simplement pas ce qu'ils veulent. Cette séparation de l'esprit et de l'émotion conduit à des décisions impulsives suivies de regrets obsédants. Ils connaissent plus de départs et d'arrêts que d'arrivées. Irréalistes, ils voudraient réussir sans avoir à suivre le chemin qui mène à la réussite. Leur ostentation de bravoure et leurs airs supérieurs masquent un sentiment d'insécurité et le doute de soi.

Questions de vie

Santé

La force des 31/4 et des 13/4, qu'amplifie leur énergie créatrice, se traduit au plan physique par un charme robuste, un peu fruste, et par une bonne résistance aux maladies de tous les jours. Morphologiquement, ils sont soit athlétiques soit corpulents, tout dépend de la génétique et des habitudes de vie; mais dans les deux cas, ils sont forts physiquement. Les « points de fondation » que sont les chevilles, les genoux, les hanches et les cuisses sont fragiles.

Les résistances psychiques ou le stress peuvent causer une constipation tant physique qu'énergétique et compromettre le système immunitaire. Les différentes formes de méditation et de relaxation ainsi que les arts martiaux, comme l'aïkido ou le taï chi, qui favorisent la liberté de mouvement et la souplesse, peuvent leur être utiles – comme tout ce qui peut leur apprendre à fusionner, à se laisser porter par les flots et à accepter au lieu de résister. Différentes formes d'entraînement physique, comme la danse ou les arts martiaux, sont particulièrement indiquées parce que, d'une part, elles aident à transformer en une puissance dynamique et souple ce qui n'est au départ que force et rigidité; et, d'autre part, parce qu'elles donneront aux 31/4 et aux 13/4 un bon exemple de ce qu'il faut faire pour suivre une méthode de perfectionnement sur une longue période de temps. Ces individus adorent l'exercice physique et ils affectionnent particulièrement les sports d'équipe.

Étant donné la diversité des énergies en présence (3, 1 et 4), ces individus n'ont pas de tendance diététique prévisible. Cependant, un régime alimentaire équilibré, à faible teneur en gras, constitue une bonne base. S'ils ont tendance à faire de l'embonpoint, ils réussiront à maigrir dans la mesure où ils voudront bien s'acheminer graduellement vers un mode de vie qui fait moins de place aux gras et plus de place à l'exercice. Les efforts héroïques, par secousses, ne donneront au mieux que des résultats temporaires. Le succès dans ce domaine comme dans tous les autres repose sur une approche patiente et persévérante.

Relations

Les 31/4 et les 13/4 sont des êtres sociables, grégaires, qui aiment la vie de famille et qui ont d'ordinaire beaucoup d'amis et d'admirateurs. Cependant cette confiance en soi apparente cache une insécurité qu'ils feraient mieux de reconnaître s'ils veulent s'élever à un autre niveau d'authenticité. Dans la vulnérabilité, ils peuvent trouver une force nouvelle. Puisque les tendances du 4 les poussent naturellement vers l'aveuglement et la dénégation, on peut dire que la confession est, en effet, bonne pour l'âme des 31/4 et des 13/4. En confessant leur sensibilité et leur insécurité, ils découvrent qu'ils ont moins de choses à cacher, moins de choses à prouver et moins de gens à impressionner ; et ils font l'expérience d'un sentiment de solidité intérieure qu'ils ne connaissaient pas.

La plupart des 31/4 et des 13/4 font partie de ce que l'on appelle « le sel de la terre » ; ce sont des gens au caractère constant sur qui l'on peut compter, ou bien ce sont des gens qui ont de la difficulté à se lier au plan affectif et qui ne peuvent rester en place très longtemps. Même lorsqu'ils disent « oui, je le veux », ils se réservent une porte de sortie. D'un côté ils veulent la sécurité et la stabilité plus que tout autre chose mais de l'autre ils résistent pour la simple raison que notre but de vie n'est jamais chose facile. Lorsqu'ils apprennent à considérer les relations comme un processus normal fait de hauts et de bas, une période d'apprentissage et de maturation qui demande le soutien mutuel des deux parties, alors ils voient dans leur couple et dans toutes leurs relations une forme d'entraînement spirituel au lieu d'y voir « toujours la même vieille rengaine ».

Avant de pouvoir s'épanouir sexuellement, ils doivent résoudre les questions qui ne sont pas d'ordre sexuel : le doute de soi, l'insécurité et le défaut d'engagement. Le souvenir des mauvais traitements subis dans le passé (ou encore la résistance inconsciente dont ils font preuve dans le présent ainsi que la tension physique qui en résulte) peuvent faire obstacle à la pleine expression de leur sexualité. Dans le positif, toutefois, ce sont des amants pleins de vie et fort créatifs.

Talents, travail et situation financière

Dotés d'un large éventail d'énergies créatrices et expressives et d'une grande capacité analytique, les 31/4 et les 13/4 peuvent réussir dans toutes sortes de carrières. Ce sont souvent, mais pas toujours, des hommes et des femmes d'affaires, des conseillers financiers dans le domaine des valeurs mobilières ou de l'immobilier. Cependant ils excellent également dans des domaines aussi variés que le *coaching*, les services aux familles, l'architecture ou l'ingénierie ainsi que dans toute forme de communication créatrice qui aide les autres. Dans le positif, la créativité pratique, cultivée durant de longues années, est ce qui leur apportera la sécurité tant désirée. S'ils sont patients et minutieux, chaque étape mène à l'étape suivante. Mais ils doivent se rappeler que les « succès instantanés » peuvent prendre des années – et plusieurs petites étapes – avant d'arriver.

Quelques 31/4 et 13/4 célèbres

31/4

Nat King Cole	Grandma Moses
Marie Curie	Dolly Parton
Sigmund Freud	Will Rogers
Robert Frost	Babe Ruth
Hugh Hefner	Carl Sandburg
Henri Matisse	Arnold Schwarzenegger
Paul McCartney	Oprah Winfrey

13/4

Aucun 13/4 célèbre n'apparaît sur nos listes. C'est qu'ils sont encore relativement peu nombreux: dans ce siècle, seules les personnes nées le premier janvier 1901 et le premier janvier 1910 ont ce nombre de naissance.

Votre destinée est entre vos mains

Si vous travaillez le 31/4 ou le 13/4, cette section peut vous aider à manifester votre but de vie en attirant votre attention sur les questions les plus importantes et en vous suggérant des actions précises capables de changer votre vie.

Conseils et recommandations

❖ Par-dessus tout, restez humble et bon.

❖ Pour que vos capacités créatrices se développent dans toutes leurs possibilités, cultivez vos talents petit à petit, d'étape en étape.

❖ Exercez votre corps, votre esprit et vos émotions.

❖ Balancez votre esprit analytique par votre intuition créatrice.

Questions utiles

1. Réfléchissez aux questions suivantes :

   ❖ Ai-je tendance à laisser le doute ou l'insécurité m'arrêter ?

   ❖ Ai-je l'habitude de suivre un cheminement méthodique, d'étape en étape, pour atteindre mes buts ?

   ❖ Ai-je exploré toute l'étendue de mes capacités créatrices ?

   ❖ Ai-je résolu tous les problèmes qui remontent à mon enfance ?

2. Si ces questions ont trouvé quelques réponses en vous, comment pourriez-vous mettre ces réponses en pratique dans votre vie ?

Pour une meilleure compréhension

1. Relisez dans la deuxième partie les chapitres consacrés aux chiffres qui composent votre nombre de naissance : 1 (p. 64), 3 (p. 83), et 4 (p. 93).

2. Vous pouvez de la même façon vous familiariser avec le nombre de naissance d'un parent ou d'un ami et discuter avec lui, s'il le veut bien, de ce que vous avez en commun et de ce qui vous distingue.

Lois spirituelles : leviers pour changer votre vie

1. Dans la quatrième partie, lisez le texte de chacune des lois spirituelles suivantes :

   ❖ **Loi de la Méthode** (p. 485) : La meilleure façon d'atteindre un but est de procéder par petites étapes.

   ❖ **Loi des Comportements** (p. 489) : Nos comportements ont tendance à se renforcer jusqu'à devenir des habitudes, à moins que nous n'utilisions de puissants leviers pour les changer.

❖ **Loi des Choix** (p. 461) : Nous pouvons choisir de manifester notre énergie créatrice de façon positive ou négative.

❖ **Loi de la Flexibilité** (p. 456) : En demeurant flexible, nous pouvons tirer le meilleur parti possible de nos difficultés et des circonstances changeantes.

❖ **Loi des Cycles** (p. 549) : La vie est un cycle immuable dans lequel des occasions se présentent, disparaissent et réapparaissent comme les saisons.

2. Faites les exercices prescrits pour chacune de ces lois.

3. Pensez aux occasions de mettre ces lois en application dans votre vie.

5 : *LIBERTÉ ET DISCIPLINE*

Lorsqu'on perd le contrôle de soi,
on perd sa liberté.

MARIA EBNER VON ESCHENBACH

Cette section comprend tous les nombres de naissance ayant le 5 (p. 105) comme but de vie principal : 14/5, 41/5, 23/5 et 32/5. Bien que tous ces nombres de naissance reflètent puissamment l'énergie du 5, l'interaction et l'influence des autres nombres – et des qualités, questions et caractéristiques qui leur sont rattachées – confèrent à chacun sa saveur unique.

32/5 et 23/5

5 : Liberté et discipline
2 : Coopération et équilibre
3 : Expression et sensibilité

Comprendre le but de vie

Ceux qui se trouvent sur les chemins 32/5 et 23/5 y sont pour résou-
dre des questions touchant à l'indépendance, à l'honnêteté émotionnelle et
à la coopération ; et pour connaître enfin la liberté par le moyen de la
discipline et de la profondeur d'expérience. Puisque notre chemin de
vie comporte toujours des obstacles spécifiques à surmonter, c'est
du côté de l'indépendance, de la responsabilité et de l'expression
des émotions que les 32/5 et les 23/5 auront le plus de difficultés
pratiques, le plus de tendances à équilibrer et le plus de conflits
intérieurs à régler.

Les individus travaillant le 32/5 et le 23/5 sont presque identiques en ce qui concerne les énergies fondamentales de leurs
nombres de naissance, l'ordre inversé dans lequel apparaissent
les nombres 2 et 3 étant la seule véritable différence. La plupart
des 23/5 mûrissent sur le tard ; sous l'influence prédominante du
3 (sensibilité et doute de soi), il leur faudra plus de temps avant
d'avoir pleinement confiance en eux-mêmes ; leurs peurs seront
plus fortes que celles des 32/5 et leur besoin d'expression sera
aussi plus pressant.

Les questions auxquelles seront confrontés les 32/5 ont plus
rapport avec la coopération ; quand ils se donnent à quelqu'un, ils
le font totalement ; changeants comme des caméléons, ils vont
jusqu'à renoncer à leur propre identité, préférant s'adapter aux
valeurs, intérêts et désirs de l'autre. Puis, à un moment donné,
dans la mesure où ils ont jusque-là négligé leurs propres besoins,

ils se replient sur eux-mêmes au point de vue affectif et sombrent dans le ressentiment.

Cela ne signifie pas que les 32/5 ne doutent jamais d'eux-mêmes ni que les 23/5 n'ont jamais tendance à surcoopérer, mais le degré d'influence du 3 et du 2 change selon leur position dans le nombre de naissance.

Tous deux, 32/5 comme 23/5, sont nés pour faire l'expérience de la vraie liberté. L'expression «vraie liberté» suggère qu'il en existe de fausses – par exemple, la complaisance envers soi-même, l'irresponsabilité ou la licence. C'est d'une fausse liberté dont il s'agit lorsqu'un 32/5 ou un 23/5 insiste pour faire tout ce qui lui plaît et quand ça lui plaît. Seuls les 32/5 et les 23/5 qui n'ont pas évolué dans le sens d'une expression plus positive du 5 recherchent une telle «liberté».

La liberté que la plupart des 32/5 et des 23/5 recherchent est d'abord celle de connaître et d'expérimenter; cette liberté en implique une autre, c'est la liberté de mouvement qui peut s'exercer à tous les points de vue: physique, mental, affectif, social, sexuel et pécuniaire. Ceux qui travaillent le 32/5 et le 23/5 ont l'habitude d'envisager toutes les possibilités et ils trouvent l'aventure là où elle se trouve, que ce soit dans la vraie vie, dans les livres ou dans les films.

Quelquefois le besoin d'expérimenter est si intense que les 32/5 et les 23/5 ont peur de rater ne serait-ce qu'une seule occasion; aussi ont-ils tendance à disperser leurs énergies, menant plusieurs affaires de front et finissant par s'épuiser. Plusieurs 32/5, en particulier, brûlent la chandelle par les deux bouts. Les 23/5 ont tendance à manquer de confiance en soi, du moins au début, tandis que les 32/5 ont vite fait de dépasser leurs limites; mais les deux apprennent vite, sont très intelligents, ont de nombreux talents et finissent par avoir une grande expérience du monde.

Il arrive que les 32/5 et les 23/5 se concentrent d'une manière si exclusive sur ce qu'ils sont en train de faire qu'ils en oublient leur but ultime. Comme tous les 5, ils ont besoin de discipline, de concentration et d'un sens des priorités pour se libérer vraiment. La liberté ultime est *intérieure*: c'est la liberté d'être soi-même, libre de tout doute, libre de toute crainte. Les 23/5 et les 32/5 ne peuvent accomplir leur destinée dans le monde extérieur qu'à la condition d'avoir d'abord réalisé ce sentiment d'affranchissement intérieur. Mais les expériences peuvent contribuer à la liberté intérieure. Puisque l'univers entier est un reflet de notre psyché, chaque fois que les 32/5 et les 23/5 rencontrent un obstacle dans le monde extérieur, c'est à leurs propres problèmes concernant la coopération et le doute de soi qu'ils s'attaquent. Leurs aventures, grandes et petites, servent à éprouver leurs limites, à prendre des risques émotifs et à explorer tout le domaine de leurs possibilités.

L'énergie du 2, qui tend parfois à la surcoopération, combinée aux énergies à tendances dramatisantes du 3 et du 5, peuvent engendrer ce que l'on pourrait appeler le « complexe du martyr ». Ces individus veulent sauver des vies, sauver le monde, combattre pour la liberté. Plus les moyens sont spectaculaires, mieux c'est. Écrire une lettre à leur député, ça ne leur suffit pas. Ils préfèrent le drame, à la télévision comme dans la vraie vie.

Puisque les 32/5 et les 23/5 sont des gens qui apprennent vite, ils se lassent aussi très vite. Ils considèrent l'ennui comme un ennemi personnel. Lorsqu'ils sentent venir la routine, ils n'hésitent pas à provoquer un petit drame dans leur vie. La liberté à laquelle ils aspirent suppose une sorte d'illumination et de libération spirituelle – c'est un élargissement du champ de leur conscience jusqu'au point où l'univers entier devient leur terrain de jeu. À ce stade, ils ne considèrent plus leur corps comme une prison ; en effet, parce qu'ils auront cultivé leur imagination visuelle et leurs dons naturels de clairvoyance (voir-clair), ils pourront « voyager » bien au-delà des limites de leur corps.

La plupart des 5 ont une expérience du monde extrêmement variée. Ils ont des connaissances en plusieurs domaines mais celles-ci sont forcément superficielles. Grâce à la discipline et à la concentration, les 32/5 et les 23/5 pénètrent dans les profondeurs de l'expérience ; alors ils peuvent explorer un seul domaine mais l'explorer si profondément qu'ils y découvrent les lois cachées qui régissent tous les aspects de la vie ; ce faisant, ils approfondissent aussi leur propre sentiment de liberté. Sans une telle discipline, ils effleurent les choses sans les approfondir, ils s'éparpillent en tentant de tout faire en même temps. En concentrant leurs énergies et leur attention sur des objectifs donnés pour prioritaires, ils entrent plus profondément dans l'expérience de la liberté.

Comme les 2, qui passent de la sous-coopération à la sur-coopération, les 32/5 et les 23/5 sont portés aux extrêmes de la dépendance et de l'indépendance. Tôt ou tard, il faut qu'ils réalisent un juste équilibre, et ils ne peuvent y parvenir qu'en se permettant d'explorer les deux extrêmes; par exemple, ils sauront mieux ce qu'est l'indépendance s'ils examinent à fond leur propre tendance à la dépendance. Il se peut qu'ils soient devenus dépendants des autres à la suite d'un accident, par exemple, d'une maladie ou d'un revers de fortune; il se peut aussi qu'ils se soient eux-mêmes placés en situation de dépendance à cause de leur insécurité, parce qu'ils se croyaient incapables de voler de leurs propres ailes. Leur défi consiste à utiliser ces expériences pour rétablir l'équilibre: moitié indépendance, moitié *inter*dépendance (c'est-à-dire pouvoir donner et recevoir).

Lorsqu'ils sont insécurisés, les 32/5 et les 23/5 ont tendance à se cacher derrière leurs rôles dans la société. Ils doivent se rappeler qu'ils sont beaucoup plus que de simples rôles. Leur adresse à bluffer, à jouer la comédie, leur permet de manipuler les autres, consciemment ou pas, en utilisant des émotions comme la colère, par exemple, pour arriver à leurs fins.

Qu'ils passent leurs week-ends à chasser l'éléphant ou à regarder la télévision, à faire des sauts en parachute ou à s'occuper des enfants, les 32/5 et les 23/5 ont un désir de vivre peu commun; leur vision du monde est proche de celle des hommes de la Renaissance. Même si ce côté aventurier, ou chercheur de liberté, ne s'est pas encore manifesté au moment où ils liront ces lignes, tous les 32/5 et 23/5, lorsqu'ils ont pleinement confiance en eux-mêmes, peuvent se développer dans toutes leurs possibilités et découvrir la profondeur, le domaine illimité de la liberté intérieure.

Travailler le 32/5 ou le 23/5 dans le positif

Ces individus se sentent libres intérieurement, débarrassés des croyances et des peurs qui limitaient leur liberté, et ils sont prêts à prendre des risques sur le plan affectif. «Aventuriers de la vie quotidienne», ils peuvent choisir ou non de descendre des rapides en canot ou de sauter en parachute, mais ils ont développé la discipline et la capacité de fouiller profondément dans leur vie, jusqu'au cœur de leur expérience, plutôt que d'en effleurer la surface. Passionnés et aventureux, comme Zorba le Grec, ils prêchent par l'exemple et l'excitation qu'ils suscitent autour d'eux. Ils voient et décrivent la vie d'une manière toute nouvelle. Ils ont développé de bonnes habitudes et apprécient la variété à l'intérieur d'une routine quotidienne. Intelligents, vifs et drôles, ils font quelque chose d'extraordinaire avec l'ordinaire de la vie.

Travailler le 32/5 ou le 23/5 dans le négatif

Ces individus inquiets, peu sûrs de leurs moyens, manipulent et contrôlent les autres, habituellement en se mettant en colère ou en se repliant sur eux-mêmes. Ou bien ils essaient trop fort de faire plaisir aux autres qu'ils blâment ensuite pour leurs propres déséquilibres. Sans le vouloir ils se créent des situations de dépendance envers une personne ou une chose, par exemple la drogue ou l'argent. Ils abandonnent leur liberté ou limitent leurs expériences parce qu'ils ont peur et parce qu'ils doutent d'eux-mêmes. Éparpillés, vite lassés, ce sont des arnaqueurs émotionnels. Ils ne connaissent pas leurs limites, alors ils jouent différents rôles ou font l'expérience de plusieurs Moi différents à travers la télévision et les livres. Assoiffés de drames de toute sorte, ils restent à la merci de leur quête incessante d'expériences variées.

Questions de vie

Santé

Les 32/5 et les 23/5 ont un corps sensible, en général mince et musclé, car leur métabolisme, reflet de leur rythme de vie, est rapide. Même ceux qui accusent une certaine rondeur ne ralentissent pas pour autant. À cause de leur sensibilité, il se peut qu'ils se servent du gras ou des muscles comme d'une sorte de couche protectrice psychique. La région de la gorge souffre parfois d'expression refoulée; plus fréquemment, les 32/5 et les 23/5 doivent prendre garde de ne pas trop taxer leur adrénaline et leur système nerveux, car ils ont tendance à s'éparpiller, à se stresser et à se fatiguer. S'ils font preuve d'indiscipline en matière d'alimentation ou de forme physique, le système circulatoire pourrait en souffrir. De plus, des accidents peuvent survenir s'ils tentent de dépasser les limites de leur résistance physique ou celles de leurs habiletés.

S'ils considèrent la drogue comme une autre forme d'« aventure », ils apprendront tôt ou tard, à la suite de dures leçons, que la drogue ne peut que les asservir. Un régime équilibré, à faible teneur en gras, ainsi qu'un entraînement régulier, sont des disciplines très importantes pour les 32/5 et les 23/5. Les exercices doivent être variés et agréables. La course en montagne, les exercices effectués en musique, la danse, les arts martiaux et la marche sont tous excellents.

Relations

Ceux qui cheminent seuls dans la vie, sans responsabilité aucune envers un conjoint, un partenaire ou des enfants, semblent connaître une certaine liberté puisqu'ils n'ont pas à répondre de leurs gestes et qu'ils ont peu de compromis à faire. Mais l'on ne trouve pas nécessairement la liberté dans l'isolement. L'influence du 2 signifie que les 32/5 et les 23/5 auront à résoudre des questions touchant à la coopération avec soi-même et avec les autres. Les relations personnelles leur poseront de telles questions.

À cause des défis naturels que représentent pour eux la liberté et l'indépendance, il se peut que les 32/5 et les 23/5 projettent leur manque de liberté intérieure sur leur partenaire, leur conjoint, leurs enfants: «Ils m'empêchent d'être libre! Elle ne me laisse pas sortir et faire ce que je veux.» De fait, quelques 32/5 et 23/5 choisissent, ou attirent dans leur vie, des personnes qui restreignent leur liberté ou dont ils deviennent dépendants, et qu'ils blâment ensuite pour tous leurs maux. En y regardant de plus près, les 32/5 et les 23/5 conviendront qu'ils limitent eux-mêmes leur liberté. Une fois qu'ils ont pris la responsabilité de leur propre vie, qu'ils ont compris qu'ils pouvaient être les directeurs ou les scénaristes de leur propre film, ils cessent de blâmer les autres ; et ils trouvent plus de liberté dans la coopération qu'ils n'en trouveraient dans l'isolement ou dans la fuite.

Bien que leur corps et leur champ énergétique soient sensibles, les 32/5 et les 23/5 ont parfois du mal à dévoiler leurs émotions. Dans le cadre de leurs relations, ils doivent trouver le courage d'exprimer ce qu'ils ressentent.

Ils auront toujours besoin de variété et d'aventure ; s'ils se sont engagés dans une relation de couple, ils doivent d'abord avouer ce besoin puis trouver le moyen de le satisfaire avec leur partenaire. La survie de leur relation dépend de la façon dont ils veulent bien l'envisager : comme une prison ou comme une porte ouverte donnant sur une liberté et une expérience plus profondes.

Sexuellement, ils peuvent être très timides et très hésitants ou ils peuvent être très sensuels, aventuriers, passionnés – ou encore être tout cela à la fois. Ils aiment satisfaire leurs fantasmes en assumant divers rôles sexuels. Leurs relations et leurs jeux sexuels leur fournissent l'occasion de connaître une nouvelle forme de libération tout en accédant à un autre niveau d'authenticité et de vulnérabilité émotives.

Talents, travail et situation financière

Ces individus considèrent la variété comme le sel de la vie ; aussi, ils peuvent être intéressés par toute occupation qui leur permette de faire de nouvelles expériences et de mettre à profit leurs talents, comme l'enseignement, l'écriture, l'art dramatique, la musique, la politique, l'entraînement de pointe, le reportage juridique ou la vente. Avec tous leurs talents, ils peuvent faire à peu près tout ce qui leur tente.

Bien que la sécurité compte pour quelque chose, l'argent n'est pas une priorité. Qu'on leur donne le choix entre de l'argent en banque et une expérience, une chance d'approfondir leurs connaissances, et ils choisiront toujours l'expérience. Ils dépensent parfois leur argent avant même de l'avoir gagné. Ils aiment avoir une maison (préférablement avec un foyer) pour le sentiment de sécurité qu'elle peut leur donner, mais lorsqu'ils ont pris pleinement confiance en eux-mêmes, ils ont tendance à échanger la sécurité pour l'aventure. Dotés de la vivacité d'esprit commune à tous les 5, ils font de l'argent quand ils en ont besoin, et ils trouvent toujours le moyen d'échapper à leurs créanciers.

Quelques 32/5 et 23/5 célèbres

32/5

Karem Abdul-Jabbar	Rudolf Noureev
Lauren Bacall	Georgia O'Keefe
Irving Berlin	Theodore Roosevelt
Werner Erhardt	Bertrand Russell
Mick Jagger	Lily Tomlin
Helen Keller	Denzel Washington
Coretta Scott King	Malcolm X

23/5

Harry Belafonte	Abraham Lincoln
Marlon Brando	Isaac Newton
Johnny Carson	Linus Pauling
Walter Cronkite	Franklin D. Roosevelt
Charles Darwin	John Steinbeck
Benjamin Franklin	Vincent Van Gogh
Billie Jean King	Tennessee Williams

Votre destinée est entre vos mains

Si vous travaillez le 32/5 ou le 23/5, cette section peut vous aider à manifester votre but de vie en attirant votre attention sur les questions les plus importantes et en vous suggérant des actions précises capables de changer votre vie.

Conseils et recommandations

❖ Vous êtes plus que le rôle que vous jouez; estimez votre essence.

❖ N'oubliez pas: La discipline et la profondeur ouvrent les portes de la liberté.

❖ Ralentissez, prenez le temps de relaxer; et gardez la forme.

❖ Trouvez le courage d'être aussi ouvert et vulnérable que possible.

Questions utiles

1. Réfléchissez aux questions suivantes:

   ❖ Lorsque je me sens limité ou restreint, qu'est-ce qui pourrait me libérer?

   ❖ Ai-je trouvé l'équilibre entre l'indépendance et la dépendance?

   ❖ Quelle est ma capacité actuelle de discipline et de concentration?

   ❖ Ai-je l'habitude d'exprimer directement ce que je ressens et ce dont j'ai besoin?

2. Si ces questions ont trouvé quelques réponses en vous, comment pourriez-vous mettre ces réponses en pratique dans votre vie?

Pour une meilleure compréhension

1. Relisez dans la deuxième partie les chapitres consacrés aux chiffres qui composent votre nombre de naissance: 2 (p. 74), 3 (p. 83), et 5 (p. 105).

2. Vous pouvez de la même façon vous familiariser avec le nombre de naissance d'un parent ou d'un ami et discuter avec lui, s'il le veut bien, de ce que vous avez en commun et de ce qui vous distingue.

Lois spirituelles: leviers pour changer votre vie

1. Dans la quatrième partie, lisez le texte de chacune des lois spirituelles suivantes:

    ❖ **Loi de la Discipline** (p. 495): La discipline procure la concentration d'esprit et la profondeur d'expérience conduisant à la liberté intérieure.

    ❖ **Loi de l'Équilibre** (p. 478): Pour vaincre notre tendance à passer d'un extrême à l'autre, nous réalisons l'équilibre des deux extrêmes.

    ❖ **Loi de la Responsabilité** (p. 471): Pour être à même de se soutenir mutuellement, il faut savoir quand dire oui et comment dire non.

    ❖ **Loi de l'Honnêteté** (p. 525): Pour être honnête envers les autres, il faut d'abord être honnête envers soi-même.

    ❖ **Loi de l'Action** (p. 543): Pour vaincre l'insécurité, nous devons reconnaître notre vulnérabilité mais continuer d'agir avec confiance.

2. Faites les exercices prescrits pour chacune de ces lois.

3. Pensez aux occasions de mettre ces lois en application dans votre vie.

41/5 et 14/5

5 : Liberté et discipline
1 : Créativité et confiance
4 : Stabilité et méthode

Comprendre le but de vie

Ceux qui se trouvent sur les chemins 41/5 et 14/5 y sont pour résoudre des questions touchant à l'indépendance, à la stabilité et à l'énergie créatrice, et pour enfin parvenir à la liberté en s'abandonnant à la discipline d'une méthode employée pour atteindre des buts choisis. Parce que le chemin de montagne qui mène à l'accomplissement de notre but de vie nous fait passer par une série d'épreuves et d'obstacles, la plupart des 41/5 et des 14/5 ne connaîtront un véritable sentiment de liberté tant intérieure qu'extérieure qu'après avoir épuisé tous les faux-semblants de la liberté. Parce qu'ils ont tendance à devenir dépendants des autres puis à réclamer leur indépendance de façon plus ou moins agressive, ils doivent s'efforcer d'avoir des relations saines basées sur l'autonomie, l'interdépendance et la coopération. Ces individus ne peuvent parvenir à la véritable liberté qu'au moyen de la discipline et de la focalisation, en se concentrant sur une chose à la fois, mais il leur faut parfois beaucoup de temps avant d'en arriver à cette prise de conscience.

Bien que tous les 5 reçoivent en partage un même besoin de liberté, d'indépendance et de variété dans l'expérience du monde, les 41/5 et les 14/5 parviendront à la liberté par des chemins différents en raison de l'influence relative des énergies du 1 et du 4.

Toutes les caractéristiques du 5 s'appliquent aux 41/5 et aux 14/5, mais elles sont comme tempérées, contrebalancées, par le 4, tandis que les pulsions créatrices du 1 tendent à les amplifier.

Sous l'influence du 4, les 14/5 et les 41/5 ont tendance à se disperser et à manquer de préparation et de direction. Mais ils ont aussi un sens de la famille très développé et, dans le positif, leur énergie est plus stable. Combinant la vivacité d'esprit et la créativité, ils sont ici pour nous apprendre à voir la vie différemment.

Non seulement les 41/5 et les 14/5 diffèrent-ils quelque peu des autres 5 mais ils se distinguent également les uns des autres par l'ordre dans lequel le 1 et le 4 apparaissent dans leur nombre de naissance. Les 14/5 et surtout les 41/5 ont une grande quantité d'énergie créatrice à libérer et à canaliser positivement. Les deux chemins de vie ont aussi l'énergie du 4 en commun, d'où la nécessité de suivre un cheminement méthodique pour parvenir à la sécurité.

Puisque les 5, règle générale, parviennent à la liberté au moyen de la discipline et de la focalisation (en se concentrant sur ce qui est prioritaire), les énergies du 1 et du 4 peuvent soit servir cette quête de liberté soir chercher à lui nuire.

La plupart des 14/5 ont un puissant esprit analytique mais ils sont aussi sujets à une confusion d'esprit et à un stress mental causés par la suranalyse. La plupart des 41/5 disposent d'une abondance d'énergie créatrice mais lorsqu'il y a blocage, ils ont tendance, plus que les 14/5, à décharger leur trop-plein d'énergie dans les abus de toutes sortes : nourriture, alcool, tabac et autres drogues, surtout les drogues dites psychédéliques. Mises à part ces nuances, les personnes qui se trouvent sur ces deux chemins de vie ont les mêmes forces, les mêmes possibilités et les mêmes prédispositions dont cette tendance caractéristique à la dispersion.

Dans le sens le plus positif qui soit, l'énergie créatrice est l'étincelle, le combustible grâce auquel le charme et l'esprit des 41/5 et des 14/5 prennent feu. Cependant, elle ne vient pas sans une certaine dose d'insécurité, surtout évidente chez les 41/5, et elle apporte ce besoin de nouveauté et de variété qui rend la focalisation et la discipline plus difficiles. Puisque les 5 ont déjà trop tendance à faire mille choses à la fois, on peut comparer l'influence du 1 dans ce contexte à un jet de gazoline en plein brasier.

Le succès des 41/5 et des 14/5, leur progression, leur évolution et leur accomplissement, tout repose sur une solide fondation de préparation. Une fondation solide, par exemple le fait de fonder une famille ou d'acheter une maison, leur en apprend plus au sujet de la liberté intérieure que ne le ferait un voyage autour du monde agrémenté de toutes sortes d'expériences. Le plus souvent, les 41/5 et les 14/5 finissent par connaître les deux (la vie de famille et les voyages), soit par l'expérience soit par l'imagination.

L'influence du 4 leur apporte la force, la stabilité, l'esprit d'analyse ainsi qu'un désir d'enracinement qui fait contrepoids à la curiosité débordante et au caractère aventurier du 5. Toutefois, dans sa forme la moins évoluée – et on la retrouve surtout chez les 14/5 – le 4 s'oppose à toute progression lente et méthodique et devient source d'impatience, l'impatience étant la dernière chose dont les 5 ont besoin.

Dans les deux cas, le 1 et surtout le 4 influent sur le besoin de liberté et d'indépendance et apportent de nouveaux défis. Comme toutes les personnes sur cette terre, quel que soit leur nombre de naissance, les 41/5 et les 14/5 ont une pente abrupte à gravir; s'ils veulent voir leur but de vie porter ses fruits, au sommet de la montagne, ils devront combattre leurs propres démons, persévérer et refaire leurs forces tout en continuant leur ascension.

Thomas Wolfe, auteur du livre *Look Homeward Angel,* est un bel exemple du mélange de magie et de chaos dont la combinaison 1-4-5 est capable. On sait dans quel état son éditeur reçut son manuscrit: toutes les pages écrites à la main, éparses et non numérotées, tenaient dans quatre caisses de bois! Pourtant, Thomas Wolfe est selon plusieurs l'un des plus grands écrivains américains de ce siècle.

Travailler le 41/5 ou le 14/5 dans le positif

Habiles à synthétiser et à structurer, ces individus ont recours à de brillantes analyses pour déterminer ce dont ils ont besoin et quelles sont les étapes à suivre pour atteindre leurs buts. Ils

maintiennent leur équilibre corporel au moyen d'un entraînement physique régulier et d'une alimentation disciplinée. Ils ont
une imagination visuelle très développée, d'une grande créativité, et ils sont prêts à suivre patiemment toute méthode qui leur
permette de faire vivre ces images intérieures dans la réalité. Ce
sont des sources de force et d'inspiration qui ont de solides
connaissances dans plusieurs domaines ; ce sont des compagnons
recherchés, ouverts et francs.

Travailler le 41/5 ou le 14/5 dans le négatif

Aux prises avec la confusion et l'insécurité, ces individus
accomplissent peu de chose ; soit qu'ils deviennent obsédés par
une étape en particulier soit qu'ils foncent tête baissée, sautent
des étapes, s'arrêtent à mi-chemin puis reprennent tout depuis le
début. Ils sont partagés entre le besoin de sécurité et le goût du
risque et de l'aventure. Incapables d'un engagement, inconstants,
ils veulent la liberté tout de suite, sans discipline ni méthode.
Ne disposant d'aucune fondation solide où mettre les pieds, ils
oscillent et hésitent, espèrent et souhaitent, font plusieurs choses
mais sans véritable résultat.

Questions de vie

Santé

Les individus travaillant le 41/5 et le 14/5, dotés d'une vitalité, d'une énergie et d'une soif d'expériences peu communes,
ont tendance à courir sans arrêt. Lorsqu'ils agissent impulsivement ou poussent trop loin leur quête d'aventures, il arrive qu'ils
se cassent quelques os. S'il y a blocage d'énergie créatrice, les
14/5 et surtout les 41/5 peuvent souffrir de maux d'estomac,
maux de dos et problèmes divers des organes de la reproduction.

La méditation, si elle peut apaiser le tourbillon de leurs pensées, leur sera extrêmement bénéfique. Une musique d'inspiration

peut aussi avoir un effet calmant, équilibrant. Leur système nerveux a besoin qu'on en prenne grand soin. Règle générale, ils sont plus robustes et plus résistants que les 32/5 et les 23/5, mais ils n'en sont pas moins sujets au stress.

Ils doivent s'efforcer de maintenir des habitudes alimentaires régulières, car ils ont tendance à sauter des repas ou à manger sur le pouce. À part la variété, ils n'ont aucune préférence marquée en matière d'alimentation. S'ils mangent trop, ils doivent chercher à déterminer la cause du blocage d'énergie créatrice et prendre les mesures nécessaires pour l'exprimer ou la relâcher au moyen de l'exercice physique.

Dans l'exercice comme en toute chose, il leur faut de la variété; plusieurs pratiquent des sports excitants qui exigent vitesse, force et créativité; ils aiment aussi la natation, la plongée sous-marine et les autres sports aquatiques qui ont un effet bénéfique sur leur système nerveux.

Relations

Bien qu'ils se sentent attirés par la famille et la stabilité d'une vie sédentaire, les 41/5 et les 14/5 les moins enracinés ressentent avec au moins autant de force des besoins et désirs contraires: désir de faire un grand nombre d'expériences et répulsion à l'égard de toute forme d'engagement. Avec tant de choses à faire, tant de pays à visiter, ils voient mal comment ils pourraient s'installer quelque part et ce même si l'idée d'une vie de famille plus stable ne leur déplaît pas. L'insécurité, qu'on associe à l'énergie du 1, est à l'origine de cet esprit de compétition, soucieux de sa propre protection, qu'on retrouve parfois dans leurs relations personnelles. Mais somme toute ces individus ont une énergie dynamique qui est assez séduisante, et la seule chose qui puisse réellement nuire à leurs relations se trouve à l'intérieur d'eux-mêmes, au point de vue de l'engagement personnel.

Ils préfèrent sans contredit une expression sexuelle énergique, même exubérante, à moins que l'insécurité ne s'en mêle; et même si l'insécurité les retient pour quelque temps, ils finissent tôt ou tard par exprimer pleinement leur libido.

Talents, travail et situation financière

Force, créativité et vivacité d'esprit leur valent de connaître le succès dans des domaines où la stabilité et l'aventure ne sont pas inconciliables, par exemple dans les échanges internationaux. Toute activité créatrice, toute occasion d'affaires, qui demande des analyses rapides saura satisfaire et stimuler ces individus. Ils préfèrent le travail actif au travail sédentaire, mais l'écriture peut également satisfaire leur esprit bouillonnant. Conteurs créatifs, démonstratifs, capables des plus beaux effets, ils font de merveilleux écrivains pour peu qu'ils veuillent bien rester assis sans bouger (Thomas Wolfe écrivait debout, en se servant de son réfrigérateur comme bureau).

Les 41/5 et les 14/5 sont des visionnaires qui voient venir les modes avant tout le monde ; aussi, pourvu qu'ils fassent leurs devoirs, gardent les pieds sur terre et aient assez de méthode et de patience pour mener à bien ce qu'ils entreprennent, ils peuvent transformer toutes leurs idées en argent.

Quelques 41/5 et 14/5 célèbres

41/5

Sean Cassidy   William Friedkin
William Faulkner

14/5

Clark Gable   Thomas Wolfe
Walter Matthau

Votre destinée est entre vos mains

Si vous travaillez le 41/5 ou le 14/5, cette section peut vous aider à manifester votre but de vie en attirant votre attention sur les questions les plus importantes et en vous suggérant des actions précises capables de changer votre vie.

Conseils et recommandations

❖ Conciliez le besoin de stabilité et le désir de liberté ; il y a assez de place dans votre vie pour l'un et l'autre.

❖ Canalisez votre énergie au moyen d'une discipline par étapes.

❖ Faites de l'exercice régulièrement, ne serait-ce que quelques minutes chaque jour.

❖ Trouvez une chose envers laquelle vous pourriez vous engagez pleinement ; puis persévérez.

Questions utiles

1. Réfléchissez aux questions suivantes :

   ❖ Quelles sont les étapes essentielles vers une plus grande liberté dans ma vie ? Suis-je prêt à passer par toutes les étapes ?

   ❖ Y a-t-il quelqu'un, autre que moi, qui puisse vraiment me retenir ?

   ❖ Comment ai-je l'habitude d'utiliser mon énergie créatrice ?

   ❖ Où devrais-je appliquer une plus grande discipline dans ma vie ?

2. Si ces questions ont trouvé quelques réponses en vous, comment pourriez-vous mettre ces réponses en pratique dans votre vie ?

Pour une meilleure compréhension

1. Relisez dans la deuxième partie les chapitres consacrés aux chiffres qui composent votre nombre de naissance : 1 (p. 64), 4 (p. 93), et 5 (p. 105).

2. Vous pouvez de la même façon vous familiariser avec le nombre de naissance d'un parent ou d'un ami et discuter avec lui, s'il le veut bien, de ce que vous avez en commun et de ce qui vous distingue.

Lois spirituelles : leviers pour changer votre vie

1. Dans la quatrième partie, lisez le texte de chacune des lois spirituelles suivantes :

    ❖ **Loi de la Discipline** (p. 495) : La discipline procure la concentration d'esprit et la profondeur d'expérience conduisant à la liberté intérieure.

    ❖ **Loi des Choix** (p. 461) : Nous pouvons choisir de manifester notre énergie créatrice de façon positive ou négative.

    ❖ **Loi de la Méthode** (p. 485) : La meilleure façon d'atteindre un but est de faire un petit pas facile à la fois.

    ❖ **Loi des Cycles** (p. 549) : La vie est un cycle immuable dans lequel des occasions se présentent, disparaissent et réapparaissent comme les saisons.

    ❖ **Loi du Moment présent** (p. 505) : L'impatience et les regrets disparaissent lorsqu'on se rend compte que seul le moment présent existe.

2. Faites les exercices prescrits pour chacune de ces lois.

3. Pensez aux occasions de mettre ces lois en application dans votre vie.

6 : VISION ET ACCEPTATION

Peu importe ce qu'on fait,
tant qu'on ne s'est pas accepté tel qu'on est.
Une fois qu'on s'est accepté tel qu'on est,
peu importe ce qu'on fait.

CHARLY HEAVENRICH

Cette section comprend tous les nombres de naissance ayant le 6 (p. 117) comme but de vie principal : 15/6, 24/6, 42/6 et 33/6. Bien que tous ces nombres de naissance reflètent puissamment l'énergie du 6, l'interaction et l'influence des autres nombres – et des qualités, questions et caractéristiques qui leur sont rattachées – confèrent à chacun sa saveur unique.

15/6

6: Vision et acceptation
5: Liberté et discipline
1: Créativité et confiance

Comprendre le but de vie

Ceux qui se trouvent sur le chemin 15/6 y sont pour résoudre des questions touchant à l'idéalisme, à l'indépendance et à l'énergie créatrice, pour devenir des sources d'inspiration en s'acceptant d'abord eux-mêmes tels qu'ils sont, et pour partager leur vision avec les autres. Puisque notre but de vie comporte des défis, les 15/6 seront confrontés à des problèmes relevant du domaine du perfectionnisme, de la dépendance et de l'insécurité, problèmes qu'ils devront d'abord résoudre avant de pouvoir réaliser et communiquer leur vision des plus hautes possibilités de l'être humain.

Cette vision élevée explique que certains 15/6 rejettent la réalité, mais ils n'ont d'autre choix que d'accepter la réalité telle qu'elle est – en incorporant dans leur compréhension du monde toutes les expériences vécues – s'ils espèrent faire le lien entre ce qui est et ce qui pourrait être. Ils peuvent écrire ou rêver, guider ou suivre; ils peuvent chanter les vertus des jours anciens ou les possibilités des jours à venir, mais les 15/6 ne pourront voir le paradis sur terre que s'ils canalisent leurs propres énergies créatrices. Les idéaux sont une bonne chose, mais il faut leur donner prise dans la réalité si on veut qu'ils apportent un quelconque changement dans le monde.

Ceux qui travailllent le 15/6 n'ont pas à *chercher* ni la liberté ni les grands idéaux: ils les créent. Ce sont des créateurs, des inventeurs et des visionnaires de la plus pure espèce. Presque tous les

15/6 ressentent fortement le besoin de servir, comme s'ils avaient une mission à remplir sur terre.

Les 15/6, toujours à la recherche d'une réponse définitive qui serait à la fois profonde et élevée, se posent constamment des questions comme celles-ci : « Quel est l'idéal ? » « Quelle est la vraie liberté ? » S'ils ne gardent pas les deux pieds sur terre, ils se créent des mondes de rêve dans lesquels ils aiment à vivre, comme le font parfois les écrivains de littérature fantastique et de science-fiction. Isaac Asimov, un 15/6, a prouvé que l'on pouvait créer ses propres mondes de façon extrêmement constructive. D'autres demeurent d'éternels rêveurs qui habitent les hauteurs de leur imagination et ne retournent qu'occasionnellement à la vie quotidienne sur la planète Terre.

Les obstacles qu'on associe normalement au 6, tels que les exigences perfectionnistes, la tendance à se mésestimer, à se juger et à juger les autres en se basant sur des critères trop sévères, les 15/6 les rencontrent tous sur leur chemin de montagne. La disposition d'esprit typique du 5 (orientée vers la liberté et l'expérience) influence grandement les 15/6 qui désirent connaître la vie parfaite dont ils ont eu la vision : vision d'un monde meilleur où règne une justice parfaite.

À cause de l'énergie du 5, les 15/6 ont besoin d'un but précis – ils ont besoin d'appliquer leurs hautes exigences à un travail constructif. Sans direction, but ou exutoire, ils peuvent errer sans fin dans leurs mondes imaginaires ; avec une direction claire, comme celles que s'étaient données les écrivains Isaac Asimov et Jules Verne, ils ouvrent les portes du futur et nous montrent du doigt nos plus grandes possibilités.

Mais on ne trouve pas que des âmes nobles, créatrices et libres sur ce chemin de vie ; certains 15/6 dont les énergies sont bloquées sont en proie à l'insécurité. Ceux-là dispersent leurs énergies, ils vont sans but, se sentent piégés ou lésés ; leurs activités préférées trahissent leur besoin d'évasion : que ce soit des lectures sur les sociétés utopistes ou les hallucinations procurées par des drogues destructrices.

En plus des questions du 5, dont la nécessité de s'imposer une stricte discipline, les 15/6 disposent de l'abondante énergie créatrice du 1 qui peut donner une forme à leurs visions et à leurs idéaux. La vision de Christophe Colomb, un 15/6, était celle d'une terre nouvelle au-delà des océans. La vision de Jeanne d'Arc, une autre 15/6, était celle d'un chevalier de la paix au service de Dieu.

Le chemin des 15/6, qui allie des énergies de créativité, de libération et de justice avec un profond désir de perfection, est l'un des plus remarquables et des plus nobles que ce siècle ait connus.

Travailler le 15/6 dans le positif

Inspirés et inspirants, ces individus dévoilent leur vision des possibilités nouvelles et d'un futur meilleur. Grands stratèges et grandes âmes, capables de discipline et de concentration, ils emploient leurs énergies créatrices à tirer les gens de leur torpeur mondaine afin qu'ils s'éveillent au sublime, à la paix et à la liberté de leurs êtres véritables. Lorsqu'ils sont à leur mieux, ces visionnaires créateurs incarnent et canalisent les forces évolutives de l'humanité pour changer le monde et pour se changer eux-mêmes. S'acceptant et acceptant les autres tels qu'ils sont, ils travaillent patiemment afin de promouvoir des règles de vie positives. Ils montrent la voie vers une parfaite liberté.

Travailler le 15/6 dans le négatif

Pointilleux, critiques et désabusés, ces individus remuent mer et monde en quête de la bonne personne, du bon système, de la bonne idée qui les bonifiera et rendra leur vie meilleure, mais la quête elle-même ne fait qu'exacerber le sentiment de leur propre inachèvement. Ce sont des rêveurs irréalistes et des idéalistes mal préparés qui se choisissent une cause et souvent en deviennent les martyrs. Frustrés, mécontents d'eux-mêmes et des autres, ils ne savent pas diriger leur énergie créatrice et finissent par s'en décharger de façon destructrice. Par la drogue ou tout autre moyen, ils se coupent d'un monde qui manque douloureusement à leur idéal de vérité, de justice, d'honneur et de paix.

Questions de vie

Santé

À cause de leur énergie créatrice et de leur vivacité d'esprit combinées à leurs tendances perfectionnistes, ils sont du genre nerveux et hyperactif. Lorsqu'ils dirigent leurs énergies dans un travail soutenu, ils avancent par poussées explosives de créativité et de productivité; lorsqu'ils les dirigent mal, ils peuvent souffrir de troubles nerveux, maladies de peau, problèmes intestinaux et possiblement de burn-out.

Le corps et le champ énergétique des 15/6 brillent d'une lumière raffinée, presque mystique, mysticisme et raffinement qu'on retrouve également dans la musique de Jascha Heifetz et le jeu de l'acteur David Niven, deux 15/6.

Les 15/6 répondent très bien aux traitements les plus raffinés tels que la visualisation et l'hypnothérapie, qui font appel à l'imagerie de l'inconscient pour générer un processus d'autoguérison interne, ou encore à l'homéopathie, à l'acupuncture, à l'aromathérapie ou la chromothérapie, thérapeutiques qui n'ont que peu ou pas du tout d'effets secondaires.

On ne peut pas conseiller les 15/6 en matière de nutrition ou d'entraînement physique; ils doivent décider eux-mêmes en se référant à leurs propres archétypes et idéaux. En général, ils répondent bien aux régimes purifiants et ils ont besoin de moins de nourriture que la plupart des gens.

La plupart des 15/6 aiment les exercices qui leur semblent naturels et équilibrés; au mieux, ils font des exercices simples et efficaces qui combinent les éléments essentiels: respiration, étirements, tonus et relaxation; donc le taï chi et une forme évoluée de gymnastique douce permettant beaucoup de variété seraient tout à fait indiqués.

Relations

Ceux qui travaillent le 15/6 ont tendance à idéaliser les gens, et l'image qu'ils s'en font est souvent très loin de la réalité. Secrètement, il se peut qu'ils soient désappointés parce que personne dans leur entourage n'est à la hauteur de leurs attentes. Ils ne voient pas vraiment la personne qui est avec eux ; ils vivent, parfois pendant longtemps, avec l'image idéalisée qu'ils projettent sur cette personne. De cette façon, ils peuvent aimer l'image qu'ils ont créée sans jamais connaître ou accepter leur partenaire tel qu'il ou elle est vraiment. Inversement, la lune de miel peut être de courte durée s'ils découvrent trop tôt les « défauts de caractère » de leur partenaire.

En général, les 15/6 ne peuvent pas se satisfaire d'une libido ou d'une relation normale ; ils voudraient toujours faire plus et mieux. Puisqu'ils la comparent à l'image idéalisée qu'ils s'en sont fait, leur relation est toujours sujette à amélioration – à moins qu'ils ne soient tellement occupés à créer ou à rêver qu'ils n'aient plus de temps ni d'énergie à investir dans leur relation.

Talents, travail et situation financière

Ceux qui travaillent le 15/6 exercent différents métiers avant de trouver leur voie, ou plutôt : leur vocation. Leurs idéaux et leur besoin de variété peut les aiguiller vers l'écriture, le théâtre, les explorations ou le *coaching*, occupations pour lesquelles ils sont tout indiqués : d'une part, parce que le fait d'être différent des autres les servira au lieu de les rendre mal à l'aise ; d'autre part, puisque la réalité ne semble jamais vouloir les satisfaire, parce qu'ils auront l'occasion de pousser leurs idées ou leurs protégés jusqu'aux extrêmes limites de leurs possibilités. Quelle que soit l'activité créatrice dans laquelle ils s'engagent, s'ils persévèrent, évitent de s'impatienter ou de se décourager, les 15/6 y excellent en raison même de leurs hautes exigences.

La situation financière des 15/6 reflète leur dépense d'énergie créatrice ; s'ils n'arrivent pas à se concentrer sur une chose, trop occupés à attendre la parfaite occasion, ils sentiront un vide à tous les points de vue; mais s'ils produisent quelque chose de pratique et d'utile, et si leurs idéaux les inspirent à tenter une aventure créatrice, les récompenses ne tarderont pas et ils prospéreront.

Quelques 15/6 célèbres

Isaac Asimov	Jeanne d'Arc
Christophe Colomb	David Niven
Federico Fellini	Richard III
Jascha Heifetz	

Votre destinée est entre vos mains

Si vous travaillez le 15/6, cette section peut vous aider à manifester votre but de vie en attirant votre attention sur les questions les plus importantes et en vous suggérant des actions précises capables de changer votre vie.

Conseils et recommandations

❖ Ne lâchez pas votre vision, et concrétisez-la grâce à la discipline.

❖ Apprivoisez patiemment votre énergie créatrice.

❖ Visualisez ce que vous voulez, et laissez votre vision vous inspirer.

❖ Trouvez la parfaite liberté à l'intérieur de vous.

Questions utiles

1. Réfléchissez aux questions suivantes :

    ❖ En quoi ma situation actuelle est-elle parfaite ?

- ❖ Puis-je utiliser mes idéaux et ma vision créatrice de façon pratique ?

- ❖ Où puis-je trouver la justice et la liberté parfaites ?

- ❖ Puis-je m'accepter tel que je suis et accepter mon conjoint et le monde tels qu'ils sont à l'instant présent ?

2. Si ces questions ont trouvé quelques réponses en vous, comment pourriez-vous mettre ces réponses en pratique dans votre vie ?

Pour une meilleure compréhension

1. Relisez dans la deuxième partie les chapitres consacrés aux chiffres qui composent votre nombre de naissance : 1 (p. 64), 5 (p. 105), et 6 (p. 117).

2. Vous pouvez de la même façon vous familiariser avec le nombre de naissance d'un parent ou d'un ami et discuter avec lui, s'il le veut bien, de ce que vous avez en commun et de ce qui vous distingue.

Lois spirituelles : leviers pour changer votre vie

1. Dans la quatrième partie, lisez le texte de chacune des lois spirituelles suivantes :

- ❖ **Loi de la Perfection** (p. 500) : Une vision parfaite peut nous servir d'inspiration, mais l'excellence est le plus haut sommet que nous puissions atteindre.

- ❖ **Loi de la Flexibilité** (p. 456) : En demeurant flexible, nous pouvons tirer le meilleur parti possible de nos difficultés et des circonstances changeantes.

- ❖ **Loi du Moment présent** (p. 505) : L'impatience et les regrets disparaissent lorsqu'on se rend compte que seul le moment présent existe.

❖ **Loi de la Discipline** (p. 495): La discipline procure la concentration d'esprit et la profondeur d'expérience conduisant à la liberté intérieure.

❖ **Loi des Cycles** (p. 549): La vie est un cycle immuable dans lequel des occasions se présentent, disparaissent et réapparaissent comme les saisons.

2. Faites les exercices prescrits pour chacune de ces lois.

3. Pensez aux occasions de mettre ces lois en application dans votre vie.

24/6 et 42/6

6 : Vision et acceptation
4 : Stabilité et méthode
2 : Coopération et équilibre

Comprendre le but de vie

Ceux qui se trouvent sur les chemins 24/6 et 42/6 y sont pour résoudre des questions touchant au perfectionnisme, à la méthode et à la responsabilité, pour apprendre à vivre un jour à la fois, pour manifester leur vision de façon pratique et pour accepter la perfection inhérente à leur propre vie. Puisque notre but de vie n'est jamais chose facile, les 24/6 et les 42/6 ont beaucoup de mal à s'accepter eux-mêmes et à accepter les autres et le monde tels qu'ils sont. Ils peuvent se faire des montagnes de soucis avec de toutes petites choses – des choses qu'ils ont dites, auraient dû dire, n'auraient pas dû dire ou pas dû faire. Le regret et la culpabilité font partie de leur vie de tous les jours jusqu'à ce qu'ils élargissent leur horizon et contemplent la perfection de la vie. Les questions du 4 se combinant aux idéaux du 6, les 24/6 et le 42/6 sont impatients ; ils voient leurs propres possibilités aussi bien que celles des autres, et ils tendent vers le sommet ; cependant, ils préféreraient faire le trajet d'un seul bond au lieu de suivre un cheminement graduel, d'étape en étape, comme ils doivent apprendre à le faire.

Les 24/6 et les 42/6 ont tendance à idéaliser les gens qu'ils viennent à peine de rencontrer, les occasions qui viennent de se présenter, les nouveaux métiers ou les nouveaux endroits ; mais ils sont vite déçus parce que rien ni personne ne satisfait jamais leurs attentes irréalistes. La plupart des 24/6 et des 42/6 ont tendance à placer la barre trop haut puis à désespérer d'eux-mêmes.

Ils doivent tempérer leur idéalisme et leur vision par une forte dose de réalisme et apprendre à apprécier les imperfections avec lesquelles nous naissons tous pour nous en corriger. Idéalistes incorrigibles, toujours en quête du travail parfait, de la relation parfaite, de la vie parfaite, ils se préparent d'amers lendemains. Peu importe ce qu'ils font, avec qui ils sont, ils ont toujours la désagréable impression qu'ils pourraient trouver mieux ailleurs.

Malgré cela, les 24/6 et les 42/6 ne sont pas nécessairement volages ou frivoles ; pour la plupart, l'exigence et l'amour-propre leur dictent des règles de conduite très strictes. S'ils errent, les regrets et la culpabilité dont ils souffrent ensuite sont la pire des punitions. Même lorsqu'ils font un très bon travail, une petite voix à l'intérieur leur dit : « Tu pourrais faire mieux. » Ils essaient trop fort, se sentent trop responsables et sont en général trop durs envers eux-mêmes. Lorsqu'ils critiquent les autres, ils ne manquent jamais de s'en faire le reproche tout de suite après.

Avec la combinaison des énergies du 2 et du 4, les 24/6 et les 42/6 sont dotés d'une grande force de soutien ainsi que d'énergies dites de service. Ils ont assez de force intérieure pour mener à bien au moins quelques-unes de leurs visions en même temps qu'ils découvrent les limites de leur responsabilité, apprennent à maîtriser la coopération et s'approchent de leur but à petits pas suivis.

Avec le sens des responsabilités du 2, la sociabilité du 4 et l'idéalisme du 6, les 24/6 et les 42/6, dans leur impatience d'atteindre leurs buts, ne se ménagent pas et ne ménagent pas leurs efforts. Ils ont la vision de nos plus hautes possibilités et ils ont parfois du mal à comprendre que tout le monde, eux-mêmes y compris, fait son possible *dans le présent*.

Parce que les énergies du 2 et du 4 offrent plus de similitudes entre elles que toute autre paire de nombres – tendances à la suranalyse, à la dépendance affective (sentiment d'être responsable de la vie et des émotions d'autrui), force et entêtement –, les chemins des 24/6 et des 42/6 sont presque identiques sauf pour l'ordre inversé dans lequel les deux premiers nombres apparaissent.

Chez les 24/6, les questions se rapportant à la famille (4) auront plus d'importance tandis que les 42/6 auront plus tendance à surcoopérer (2) puis à sous-coopérer (résistance ou repli sur soi); cependant l'un et l'autre devront faire l'expérience des deux genres de problèmes, comme l'un et l'autre auront tendance à se montrer trop exigeants envers eux-mêmes et envers les autres, jugeant tout le monde suivant des critères trop sévères.

À moins qu'ils ne soient dans un état extrêmement négatif, les 24/6 et les 42/6 sont agréables à vivre; avec l'énergie de soutien et de service du 2 et la sociabilité du 4, ils ont l'habitude de traiter les étrangers comme s'ils faisaient partie de leur propre famille. Subissant l'interaction du 6 (les 6 veulent faire le bien, être «justes et bons») et du 2 (les 2 comme les 4 font ce qu'ils «devraient» faire et non ce qu'ils voudraient faire), les 24/6 et les 42/6 sont les champions de l'aveuglement et de la dénégation. Ils vont jusqu'à nier leurs propres émotions et leur propre réalité, et parfois ils s'entêtent à demeurer sur le pont alors même que le bateau coule. La Loi de la Flexibilité (p. 456), qui nous apprend à tirer profit de tout ce qui survient dans la vie, peut donc leur être extrêmement bénéfique.

En général, ceux qui travaillent le 24/6 et le 42/6 sont grégaires, ouverts, intelligents, forts et énergiques. Ils se donnent beaucoup de mal pour plaire aux autres; et parce qu'ils ont tendance à se sentir coupables, ils doivent se méfier des gens qui pourraient tenter d'en profiter pour les manipuler. Ils doivent faire le bien pour eux-mêmes tout en s'efforçant de retrouver leurs propres besoins et valeurs authentiques.

Parce que les 24/6 et les 42/6 sont pleinement conscients de toutes leurs possibilités, leurs attentes sont élevées et ils sont très difficiles à satisfaire. En fait, ils se condamnent eux-mêmes à un éternel programme de perfectionnement tant qu'ils ne se sont pas acceptés tels qu'ils sont présentement; tant qu'ils n'ont pas compris que s'ils ne sont pas parfaits en toute chose, il y a au moins certains côtés d'eux-mêmes qui sont très bien.

Les 24/6 et les 42/6 doivent apprendre à faire la différence entre la perfection et le perfectionnisme (des exigences irréalistes qui ne seront jamais satisfaites et ne peuvent conduire qu'à la frustration). En évoluant, ils apprécient la perfection inhérente, ou transcendante, à toute chose et à tout être humain, et ils comprennent que dans ce monde de contingences, aucune personne, aucun produit et aucune performance n'est jamais parfait; l'excellence, et non la perfection, est le plus haut sommet qu'ils puissent atteindre.

Ils doivent comprendre qu'on ne peut parvenir à l'excellence qu'en suivant patiemment un cheminement méthodique, d'étape en étape. Il suffit souvent de sauter une seule étape pour échouer et se voir forcé de repartir à zéro.

Puisqu'ils se comparent à l'image idéale qu'ils ont d'eux-mêmes (ou encore aux meilleurs dans leur entourage), ils ont souvent l'impression d'être des ratés même s'ils font un excellent travail. Il leur arrive aussi de manquer de sens pratique, par exemple de penser que le gâteau est prêt quand il n'est qu'à moitié cuit.

Sous l'influence du 4, ils ont fortement tendance à suranalyser, et la suranalyse peut facilement tourner à la confusion quand leur esprit en vient à s'embrouiller à force de soupeser tous les arguments. Cette confusion peut expliquer qu'ils prennent parfois des décisions subites, sous le coup d'une impulsion, décisions qu'ils regrettent ensuite. Puisqu'ils sont ici pour enraciner leur énergie, cela non plus ne se fera pas sans mal: s'ils résistent au processus d'enracinement, ils risquent d'avoir du mal à traduire leur vision en formes concrètes d'occupations ou de services.

Une fois qu'ils ont appris à se relaxer, à accepter et à apprécier pour ce qu'elles sont leurs imperfections et celles des autres; une fois qu'ils ont compris que leur vie est en quelque sorte le reflet en miniature d'un parfait processus d'apprentissage, de croissance et d'évolution; alors ils sentent qu'ils sont enfin arrivés à bon port. Il leur faudra du temps avant de prendre conscience de cette perfection, et cela ne pourra se faire qu'à petites doses; ils auront beau vouloir que cela se fasse sans attendre, ils ne pourront pas accélérer le processus.

Travailler le 24/6 ou le 42/6 dans le positif

Intelligents, grégaires, productifs et positifs, ces individus ont de bonnes relations avec leurs amis et leurs associés. Leurs capacités d'analyse marient le sens commun et les grands idéaux. Ils agissent selon leur conscience et ils veulent apprendre de leurs erreurs pour continuer à s'améliorer et tâcher de rendre le monde meilleur. Forts, en santé, pleins d'énergie, on peut compter sur eux pour mener à bien toutes les tâches qu'on leur confie car leur travail, déjà excellent au départ, est de plus en plus brillant. Ils s'améliorent toujours et ne cessent d'aspirer à la perfection, mais ils acceptent de suivre d'étape en étape la route qui les mène du point où ils sont jusqu'où ils veulent se rendre. Ils ont un bon sens de l'équilibre; ils savent donner gracieusement et comment recevoir. Idéalistes pratiques, ils s'aiment eux-mêmes comme ils aiment les autres et ils trouvent la joie dans le monde.

Travailler le 24/6 ou le 42/6 dans le négatif

Ces individus sont frustrés et impatients parce que rien dans leur vie n'est jamais à la hauteur de leurs attentes ou n'arrive aussi vite qu'ils le voudraient. Manquant de sens pratique, rêveurs et impatients, ils se lancent dans un projet avec enthousiasme, prêts à y mettre beaucoup d'efforts, mais s'ils ne réussissent pas très vite, ils abandonnent leurs idées et leurs projets sans leur avoir vraiment donné la chance de prendre forme: «À quoi bon?» Ils idéalisent les gens qu'ils rencontrent puis se disent déçus quand ils découvrent que ces personnes ont leurs propres problèmes à régler. Sensibles à la critique des autres parce que trop critiques envers eux-mêmes, ils n'écoutent plus les conseils et répètent les mêmes erreurs encore et encore.

Questions de vie

Santé

La plupart des 24/6 et des 42/6 ont une constitution robuste qui résiste bien aux maladies. S'ils tombent malades, ils guérissent ordinairement rapidement. S'ils souffrent d'un mal chronique, ils se rendent comptent tôt ou tard que c'est eux-mêmes, par leur résistance au changement et la tension physique que cette résistance génère, qui en sont responsables. Ils seront plus vulnérables aux accidents, surtout aux extrémités inférieures, s'ils agissent impulsivement, sont distraits ou ne connaissent pas leurs limites. Leur vie adulte peut être un processus d'autoguérison et de régénérescence ou bien un processus dégénératif, tout dépend de leurs habitudes de vie. Suivant leur niveau de stress, leurs soucis plus ou moins grands et la pression exercée par leur perfectionnisme, ils peuvent décider de décharger leurs frustrations en développant des allergies ou des dépendances à l'alcool et au tabac.

Mélange d'idéalisme et d'impulsivité, ils alternent entre des périodes d'ascèse (recherche de la diète parfaite ou du système d'entraînement parfait) et des périodes de relâchement ou d'excès. Ils oscillent entre le puritanisme et l'hédonisme, s'en veulent d'avoir « tout gâché » puis prennent de nouvelles résolutions.

Au lieu de chercher la diète optimale ou l'exercice physique idéal, ils feraient mieux d'acquérir des habitudes de modération tout en tâchant d'améliorer leur santé peu à peu, d'étape en étape, comme ils doivent apprendre à le faire dans tous les domaines de leur vie. Si, par exemple, ils décident de perdre du poids, leur réussite serait plus grande, et plus conforme à leur but de vie, s'ils persévéraient tout au long d'un programme progressif d'amaigrissement que s'ils réussissaient à maigrir tout d'un coup.

Leur corps qui est déjà fort trouvera son équilibre dans des activités combinant la souplesse physique avec la concentration d'esprit, le calme émotionnel et la relaxation. Ils aiment et peuvent tolérer des séances d'exercices intenses et régulières. Plutôt que les techniques d'entraînement ordinaires, comme la natation ou la course à pied, les 24/6 et les 42/6 devraient pencher vers le yoga, les arts martiaux, la danse ou toute autre activité qui entraîne une amélioration lente et progressive.

Relations

Pour les 42/6 mais surtout pour les 24/6, la quête de l'âme sœur ou la recherche du travail parfait peuvent devenir de véritables obsessions. Pour cette raison, ils peuvent avoir du mal à s'engager formellement dans une relation ou à conserver très longtemps un même travail. S'ils ont tant de mal à s'engager pleinement c'est que, pour eux, un engagement doit pouvoir durer toute la vie. Et comme ils ne sont jamais sûrs d'avoir trouvé la perle rare, ils disent : « Je t'aime », mais à l'intérieur ils ne sont pas sûrs de dire toute la vérité, ils ne sont pas sûrs d'aimer suffisamment. Ils savent ce qu'ils sont « supposés ressentir », mais ils ne savent pas ce qu'ils ressentent vraiment ; et il leur faudra du temps pour apprendre à reconnaître et à accepter leurs véritables émotions, les « bonnes » comme les « mauvaises ».

Lorsqu'ils travaillent dans le positif, les 24/6 et les 42/6 sont des gens de bonne compagnie. Pleins de soins et d'attentions, ils ne ménagent pas leurs efforts. Leur nature exigeante en fait des amants enthousiastes et habiles qui donnent plus qu'ils ne reçoivent ; ils doivent donc trouver le juste milieu entre donner et recevoir, et s'efforcer de mettre l'accent sur la vulnérabilité et non sur la performance.

Talents, travail et situation financière

Les 24/6 et les 42/6 se plaisent dans des métiers exigeant force et précision, comme le travail psycho-corporel, l'architecture ou encore dans des professions axées sur le service. Doués d'un sens analytique poussé et d'une grande force de soutien (qualités du 2), ce sont d'excellents conseillers en affaires. Quelques 24/6 et 42/6 finissent même par se lancer en politique pour aider à rendre le monde meilleur. Ce sont également des athlètes naturels – gymnastes, plongeurs, joueurs de tennis ou patineurs. Partout où la force et la forme physiques sont mises à profit, les 24/6 et les 42/6 sont parmi les meilleurs dans n'importe quel sport.

Ils ne sont toutefois pas limités à ces domaines; ils peuvent se plaire dans presque toutes les occupations pourvu qu'elles concordent avec leurs valeurs et avec le sens qu'ils veulent donner à leur vie. L'important est qu'ils cessent de penser en fonction de leurs « devoirs » et de leurs idéaux et qu'ils redécouvrent enfin ce qu'ils ressentent et aiment vraiment.

Le succès matériel dépend du sens pratique avec lequel ils ont su ou n'ont pas su tempérer leur idéalisme; ils réussiront s'ils sont prêts à suivre un cheminement méthodique, d'étape en étape, pour atteindre leurs buts, en d'autres mots: s'ils sont prêts à « payer le prix ». Pendant qu'ils cherchent le travail idéal, ils ne devraient pas quitter leur emploi actuel car c'est lui qui leur procure la fondation stable et la sécurité grâce auxquelles ils pourront plus tard faire une chose qui leur plaît davantage.

Quelques 24/6 et 42/6 célèbres

24/6

Elizabeth Barrett Browning	Jesse Jackson
Lewis Carroll	John Lennon
Carlos Castaneda	Joe Louis
Phil Donahue	Eleanor Roosevelt
Thomas Edison	J. R. R. Tolkien
Cary Grant	Stevie Wonder
Howard Hughes	Joanne Woodward

42/6

T. S. Eliot	Paul VI
Michael Jackson	Christian Slater

Votre destinée est entre vos mains

Si vous travaillez le 24/6 ou le 42/6, cette section peut vous aider à manifester votre but de vie en attirant votre attention sur les questions les plus importantes et en vous suggérant des actions précises capables de changer votre vie.

Conseils et recommandations

- ❖ Acceptez-vous tel que vous êtes et non pas tel que vous « devriez » être.

- ❖ Prenez plaisir à la production, pas seulement au produit fini.

- ❖ Réfléchissez à cette réalité : il n'existe aucune personne ou occupation qui soit parfaite.

- ❖ Relaxez-vous et respirez librement ; vous n'êtes pas responsable des autres.

- ❖ Restez ouvert aux conseils, écoutez-les et acceptez-les avec grâce.

Questions utiles

1. Réfléchissez aux questions suivantes :

    - ❖ Ai-je pleinement conscience de ma valeur et de mes capacités actuelles ?

    - ❖ Suis-je honnête avec moi-même ?

    - ❖ Ai-je l'impression de vivre une vie stable et réglée ?

    - ❖ En quoi ma situation actuelle est-elle parfaite ?

2. Si ces questions ont trouvé quelques réponses en vous, comment pourriez-vous mettre ces réponses en pratique dans votre vie ?

Pour une meilleure compréhension

1. Relisez dans la deuxième partie les chapitres consacrés aux chiffres qui composent votre nombre de naissance: 2 (p. 74), 4 (p. 93), et 6 (p. 117).

2. Vous pouvez de la même façon vous familiariser avec le nombre de naissance d'un parent ou d'un ami et discuter avec lui, s'il le veut bien, de ce que vous avez en commun et de ce qui vous distingue.

Lois spirituelles: leviers pour changer votre vie

1. Dans la quatrième partie, lisez le texte de chacune des lois spirituelles suivantes:

   ❖ **Loi de la Flexibilité** (p. 456): En demeurant flexible, nous pouvons tirer le meilleur parti possible de nos difficultés et des circonstances changeantes.

   ❖ **Loi de la Méthode** (p. 485): La meilleure façon d'atteindre un but est de faire un petit pas facile à la fois.

   ❖ **Loi de l'Équilibre** (p. 478): Pour vaincre notre tendance à passer d'un extrême à l'autre, nous réalisons l'équilibre des deux extrêmes.

   ❖ **Loi de la Perfection** (p. 500): Une vision parfaite peut nous servir d'inspiration, mais l'excellence est le plus haut sommet que nous puissions atteindre.

   ❖ **Loi du Non-jugement** (p. 509): L'univers est un maître qui ne porte pas de jugements; son enseignement est une suite de conséquences naturelles.

2. Faites les exercices prescrits pour chacune de ces lois.

3. Pensez aux occasions de mettre ces lois en application dans votre vie.

33/6

6: Vision et acceptation
3: Expression et sensibilité
3: Expression et sensibilité

Comprendre le but de vie

Ceux qui se trouvent sur le chemin 33/6 y sont pour résoudre des questions touchant au perfectionnisme, à l'expression des émotions et au doute de soi afin de pouvoir manifester leur vision des plus hautes possibilités de la vie tout en appréciant la perfection inhérente au moment présent. Ce monde renferme aussi bien la beauté que la laideur, la bonté que la cruauté. Ceux qui travaillent l'énergie 33/6, pleins de nobles idéaux et doués d'une grande sensibilité, ont tendance à désespérer des problèmes et des imperfections de ce monde, mais ils ravalent leur tristesse, leur colère, et tentent quand même de faire le bien conformément à leurs idéaux. Malgré toute leur profondeur d'émotion, ce sont des gens qui peuvent sembler froids et insensibles.

Lorsqu'un 33/6 déplaît à quelqu'un, peu importe qui, il en est troublé (même s'il ne veut pas l'admettre) parce qu'il ressent à la fois les besoins émotifs du 3 et les exigences de conscience du 6. Aussi, les 33/6 doivent-ils prendre garde de ne pas se laisser manipuler dans leur grand désir de plaire, d'être aimés et respectés.

La vie serait plus gaie si les 33/6 considéraient leurs visions, leurs espoirs et leurs nobles idéaux comme des sources d'inspiration et non plus comme des critères pour juger le monde. Ils doivent comprendre que dans le monde de la forme, il n'existe aucun être, acte ou produit parfait; ils doivent aussi comprendre et exprimer la vision de la perfection immanente du monde, c'est-à-dire du plus haut degré de perfection déjà présent dans le monde.

Bien que leur but de vie principal soit commun à tous les 6, les 33/6 se distinguent par l'énergie émanant de la puissante influence du double 3. Ici comme chez les 22/4 ou les 44/8, les nombres doubles représentent des forces redoublées et des défis plus grands.

Pour les 33/6, le double 3 signifie que l'expression intérieure doit être manifeste avant que l'expression extérieure ne puisse s'épanouir. Par expression intérieure, j'entends que les 33/6 doivent communiquer avec eux-mêmes et se mettre à l'écoute de leurs propres émotions. Cela représente un grand défi car la plupart des 33/6 sont des perfectionnistes qui préfèrent se concentrer sur la meilleure, la parfaite façon de penser, de sentir, d'être et d'agir ; ce faisant ils risquent de perdre de vue leurs véritables sentiments – sentiments qui ne sont pas toujours beaux mais qui n'en font pas moins partie de leur personnalité. Même s'ils n'ont pas aussi souvent recours à la dénégation que les 42/6 et les 24/6, il se peut qu'ils y mettent du temps et qu'ils aient besoin d'un important travail d'introspection avant de pouvoir reconnaître leurs véritables émotions.

La reconnaissance et l'acceptation de leurs émotions les plus authentiques ouvrent des canaux par lesquels les 33/6 accèdent à leur sagesse inconsciente et à leurs intuitions ; dès lors les liens qu'ils créent avec les autres deviennent des liens de compassion et d'empathie.

Une fois qu'ils sont entrés en contact avec leurs émotions, le second 3 implique que les 33/6 doivent trouver le courage de les communiquer aux autres ; là encore, ce sera difficile parce qu'ils sont très sensibles aux critiques et veulent toujours paraître sous le meilleur jour possible. Dans certains cas, ils mettent la barre tellement haut qu'ils finissent par abandonner, tout simplement. L'expression des sentiments comporte une part de vulnérabilité ; les 33/6 se trouvent à la merci des autres. S'ils en prennent le risque, ils seront récompensés par des relations plus riches avec les autres et avec eux-mêmes.

Mais le défi du double 3 ne se limite pas à la connaissance et à l'expression des émotions ; les 33/6 sont prompts aux désillusions, déceptions et frustrations lorsque la vie ne comble pas leurs attentes. À cause de cela, ils ont tendance à s'exprimer dans le négatif: plaintes, critiques, racontars, jugements ou injures. Bien sûr, cela a vite fait de se retourner contre eux-mêmes, et ils se blâment sévèrement d'avoir fait étalage de leurs jugements. Une expression négative comme celle-là vaut quand même mieux que la dénégation pure et simple ou le refoulement des émotions, car à tout le moins c'est un pas dans le sens de l'expression de soi. À court terme il peut être préférable pour les 33/6 de s'exprimer dans le négatif que de ne pas parler du tout – du moins jusqu'à ce qu'ils aient appris à exprimer leurs sentiments authentiques dans le positif.

Si les 33/6 sont tentés de se plaindre, de juger, de condamner et d'une façon générale de s'exprimer dans le négatif, ils doivent savoir qu'il est possible d'exprimer honnêtement les mêmes idées d'une façon positive. Il est très important que les 33/6 (ou quiconque travaille le 3) comprennent que tout ce qu'ils expriment dans le négatif, ils pourraient tout aussi bien l'exprimer dans le positif. À ce chapitre, la Loi des Choix (p. 461) est d'une importance primordiale.

La destinée des 33/6, c'est de cultiver le don de vision qui leur est donné en naissant – c'est de voir la vie dans son ensemble avec tous ses hauts et ses bas, sa beauté, ses occasions cachées et ses enseignements. Ayant cultivé cette vision, ils doivent encore apprendre à utiliser leurs énergies et leurs dons d'expression de la façon la plus positive, la plus enthousiaste et la plus noble qui soit. Cela ne signifie pas fermer les yeux sur les injustices et les problèmes du monde pour ne plus voir que le bon côté des choses; cela signifie reconnaître et accepter que tout ce qui nous arrive, que cela nous plaise ou non, est nécessaire à notre croissance et à notre apprentissage.

Sous l'influence du double 3, les 33/6 ont une double dose de doute de soi et – à moins qu'ils ne reconnaissent le problème pour ce qu'il est et n'acceptent de lui faire face – ce doute, ajouté à la pression déjà exercée par leurs exigences impossibles, risque de les étouffer. Ils peuvent contrebalancer leurs tendances perfectionnistes en se rappelant que le «maître universel» fait de tout événement une parfaite occasion d'apprendre.

Le doute de soi et le perfectionnisme sont les deux plus grands obstacles auxquels les 33/6 sont confrontés. Mûs par ces deux ressorts, les 33/6 se lancent dans un éternel programme d'amélioration; les 6 aiment s'améliorer et améliorer tout ce qui les entoure, et les 3 oscillent entre la confiance maniaque et le doute dépressif. Très compétitifs, les 33/6 se jugent constamment en comparaison des autres. S'ils considèrent qu'ils ne font pas assez bien, ils peuvent se pousser davantage, se proposer des buts plus élevés et tendre à la perfection. S'ils succombent au doute, ils peuvent se retirer de la partie, jouer sans conviction ou bien abandonner, découragés et abattus, victimes de cette logique qui leur fait dire: «Si je n'essaie pas, je ne peux pas vraiment échouer.» S'ils demeurent dans la partie, par contre, ils finissent par y exceller car ils sont intelligents, sensibles et intuitifs de nature.

Presque tous les 33/6 se montrent plus intéressés par les buts eux-mêmes que par la façon de les atteindre; contrairement aux 4, qui tolèrent mal les étapes nombreuses et minutieuses, les 33/6 sont prêts à suivre toutes les étapes mais ils veulent faire trop vite et toucher au produit final, idéal, le plus tôt possible. Ils ont devant les yeux la vision de ce que sera le résultat et ils veulent l'obtenir immédiatement; ils veulent en finir avant d'avoir commencé. Les 33/6 doivent appliquer la Loi de la Méthode (p. 485), non pas parce qu'ils auraient du mal à procéder par étapes mais pour se rappeler qu'il faut savoir ralentir et prendre plaisir au parcours.

La plupart des 33/6 ont besoin d'amour et d'une forme de soutien émotif; même si plusieurs personnes les aiment et les admirent, il se peut qu'ils n'en sachent rien avant qu'ils n'aient eux-même appris à aimer et à estimer leur propre beauté lumineuse.

Travailler le 33/6 dans le positif

Entourés d'un brillant champ énergétique, reflet de leur pureté et de leur clarté, vers lequel les autres se sentent attirés, ces individus sensibles et enthousiastes nous aident à voir notre propre perfection et l'aspect positif de chaque chose. Leur corps est solide parce qu'ils l'ont renforcé, développé et raffiné au moyen de l'exercice physique et d'une alimentation saine. Ils acceptent leur apparence physique, que celle-ci rejoigne ou non l'idée que les autres se font de la perfection. Ils voient la perfection chez les autres et ils ont appris à s'accepter eux-mêmes tels qu'ils sont; au lieu de se juger eux-mêmes, ils en viennent à s'estimer. Ils ont toujours un bon mot ou une gentillesse à dire à propos des autres. Leur vision pénétrante leur permet de voir la beauté cachée en tout être et en toute chose; ils voient les êtres supérieurs que nous sommes tous appelés à devenir. Avec leurs hautes exigences et leur sens de l'honneur, ils travaillent pour la justice, le droit et la vérité de façon constructive.

Travailler le 33/6 dans le négatif

Muets et renfermés, complexés, étrangers dans leur propre milieu, ces individus ont une moue de dépit qui révèle leur déception, leur colère et leur frustration à l'égard du monde. «Ce n'est pas juste!» est le cri de guerre de ces critiques sévères qui jugent le monde en se basant sur d'impossibles critères de perfection. S'ils ne refoulent pas tout à fait leur expression, ils s'expriment par des jérémiades et des complaintes, s'autorisant pour cela d'une vision perçante qui leur permet de voir les imperfections présentes en nous tous comme en toute chose. La tension s'accumule dans leur corps sous la forme d'une couche de gras ou d'une ceinture de muscles, armure censée les protéger d'un monde rendu insupportable par la faute de leur propre perfectionnisme.

Questions de vie

Santé

La source d'énergie des 33/6, c'est la cause, l'idée ou l'idéal qui les inspire. La plupart ont un corps sain et fort, mais en raison de leur sensibilité et de leur émotivité, ils souffent parfois d'un blocage d'expression qui se traduit par des maux de gorge. Lorsqu'ils sont nerveux ou ressentent la pression d'exceller, ils peuvent avoir des papillons dans l'estomac. Le stress peut aussi causer une tension musculaire, surtout à la mâchoire, d'occasionnelles maladies de la peau ou encore de l'asthme, comme si le monde entier reposait sur leur poitrine. S'ils travaillent dans le négatif durant une longue période de temps, il se peut qu'ils souffrent de maladies chroniques, colite, ulcères ou autres maladies de l'intestin.

Tous les 33/6 mais surtout ceux qui semblent les plus *cool* et les plus sûrs d'eux-mêmes peuvent souffrir d'arthrite dans leur vieillesse ; tout se passe alors comme si la colère constamment bloquée, ravalée ou refoulée, colère que leur inspirent les jugements qu'ils portent sur eux-mêmes et sur les autres, se « cristallisait » tout à coup dans les articulations.

Toutes ces maladies peuvent affecter les personnes qui travaillent le 33/6 dans le négatif mais elles ne sont ni inévitables ni nécessaires. Leur santé peut s'améliorer grandement une fois que les 33/6 (mais cela est vrai pour tout le monde) apprennent à se relaxer et à suivre le courant.

« Mangez ce que vous aimez et aimez ce que vous mangez » est un bon conseil à donner aux 33/6. À cause de l'énergie du 3, l'émotion joue un rôle important dans tout ce qu'ils font. Suivant les connaissances et les intuitions de chacun en matière d'alimentation, ils ont tendance à rechercher le régime alimentaire optimal. Bien que ce ne soit pas un problème pour la plupart des 33/6, quelques-uns peuvent souffrir d'anorexie ou d'autres troubles de la nutrition qui trouvent leur cause première dans une mauvaise image de soi : soit qu'on s'imagine trop gras ou pas assez parfait.

La plupart des 33/6 aiment les exercices physiques bien définis ; ils recherchent naturellement une forme d'entraînement qui leur convienne parfaitement au plan physique et qui satisfasse même leurs besoins affectifs ou sociaux. Plusieurs 33/6 aiment pousser l'entraînement plus loin et s'adonner aux arts martiaux, par exemple, qui permettent de maîtriser et de raffiner une technique « jusqu'à la perfection ». Des cinq plus grands athlètes en arts martiaux que j'aie connus, trois travaillaient le 33/6.

Relations

Les émotions n'étant pas des choses raisonnables, propres, rangées et prévisibles, il se peut que les 33/6 aient du mal à se relaxer, à se laisser aller avec abandon et passion (à moins, bien sûr, que ce ne soient des acteurs chevronnés comme Robert De Niro et Meryl Streep). Surmonter le doute de soi et la peur des autres peut leur demander un peu de temps. Tant qu'ils ne sont pas prêts à exprimer leurs émotions directement (« J'ai mal ! »), ils ont tendance à tout garder en dedans, à faire « comme si de rien n'était ».

Lorsqu'ils refoulent leurs émotions, leurs relations personnelles s'en ressentent. Ceux qui travaillent le 33/6 doivent comprendre que leur partenaire les aime tels qu'ils sont, sans leur masque de perfection. Plus ils se montrent vulnérables et vrais, mieux ils s'en portent. (« Voilà comme je suis. C'est à prendre ou à laisser. »)

Sexuellement, plusieurs 33/6 sont réservés et complexés ; plus soucieux de la technique et de la performance que de l'émotion, ils sont incapables du libre abandon que demande l'acte amoureux. Dans certains cas, s'ils tardent trop à réaliser le tort que leur causent leurs tendances perfectionnistes, leur libido peut se mettre à diminuer, grugée par la colère refoulée et les jugements qu'ils portent sur leur amant. Dans le positif, les 33/6 ont des relations, sexuelles ou autres, riches et équilibrées.

Talents, travail et situation financière

S'ils ne laissent pas le doute les arrêter, les 33/6 font un excellent travail (même s'ils ne sont pas toujours d'accord) et ils sont portés tout naturellement à la réussite. Ils ont une profonde sensibilité, que cela soit manifeste ou non, et leur esprit sait concentrer et diriger une intelligence profondément intuitive. Pour réussir, toutefois, il faut qu'ils gardent leurs idéaux en laisse, qu'ils demeurent réalistes, pratiques et positifs.

Leur goût de la précision, ainsi que leurs habiletés expressives et intuitives, peuvent s'exercer dans plusieurs domaines différents, tels que l'enseignement, l'entraînement, le design, l'architecture et dans les métiers d'organisateurs ou d'illustrateurs. Les acteurs, danseurs et athlètes qui travaillent le 33/6 étudient leur art en profondeur; ce sont de vrais professionnels. Plusieurs 33/6 sont des écrivains prolifiques; ils excellent dans tout ce qui touche aux communications, aux émotions et à l'expression. Ils ont une touche personnelle qui les distingue et ils s'emploient consciencieusement à satisfaire leurs hautes exigences.

Si un problème financier survient, le doute et la procrastination perfectionniste en sont probablement à la source. Les problèmes d'argent peuvent refléter un défaut d'estime de soi – soit qu'ils se déprécient eux-mêmes sans raison valable, soit qu'ils ont peur de s'affirmer et de montrer au monde ce qu'ils valent. Lorsqu'ils ont appris à se connaître, à s'apprécier à leur juste valeur – et à exprimer leurs véritables émotions –, ils réussissent aussi à exprimer leur joie de vivre.

Quelques 33/6 célèbres

Fred Astaire	D. H. Lawrence
Mikhaïl Baryshnikov	John McEnroe
Dale Carnegie	Linda Ronstadt
Agatha Christie	Beverly Sills
Albert Einstein	Steven Spielberg
Stephen King	Meryl Streep
Elisabeth Kübler-Ross	H. G. Wells

Votre destinée est entre vos mains

Si vous travaillez le 33/6, cette section peut vous aider à manifester votre but de vie en attirant votre attention sur les questions les plus importantes et en vous suggérant des actions précises capables de changer votre vie.

Conseils et recommandations

❖ Retrouvez non pas votre idéal mais vos sentiments authentiques.

❖ Exprimez non seulement vos idées mais aussi vos émotions.

❖ Reconnaissez votre sensibilité, et laissez les autres la voir.

❖ Appréciez ce que vous êtes et ce que les autres sont au moment présent.

Questions utiles

1. Réfléchissez aux questions suivantes :

   ❖ Comment ai-je l'habitude d'utiliser mon énergie d'expression ?

   ❖ Le doute de soi et le perfectionnisme m'étouffent-ils parfois ?

   ❖ Puis-je apprécier ce que je suis présentement ?

   ❖ Est-ce que je laisse savoir aux autres ce que je ressens ?

2. Si ces questions ont trouvé quelques réponses en vous, comment pourriez-vous mettre ces réponses en pratique dans votre vie ?

Pour une meilleure compréhension

1. Relisez dans la deuxième partie les chapitres consacrés aux chiffres qui composent votre nombre de naissance : 3 (p. 83), et 6 (p. 117).

2. Vous pouvez de la même façon vous familiariser avec le nombre de naissance d'un parent ou d'un ami et discuter avec

lui, s'il le veut bien, de ce que vous avez en commun et de ce qui vous distingue.

Lois spirituelles : leviers pour changer votre vie

1. Dans la quatrième partie, lisez le texte de chacune des lois spirituelles suivantes :

   ❖ **Loi de la Flexibilité** (p. 456) : En demeurant flexible, nous pouvons tirer le meilleur parti possible de nos difficultés et des circonstances changeantes.

   ❖ **Loi de la Perfection** (p. 500) : Une vision parfaite peut nous servir d'inspiration, mais l'excellence est le plus haut sommet que nous puissions atteindre.

   ❖ **Loi des Choix** (p. 461) : Nous pouvons nous exprimer de façon positive ou négative ; c'est à nous de choisir.

   ❖ **Loi de l'Intuition** (p. 536) : Lorsque nous cessons de nous comparer aux autres, nous entrons en contact avec la sagesse de notre cœur.

   ❖ **Loi du Moment présent** (p. 505) : L'impatience et les regrets disparaissent lorsqu'on se rend compte que seul le moment présent existe.

2. Faites les exercices prescrits pour chacune de ces lois.

3. Pensez aux occasions de mettre ces lois en application dans votre vie.

7 : FOI ET OUVERTURE

Dès l'instant où vous aurez foi en vous-même,
vous saurez comment vivre.

GOETHE

Cette section comprend tous les nombres de naissance ayant le 7 (p. 128) comme but de vie principal : 16/7, 25/7, 34/7 et 43/7. Bien que tous ces nombres de naissance reflètent puissamment l'énergie du 7, l'interaction et l'influence des autres nombres – et des qualités, questions et caractéristiques qui leur sont rattachées – confèrent à chacun sa saveur unique.

16/7

7: Foi et ouverture
6: Vision et acceptation
1: Créativité et confiance

Comprendre le but de vie

Ceux qui se trouvent sur le chemin 16/7 y sont pour résoudre des questions touchant à l'ouverture, à l'authenticité, à l'acceptation et à l'insécurité, pour apprendre à mettre leur foi dans l'esprit créateur qui est en eux et dans la beauté qui est en nous tous et pour manifester leurs idéaux et leurs visions de façon pratique. Puisque notre chemin de vie suit une pente abrupte et difficile, les 16/7 feront face à des défis bien précis se rapportant à chacun des chiffres de leur nombre de naissance. L'énergie créatrice du 1 doit être employée à des fins constructives sans quoi elle peut se retourner contre eux de façon destructive. Cette énergie du 1 s'accompagne souvent d'un sentiment d'insécurité ou d'infériorité. Chargés de mener à bien les visions et les exigences perfectionnistes du 6 mais souffrant du manque de confiance typique des 7, les 16/7 ressentent une peur profonde de paraître ridicules ou d'être couverts de honte ; ce sont d'ordinaire des individus réservés, vivant à l'intérieur d'eux-mêmes, qui travaillent à la création d'un monde meilleur même s'ils en désespèrent parfois. Ils préfèrent de beaucoup une vie très privée ; ceci dit, ils ont beaucoup à offrir étant donné l'étonnante clarté de leur esprit incisif et leur extraordinaire imagination créatrice.

Malgré leurs activités extérieures – travail, famille et autres intérêts –, ils rêvent de trouver à l'intérieur d'eux-mêmes un havre de paix propice à la communion avec soi-même, avec le monde, avec l'Esprit et avec le souffle qui nous animent tous.

Plusieurs 34/7, 43/7 ou 25/7, plus soucieux de leurs affaires, de leur famille ou de leurs activités sportives, ne se reconnaîtront pas dans cette imagerie spirituelle, mais la plupart des 16/7, dont la sensibilité et la vision sont plus éthérées, vibreront en entendant l'appel supérieur, ou intérieur, de leur destinée.

Par leur musique, Vladimir Horowitz et Frédéric Chopin, deux 16/7, nous ont montré comment l'on pouvait ressentir la vie d'une façon plus intense ; les mots d'un autre 16/7, Fiodor Dostoïevski, nous ont procuré une meilleure compréhension du monde. L'appel du service est une chose essentielle pour les 16/7, car sans un moyen pratique de servir dans la vie de tous les jours, il se peut que certains d'entre eux préfèrent quitter complètement le plan physique de la planète Terre – et ils le quittent parfois littéralement, comme le fit l'astronaute Edwin «Buzz» Aldrin. Ils ne le quittent pas à la manière des catatoniques, dont l'attention se tourne vers l'intérieur parce qu'ils ont peur, mais à la manière des mystiques, dont la vision se tourne vers l'intérieur avec les plus nobles aspirations, dans l'espoir et dans l'amour.

Les 16/7, avec leur imagination des plus intenses et des plus actives, se trouvent sur l'un des chemins de vie les moins bien enracinés dans la vie quotidienne. Quand on y songe, quelle discipline a dû s'imposer un 16/7 comme Chet Huntley, ce journaliste doublé d'un philosophe, pour plonger chaque jour dans le plus banal «quotidien»!

Le défi des 16/7, avec leurs nobles idéaux et leurs tendances perfectionnistes, leurs énergies créatrices et leur soif de connaissances, est d'accepter le monde tel qu'il est et de trouver la perfection en eux-mêmes et dans la vie de tous les jours.

L'influence du 7 porte les 16/7 à rêver d'une communion plus profonde avec la vie. Ils y parviennent en relevant ce défi commun à tous les 7 : apprendre à mettre leur foi dans leur propre «sage intérieur» et à faire confiance au monde en évolution. Cela ne sera pas facile, mais c'est pour cette raison que les 16/7 sont sur cette terre.

Pour la plupart des 16/7, le manque de confiance, ou de foi, en soi-même et envers les autres est un problème majeur. Par nature, ils ne sont pas portés à croire en eux-mêmes, quoiqu'il n'y paraisse souvent rien à l'extérieur. Ils peuvent prétendre le contraire mais en y regardant de plus près ils se rendront compte que leur foi se limite à tout ce qui est cérébral, c'est-à-dire aux connaissances, théories et croyances qu'ils ont empruntées aux autres.

Pour les 16/7, la foi vient lentement, d'autant plus que le perfectionnisme du 6 les porte au désappointement envers eux-mêmes et envers tous ceux qui ne comblent pas leurs attentes impossibles. Ils ont du mal à croire en leur cœur et en leurs intuitions. Tous les 7 ont tendance à se sentir trahis mais ce sentiment, alimenté par leur énergie créatrice, exacerbé par leur tendance à l'insécurité et à l'isolement, est particulièrement pénible chez les 16/7.

En revanche, lorsque les 16/7 canalisent leur énergie créatrice dans une vision, une quête, un but ou une raison d'être supérieure, ils en viennent à croire en l'Esprit qui se manifeste par eux, en eux et à travers eux. À mesure que leur esprit incisif parvient à embrasser et à apprécier la perfection inhérente à leur existence, perfection qui comprend leurs succès comme leurs insuccès, leurs hauts comme leurs bas, ils s'initient peu à peu aux principes spirituels qui avaient jusque-là échappé à leur attention. Du moment qu'ils découvrent la beauté douce-amère et la perfection transcendante de la vie, ils trouvent leur havre de paix partout: ils n'ont plus rien à craindre.

Travailler le 16/7 dans le positif

Dans toutes leurs entreprises créatrices, ces individus porteurs de beauté et de vérité nous font partager leurs visions élevées et nous révèlent de nouvelles possibilités. Avec leur regard d'une rare intensité, leur énergie étincelante et leurs qualités vives et raffinées, ils sont comme des « anges » ayant pris forme humaine. Ayant une foi sans réserve mais sans naïveté en eux-mêmes et en nous tous, ils voient partout et en toute chose, même dans les circonstances les plus pénibles, la perfection inhérente au monde et les manifestations d'un Esprit d'amour. Poursuivant un but des plus élevés, ils donnent un sens à leur vie en inspirant aux autres le sentiment d'une vie plus raffinée et plus noble.

Travailler le 16/7 dans le négatif

Amers, se sentant trahis, insécurisés et autodestructeurs, ces individus ont bien du mal à vivre sur cette terre. Sources de toutes les frustrations ressenties contre eux-mêmes et contre les autres, leurs exigences perfectionnistes sont maintenant laissées à l'abandon et à la dérive. Ils rêvent d'un monde meilleur mais, se sentant incapables d'y contribuer, ils ont perdu tout espoir. Isolés comme des ermites, ils ont peur de la critique et évitent autant que possible les contacts sociaux. Se sentant incompris et mésestimés, ils trouvent un échappatoire dans la drogue ou dans un monde fantasmatique de leur invention.

Questions de vie

Santé

Si le sentiment d'incompréhension ou de trahison persiste durant de longues années, le cœur et les genoux deviennent vulnérables. Des problèmes aux intestins et aux poumons peuvent aussi survenir. Certaines formes subtiles de transfert d'énergie, comme l'homéopathie, la visualisation et la méditation ont habituellement de bons résultats sur les 16/7. Parce qu'ils ont tendance à se perdre dans leur tête, ils ont tout intérêt à pratiquer une forme de méditation ou de relaxation qui les aidera à libérer leurs pensées.

Le régime idéal consisterait en une nourriture à la fois nourrissante et légère, car les 16/7 ont tendance à manger trop peu, la qualité étant pour eux plus importante que la quantité. Ils doivent s'efforcer de trouver le régime qui leur conviendra et ne pas oublier de se fier à leurs instincts au moins autant qu'aux connaissances acquises.

Leur sont particulièrement bénéfiques les formes d'exercices les plus raffinées, c'est-à-dire celles qui ont aussi pour but de conscientiser, comme le taï chi ou le yoga, ou encore les exercices aérobiques légers, comme la natation ou la marche à pied. L'exercice permet à leur énergie créatrice de circuler et les aide à faire confiance à la sagesse naturelle de leur corps. Les 16/7 aiment faire des exercices novateurs et efficaces, ou marcher simplement parmi les beautés de la nature.

Relations

Lorsqu'ils travaillent dans le négatif, les 16/7 vivent dans l'insécurité et la mésentente ; c'est pourquoi ils ont tant de difficulté à exprimer leurs sentiments et leurs émotions. Le fait de s'ouvrir à une réelle intimité peut donc représenter un grand défi. Dans certains cas, les relations n'existent qu'au stade du fantasme, et les 16/7 cherchent alors une Dulcinée, une Hélène de Troie, un Hercule ou quelqu'autre figure mythique. Certains 16/7 préfèrent lire un livre que de vivre une relation.

Lorsqu'ils travaillent les aspects positifs de leur chemin de vie, les nobles visions des 16/7 débouchent sur l'ouverture, la confiance, le partage ; et l'intimité à laquelle ils parviennent est donc « parfaite ». Faire l'amour avec un total abandon, se laisser voir et se laisser connaître complètement, voilà qui pour les 16/7 est à la fois source d'angoisse et promesse de guérison, car l'amour peut devenir un acte de tendresse et de courage par lequel ils signalent leur acceptation de la vie terrestre et corporelle.

Talents, travail et situation financière

Avec la combinaison d'énergies dont ils disposent : énergie créatrice, exigence de caractère et vive intelligence, il n'est pas surprenant que les 16/7 fassent un travail exemplaire quel que soit leur domaine : écrivains ou poseurs de planchers, musiciens ou astronautes, peu importe. On les retrouve dans tous les métiers qui permettent un certain isolement, qui mettent leur intelligence au défi de se surpasser et qui concordent avec la noblesse de leur quête de sens.

La présence du 6 soulève la possibilité qu'un manque d'estime de soi fasse interférence avec la faculté de recevoir et de créer l'abondance. Une fois qu'ils commencent à s'estimer eux-mêmes, à apprécier leur travail et à devenir plus réceptifs, le monde leur donne beaucoup en retour.

Quelques 16/7 célèbres

Edwin « Buzz » Aldrin	Vladimir Horowitz
Frédéric Chopin	Chet Huntley
Fiodor Dostoïevski	Robert Wagner

Votre destinée est entre vos mains

Si vous travaillez le 16/7, cette section peut vous aider à manifester votre but de vie en attirant votre attention sur les questions les plus importantes et en vous suggérant des actions précises capables de changer votre vie.

Conseils et recommandations

❖ Cessez de vous cacher derrière le masque de votre raffinement.

❖ Faites confiance et prenez plaisir au processus créatif de votre vie.

❖ Souvenez-vous que toute erreur est inspirée par une sagesse supérieure.

❖ Acceptez complètement le moment présent et voyez la perfection qui s'y trouve.

Questions utiles

1. Réfléchissez aux questions suivantes:

   ❖ Quelles sont mes inspirations?

   ❖ En quel sens peut-on dire que mes difficultés ont été parfaites?

   ❖ Ai-je l'habitude de laisser l'insécurité ou le perfectionnisme m'arrêter?

   ❖ En quoi mes attentes ont-elles influencé mes expériences?

2. Si ces questions ont trouvé quelques réponses en vous, comment pourriez-vous mettre ces réponses en pratique dans votre vie?

Pour une meilleure compréhension

1. Relisez dans la deuxième partie les chapitres consacrés aux chiffres qui composent votre nombre de naissance: 1 (p. 64), 6 (p. 117), et 7 (p. 128).

2. Vous pouvez de la même façon vous familiariser avec le nombre de naissance d'un parent ou d'un ami et discuter avec lui, s'il le veut bien, de ce que vous avez en commun et de ce qui vous distingue.

Lois spirituelles: leviers pour changer votre vie

1. Dans la quatrième partie, lisez le texte de chacune des lois spirituelles suivantes:

   ❖ **Loi de la Foi** (p. 514): Il faut avoir foi en soi-même pour accorder sa confiance aux autres.

   ❖ **Loi de la Perfection** (p. 500): Une vision parfaite peut nous servir d'inspiration, mais l'excellence est le plus haut sommet que nous puissions atteindre.

❖ **Loi de la Flexibilité** (p. 456): En demeurant flexible, nous pouvons tirer le meilleur parti possible de nos difficultés et des circonstances changeantes.

❖ **Loi du Moment présent** (p. 505): L'impatience et les regrets disparaissent lorsqu'on se rend compte que seul le moment présent existe.

❖ **Loi de la Méthode** (p. 485): En procédant par petites étapes, nous apprenons à faire confiance à notre propre processus évolutif.

2. Faites les exercices prescrits pour chacune de ces lois.

3. Pensez aux occasions de mettre ces lois en application dans votre vie.

25/7

Comprendre le but de vie

Ceux qui se trouvent sur le chemin 25/7 y sont pour résoudre des questions touchant à l'intimité, à l'ouverture et à l'indépendance, pour mettre leur foi dans les forces spirituelles qui agissent en eux comme en nous tous et partout dans le monde, et pour arriver à la liberté intérieure au moyen de la discipline et de la focalisation. Sur ce chemin, la discipline, la focalisation et la foi, en soi-même et en autrui, sont les questions les plus importantes, et la qualité de vie des 25/7 dépend dans une large part de la façon, positive ou négative, dont ils abordent ces problèmes. Parce que notre but de vie n'est jamais chose facile, les 25/7 sont plus ou moins enclins à la paranoïa ; il arrive qu'ils s'embarquent dans une relation avec une foi et une confiance presque naïves, et il n'est pas rare qu'ils en ressortent blessés, se sentant trahis ou incompris.

La plupart des 25/7 ont besoin de solitude et d'indépendance. Ayant toujours vaguement peur d'être trahis, ils ont tendance à se replier sur eux-mêmes au point de vue affectif ; ils ne se sentent jamais suffisamment en sécurité pour laisser voir leurs pensées et leurs émotions les plus intimes. Certains 25/7 que la vie a blessés, a rendus amers ou paranoïaques, se lancent à la recherche du « numéro un » ; parce qu'ils se sentent seuls au point de vue affectif ou parce qu'ils le sont réellement dans les faits, comme le proverbial ermite isolé dans sa montagne, ils peuvent chercher l'« Esprit » mais ils le font en évitant tout contact humain.

Les 25/7 sont de la trempe des grands penseurs, et cette faculté peut leur valoir de trouver le succès dans le monde; cependant leur but de vie est davantage axé sur les richesses intérieures que sur les biens de ce monde. La plupart des individus sur le chemin de vie 25/7 ont un travail, une famille, font des voyages et s'occupent à toutes sortes d'activités ordinaires dans la vie de tous les jours.

Il émane de presque tous les 25/7 une sorte de légèreté et de clarté séduisantes; qu'ils en soient conscients ou pas, ils sont très près des énergies subtiles que certains appellent des «anges». Bien qu'ils négligent parfois la réalité spirituelle au profit d'une explication scientifique du monde, il n'empêche que la plupart des 25/7 ont un sens de la beauté et de l'harmonie qui confine au mysticisme.

Mais il y a plus encore: quelque chose qui tend à faire surface, une chose qu'ils ont à fleur de peau, qui est dans leur cœur et dans toutes les cellules de leur corps: une sorte de besoin, peut-être encore inconscient, le besoin de savoir qu'ils sont ici *chez eux.*

L'interaction des énergies du 2, du 5 et du 7 provoque des conflits internes qui entraînent les 25/7 dans une quête de guérison et d'illumination. Ces individus n'ont pas nécessairement besoin de guérir physiquement; ce sont leurs divisions internes qu'ils veulent soigner afin d'arriver à la concentration d'esprit, au sens, au but ultime.

La plupart des 25/7 ont une apparence raffinée et certaines qualités presque enfantines. Les enfants les aiment parce qu'ils savent jouer comme des enfants. Homme ou femme, ils font penser à Peter Pan; coincés entre le «Never Land» et la Terre, ils ne savent plus très bien de quel côté ils sont chez eux. Ils aiment la beauté des paysages et ils ont souvent plus de facilité à communiquer avec les esprits de la nature qu'avec les habitants de la ville. Ils aiment les ordinateurs et l'art conçu par ordinateur, les jeux sur ordinateur, les études avancées, la lecture et les voyages par mer ou dans les airs; ils rêvent d'un monde de beauté et d'aventure où les politiques et les déceptions propres au monde des humains seraient inexistantes, ou à tout le moins inopérantes.

La plupart des 25/7 se sentent pris dans un cercle vicieux. Ils ne font pas suffisamment confiance aux autres pour partager leurs émotions avec eux, et ils ont donc peu de relations intimes ; ayant besoin de solitude et d'indépendance, ils se donnent du mal pour se protéger d'une société qui, au fin fond de leur subconscient, leur semble menaçante. Et pourtant, ils veulent aider les autres, apporter leur contribution, changer le monde d'une façon ou d'une autre. Comme des chiots qui s'approchent lentement d'un étranger, puis s'éloignent, puis se rapprochent, puis s'éloignent encore, certains 25/7 parviennent peu à peu à établir des contacts soit avec des gens qui partagent leurs goûts et leur intérêts, soit à l'intérieur d'un groupe structuré. D'autres n'y arrivent pas ; se sentant trahis, ils se retirent dans leur propre monde, un monde sans complications mais dont la solitude est parfois dure à supporter.

Sous l'influence du 2, les 25/7 cherchent à établir l'équilibre intérieur de leurs idées et valeurs conflictuelles ; dans leurs relations avec les autres, ils cherchent à garder un juste milieu entre donner et recevoir, et ils aiment définir clairement les limites de leur espace personnel. L'énergie du 5 provoque les expériences dont les 25/7 peuvent tirer la leçon de discipline qui les aidera ensuite à parvenir à la liberté et à l'indépendance.

À mesure que les 25/7 évoluent et tirent les leçons de l'expérience, leur foi en eux-mêmes devient de plus en plus solide et profonde. Même si certains ont toujours montré de l'intérêt pour les idées et les pratiques spirituelles, il arrive un moment dans la vie de tous les 25/7 où ils ne se contentent plus de lire les récits d'expériences mystiques dans les livres ; à ce stade, ils veulent faire l'expérience directe de l'unification. Lorsqu'ils vivent en conformité avec la Loi de la Foi (p. 514), le sens caché de tout ce qui arrive dans leur vie leur apparaît clairement. Dorénavant, si quelqu'un leur ment, les trompe ou les trahit, ils auront toujours le choix de ne plus s'associer avec cette personne mais cela n'affectera en rien leur foi dans le « maître universel » dont l'enseignement transpire de toutes ces expériences ; et ils remercieront l'Esprit pour ces inestimables leçons de vie.

Lorsque les 25/7 sont enfin libérés de leurs conflits intérieurs, ils peuvent se concentrer sur le service de la même façon que les maîtres zen se concentrent sur la maîtrise du tir à l'arc – comme moyen de transformation et d'éveil intérieur. Tant qu'ils n'ont pas trouvé un moyen précis de servir, ils demeurent d'éternels chercheurs, des vagabonds spirituels; plus dissociés que vraiment libres, ils font confiance à tout le monde sauf à eux-mêmes, cherchent partout sauf à leurs pieds; et ils se fient à leur esprit comme unique source d'informations.

La plupart des 25/7 ont des tendances paranoïaques. Lorsqu'ils se sentent suffisamment en sécurité pour enlever leur armure mentale et pour se confier à l'Esprit, ils renouent avec le sentiment de communion qui est en eux depuis la naissance mais qu'ils avaient oublié; alors ils font l'expérience directe de l'unification. Lorsque les 25/7 sentent finalement que l'Esprit est en eux, ils trouvent l'Esprit partout, en toutes choses et en tout être humain.

Travailler le 25/7 dans le positif

La vie de ces individus ne semble pas toujours axée sur la spiritualité, sur les pratiques spirituelles ou sur le travail intérieur. Mais quel que soit le champ d'activités dans lequel ils s'engagent, ces 25/7 puisent à la source d'une profonde intelligence parce qu'ils se tournent vers l'intérieur pour trouver la réponse à toutes leurs questions. Ils apprennent aussi des autres, mais ils respectent leurs propres émotions et tous les messages qui viennent de l'intérieur. Ce sont des aventuriers qui font le jour sur la liberté intérieure; vivant une vie vraiment libre, ils sont à l'aise et se sentent chez eux presque partout, et ils trouvent une grande satisfaction lorsqu'ils peuvent faire connaître aux autres les vérités que l'expérience leur a enseignées. Incarnations de la liberté intérieure, eux-mêmes touchés par un sentiment d'unité, de paix et d'harmonie, ils vont dans le monde et touchent les autres. Ils sont reconnaissants de toute expérience vécue, parce que ces 25/7 voient l'Esprit partout.

Travailler le 25/7 dans le négatif

Lui préférant la solitude, ces individus isolés fuient le monde parce qu'ils considèrent que nul n'est digne de leur confiance. Chercheurs sans but, avides d'expériences et de lectures, véritables vagabonds spirituels, ils rêvent du livre, de la méthode ou du maître qui pourrait faire d'eux des êtres complets ou qui leur donnerait la clé, la connaissance définitive que réclame leur esprit. Mais ils ne trouveront jamais pour la simple raison qu'ils cherchent à l'extérieur d'eux-mêmes. Ils sont parmi les paranoïaques de ce monde; ils tiennent pour acquis qu'on les abandonnera, et dans la mesure où ils agissent en reclus, on finit en effet par les abandonner.

Questions de vie

Santé

La santé des 25/7 repose sur la pureté relative de chacun des nombres: dans le positif, le 2 apporte la force; le 5 apporte un sentiment exaltant de liberté; et le 7 est le signe d'un esprit judicieux qui adopte un mode de vie sain. Dans le négatif, par contre, le 2 signale que les 25/7 auront tendance à s'épuiser et à se stresser à force de trop penser, d'où le risque d'allergies; le 5 annonce une tendance à la dispersion, à la dépendance et à l'amertume, tendance qui peut compromettre le fonctionnement de la glande surrénale, qui sécrète l'adrénaline, et tout le système nerveux; et le 7 signifie qu'ils sont sensibles à tout semblant de trahison, et qu'ils ressentent une pression au niveau du cœur.

Pour les 25/7, peu d'activités sont aussi thérapeutiques que la descente d'une rivière en canot, une promenade en chaloupe sur un lac ou une marche en montagne. Jumelées à la méditation et à l'expression des émotions, ces activités ont sur eux l'effet positif d'une cure de rajeunissement.

La plupart des 25/7 ont besoin de garder les pieds sur terre, même de « redescendre sur terre ». Comme le fait la foi en soi-même, l'exercice physique, les arts martiaux et toutes les expériences physiques positives peuvent les aider à s'enraciner.

Des thérapeutiques plus esthétiques qui agissent sur l'esprit, comme la visualisation, l'art et la guérison par les couleurs, la lumière ou les essences de fleurs, leur sont utiles. Comme tous les 7, les 25/7 ont besoin d'appliquer à leur vie une discipline constante; ils ont tendance à aller tellement loin dans leur tête qu'ils risquent d'en oublier les soins dont leur corps a besoin.

Relations

La plupart des 25/7 ont des problèmes personnels bien précis qui leur rendent la tâche difficile, mais certainement pas impossible, lorsqu'il s'agit d'exprimer leurs émotions et de montrer toute leur vulnérabilité. Que les trahisons soient réelles ou imaginaires, ils en ont peur et ils en souffrent dans leur cœur; c'est pourquoi ils font confiance à leur tête et s'efforcent d'intellectualiser leurs émotions, se privant ainsi du sentiment de communion qui pourrait les rapprocher des autres.

Ceux qui travaillent le 25/7 sont des individus passablement réservés qui, d'une part, gardent jalousement leur indépendance et leur solitude et qui, d'autre part, désirent quand même se rapprocher le plus possible de leur partenaire. L'équilibre est donc difficile à réaliser. La plupart espèrent trouver dans leurs relations l'harmonie, l'équilibre et la complétude qu'ils se sentent incapables de trouver en eux-mêmes. Pour raviver une vieille relation, ils auraient avantage à pratiquer une forme quelconque de travail intérieur afin de rehausser leur propre sentiment d'autonomie et de complétude. Lorsqu'ils ont foi en eux-mêmes et en Dieu, ils s'ouvrent à leurs relations.

Leur plus grande satisfaction sexuelle, les 25/7 l'obtiennent lorsqu'ils sortent avec confiance de la «caverne de l'esprit», enlèvent leur armure mentale et font naître l'émotion dans la chambre à coucher.

Talents, travail et situation financière

Quel que soit leur choix de carrière, les 25/7 peuvent utiliser leur esprit incisif à des fins de service et d'entraide. La plupart excellent dans l'écriture, la recherche ou les technologies avancées ; ils font de bons agents pour les services secrets, de bons acteurs, chimistes, chirurgiens, avocats ou chorégraphes. De toute évidence, les 25/7 ont tout pour réussir dans les occupations qui exigent un esprit et des mains habiles, surtout si ces occupations sont quelque peu solitaires. Intelligents et secrets, il y en a qui sont des génies de l'informatique et d'autres qui font d'excellents recherchistes, universitaires ou professeurs de physique. L'énergie du 5 imprègne ce chemin de vie parce que les 5 entreprennent beaucoup de choses tandis que les 7 créent un schéma artistique, cherchent le rythme et l'harmonie. En résumé, les 25/7 ont une forte nature esthétique, et ils sont à leur aise aussi bien assis devant un ordinateur que marchant sur une plage balayée par le vent.

Ces penseurs exceptionnels peuvent arriver à la réussite financière en empruntant divers chemins. Le manque d'argent dépend habituellement d'un manque de confiance en soi, de l'éparpillement des énergies (5) ou du fait qu'ils dépensent plus d'argent qu'ils ne peuvent en gagner dans leur quête incessante de nouvelles expériences. Mais lorsqu'ils utilisent leurs énergies de façon positive, les 25/7 ont le genre d'esprit à qui tout peut réussir, et le genre d'âme qui est faite pour servir et même, dans certains cas, pour aider à libérer les autres.

Quelques 25/7 célèbres

Bella Abzug	Carrie Fisher
Arthur Ashe	Mel Gibson
Joan Baez	Woody Guthrie
Helen Gurley Brown	J. Edgar Hoover
William F. Buckley	Marilyn Monroe
Richard Burton	Gertrude Stein
Eric Clapton	James Stewart

Votre destinée est entre vos mains

Si vous travaillez le 25/7, cette section peut vous aider à manifester votre but de vie en attirant votre attention sur les questions les plus importantes et en vous suggérant des actions précises capables de changer votre vie.

Conseils et recommandations

❖ Fiez-vous à vos instincts et à votre intuition; vous êtes le seul expert en ce qui concerne votre corps et votre vie.

❖ Souvenez-vous de prendre, au moins une fois par jour, une grande respiration durant laquelle vous faites comme si vous respiriez l'Esprit.

❖ Appréciez l'expérience, mais concentrez-vous sur la relation.

❖ Entendez-vous clairement avec les gens de façon à éviter tout malentendu.

Questions utiles

1. Réfléchissez aux questions suivantes:

    ❖ Comment puis-je faire la transition lorsque je désire cesser de me fier aux experts et aux idées extérieures et commencer à me fier à la sagesse de mon corps?

    ❖ Pour éviter les malentendus, comment pourrais-je faire connaître mes vrais sentiments et besoins dans une situation donnée?

    ❖ Est-ce que je me sens en sécurité avec les autres ou ai-je l'habitude de me cacher derrière un écran mental?

    ❖ Quels sont mes sentiments secrets à propos de la foi?

2. Si ces questions ont trouvé quelques réponses en vous, comment pourriez-vous mettre ces réponses en pratique dans votre vie?

Pour une meilleure compréhension

1. Relisez dans la deuxième partie les chapitres consacrés aux chiffres qui composent votre nombre de naissance : 2 (p. 74), 5 (p. 105), et 7 (p. 128).

2. Vous pouvez de la même façon vous familiariser avec le nombre de naissance d'un parent ou d'un ami et discuter avec lui, s'il le veut bien, de ce que vous avez en commun et de ce qui vous distingue.

Lois spirituelles : leviers pour changer votre vie

1. Dans la quatrième partie, lisez le texte de chacune des lois spirituelles suivantes :

   ❖ **Loi de la Foi** (p. 514) : Il faut avoir foi en soi-même pour accorder sa confiance aux autres.

   ❖ **Loi de la Discipline** (p. 495) : La discipline procure la concentration d'esprit et la profondeur d'expérience conduisant à la liberté intérieure.

   ❖ **Loi des Attentes** (p. 520) : Notre vie se déroule suivant nos attentes et nos prévisions cachées.

   ❖ **Loi de la Méthode** (p. 485) : En faisant un petit pas facile à la fois, nous apprenons à faire confiance à notre propre processus évolutif.

   ❖ **Loi de la Responsabilité** (p. 471) : Pour se plaire dans le service, il faut savoir quand dire oui et comment dire non.

2. Faites les exercices prescrits pour chacune de ces lois.

3. Pensez aux occasions de mettre ces lois en application dans votre vie.

34/7 et 43/7

7 : Foi et ouverture
4 : Stabilité et méthode
3 : Expression et sensibilité

Comprendre le but de vie

*Ceux qui se trouvent sur les chemins 34/7 et 43/7 y sont pour résou-
dre des questions touchant à la foi, à la patience et à l'expressivité, pour
avoir foi dans leur propre cheminement spirituel et pour assurer leur
sécurité personnelle tout en contribuant au bien-être commun.* Ces deux
chemins de vie combinent l'esprit incisif des 7 avec le sens pratique et les préoccupations terre-à-terre des 4 et avec la sensibilité
et l'expressivité des 3.

À cause de l'influence du 4, on peut dire que les 34/7 et les
43/7 trouveront ce qu'ils cherchent, soit une communion profonde et une foi sans réserve, à la condition qu'ils veuillent bien
suivre un cheminement méthodique de découverte de soi. Plus
ils iront profondément à l'intérieur d'eux-mêmes, plus ils verront
loin à l'extérieur.

Puisque notre but de vie comporte toujours des épreuves et
des obstacles, il se peut que les 34/7 et les 43/7 sentent que leurs
différentes énergies entrent en conflit les unes avec les autres,
qu'elles agissent comme des aimants qui les attirent tour à tour
dans des directions opposées. Le 7 a tendance à les pousser vers
le haut, vers les plus hautes sphères de la pensée et dans certains cas vers les préoccupations et pratiques d'ordre spirituel ; la
force du 4, quant à elle, les attire vers le bas, vers la vie quotidienne et les préoccupations d'affaires courantes. À mesure
qu'elles évoluent vers l'intégration complète, les énergies du 4 et
du 7 forment une synthèse de plus en plus puissante, si bien que

les 34/7 et les 43/7 peuvent espérer bâtir une sorte de pont entre le Ciel et la Terre, par exemple en faisant de l'argent tout en apportant plus de beauté, de bonheur et de compréhension dans le monde.

Mis à part l'ordre inversé des deux premiers nombres, les 34/7 et les 43/7 se ressemblent beaucoup; pour les 34/7, le 4 et le 7, but de vie principal, prédominent; chez les 43/7, le 3 et le 7 sont plus importants. Pour cette raison, les problèmes des 34/7 relèvent du domaine de la stabilité et de la méthode dans leurs rapports respectifs avec la foi en soi; plus que les 43/7, les 34/7 auront tendance à sauter des étapes. Sur le chemin 34/7, l'expressivité et le doute de soi jouent un rôle plus effacé; sur le 43/7, les problèmes de méthode ont une moins grande importance. Les tendances et les problèmes des 43/7 ont plus à voir avec la sensibilité, l'expressivité et le doute de soi, et c'est pourquoi ils mettent plus de temps à croire en eux-mêmes. À part ces influences contraires, les unes ascendantes et les autres descendantes, ces deux chemins de vie présentent les mêmes énergies fondamentales dont les interactions contribuent à former des individus puissants, sensibles et intelligents qui mèneront des vies stimulantes et pleines de défis.

Les 34/7 et les 43/7 sont ici pour mettre en harmonie des choses en apparence contraires: le mysticisme et le sens pratique, l'expérience extérieure et l'expérience intérieure, le corps et l'esprit, les affaires de ce monde et la quête spirituelle. Ils y parviennent parfois en empruntant la voie des «affaires spirituelles», soit en s'associant avec une religion en particulier, soit, par exemple, en vendant des livres ou en donnant des cours ayant pour thème la religion, la spiritualité ou la croissance personnelle.

Qu'ils œuvrent ou non au sein d'entreprises à caractère holistique, les 34/7 et les 43/7 sont nés pour faire le lien entre les deux mondes. Le 3 révèle un besoin d'expression, le désir d'élever l'âme et l'esprit des autres tout en vivant parmi les hommes et non pas en se retirant dans un monastère, un ashram ou une forêt.

En général, les 34/7 et les 43/7 se sentent plus à leur aise dans le domaine de la pensée parce qu'ils disposent d'extraordinaires capacités analytiques, mais ils ont aussi des émotions très puissantes. Ils agissent parfois de manière impulsive ou compulsive, mais la sensibilité du 3 sert de contrepoids à leur énergie purement mentale.

Les 34/7 et les 43/7 ressentant tous deux un immense besoin de sécurité, ils sont attirés par la vie de famille et par les affaires. Pour résoudre les conflits provoqués par l'énergie de fondation du 4, ils doivent apprendre à plonger leurs racines dans les réalités pratiques de la vie, ce qui aura également pour effet de tempérer l'imagination débordante du 7 et le caractère capricieux du 3. Ils doivent tenir compte des besoins pratiques de l'existence et s'assurer qu'ils ont une base solide à partir de laquelle ils pourront bâtir, d'étape en étape, marche après marche, leur « escalier vers l'Esprit ». La métaphore de l'escalier convient mieux aux 34/7 et aux 43/7 que celle du tremplin, car ils iront tantôt en montant, tantôt en descendant, selon que leur fondation sera plus ou moins solide et que leur démarche sera plus ou moins assurée. Une marche escamotée et c'est la dégringolade vers le bas, le doute de soi et l'isolement.

Les gens qui travaillent ces deux chemins de vie reçoivent en partage cette même énergie du 7 dont disposent aussi les 25/7, mais à cause du 3 ils ont une plus grande énergie émotionnelle. Comme les 25/7, ni les 34/7 ni les 43/7 ne sont enclins, par nature, à faire confiance à leurs émotions. Parce qu'ils ont les mêmes craintes et les mêmes expectatives concernant de possibles malentendus, ils préfèrent ne rien dire de ce qu'ils ressentent ; et parce qu'ils ne disent rien, ils provoquent eux-mêmes lesdits malentendus. En appliquant à leur vie l'enseignement de la Loi des Attentes (p. 520), ils peuvent tourner cette tendance à leur avantage en se forgeant des attentes positives et en travaillant en vue d'obtenir des résultats positifs.

Travailler le 34/7 ou le 43/7 dans le positif

Forts physiquement et spirituellement, dotés d'un bon sens pratique, ces individus ont appris à se fier au mystère et à la sagesse de la vie tels qu'ils se manifestent en eux et en nous tous. Ce sont des libres penseurs qui ont foi en leur propre cheminement fait de hauts et de bas, de difficultés et de joies. La méditation calme leur esprit et apporte à leur vie, sur une base régulière, un sentiment d'harmonie et de paix. Mariant les intérêts matériels aux exigences de la croissance intérieure, ces individus consacrent leur vie, leur travail, leurs relations et toutes leurs activités, à la croissance et à l'éveil de conscience. Ils font en sorte que les autres puissent profiter de leur intelligence fondée sur une expérience directe du monde et ils se sentent reliés à l'Esprit, même au milieu des préoccupations terre-à-terre de la vie quotidienne.

Travailler le 34/7 ou le 43/7 dans le négatif

Ces individus se sentent déchirés entre leur besoin de sécurité matérielle et la tentation d'échapper au monde matériel en se tournant vers l'intérieur. Confus et troublés par le monde des humains dans lequel ils ne croient plus, ils voient l'hypocrisie partout, mais cette hypocrisie n'est qu'un reflet de leur confusion intérieure. Le doute de soi ne faisant qu'aggraver leur manque de foi, ils sont toujours à la recherche des maîtres, des méthodes ou des idées qui pourraient les aider. Ils sont comme des vagabonds spirituels qui ne restent jamais assez longtemps au même endroit pour que quelque chose puisse croître dans leur vie. Puis ils passent d'un extrême à l'autre et tout à coup ils ne veulent plus rien savoir de toutes ces « folies » spirituelles. Même lorsqu'ils semblent grégaires et sociables, ils ont peur de faire connaître leurs sentiments et ils finissent par se sentir seuls.

Questions de vie

Santé

Avec la sensibilité du 3, la résistance du 4 et les capacités mentales du 7, les 34/7 et les 43/7 ont habituellement des corps robustes mais ils ont quand même du mal à se fier à leurs instincts et à leurs intuitions. Parce qu'ils ont vaguement peur que leur corps ne sache pas comment « prendre soin de lui-même », ils cherchent la solution à leurs problèmes de santé dans les médicaments ou la chirurgie quand ils ne se tournent pas vers des thérapeutiques plus subtiles, les herbes et les suppléments alimentaires. Lorsqu'ils commencent à se fier à leurs instincts – par exemple, en prenant des vitamines lorsque leur corps leur dit que de telles vitamines sont indiquées –, alors ils savent instinctivement ce qu'il faut faire et quand il faut le faire. Mais ils doivent porter une attention toute particulière aux messages que le corps leur envoie. La nutrition est une école où l'on enseigne aussi la foi en soi-même. Ils doivent se fier à la sagesse de leur corps et ne plus laisser la tête seule juger de ce dont le corps a besoin. Ils doivent se méfier de leur tendance à compter sur les autres quand vient le temps de décider ce qui est bon pour eux-mêmes, et tout conseil venu de l'extérieur devrait être approuvé de l'intérieur avant d'être suivi. Leur corps et leurs meilleurs instincts travaillent de concert afin de maintenir l'organisme dans une forme optimale.

Un régime diversifié, à faible teneur en gras, qui les aide à conserver une impression de légèreté et de clarté d'esprit, leur fera le plus grand bien. La plupart ds 34/7 et des 43/7 feraient mieux d'éviter les produits laitiers. Des problèmes aux genoux et à la gorge peuvent survenir s'ils ravalent leur expression.

Forts physiquement et rarement malades sauf en cas de stress, les 34/7 et les 43/7 ont parfois des crises d'anxiété, voire d'« hystérie », qui peuvent dégénérer en dépressions nerveuses. Plus les 34/7 et les 43/7 approchent de la maturité, plus ils avancent sur leur chemin de vie et moins ils sont sujets à de telles maladies. Si toutefois il arrive qu'un 34/7 ou un 43/7 fasse une dépression nerveuse, il se peut qu'on ait besoin de l'hospitaliser, mais ils récupèrent généralement assez rapidement. Dans les rares cas où il y a dépression, ils feraient mieux d'accepter la maladie comme faisant partie de leur chemin de vie et s'efforcer de passer au travers sans résister. Ils pourront mieux, après coup, apprécier tout ce que cette expérience leur aura enseigné.

Les 34/7 et les 43/7 aiment que l'entraînement physique ait un sens plus profond que le simple gonflement des muscles par la répétition de push-ups. Les arts martiaux, dans la mesure où ils mettent en évidence la spontanéité du corps qui bouge et apprend, leur fournissent une belle occasion d'acquérir une foi plus profonde en eux-mêmes. La danse et toutes les sortes d'exercices ou de sports aux mouvements libres peuvent leur être bénéfiques. Les régimes d'exercices qui combinent le corps, la tête et l'esprit réussissent à maintenir leur intérêt le plus long-temps.

Relations

Dans le positif, les 34/7 et les 43/7 apportent une qualité d'émotion, de stabilité et de constance dans leurs relations. Le 3 tempère leur tendance à la cérébralité. Tant qu'ils ont un rap-port d'honnêteté, d'ouverture et de confiance avec leur parte-naire, leur relation continue de s'épanouir.

Le manque de foi des 34/7 et des 43/7 se retrouve dans le malaise profond et difficilement identifiable qu'ils ressentent en compagnie des autres. Ils ne peuvent jamais vraiment se relaxer ; on dirait qu'ils ont toujours peur de dire une bêtise, et à force d'y penser il arrive en effet qu'ils disent exactement ce qu'il ne faut pas dire.

La qualité de leur vie sexuelle et de leurs relations en général repose sur la vulnérabilité, la foi et l'ouverture avec lesquelles ils expriment leurs sentiments et « se laissent conduire » sur les che-mins extatiques de l'intimité. Bien qu'ils aiment le confort et la vie de famille, ce sont de fortes personnalités qui attachent par-fois plus de prix à leur spiritualité ; et il se peut même qu'ils quit-tent une relation s'ils croient qu'elle peut nuire à leur croissance personnelle et à leur évolution intérieure.

Talents, travail et situation financière

À l'énergie multiple des 34/7 et des 43/7 correspondent des défis, des habiletés et des occasions tout aussi multiples et variés. Le mélange du 7, du 4 et du 3 donne un chemin de vie beaucoup plus fort et plus résistant que chacun de ces nombres pris séparé-ment ne pourrait le faire. La créativité et l'expressivité des 34/7 et des 43/7 recèlent d'immenses possibilités; ils excellent donc dans plusieurs domaines dont la métaphysique, les arts martiaux, les affaires, l'écriture créative et dans tout ce qui touche le monde du spectacle: en tant qu'acteurs ou producteurs mais surtout comme scénaristes en raison de leur facilité à structurer. Ils réussissent tant qu'ils ont foi en eux-mêmes, qu'ils restent ouverts aux suggestions et qu'ils procèdent par étapes dans tous leurs projets.

Plusieurs 34/7 en particulier sont des dépensiers impulsifs et invétérés mais les 43/7 peuvent aussi se comporter avec l'argent d'une manière pour le moins frivole. Finalement, c'est la méthode qu'ils suivent et le temps qu'ils mettent à se préparer pour faire un travail qui maximisera tous leurs talents qui déterminent la grosseur de leur portefeuille. Sans méthode et sans préparation, le doute de soi les réduit à faire «un peu de ci, un peu de ça».

Quelques 34/7 et 43/7 célèbres

34/7

Candice Bergen	Al Jolson
Leonard Bernstein	Michael Keaton
Michael Douglas	John Fitzgerald Kennedy
Paul Gauguin	Golda Meir
Pancho Gonzalez	Mary Tyler Moore
Germaine Greer	Harry S. Truman
Reggie Jackson	Rudolph Valentino

43/7

Aucun 43/7 célèbre n'apparaît sur nos listes, probablement parce que le 43/7 est l'un des nombres de naissance que l'on rencontre le moins souvent dans la population en général.

Votre destinée est entre vos mains

Si vous travaillez le 34/7 ou le 43/7, cette section peut vous aider à manifester votre but de vie en attirant votre attention sur les questions les plus importantes et en vous suggérant des actions précises capables de changer votre vie.

Conseils et recommandations

❖ Ayez foi en l'avenir, en votre propre évolution.

❖ N'oubliez pas que vous êtes partout parfaitement en sécurité : rien ne peut jamais blesser votre âme.

❖ Cultivez vos dons d'expression petit à petit.

❖ Pour guérir, exprimez vos émotions les plus intimes.

Questions utiles

1. Réfléchissez aux questions suivantes :

    ❖ Suis-je confiant de pouvoir atteindre mes buts d'étape en étape ?

    ❖ Ai-je davantage foi en ma tête ou en mes émotions ?

    ❖ Le doute ou l'impatience sont-ils des obstacles dans ma vie ? Si oui, que puis-je faire pour changer ?

    ❖ Sociable ou non, est-ce que j'exprime honnêtement mes émotions et sentiments ?

2. Si ces questions ont trouvé quelques réponses en vous, comment pourriez-vous mettre ces réponses en pratique dans votre vie ?

Pour une meilleure compréhension

1. Relisez dans la deuxième partie les chapitres consacrés aux chiffres qui composent votre nombre de naissance : 3 (p. 83), 4 (p. 93), et 7 (p. 128).

2. Vous pouvez de la même façon vous familiariser avec le nombre de naissance d'un parent ou d'un ami et discuter avec lui, s'il le veut bien, de ce que vous avez en commun et de ce qui vous distingue.

Lois spirituelles : leviers pour changer votre vie

1. Dans la quatrième partie, lisez le texte de chacune des lois spirituelles suivantes :

   ❖ **Loi de la Foi** (p. 514) : Il faut avoir foi en soi-même pour accorder sa confiance aux autres.

   ❖ **Loi de la Méthode** (p. 485) : Pour être sûr d'atteindre nos buts, il faut procéder par petites étapes.

   ❖ **Loi des Comportements** (p. 489) : Nos comportements ont tendance à se renforcer jusqu'à devenir des habitudes, à moins que nous n'utilisions de puissants leviers pour les changer.

   ❖ **Loi de l'Honnêteté** (p. 525) : Se fier à ses émotions authentiques et les exprimer telles qu'elles sont est le fondement de l'honnêteté.

   ❖ **Loi des Attentes** (p. 520) : Notre vie se déroule suivant nos attentes et nos prévisions cachées.

2. Faites les exercices prescrits pour chacune de ces lois.

3. Pensez aux occasions de mettre ces lois en application dans votre vie.

8 : ABONDANCE ET POUVOIR

Avoir fait plus pour le monde
que le monde n'a fait pour vous :
c'est ça, le succès.

HENRY FORD

Cette section comprend tous les nombres de naissance ayant le 8 (p. 139) comme but de vie principal : 17/8, 26/8, 35/8 et 44/8. Bien que tous ces nombres de naissance reflètent puissamment l'énergie du 8, l'interaction et l'influence des autres nombres – et des qualités, questions et caractéristiques qui leur sont rattachées – confèrent à chacun sa saveur unique.

17/8

8 : Abondance et pouvoir
7 : Foi et ouverture
1 : Créativité et confiance

Comprendre le but de vie

Ceux qui se trouvent sur le chemin 17/8 y sont pour résoudre des questions touchant à l'argent, au pouvoir et à l'esprit; lorsqu'ils ont enfin mis leur foi dans l'esprit créateur qui est en eux et qu'ils sont parvenus à partager cet esprit avec les autres, ils réalisent l'abondance et le pouvoir intérieur. Puisque notre chemin de vie comporte toujours des défis, les 17/8 doivent d'abord faire la paix entre les désirs, peurs et croyances contradictoires que leur inspirent l'argent et le pouvoir; puis ils doivent développer une foi plus profonde en eux-mêmes et en l'Esprit pour enfin accéder à la confiance et à la créativité. Les 17/8, comme tous les 8, n'ont pas besoin d'être riches pour vivre dans l'abondance; même celui dont le salaire est des plus modestes peut donner quelques dollars, un peu de son temps, de son énergie, voire beaucoup de sa générosité d'esprit.

En apparence, l'énergie du 7, à tendance intériorisante, et celle du 8, plutôt tournée vers l'extérieur, semblent inconciliables; mais une telle opposition n'existe pas quand les 17/8 travaillent dans le positif. Lorsqu'ils commencent à avoir foi en l'Esprit qui est en eux, on dirait qu'un lourd fardeau leur est ôté: tout à coup la peur et la paranoïa, sentiments sous-jacents, disparaissent; alors leur âme s'ouvre et s'épanche, attirant vers elle l'abondance qui découle naturellement de leur énergie créatrice. En d'autres mots, peu importe leur situation financière, les 17/8 doivent d'abord résoudre les questions du 7 pour espérer s'attirer une pleine mesure de satisfaction.

Bien que le 8 à lui seul assure une certaine solidité, un certain matérialisme terre-à-terre, la combinaison du 1 et du 7 donne souvent aux 17/8 l'allure charismatique d'un « esprit créateur de la nature » – un air de légèreté, aérien, imaginatif et lumineux. Grâce au 8, ils demeurent ancrés, branchés sur la Terre. Les énergies plus aériennes, intérieures et spirituelles servent de contrepoids aux pulsions du 8 : besoin de reconnaissance, de richesse et de pouvoir. En revanche, lorsque les 17/8 travaillent dans le négatif, l'énergie intériorisante du 7 s'oppose aux efforts du 8, elle les pousse à se replier sur eux-mêmes et à négliger leur travail dans le monde, seule façon pour le 8 d'atteindre ses buts. La plupart des 8 ont une tendance plus ou moins subtile à l'autosabotage ; s'ils n'ont pas suffisamment foi en eux-mêmes pour entrer de plain-pied dans le monde, il se peut qu'ils n'accomplissent jamais rien.

Quoi qu'il en soit, le 1 a tendance à attirer l'argent ; on dirait ici que le 1 est « chanceux ». Du moment que les 17/8 laissent leur énergie créatrice circuler librement dans le monde et pour peu qu'ils prennent conscience de leur propre spiritualité et des aspects spirituels du monde, l'argent et le prestige leur viennent comme par magie.

De plus, la créativité du 1, ajoutée à l'intense activité mentale du 7 et à la puissante intelligence du 8, contribue à faire des 17/8 des penseurs parmi les plus brillants et les plus originaux qui soient. Dans le positif, les 17/8 ne manquent jamais d'idées pour atteindre leurs buts.

Le 7, par contre, peut exacerber les craintes inconscientes et les croyances négatives à propos de l'argent ou du pouvoir ; si les 17/8 n'ont pas foi en eux-mêmes d'une manière générale, ils seront moins enclins à se faire confiance dans le domaine particulier de l'argent et du pouvoir, et leur tendance à l'autosabotage s'en verra aggravée. La plupart des 17/8 paraissent optimistes mais ils ont de la difficulté à s'exprimer dans le monde matériel.

Qu'ils aient ou non un sentiment religieux ou spirituel, les 17/8 sont nés pour combiner la croissance personnelle et l'inspiration intérieure avec la poursuite de buts très pratiques dans le monde matériel. Par exemple, certains 17/8 peuvent décider d'utiliser leur intérêt pour la spiritualité pour atteindre le succès matériel en ouvrant une librairie spécialisée dans la spiritualité et la croissance personnelle, librairie qui pourrait également devenir un lieu de rencontre pour plusieurs personnes. Ce ne sont pas tous les 17/8 qui gèrent de telles entreprises, bien sûr, mais éventuellement ils trouvent tous en eux-mêmes la confiance et la foi suffisantes pour créer quelque chose qui les inspire et qui puisse inspirer les autres ; en d'autres mots, ils gagnent bien leur vie en faisant ce qu'ils aiment tout en étant au service des autres.

Tous les 17/8 doivent cesser de ravaler leur soif de prestige et d'influence ; ils peuvent jouer le jeu du monde matériel sans pour autant perdre de vue la réalité, à savoir que le succès matériel n'est rien s'il n'est pas au service d'une cause supérieure.

Travailler le 17/8 dans le positif

Ces individus charmants et enthousiastes ont bâti un pont entre le monde des affaires et le monde de l'esprit ; ils ont une foi parfaite, transcendante, en eux-mêmes et dans le monde, et ils se laissent diriger là où ils doivent aller. Tout en se reposant sur une puissance qui leur est supérieure, ces innovateurs pleins d'entrain ont un pouvoir bien à eux et ils ne cessent d'inspirer et d'encourager les autres à trouver leur propre pouvoir. Le sentiment d'abondance qui émane de leur personne trouve sa source dans leur propre énergie. Lorsque leur énergie se manifeste par des services rendus dans le monde ; lorsqu'ils mettent leur intelligence et leur argent au service d'une cause plus élevée ; alors on peut dire que tout ce qu'ils font au nom de l'Esprit leur sera rendu au centuple.

Travailler le 17/8 dans le négatif

Insécurisés, repliés sur eux-mêmes, fuyant toute forme d'affrontement, ces 17/8 ont l'impression que le monde les a trompés. Tout en voulant être reconnus, ils ont peur d'être trahis et ils sentent que quelque chose manque à leur vie : c'est l'aspect spirituel. Dominateurs, ils font des affaires qui leur inspirent souvent de la méfiance, et ils ont des sentiments ambivalents au sujet de la moralité de l'argent. Déchirés entre des pulsions intériorisantes et extériorisantes, ne sachant pas ce qu'ils sont censés y faire, ils ont bien du mal à vivre sur cette planète. Ils peuvent paraître ouverts mais en réalité ils ne révèlent jamais rien d'eux-mêmes ou de leur vie intérieure. Mêlant les qualités mentales des 7 avec la quête de pouvoir des 8, ils ont sans le savoir un air condescendant et se font souvent moralisateurs. Ils n'ont pas suffisamment foi dans les pouvoirs du Moi ou de l'Esprit.

Questions de vie

Santé

La région du cœur est un point sensible chez les 17/8 qui manquent de foi en eux-mêmes ou qui ne peuvent oublier les trahisons passées. S'ils travaillent les aspects négatifs de l'énergie du 8, les 17/8 peuvent se livrer à des actes d'autosabotage inconscients qui prennent parfois la forme d'accidents ou de blessures physiques. Si leur énergie créatrice est bloquée ou refoulée, l'abdomen, l'appareil reproducteur et le bas du dos peuvent souffrir d'inflammations.

L'important pour les 17/8 est de faire des exercices qui leur donnent un sentiment d'expansion et de puissance personnelle, et qui renforcent leur foi en eux-mêmes tout en laissant leur énergie créatrice circuler librement. La méditation leur est également bénéfique; elle agit sur les 17/8 comme une prise de terre et comme un calmant qui apaise leur esprit.

Le subconscient étant tout en surface chez la plupart des 17/8, il leur faut tempérer la rigueur de l'entraînement physique par quelques douceurs: par exemple, qu'ils s'offrent un massage de temps à autre, une baignade, un sauna (selon le climat), douceurs qui ont pour effet de « recharger leur batterie ».

Quand les 17/8 se fient trop uniquement à leur cerveau et pas assez à leur corps, il arrive qu'ils ne fassent pas très attention à ce qu'ils mangent, quoique la plupart aient de bonnes notions de nutrition. Mais ils sont parfois tellement pris par un projet créatif ou par une affaire qu'ils ne trouvent plus le temps de manger calmement et régulièrement. Lorsqu'ils mangent comme il faut, le régime idéal consiste en une alimentation légère, à faible teneur en gras, principalement végétarienne.

Relations

La qualité de leurs relations est fonction de la façon dont ils travaillent leurs énergies dans le positif ou le négatif, surtout en ce qui a trait à l'énergie du 7. La plupart des 17/8 mettent du temps à trouver la foi et l'ouverture suffisantes pour vivre avec quelqu'un dans une réelle intimité affective. Lorsqu'ils travaillent dans le positif, ils peuvent même parvenir à une sorte de communion spirituelle ; mais en attendant, il se peut que leurs conjoints ou leurs partenaires disent plus d'une fois : « Je n'ai pas l'impression de savoir qui tu es ou ce que tu ressens vraiment. » Les 7 et les 8 ont du mal à dévoiler leur vie intérieure ; ils ont peur d'avoir honte, d'être vulnérables, ou les deux à la fois. Des luttes de pouvoir peuvent aussi survenir, car les 17/8 réagissent souvent contre leur manque de foi en se montrant inflexibles. Presque tous les 17/8, à un moment donné de leur vie, abandonnent leur pouvoir et cessent de s'affirmer parce qu'ils se méfient d'eux-mêmes et ont peur de leur propre puissance ; ils veulent ensuite reprendre ce qu'ils ont laissé, mais ils ne savent pas toujours comment s'y prendre. Ils doivent apprendre à partager le pouvoir avec leur partenaire, quitte à lui donner un peu de leur propre sentiment de puissance intérieure.

Les questions sexuelles étant étroitement liées à l'énergie du 7, les 17/8 seront soit très ouverts soit pleins d'inhibitions. S'ils sont ouverts, leurs énergies créatrices se déversent dans une vie sexuelle active et, à moins qu'il n'y ait eu traumatisme durant l'enfance, la sexualité n'est donc pas un problème pour les 17/8 ; c'est l'intimité qui pose problème. À mesure que les 17/8 évoluent et transcendent leurs problèmes de foi et de pouvoir, leurs relations prennent de plus en plus d'importance dans leur vie ;

elles deviennent le moyen d'accomplir une communion toujours plus profonde.

Talents, travail et situation financière

Presque tous les 17/8 ont un cerveau puissant, de grandes ambitions et des capacités créatrices qui leur valent de réussir dans plusieurs domaines très différents comme les sports et la politique. Comme analystes financiers ou comme chefs d'entreprises de services, ils peuvent rejoindre un grand nombre de personnes et faire un travail d'intérêt public tout en œuvrant dans le secteur privé. Quelques 17/8 deviendront des philanthropes, d'autres mettront sur pied des organisations charitables, petites et grandes. Ou bien ils ouvriront une librairie ou une autre entreprise qui leur permettra d'aider les autres.

Lorsque les 17/8 se fient à leur intuition au moment de prendre leurs décisions créatrices, l'argent coule de source et ils prospèrent sans trop savoir comment ni pourquoi.

Quelques 17/8 célèbres

Millard Fillmore   Adlai Stevenson

Roberta Flack   Edward Villella

Timothy Leary   Johnny Weissmuller

Mickey Mantle   Brigham Young

Jack Nicklaus

Votre destinée est entre vos mains

Si vous travaillez le 17/8, cette section peut vous aider à manifester votre but de vie en attirant votre attention sur les questions les plus importantes et en vous suggérant des actions précises capables de changer votre vie.

Conseils et recommandations

❖ Ayez foi en votre créativité : c'est de là que viendra l'abondance.

❖ Concentrez-vous sur le service et non pas sur l'argent.

❖ Trouvez dans la méditation une source d'abondance et de pouvoir.

❖ Essayez de trouver une façon de gagner votre vie qui combinerait les affaires avec la croissance personnelle, la santé ou la quête spirituelle.

Questions utiles

1. Réfléchissez aux questions suivantes :

❖ De quelles façons mon travail pourrait-il servir une cause supérieure ?

❖ Est-ce que je partage mon abondance avec les autres ?

❖ Ai-je l'habitude de me fier à mes émotions ? Ai-je foi en mon propre pouvoir ?

❖ Puis-je trouver des manières créatrices de réunir les gens ?

2. Si ces questions ont trouvé quelques réponses en vous, comment pourriez-vous mettre ces réponses en pratique dans votre vie ?

Pour une meilleure compréhension

1. Relisez dans la deuxième partie les chapitres consacrés aux chiffres qui composent votre nombre de naissance : 1 (p. 64), 7 (p. 128), et 8 (p. 139).

2. Vous pouvez de la même façon vous familiariser avec le nombre de naissance d'un parent ou d'un ami et discuter avec lui, s'il le veut bien, de ce que vous avez en commun et de ce qui vous distingue.

Lois spirituelles : leviers pour changer votre vie

1. Dans la quatrième partie, lisez le texte de chacune des lois spirituelles suivantes :

   ❖ **Loi de la Foi** (p. 514) : Il faut avoir foi en soi-même pour accorder sa confiance aux autres.

   ❖ **Loi des Attentes** (p. 520) : Notre vie se déroule suivant nos attentes et nos prévisions cachées.

   ❖ **Loi de l'Intuition** (p. 536) : Lorsque nous découvrons l'esprit qui est en nous, nous n'avons plus d'autre guide que lui.

   ❖ **Loi de l'Honnêteté** (p. 525) : Si nous ne nous mentons pas à nous-même, nos émotions ne nous mentirons pas.

   ❖ **Loi de la Volonté supérieure** (p. 531) : Notre volonté de servir une cause supérieure est une inspiration et un guide sur notre chemin.

2. Faites les exercices prescrits pour chacune de ces lois.

3. Pensez aux occasions de mettre ces lois en application dans votre vie.

26/8

8 : Abondance et pouvoir
6 : Vision et acceptation
2 : Coopération et équilibre

Comprendre le but de vie

Ceux qui se trouvent sur le chemin 26/8 y sont pour résoudre des questions touchant au perfectionnisme, à l'argent, au pouvoir et à la notoriété, et pour partager généreusement avec les autres afin que leur abondance puisse s'accorder avec leur vision et leurs idéaux. Puisque notre but de vie comporte des défis spécifiques, la vie des 26/8 reflète l'ambivalence de leurs sentiments au sujet de l'argent, du pouvoir et de la notoriété ; leur idéalisme peut avoir tendance à inhiber l'épanouissement de leur pouvoir personnel même s'ils sont ici pour rendre ce pouvoir manifeste. Tôt ou tard, les 26/8 se lèvent, s'affirment et sont reconnus à l'intérieur du cercle familial, dans leur communauté ou dans le monde.

Lorsqu'ils sont reconnus, c'est ordinairement pour la qualité de leur travail. Ils peuvent travailler fort pour obtenir gloire et argent mais leur idéalisme naturel n'en continuera pas moins de leur inspirer des sentiments contraires à ce sujet. Dans le négatif, l'influence du 2 peut provoquer des conflits intérieurs. Par exemple, ils peuvent hésiter entre demander trop peu en retour de leurs services, parce qu'ils en mésestiment la qualité, et demander trop cher pour ces mêmes services par amour de l'argent. La part du 6 en eux peut dire : « Noblesse exige que tu demandes moins cher » ; pendant que la part du 8 dit : « Moi, j'en veux plus ! » (quand cette part du 8 n'a pas elle-même tellement peur d'abuser qu'elle préfère travailler gratuitement pour être bien sûre que personne ne se mettra en colère). À cause de l'influence du 6, plusieurs 26/8 sont sensibles à la critique des autres et eux-mêmes préfèrent parfois s'abstenir de critiquer pour ne pas risquer de perdre la face.

Ceux qui travaillent le 26/8 ont tendance à être soit passifs soit agressifs mais en général ils sont plutôt réservés. Dans la mesure où le perfectionnisme du 6 aura ébranlé leur estime de soi, ils auront plus ou moins tendance à abandonner leur pouvoir et à manquer d'autorité lors d'un affrontement à forte charge émotive.

Étant donné leur nature exigeante, les 26/8 ont tendance à refuser les louanges et à mésestimer leur propre valeur et le prestige qu'ils exercent; ignorants de leurs accomplissements, ils ne se souviennent que de leurs échecs et ils ont bien du mal à goûter pleinement les fruits de leurs efforts. Lorsqu'ils retombent dans le perfectionnisme, ils doivent se rappeler les mots magiques : « pas parfait, mais assez bon ». Lorsqu'ils cessent de se retenir, ils font un travail de qualité et sont d'un grand soutien pour les autres. À moins qu'ils ne décident plutôt de vivre en reclus, les 26/8 travaillent fort pour réussir que ce soit à l'échelle locale ou internationale. Ils veulent la sécurité mais ils veulent surtout être reconnus – ce que la plupart des 8 nieront, à moins qu'ils ne soient prêts à examiner de plus près leur vie et leur conduite : par exemple, lorsqu'ils sont dans un groupe, ils s'arrangent pour être remarqués. S'ils travaillent le 8 dans le négatif, il se peut qu'ils fuient l'argent, le pouvoir et la reconnaissance publique, mais ils sont nés pour maîtriser ces choses et non pour les fuir.

La plupart des 26/8 ont tendance à comparer ce qu'ils ont accompli avec la célébrité, la richesse ou le prestige auxquels d'autres sont parvenus. Au fond d'eux-mêmes, ils veulent être les premiers, bien que l'influence du 6 puisse modérer ou édulcorer ce désir. S'ils prennent conscience de cette tendance, ils veulent habituellement s'en « corriger ». Mais très vite le désir de s'améliorer sur ce point devient une autre source de comparaison : « Je ne me compare plus aux autres comme certaines personnes que je connais. »

Si la plupart des 26/8 travaillent si fort pour obtenir gloire et argent, c'est que le perfectionniste en eux a la ferme conviction qu'il faut souffrir, ou à tout le moins passer par une période d'inconfort et de difficultés, pour mériter l'abondance. Peu importe ce qu'ils ont fait, ils se disent qu'ils auraient pu faire mieux. Cette conviction est parfois ce qui les empêche de se tenir debout dans leur famille, parmi leurs collègues ou dans le monde. Mais lorsque les 26/8 ont dépassé ce stade où l'argent et le pouvoir (ainsi que les gens riches ou puissants) sont tenus pour suspects, ils ont tendance à faire beaucoup d'argent et à s'en servir pour rehausser leur estime de soi. Lorsqu'ils ont des problèmes d'argent, ils peuvent avoir l'impression d'être manipulés ; lorsqu'ils réussissent financièrement, ils sont enthousiastes et généreux.

Sous l'influence du 6, les 26/8 font souvent montre d'une pureté quasiment enfantine, et il est parfois tard dans leur vie lorsqu'ils parviennent à la maturité. Le fait d'élever une famille, d'assumer leur rôle et leurs responsabilités de parents, surtout que cela coïncide souvent avec leurs premiers succès en affaires, est l'initiation qui leur permet d'entrer sans complexe dans le monde adulte. S'ils n'ont pas de tels défis à relever, il se peut qu'ils évitent toute leur vie les durs travaux susceptibles de leur apporter la reconnaissance souhaitée et qu'ils en fassent juste assez pour « passer ». Le perfectionnisme, ainsi que la peur de l'argent et du pouvoir, peut empêcher certains 26/8 de prendre leur envol ; ce ne sont pas les défis extérieurs qui les font désespérer d'eux-mêmes, ce sont leurs propres attentes irréalistes.

La plupart des 26/8 veulent être maîtres de leur propre vie cependant qu'ils cherchent par ailleurs à « plaire » aux autres. C'est pourquoi on a parfois bien du mal à les comprendre : en apparence, on voit qu'ils veulent plaire et être aimés mais on sent aussi, juste sous la surface, un désir puissant, quasiment irrésistible, de domination. Lorsqu'ils se sentent démunis, les 26/8 peuvent difficilement se défendre ; soit qu'on les traite comme s'ils n'existaient pas, soit qu'ils soient victimes de violence verbale ou physique, la plupart du temps ils se sont eux-mêmes attirés ces mauvais traitements petits et grands. En général, ils évitent tout affrontement de nature affective mais lorsqu'on les pousse à bout, peu de gens ont des réactions aussi fortes.

Si pour une quelconque raison ils sentent que leur succès est immérité (quoique les idéaux de pureté du 6 les préservent habituellement des abus de pouvoir ou d'argent), il se peut qu'inconsciemment ils décident de s'autosaboter d'une façon ou d'une autre: en ayant un accident, en s'associant avec une personne malhonnête ou incompétente, etc. La Loi de la Volonté supérieure (p. 531) montre la voie vers une vie d'abondance et de service en rappelant les 26/8 à leur but ultime.

Travailler le 26/8 dans le positif

Exigeants et visionnaires, ces individus gagnent bien leur vie en faisant ce qu'ils aiment: servir les autres. Leur sentiment de pouvoir intérieur trouve à s'exprimer d'une façon équilibrée dans leurs relations, dans leur travail et dans leur vie. Dans un même mouvement d'abondance et d'expansion, ils peuvent tenir ferme ou lâcher prise selon les cas mais ils ne ressentent jamais le besoin de manipuler ou de dominer qui que ce soit. Ils sont fidèles à leur idéal de justice et d'intégrité; leur vie est un exemple positif et édifiant car ils emploient leur pouvoir et leur position à aider les autres, par exemple en se faisant philanthropes. L'argent et la célébrité ne les changent pas et ne les empêchent pas de poursuivre un but plus élevé.

Travailler le 26/8 dans le négatif

Ces individus timides et hésitants ont l'impression qu'on les ignore, qu'ils sont presque invisibles. Profondément frustrés dans toutes leurs entreprises, ils détestent « les riches » à cause de leurs propres sentiments négatifs au sujet de l'argent. Ils ont de la difficulté à s'entendre et à créer des liens durables avec les gens et, à moins que les limites où s'arrêtent l'autorité de chacun n'aient été clairement définies, ils ne ratent jamais l'occasion d'engager une lutte de pouvoir. Perfectionnistes et dominateurs, ils critiquent les autres et surtout ceux-là qui ne leur montrent aucun respect. Ils se mésestiment et mésestiment leur travail parce qu'ils se mesurent à un idéal d'excellence impossible à atteindre, et ils ne relèvent aucun défi dans le monde matériel. Ils ne font pas qu'éviter la voie rapide: ils ne s'engagent même pas sur l'autoroute.

Questions de vie

Santé

Les 26/8 qui n'ont pas surmonté leurs tendances perfectionnistes et leurs sentiments négatifs au sujet de l'argent et du pouvoir peuvent saboter leurs propres efforts en tombant malades, en divorçant ou en se blessant – autrement dit, ils font tout pour éviter le succès.

Lorsqu'ils sont frustrés, on constate souvent une tension musculaire dans la région du plexus solaire, des difficultés respiratoires et des pertes d'énergie ou encore une tension au niveau du cou causée par la pression qu'ils exercent sur eux-mêmes. L'inflammation des sinus est signe qu'ils sont fatigués et qu'ils devraient se reposer. Ils ont tendance à travailler jusqu'à l'épuisement mais il suffit ordinairement d'une courte période de repos pour qu'ils se remettent en selle.

La plupart des 26/8 sont aussi exigeants en ce qui concerne leur alimentation qu'en tout autre domaine mais, parce qu'ils travaillent trop fort, ils ont parfois tendance à se payer «du bon temps»: soit qu'ils prennent un verre «pour se relaxer» soit qu'ils prennent d'autres drogues ou encore qu'ils s'offrent un massage, un bain sauna ou une sucrerie en récompense de leurs efforts. Cette alternance travail acharné/laisser-aller entraîne parfois des troubles de la nutrition dont les plus graves sont certainement la boulimie et l'anorexie, d'autant plus que les 26/8 sont habituellement très soucieux de leur apparence. La modération n'est pas chose facile pour les 26/8. Ils sont tellement exigeants qu'ils veulent constamment améliorer leur alimentation, comme tout le reste d'ailleurs. Comme pour la plupart des gens, un régime varié et léger, à faible teneur en gras, leur serait tout à fait indiqué.

La plupart des 26/8 qui font des exercices régulièrement ont tendance à rechercher une forme d'entraînement équilibrée et efficace. Suivant les antécédents et les intérêts de chacun, ils peuvent faire du sport pour devenir célèbres ou faire de l'haltérophilie pour se sentir plus puissants. Toute activité physique est bonne pourvu qu'elle leur plaise, et ils excellent habituellement dans tout ce qu'ils font.

Relations

Il est très difficile de vivre avec des individus si exigeants ; soit qu'ils jugent tout le monde d'après leurs propres critères d'excellence soit qu'ils donnent un exemple impossible à suivre, car tout le monde ne peut pas être monsieur ou madame Parfait.

Ceux qui travaillent le 26/8 peuvent avoir du mal à savoir ou à exprimer ce qu'ils ressentent vraiment parce qu'ils ont plutôt l'habitude de déterminer « la meilleure chose » à ressentir dans une situation donnée pour ensuite mettre le masque qui convient. Ils doivent s'efforcer de retrouver leurs sentiments et leurs besoins authentiques.

La plupart ont de la difficulté à s'engager formellement dans une relation à long terme, surtout s'ils essaient de trouver la relation « parfaite ». Dans certains cas, les 26/8 commencent par projeter sur leur partenaire l'idée qu'ils se font du conjoint idéal mais ils sont vite désappointés lorsqu'ils se rendent compte que cette personne n'était qu'un être humain comme tout le monde. Alors ils se donnent la tâche d'améliorer cette personne, qu'elle le veuille ou non. Dans leurs relations, les 26/8 ont tout intérêt à mettre en pratique la Loi de la Flexibilité (p. 456).

Sexuellement, les 26/8 veulent faire « comme il faut », être « bon » au lit et satisfaire leur partenaire au lieu d'exprimer leurs propres besoins puis de se laisser aller tout simplement. Ils ont tendance à vouloir garder une sorte de contrôle sur leur partenaire ou sur eux-mêmes. Ils doivent laisser tomber l'idée de performance et se laisser aller à l'intimité du jeu amoureux. Alors leurs relations deviennent un reflet de l'abondance qu'ils ressentent à l'intérieur.

Talents, travail et situation financière

Lorsqu'ils travaillent dans le positif, leur nature perfection-niste et leur soif de reconnaissance et de succès sont de puis-sants atouts et les 26/8 excellent dans pratiquement tout ce qu'ils font ; ils ne tardent pas à se faire remarquer parce qu'ils travaillent fort et n'ont de cesse de s'améliorer. Pourtant, ils ont rarement l'impression d'être aussi bons qu'ils pourraient l'être. Ils ont besoin qu'on apprécie leur travail et que cela se traduise par un salaire élevé. Ils ont parfois du mal à trouver un travail qui leur plaise parce que tous ceux qu'on leur offre leur semblent insigni-fiants. Attirés par la reconnaissance et la gloire en même temps qu'ils les fuient, ils sont de ceux qui mûrissent sur le tard, puis arrive un moment où ils s'estiment eux-mêmes et estiment leur travail à leur juste valeur et ils ont alors une influence positive sur les autres.

Quelques 26/8 célèbres

Muhammad Ali	Groucho Marx
James Baldwin	Liza Minnelli
Lucille Ball	Paul Newman
Cesar Chavez	Laurence Olivier
Bob Dylan	Jesse Owens
Mary Baker Eddy	Barbra Streisand
Jack London	Elizabeth Taylor

Votre destinée est entre vos mains

Si vous travaillez le 26/8, cette section peut vous aider à mani-fester votre but de vie en attirant votre attention sur les questions les plus importantes et en vous suggérant des actions précises capables de changer votre vie.

Conseils et recommandations

❖ Laissez votre pouvoir agir en douceur et en toute confiance.

❖ Trouvez un travail dans lequel vous pourrez exceller et persévérer.

❖ Reconnaissez votre valeur et laissez votre lumière briller.

❖ Balancez le travail par les relations personnelles.

Questions utiles

1. Réfléchissez aux questions suivantes :

   ❖ Suis-je attiré ou effrayé par l'argent et le pouvoir ?

   ❖ Ai-je l'impression qu'il me faut toujours en faire plus pour mériter le succès ?

   ❖ Ai-je l'habitude de m'affirmer d'une manière équilibrée et constante ?

   ❖ En quoi ma nature perfectionniste m'a-t-elle servi dans mon travail et en quoi m'a-t-elle nui ?

2. Si ces questions ont trouvé quelques réponses en vous, comment pourriez-vous mettre ces réponses en pratique dans votre vie ?

Pour une meilleure compréhension

1. Relisez dans la deuxième partie les chapitres consacrés aux chiffres qui composent votre nombre de naissance : 2 (p. 74), 6 (p. 117), et 8 (p. 139).

2. Vous pouvez de la même façon vous familiariser avec le nombre de naissance d'un parent ou d'un ami et discuter avec lui, s'il le veut bien, de ce que vous avez en commun et de ce qui vous distingue.

Lois spirituelles : leviers pour changer votre vie

1. Dans la quatrième partie, lisez le texte de chacune des lois spirituelles suivantes :

   ❖ **Loi de l'Honnêteté** (p. 525) : Pour être honnête envers les autres, il faut d'abord être honnête envers soi-même.

   ❖ **Loi de la Perfection** (p. 500) : Une vision parfaite peut nous servir d'inspiration, mais l'excellence est le plus haut sommet que nous puissions atteindre.

   ❖ **Loi de la Méthode** (p. 485) : La meilleure façon d'atteindre un but est de procéder par petites étapes.

   ❖ **Loi de la Responsabilité** (p. 471) : Pour être à même de se soutenir mutuellement, il faut savoir quand dire oui et comment dire non.

   ❖ **Loi du Non-jugement** (p. 509) : L'univers est un maître qui ne porte pas de jugements ; son enseignement est une suite de conséquences naturelles.

2. Faites les exercices prescrits pour chacune de ces lois.

3. Pensez aux occasions de mettre ces lois en application dans votre vie.

35/8

8 : Abondance et pouvoir
5 : Liberté et discipline
3 : Expression et sensibilité

Comprendre le but de vie

Ceux qui se trouvent sur le chemin 35/8 y sont pour résoudre des questions touchant à l'honnêteté affective, à l'indépendance et au pouvoir, et pour manifester l'abondance, l'autorité et la liberté qu'ils auront acquises grâce à la discipline et à la profondeur d'expérience. Puisque notre but de vie n'est jamais chose facile, le chemin des 35/8 présente une tension dynamique entre des forces contraires, les unes poussant vers la richesse, le pouvoir et la notoriété, les autres inspirant crainte et répulsion envers ces mêmes notions. Ce conflit intérieur façonne la vie des 35/8 et se manifeste par des tendances passives et agressives ; soit qu'ils agissent d'une manière passive et réservée, soit qu'ils se montrent arrogants, extravagants et même cruels. Le défi des 35/8 consiste à faire l'intégration des parties passives et agressives de leur être de façon à obtenir un Moi plus équilibré et plus authentique, un Moi dont le pouvoir et la présence ne passeront pas inaperçus.

Le chemin de vie des 35/8 traverse un monde d'action et d'influence. Leur talent et leur génie résident dans l'autorité, le leadership et la responsabilité. À moins que la peur inconsciente de leur propre pouvoir ne les empêche de fonctionner, les 35/8 peuvent être des personnages spectaculaires, haut en couleurs sinon quelque peu prétentieux. Lorsqu'ils font beaucoup d'argent, c'est un charme de les voir dépenser.

La richesse, le pouvoir et la notoriété fascinent les 35/8 de la même façon qu'une arme à feu peut fasciner un enfant qui se sent attiré vers elle mais s'en tient loin de peur de se blesser. En plus de cet irrésistible besoin de réussir, et malgré leur apparence toute en douceur, il y a chez les 35/8 une puissance réprimée au contact de laquelle les autres, sans trop savoir pourquoi, se sentent parfois inconfortables ; cette puissance fait parfois peur aux 35/8 eux-mêmes.

La Loi de la Volonté supérieure (p. 531) peut aider les 35/8 en les rappelant à leur but supérieur, premier pas vers l'élimination des peurs inconscientes dont la tendance à l'autosabotage est l'une des manifestations. L'autosabotage peut prendre plusieurs formes : avoir un accident, se faire des ennemis, « oublier » de renouveler une police d'assurances, arriver en retard à tous ses rendez-vous, faire de mauvaises spéculations ou perdre au jeu. L'autosabotage prend fin lorsqu'il y a engagement sincère dans le but de servir.

Avant que les 35/8 ne puissent vraiment servir, toutefois, ils doivent d'abord s'employer et se dévouer au bien commun. Ils doivent *tenir pour acquis* qu'ils disposent d'un pouvoir, d'une liberté et d'une abondance intérieurs, au lieu de présupposer un état d'indigence ou de dépendance. En d'autres mots, la richesse vient aux 35/8 à partir du moment où ils sont reconnaissants de ce qu'ils ont déjà ; la reconnaissance leur attire d'autres bienfaits.

Pour les 35/8, la richesse ou la puissance ne sont pas des fins en elles-mêmes ; l'important n'est pas de les fuir ou de les rechercher mais de les manifester dans le contexte d'un service rendu au monde. En fait, les 35/8 ont intérêt à se visualiser en train de faire un travail qui leur plaît et qui leur rapporte beaucoup tout en leur permettant – et c'est là le plus important – d'aider les autres. Une telle visualisation leur vaudra d'obtenir le soutien de leur subconscient qui jusque-là hésitait ou avait peur de les aider.

Le travail volontaire ou toute forme de bénévolat aide aussi les 35/8 à vaincre leurs résistances inconscientes et leurs tendances à l'autosabotage. Plus ils se sentent méritants, moins ils sont égoïstes. Puisqu'ils ne sont pas enclins à donner à moins d'obtenir quelque chose en retour, le travail altruiste peut être une puissante force de changement.

Tous les 8 ont le même but de vie mais la route qui mène les 35/8 à l'accomplissement positif de leur destinée comporte des forces et des obstacles que les autres 8, ne subissant pas l'influence du 3 et du 5, ne peuvent pas connaître.

À l'intelligence et à la versatilité du 5 correspond l'importante question de la discipline ; les 35/8 ont de grandes ambitions mais ils ne sont pas toujours prêts à faire tout le travail nécessaire pour atteindre leurs buts. Leurs ambitions sont beaucoup trop grandes comparativement à leur peu de discipline personnelle ; ils s'attendent parfois à faire fortune avant même d'avoir commencé à travailler.

On ne saurait exagérer l'influence positive que peut exercer dans leur vie une discipline saine et rigoureuse. La discipline mène au pouvoir personnel et à la maîtrise de soi (et non pas la maîtrise sur les autres). Lorsqu'ils ont une vie disciplinée, les 35/8 font tout ce qu'il faut pour connaître le succès. Bien que la pente soit abrupte jusqu'au sommet de leur montagne, car ce que nous sommes venus faire sur terre n'est jamais chose facile, les 35/8 seront largement récompensés sur le plan de la réussite personnelle et en ce qui concerne les contributions qu'ils peuvent apporter au monde.

Même s'ils sont prêts à travailler fort, plusieurs 35/8 ont tendance à disperser leurs énergies ; leurs efforts vont dans toutes les directions, ils courent trop de lièvres à la fois. La discipline, pour autant qu'elle permet la focalisation, fait contrepoids à cette tendance à la dispersion et a pour effet de décupler leur efficacité.

Ces individus ont aussi tendance à passer de l'extrême dépendance, caractérisée par la passivité et le doute de soi, à un état d'agressivité et d'extrême indépendance ; ils peuvent corriger cette tendance en créant dans leur vie personnelle aussi bien qu'au travail des relations fondées sur le secours mutuel, l'équilibre et l'interdépendance.

S'ils sont dans le besoin, les 35/8 auront tendance à utiliser ceux qui les entourent pour favoriser leur propre avancement ou pour en tirer un savoir qui pourrait contribuer à leur libération. Lorsqu'ils abandonnent cette attitude et se mettent plutôt à voir en toute personne et en toute situation une occasion de servir et de donner d'eux-mêmes, leur vie change du tout au tout.

Sous l'influence du 3, les 35/8 ont peur d'exprimer leurs émotions, surtout celles qui ne sont pas «belles». Comme d'autres travaillant le 3, ils préfèrent parfois exprimer des abstractions ou bien se taire complètement si on ne les force pas à parler. Le 3 peut aussi les pousser à manipuler ou à manigancer pour obtenir ce qu'ils veulent sans avoir à formuler leurs désirs directement.

La Loi de l'Honnêteté (p. 525) s'adresse aux 35/8 lorsqu'elle souligne l'importance d'une expression qui soit directe et honnête et d'une conduite qui soit toujours respectueuse de la loi; dans leurs affaires et dans leur vie privée, les 35/8 doivent régler leur conduite sur le plus strict des codes d'éthique. Au début, ça leur semblera peut-être contre nature parce qu'ils n'aiment pas les contraintes et les conventions; ils ont l'habitude de faire les règles et non de les suivre.

Plus les 35/8 donnent librement de leur argent, de leur pouvoir, de leur liberté et de leur sensibilité, et plus le monde leur donne en retour; plus ils sont généreux, plus l'abondance est grande. L'accomplissement de leur destinée ne repose pas sur leurs formidables capacités intellectuelles mais sur leur capacité d'aimer et de se sacrifier. Ce chemin de vie fructifie non seulement lorsque les 35/8 parviennent à la richesse et au pouvoir mais encore et surtout lorsqu'ils utilisent l'argent et le pouvoir pour le dépassement de soi et le mieux-être du monde.

Travailler le 35/8 dans le positif

Ces individus ont acquis l'abondance et le pouvoir intérieurs grâce à la discipline, et ils ont été largement récompensés – récompenses et abondance dont ils savent faire profiter les autres, avec sagesse et générosité, grâce à leur grande intelligence et à leur habileté d'expression. On les considère comme de puissants leaders et comme des esprits supérieurs capables à la fois d'avoir une vue d'ensemble et d'accomplir les petites choses. Ouverts et vulnérables, ils savent quand il faut tenir ferme et quand il vaut mieux laisser aller. Hommes et femmes qui ne doivent leur réussite qu'à eux-mêmes, ils ont une nature généreuse et philanthropique et on les retrouve souvent dans des positions de leadership et d'autorité. Leurs relations sont basées sur l'ouverture et l'entraide.

Travailler le 35/8 dans le négatif

Sans savoir pourquoi, les gens ont peur de ces 35/8. La soif de réussite, le sentiment de leur propre dépendance et le doute de soi en font des opportunistes qui cherchent à obtenir des autres le pouvoir et le soutien qu'ils n'ont pas su trouver en eux-mêmes. Dominateurs et manipulateurs, ils ne s'expriment jamais directement. Ils aspirent à la richesse et au pouvoir mais ils manquent de discipline et de concentration; incapables de résoudre leurs conflits internes, ils ont tendance à saboter leurs propres efforts. Désespérant d'eux-mêmes, se sentant impuissants face aux circonstances de leur vie, ils ont du mal à s'engager dans une relation à long terme. Leurs relations dégénèrent habituellement en luttes de pouvoir et eux-mêmes vivent alternativement des périodes d'extrême indépendance et d'autres de dépendance et d'indigence.

Questions de vie

Santé

En général, les 35/8 ont une forte constitution. Cependant, lorsque leurs ambitions les poussent dans toutes les directions et qu'ils essaient de faire trop de choses à la fois, ils risquent le burn-out et s'exposent aux accidents de toute sorte causés par la distraction, l'imprudence au volant ou l'autosabotage. En voiture, tous les 35/8 devraient porter leur ceinture de sécurité; ils doivent éviter les activités trop dangereuses, surtout vers la fin de la vingtaine. Ces problèmes sont moins fréquents et la tendance à l'autosabotage est moins forte lorsque les 35/8 concentrent leurs énergies, travaillent fort mais savent se reposer, et s'engagent à servir une cause supérieure.

Si les 35/8 font du travail leur dieu, leur alimentation peut en souffrir. En général ils sont assez intelligents pour faire des choix diététiques éclairés. Il serait sage de considérer la nourriture comme une sorte de médicament favorisant le fonctionnement optimal de l'organisme. Comme pour la plupart des gens qui n'ont pas de besoins nutritifs spécifiques, l'idéal serait un régime équilibré, à faible teneur en gras et végétarien. Ici, la façon de manger (la modération) est presque aussi importante que la nourriture elle-même, car les 35/8 ont tendance à passer d'un extrême à l'autre.

Suivant leurs valeurs, leurs antécédents et leur style de vie, il se peut que les 35/8 fassent ou non de l'exercice une priorité dans leur vie ; les exercices qui procurent un sentiment de pouvoir personnel, comme les arts martiaux, l'haltérophilie et les sports individuels, sont particulièrement bien indiqués.

Relations

Pour plusieurs, les 35/8 sont incapables d'avoir une relation durable tant qu'ils n'ont pas atteint la trentaine ou la quarantaine ; avant cet âge, leurs relations ont tendance à dégénérer en luttes de pouvoir. Tant qu'ils n'ont pas réalisé l'équilibre de leurs tendances contraires agressives et passives, leurs relations sont toujours plus ou moins gâtées par des questions de domination/soumission et d'indépendance/dépendance. D'un autre côté, ils peuvent être des personnes agréables à vivre, toujours pleines d'attentions ; dès qu'ils commencent à travailler leurs énergies dans le positif, ils peuvent vivre des relations durables, heureuses et passionnelles dans un esprit de soutien réciproque.

Quoiqu'ils puissent devenir de bons parents et de bons amants, leur travail occupe presque toujours la plus grande place dans leur vie ; cela n'est pas un problème quand leur partenaire est une personne autonome qui a compris dès le début leur dévouement au travail.

Les relations de plusieurs 35/8 sont gâtées par le doute de soi et la sensibilité du 3. En revanche, grâce à ce mélange d'intelligence, de sensibilité et d'ambition, ils ont avec leurs amis et leurs amants des relations riches et profondes. Au sens le plus noble, les 35/8 peuvent créer des liens durables basés sur le partage, le dévouement réciproque et la générosité d'esprit. Leur expression sexuelle est à l'image de cette énergie.

Talents, travail et situation financière

Ces individus sont nés pour employer leur cerveau puissant, presque génial, à créer la richesse par le service, et pour affirmer leur leadership et leur autorité dans des positions plus ou moins importantes, que ce soit à l'intérieur du cercle familial, dans leur communauté ou encore dans les affaires et la politique. Ils font d'excellents inventeurs, innovateurs ou écrivains; ils excellent dans tous les domaines où un esprit brillant et curieux peut s'exercer. Dans l'un des aspects les plus élevés de ce chemin de vie, ils deviennent des philanthropes qui mettent généreusement leur richesse et leur influence au service d'une cause humanitaire.

Les questions d'argent sont toujours significatives sur ce chemin de vie puisque l'argent est l'un de ces principaux thèmes. Le plus souvent, les 35/8 ne doivent leur fortune qu'à leurs propres efforts; plusieurs sont multi-millionnaires. Ceux qui sont déjà riches en commençant doivent apprendre à utiliser leur argent et leur influence avec sagesse et compassion.

Quelques 35/8 célèbres

Melvin Belli	Bob Newhart
Ingrid Bergman	Norman Vincent Peale
James Cagney	Mary Pickford
Edgar Cayce	Upton Sinclair
Jack Dempsey	Oliver Stone
Buddy Holly	Mary Shelley Wollstonecraft

Votre destinée est entre vos mains

Si vous travaillez le 35/8, cette section peut vous aider à manifester votre but de vie en attirant votre attention sur les questions les plus importantes et en vous suggérant des actions précises capables de changer votre vie.

Conseils et recommandations

❖ Pour réussir, combinez le génie avec l'acharnement au travail.

❖ Prenez possession de votre pouvoir, mais n'oubliez pas votre cœur.

❖ Visualisez puis réalisez tout le bien que vous aimeriez faire pour les autres.

❖ Concentrez-vous sur un but à la fois ; trouvez-en un qui soit pratique et terre-à-terre.

Questions utiles

1. Réfléchissez aux questions suivantes :

   ❖ Suis-je suffisamment concentré pour réaliser l'abondance dans ma vie ?

   ❖ Ai-je trouvé l'abondance et le pouvoir à l'intérieur de moi ?

   ❖ Est-ce que j'observe la morale la plus sévère dans mes affaires et dans ma vie personnelle ?

   ❖ Est-ce que j'exprime librement mes émotions et sentiments ?

2. Si ces questions ont trouvé quelques réponses en vous, comment pourriez-vous mettre ces réponses en pratique dans votre vie ?

Pour une meilleure compréhension

1. Relisez dans la deuxième partie les chapitres consacrés aux chiffres qui composent votre nombre de naissance : 3 (p. 83), 5 (p. 105), et 8 (p. 139).

2. Vous pouvez de la même façon vous familiariser avec le nombre de naissance d'un parent ou d'un ami et discuter avec lui, s'il le veut bien, de ce que vous avez en commun et de ce qui vous distingue.

Lois spirituelles : leviers pour changer votre vie

1. Dans la quatrième partie, lisez le texte de chacune des lois spirituelles suivantes :

    ❖ **Loi de la Volonté supérieure** (p. 531) : Notre volonté de servir une cause supérieure peut nous inspirer les gestes et les mots qui vont inspirer les autres.

    ❖ **Loi de l'Honnêteté** (p. 525) : Pour être honnête envers les autres, il faut d'abord être honnête envers soi-même.

    ❖ **Loi de la Discipline** (p. 495) : La discipline procure la concentration d'esprit et la profondeur d'expérience conduisant à la liberté intérieure.

    ❖ **Loi de l'Équilibre** (p. 478) : Pour vaincre notre tendance à passer d'un extrême à l'autre, nous réalisons l'équilibre des deux extrêmes.

    ❖ **Loi de l'Action** (p. 543) : Pour vaincre le doute de soi, nous devons accepter nos émotions telles qu'elles sont mais continuer d'agir avec confiance.

2. Faites les exercices prescrits pour chacune de ces lois.

3. Pensez aux occasions de mettre ces lois en application dans votre vie.

44/8

8 : Abondance et pouvoir
4 : Stabilité et méthode
4 : Stabilité et méthode

Comprendre le but de vie

Ceux qui se trouvent sur le chemin 44/8 y sont pour résoudre des questions touchant à l'argent, au contrôle, à la responsabilité et aux fondations, et pour parvenir au succès matériel – pour autant que le succès ne soit pas un but en soi mais le moyen de servir une cause ou des personnes – en suivant un cheminement méthodique. Parce que notre chemin de vie est plein de défis qui nous stimulent et nous fortifient, afin que les 44/8 puissent ensuite manifester leur destinée dans le positif, ils doivent d'abord vaincre leurs tendances négatives dont celles qui les rendent obstinément réfractaires à toute progression méthodique, d'étape en étape. En pleine maturité, les 44/8 peuvent faire preuve d'une persévérance héroïque ; en attendant, ils sont toujours prêts à abandonner si le succès ne vient pas instantanément (« Oublions tout ça ! »). Ils ne se découragent pas aussi vite que les 3, mais ils sont impatients, colériques, frustrés, surtout s'ils n'ont pas encore compris l'*absolue nécessité* de procéder progressivement, sur une longue période de temps, par petites étapes faciles, tel qu'il est dit dans la Loi de la Méthode (p. 485).

Quoi que les 44/8 fassent de leur vie, il faut que l'introspection y occupe une place de choix s'ils veulent arriver à analyser (pour mieux les comprendre et les accepter au lieu de leur résister) les étapes nécessaires à l'accomplissement de leur destinée.

Comme les 22/4 et les 33/6 et tous ceux qui ont un chiffre doublé dans leur nombre de naissance, les 44/8 gagnent en intensité et en concentration ce qu'ils perdent en variété numérique.

Prenez la stabilité, la force et le sens des affaires des 4 multipliés par deux; ajoutez en brassant force et entêtement, grandeur d'âme et inflexibilité, génie analytique et confusion d'esprit, dévouement et inconstance, ambition et impatience; ajoutez encore à ce mélange la soif de richesse, de pouvoir et de notoriété du 8; et vous aurez une idée des défis et des opportunités qui attendent les 44/8. Mais ce chemin n'est pas différent des autres en ce sens que les 44/8 devront travailler le 4 et le 8 dans le positif s'ils veulent accomplir leur destinée et voir leur vie se développer dans toutes ses possibilités.

Toutes les fois où un nombre de naissance présente un chiffre doublé à gauche de la barre, le premier des deux chiffres représente le défi intérieur; ici, le premier 4 concerne la stabilité intérieure. Pour soutenir et renforcer les mécanismes internes qui assurent la stabilité du Moi, les 44/8 doivent faire un effort d'introspection, ou d'auto-analyse, mais ils doivent prendre garde que ce travail intérieur ne tourne pas à l'obsession puis à la confusion. Pour eux comme pour les 2, l'essentiel est de maintenir un juste équilibre.

Le second 4 représente la famille, ou la fondation extérieure. Les 44/8 doivent donc s'efforcer de régler les questions demeurées en suspens entre eux et leurs parents et, s'ils en ont, entre eux et leurs enfants. Dans la pratique, cela peut signifier exprimer toutes ses émotions bonnes et mauvaises; demander pardon ou offrir son pardon; s'efforcer de trouver un terrain d'entente ou à tout le moins s'entendre pour dire qu'on ne s'entend pas. De toute façon, il faut communiquer et tenter de résoudre des problèmes qu'on a jusque-là balayés sous le tapis.

La plupart des 44/8 ont les mêmes préoccupations concernant la sécurité et la stabilité. Dans l'esprit d'un 44/8, le compte en banque, la nourriture dans le réfrigérateur, la voiture dans le garage et les vêtements dans le placard sont des choses essentielles. Si le 4 se sent en sécurité quand il a «assez d'argent», il en faut beaucoup plus pour satisfaire le 8. Somme toute, les 44/8 ont de l'intelligence, de la force, des désirs et de l'ambition en abondance.

Étant donné les défis spécifiques de ce chemin de vie, la plupart des 44/8 ont des problèmes de famille, de sécurité et, règle générale, de *méthode*. En bout de ligne c'est la façon dont ils se plieront ou ne se plieront pas à la Loi de la Méthode (p. 485) qui fera foi de tout. Les 44/8 peuvent atteindre tous leurs buts – dans leurs relations, leurs affaires, en ce qui concerne leur santé ou leur spiritualité – à la seule condition qu'ils suivent un cheminement méthodique et pratique, d'étape en étape. Qu'ils sautent une seule étape et c'est habituellement la dégringolade jusqu'au pied de la montagne, d'où ils doivent repartir à zéro.

La Loi des Comportements (p. 489) peut leur sauver beaucoup de temps en leur montrant comment faire pour ne pas répéter les mêmes erreurs, les échecs et les gestes manqués. S'ils choisissent d'ignorer ou d'enfreindre sciemment cette loi, la vie leur servira de dures leçons. Ce n'est pas un chemin de vie très subtil; quelquefois il faut un véritable mélodrame pour attirer l'attention d'un 44/8.

Chaque fois que les 44/8 doivent prendre une importante décision, la confusion les guette parce qu'ils ont tendance à examiner toute chose dans ses moindres détails, jusqu'à n'y plus voir clair. Souvent ils se comportent de façon compulsive ou impulsive avec la nourriture, l'argent ou dans d'autres domaines. Comme les 2, ils doivent faire l'équilibre de l'esprit et de l'émotion.

Avec l'énergie du double 4, les 44/8 peuvent faire preuve d'une force physique, d'une persévérance et d'une force morale peu communes; dans le négatif, cette force devient inflexibilité et entêtement. À cause de l'influence du 8 (contrôle), peu de gens arrivent à les faire changer d'idée à moins qu'ils n'aient eux-mêmes déjà décidé de changer; mais ils sont nombreux ceux qui ne veulent pas changer et qui, uniquement par peur de l'échec, demeurent obstinément attachés à leurs vieilles idées et façons de faire. S'ils n'écoutent pas les conseils des autres, ils se heurtent à un mur de leur propre fabrication. Aussi, les 44/8 doivent-ils rester flexibles et ouverts à l'opinion d'autrui pour ne pas limiter leur propre liberté ou brûler leurs ponts avant même de les avoir franchis. À mesure qu'ils réalisent l'intégration des énergies du double 4 et du 8, leur sentiment d'abondance grandit de plus en plus et les 44/8 sont alors prêts à sortir de leur coquille afin d'aider les autres.

Travailler le 44/8 dans le positif

Avec leur force morale, leur persévérance et les capacités analytiques qui leur permettent de suivre toutes les étapes nécessaires pour aller du point A au point Z, aucun but ne leur est impossible. Leur esprit aborde toute tâche en la divisant d'abord en ses parties composantes, et les plus grands buts deviennent ainsi une suite de petites étapes. Leur santé et leur vigueur sont exceptionnelles; ils prennent soin d'eux-mêmes et font preuve de prudence. Ce sont des amis loyaux, sur qui l'on peut compter; ils forment des relations stables et durables, et ils transposent dans la société en général le même sentiment familial ou communautaire. Puissants et pratiques, dotés d'un sens aigu pour les affaires et d'un grand désir de réussir, ils laissent leur force, leur sens de la méthode et leur flexibilité les guider vers une vie d'abondance non seulement pour eux-mêmes mais aussi pour le bien commun.

Travailler le 44/8 dans le négatif

Ces individus arrivent habituellement à garder le contrôle d'eux-mêmes mais ils ont un petit côté hystérique. Lorsqu'ils sont au bout de leur rouleau, stressés et confus, il leur arrive de « lâcher prise » en sombrant dans une dépression nerveuse. Avec une foi aveugle et entêtée en eux-mêmes, ils répètent sans cesse les mêmes erreurs. Leurs relations sont sources de douleur et de frustration parce qu'elles donnent lieu à des disputes et à des luttes de pouvoir incessantes. Ils peuvent avoir fait beaucoup d'argent et avoir tout perdu; ils aspirent à un sentiment de stabilité mais sont incapables du moindre engagement envers quelqu'un ou quelque chose. Ils veulent réussir mais ne sont pas prêts à suivre les étapes qui conduisent à la réussite. Ils se sentent responsables de tout, et pourtant ils fuient les responsabilités parce qu'ils ont peur d'échouer.

Questions de vie

Santé

Ceux qui travaillent le 44/8 ne laisseront personne leur dire quoi manger, quel sport pratiquer ou comment faire quoi que ce soit. Ils auraient tout de même intérêt à suivre un régime alimentaire équilibré et efficace, à faible teneur en gras, car chez tous les 44/8 mais surtout chez ceux qui ne font pas d'exercices régulièrement, l'énergie du double 4 a tendance à se traduire par un excès de poids dans tout le corps et même dans les organes internes.

Presque tous les 44/8 peuvent s'épanouir – et vaincre leur tendance à la rigidité, au stress et à la résistance – en faisant des exercices qui mettent l'accent sur la flexibilité, la relaxation, l'équilibre et la méditation. L'aïkido et le taï chi, qui prennent modèle sur la Loi de la Flexibilité (p. 456), leur sont particulièrement bénéfiques. Ces arts martiaux enseignent la non-résistance – l'art de tourner à son avantage tout ce que l'on a devant soi –, l'intégration, la douceur et l'équilibre ; de plus, la maîtrise de ces deux disciplines ne s'acquiert que par suite d'un long et patient cheminement. Une fois qu'ils auront maîtrisé ces arts martiaux, ils pourront appliquer ce qu'ils ont appris à tout ce qu'ils entreprennent dans la vie de tous les jours.

Relations

Dans leurs relations, la plupart des 44/8 ont beaucoup à offrir : loyauté, stabilité, persévérance et soutien. Dans le négatif, ils peuvent se livrer, comme on l'a déjà dit, à des luttes de pouvoir, et ils manquent de stabilité tant qu'ils n'ont pas tiré les leçons spécifiques de leur chemin de vie. Dans le positif, par contre, les 44/8 peuvent avoir des relations saines et durables ; la famille et les enfants deviennent alors une part importante de leur vie bien que le travail garde la première place.

Les 44/8 ont une vie affective, comme tout le monde, mais ils sont moins portés sur la chose émotive que d'autres personnes travaillant d'autres nombres de naissance. Leurs partenaires devront donc les apprécier pour leur loyauté, leur force et leur vigueur plutôt que pour leur sensibilité. On a parfois l'impression qu'ils font la sourde oreille, et les allusions trop subtiles ont peu de chance d'être entendues.

Leur approche de la sexualité peut être sensuelle, pratique et enthousiaste à moins qu'ils n'aient été victimes de crimes sexuels durant leur enfance et qu'ils n'aient pas encore exorcisé ce souvenir. Ils ont plus de chances de s'accorder avec une personne dont la sensibilité servira de contrepoids à leur force mais il importe que les deux partenaires reconnaissent et apprécient ce qui les différencie.

Talents, travail et situation financière

Souvent ceux qui travaillent le 44/8 sont à la tête d'une entreprise, en tant que directeurs ou superviseurs, mais ils sont parfois les cerveaux qui dirigent de loin toutes les opérations. Leur succès dépend presque entièrement de la méthode et de la patience dont ils sont prêts à faire preuve pour atteindre leurs buts. En général, les 44/8 sont de fins analystes qu'on retrouve aussi bien dans le monde des affaires que dans la psychothérapie ou dans les services secrets, entre autres domaines.

La sécurité financière demeure une importante motivation mais la qualité de leur « bas de laine » dépend moins de ce qu'ils y mettent que de la façon dont ils l'ont tricoté. En d'autres mots, ils connaîtront de grands succès sur le plan matériel s'ils ont une solide fondation, se préparent adéquatement, font bien leurs devoirs et travaillent fort. Ils ne parviendront pas facilement au niveau de sécurité financière dont ils rêvent mais ils ont tout ce qu'il faut pour réussir. L'important est de transcender la question en mettant leur succès au service de la communauté, communauté qu'ils en sont venus à considérer comme une extension de leur propre famille.

Quelques 44/8 célèbres

Aucun 44/8 célèbre n'apparaît sur nos listes, probablement parce que ce nombre de naissance est encore rare et ceux qui le portent encore jeunes, les premiers 44/8 étant nés en 1959.

Votre destinée est entre vos mains

Si vous travaillez le 44/8, cette section peut vous aider à manifester votre but de vie en attirant votre attention sur les questions les plus importantes et en vous suggérant des actions précises capables de changer votre vie.

Conseils et recommandations

❖ Lorsque vous faites de l'exercice, combinez force et pouvoir avec flexibilité et fluidité.

❖ Déterminez les étapes à suivre pour atteindre vos buts, puis faites le suivi.

❖ Dites à vos parents, qu'ils soient morts ou vivants, ce que vous ressentez.

❖ Votre plus grande force consiste peut-être à tirer avantage de forces auxquelles vous êtes confrontés.

Questions utiles

1. Réfléchissez aux questions suivantes :

❖ Comment puis-je combiner force et flexibilité ?

❖ Est-ce que mes buts personnels servent le bien commun ?

❖ Mon entêtement m'a-t-il déjà nui ?

❖ Ai-je recours à la logique *et* à l'intuition lorsque je dois prendre une décision ?

2. Si ces questions ont trouvé quelques réponses en vous, comment pourriez-vous mettre ces réponses en pratique dans votre vie?

Pour une meilleure compréhension

1. Relisez dans la deuxième partie les chapitres consacrés aux chiffres qui composent votre nombre de naissance: 4 (p. 93), et 8 (p. 139).

2. Vous pouvez de la même façon vous familiariser avec le nombre de naissance d'un parent ou d'un ami et discuter avec lui, s'il le veut bien, de ce que vous avez en commun et de ce qui vous distingue.

Lois spirituelles: leviers pour changer votre vie

1. Dans la quatrième partie, lisez le texte de chacune des lois spirituelles suivantes:

   ❖ **Loi de la Méthode** (p. 485): La meilleure façon d'atteindre un but est de faire un petit pas facile à la fois.

   ❖ **Loi des Comportements** (p. 489): Nos comportements ont tendance à se renforcer jusqu'à devenir des habitudes, à moins que nous n'utilisions de puissants leviers pour les changer.

   ❖ **Loi des Cycles** (p. 549): La vie est un cycle immuable dans lequel des occasions se présentent, disparaissent et réapparaissent comme les saisons.

   ❖ **Loi de l'Honnêteté** (p. 525): Pour être honnête envers les autres, il faut d'abord être honnête envers soi-même.

   ❖ **Loi de la Flexibilité** (p. 456): En demeurant flexible, nous pouvons tirer le meilleur parti possible de nos difficultés et des circonstances changeantes.

2. Faites les exercices prescrits pour chacune de ces lois.

3. Pensez aux occasions de mettre ces lois en application dans votre vie.

9 : INTÉGRITÉ ET SAGESSE

Tôt ou tard, nous sommes tous conviés
à un festin de conséquences.

ROBERT LOUIS STEVENSON

Cette section comprend tous les nombres de naissance ayant le 9 (p. 150) comme but de vie principal : 18/9, 27/9, 36/9 et 45/9. Bien que tous ces nombres de naissance reflètent puissamment l'énergie du 9, l'interaction et l'influence des autres nombres – et des qualités, questions et caractéristiques qui leur sont rattachées – confèrent à chacun sa saveur unique.

18/9

9 : Intégrité et sagesse
8 : Abondance et pouvoir
1 : Créativité et confiance

Comprendre le but de vie

Ceux qui se trouvent sur le chemin 18/9 y sont pour résoudre des questions touchant à l'honnêteté, à l'argent, au contrôle et à la confiance, et pour manifester leur énergie et leur influence avec créativité tout en respectant les plus stricts principes d'intégrité. En apparence, plusieurs 18/9 sont expansifs, avenants, joviaux, mais il n'y a rien de drôle dans leur vie intérieure où se profilent les ombres de la peur, de la culpabilité et de l'insécurité. Puisque chacun doit relever les défis spécifiques de son but de vie, les 18/9 devront faire l'équilibre entre l'attirance et la répulsion qu'ils ressentent souvent simultanément à l'égard de l'argent et du pouvoir, et ils devront vaincre leur insécurité avant de parvenir à l'intégrité et à la sagesse.

Parce que l'intégrité est le summum de leur but de vie, les 18/9 doivent être, que cela leur plaise ou non, d'une morale et d'une honnêteté à toute épreuve. Soit qu'ils guident les autres par leur exemple, soit qu'ils les fourvoient et qu'on les punisse pour en faire des exemples. La vie des 18/9 et des autres personnes travaillant l'énergie du 9 est une suite de conséquences. Ceux qui vivent en paix avec les lois supérieures récoltent les fruits d'une vie saine, satisfaisante, honnête et laborieuse. Ceux qui ignorent ces mêmes lois ne peuvent échapper bien longtemps à la loi de cause à effet, car la vie leur envoie des signaux qu'ils ne peuvent ignorer.

La plupart des 18/9 sont intelligents, charmants et débordants d'énergie. Les énergies, questions et tendances spécifiques de leur nombre de naissance en font de puissants meneurs d'hommes qui peuvent inspirer des pays entiers, déplacer des montagnes et bâtir des empires – mais qui peuvent aussi, avec un fanatisme sans merci, écraser tous leurs opposants. Les questions d'argent, de pouvoir (8) et d'intégrité (9), amplifiées par l'énergie créatrice du 1, se feront de plus en plus pressantes tant que les 18/9 n'auront pas reconnu et apaisé leurs pulsions conflictuelles.

Ce mélange explosif de pulsions internes et d'influences extérieures a tendance à attirer l'argent et le prestige et les 18/9 sont presque assurés de connaître le succès à moins qu'ils ne sabotent eux-mêmes leurs propres efforts. Il se peut qu'ils tentent de voiler l'insécurité rattachée à l'énergie du 1 en adoptant un comportement compensatoire mêlé d'agressivité, de combativité et de véhémence, mais juste sous la surface de leur pouvoir et de leur assurance se cache une certaine passivité causée par la peur que leur inspire la force grandissante de leurs pulsions intérieures.

S'ils travaillent leurs énergies dans le positif, ils peuvent guider et inspirer les autres par leur exemple; leur intégrité et leur créativité commandent le respect et la loyauté. Aussi, les 18/9 sont-ils souvent placés dans des positions de leadership plus ou moins importantes. S'ils travaillent leurs énergies dans le négatif, leur soif de puissance et d'argent vire à l'obsession, leurs opinions prennent force de loi, et leur créativité se change en énergie destructrice tournée contre eux-mêmes et contre les autres. En d'autres mots, les 18/9 peuvent faire beaucoup de bien ou beaucoup de mal.

Peu importe leur réussite dans le monde, les 18/9 font face à des conflits intérieurs qui peuvent dégénérer en maladies physiques ou entraîner d'autres difficultés. Tout se passe comme si l'inconscient fixait ses propres limites internes à leur succès.

Parce que le principal obstacle à leur réussite se trouve dans l'inconscient, les 18/9 devraient chercher la solution à l'intérieur d'eux-mêmes. Cependant, puisqu'ils ont plus tendance à se concentrer sur le succès matériel dans le monde extérieur que sur leur propre croissance intérieure, ils se montrent parfois réfractaires à tout travail d'introspection. Quoi qu'il en soit, tous les 18/9 devront tôt ou tard se pencher sur ces questions, ne serait-ce que pour soulager leur subconscient de son lourd et douloureux fardeau.

L'observation de soi, la compréhension et le pardon peuvent guider les 18/9 jusqu'aux lois spirituelles qui se trouvent au cœur de leur chemin de vie. Alors, ayant décidé de partager leur richesse avec les autres, ils dédient leur vie au service plutôt qu'à leur propre avancement ou à l'accumulation de biens matériels. Ils inspirent les autres par leur exemple – l'exemple d'une vie intègre, d'une force mêlée de compassion qui s'est mise au service d'une Volonté supérieure.

Les 18/9 doivent se poser cette question sérieusement: « Ma vie est-elle exemplaire? » Puis ils doivent écouter la réponse. S'ils ne font pas ce qu'ils prêchent – et prêcher, ils le font toujours –, la vie n'ira pas par quatre chemins pour attirer leur attention: ce sera une maladie, un accident, une relation brisée. Il n'y a rien de très subtil dans ce nombre de naissance, et il n'y a rien de très subtil dans les leçons que leur sert la vie.

Tôt ou tard, d'une façon ou d'une autre, quand ils en ont assez vu, assez senti, assez appris pour savoir qu'ils doivent se conformer aux principes de la plus haute intégrité, les 18/9 dirigent leurs énergies et leurs ressources vers le plus grand bien du plus grand nombre. Ce faisant, ils transcendent leurs vieilles tendances et leur ancienne douleur. Plus ils s'engagent fermement à servir une cause supérieure, plus leurs énergies devraient se manifester de façon positive. La Loi de l'Honnêteté (p. 525) est un puissant levier de changement pour les 18/9; le lien profond qui les relie aux lois spirituelles peut les guider vers l'accomplissement de leur destinée. En raison de leur charisme, de leur énergie et de leur puissance personnelle, les 18/9 se font remarquer dans toutes les foules.

Travailler le 18/9 dans le positif

Ces individus ont une profondeur, un charisme et un magnétisme naturels. Leur personnalité avenante et charismatique est à l'image de leur intelligence et de leur grande sagesse. Leur travail à la maison, dans la communauté ou dans le monde est un produit de leurs qualités naturelles de leadership. Brillants stratèges qui connaissent tous les jeux et en observent toutes les règles, les 18/9 usent de leur influence et de leur abondance afin d'apporter un changement positif dans le monde. Leurs pouvoirs spirituels se manifestant, ils guident par l'exemple et inspirent aux autres de précieuses idées. La vie n'est jamais ennuyeuse en leur compagnie. Ce sont des créatifs et de grands travailleurs qui subordonnent leur travail au succès d'une cause supérieure.

Travailler le 18/9 dans le négatif

Même si, en apparence, leur monde semble agréable et enviable, la vie intérieure de ces individus est tourmentée, étouffante, pleine de peurs refoulées et hantée par l'idée du péché et de la rédemption. Ils rêvent de santé et de paix intérieure mais ils deviennent victimes de leurs propres opinions et se mettent à rechercher le pouvoir et le contrôle absolu. Ils prêchent toujours plus ou moins ouvertement la façon dont la vie devrait être vécue mais ils n'observent pas leurs propres préceptes. Ils résistent à tout ce qui survient dans leur propre vie et veulent contrôler la vie des autres. Ils ne voient pas les bienfaits que recèlent leurs épreuves.

Questions de vie

Santé

Plusieurs 18/9 jouissent d'une bonne ou même d'une excellente santé; d'autres souffrent d'asthme, de problèmes aux os ou aux nerfs, localisés le plus souvent dans le cou ou le bas de la colonne vertébrale; ceux-là et d'autres symptômes reflètent et reproduisent leurs peurs inconscientes, dont surtout la peur d'abuser de leur force. Les maux dont ils souffrent, physiques, affectifs, psychiques ou spirituels, les précèdent et les guident sur la route qu'ils ont eux-mêmes tracée. Dans le positif, les maladies physiques fournissent l'occasion d'apprendre la compassion.

En ce qui concerne la nutrition et l'exercice physique, les règles qu'ils doivent suivre sont très simples : Apprends à connaître ce qui est sain, et vis selon ce que tu sais. La plupart des 18/9 sont de gros travailleurs ; lorsqu'ils canalisent leur énergie dans l'exercice physique, leur vie s'épanouit. L'important est qu'ils fassent de l'exercice, n'importe lequel, car l'exercice en lui-même est une façon de vivre qui s'accorde avec les lois naturelles. Soit que les 18/9 fassent de l'exercice et s'en trouvent mieux, soit qu'ils n'en fassent pas du tout et en subissent plus tard les conséquences.

Le même principe s'applique à la nutrition. Plutôt que de suivre un régime en particulier, les 18/9 doivent simplement manger davantage de ce qui est nutritif et sain et moins de ce qui ne l'est pas. Là encore, c'est la loi de cause à effet qui s'applique clairement à tous ceux qui travaillent le 9. Plus ils font preuve d'intégrité dans ce domaine, en cherchant à connaître puis à faire ce qui est sain, meilleur est l'exemple qu'ils donnent aux autres.

Relations

Bien qu'ils puissent se montrer intenses et attentionnés, les problèmes de contrôle et l'insécurité latente des 18/9 rendent l'intimité et la vulnérabilité difficiles à réaliser. Néanmoins, avec leur charme, leur énergie et leur profondeur, les 18/9 ont beaucoup à offrir. L'important est de trouver un partenaire qui puisse leur tenir tête et qui les aide à balancer la force par la sensibilité – quelqu'un qui les comprenne et les accepte tels qu'ils sont, de sorte qu'eux-mêmes puissent arriver à se comprendre et à se pardonner. Le mariage et la famille ne sont habituellement pas leurs plus grandes préoccupations mais les 18/9 peuvent certainement se marier, la famille devenant alors la toile de fond devant laquelle se jouera le drame de leur vie.

Les pulsions sexuelles des 18/9 reflètent des besoins physiques, affectifs et spirituels très puissants, qu'ils en aient ou non conscience. Lorsqu'ils travaillent dans le positif, ils peuvent faire l'expérience d'une intense communion à travers leurs relations sexuelles.

Talents, travail et situation financière

Les fortes qualités des 18/9 les poussent habituellement à rechercher des positions de leadership. Par exemple, ils seront plus enclins à devenir avocats, entrepreneurs de construction, chirurgiens ou administrateurs que commis aux pièces. Esprits dynamiques et créatifs, ils ont d'ordinaire une longueur d'avance sur tout le monde. Le plus important et le plus significatif n'est pas tellement le travail lui-même comme la manière de travailler. Tant que les 18/9 s'efforcent de toucher les gens et de mener une vie intègre, fondée sur la sagesse supérieure des lois spirituelles, ils trouvent une grande satisfaction sur leur chemin de vie.

Reflet de leurs talents et de leurs énergies combinés, leur situation financière est saine et solide – sauf lorsque leurs peurs et leurs croyances négatives sont les bâtons qu'ils se mettent eux-mêmes dans les roues. La chose la plus importante pour les 18/9 est de ne jamais considérer l'argent comme une fin en soi mais plutôt comme l'aboutissement naturel d'une vie consacrée au service. Lorsqu'ils s'engagent à servir et qu'ils utilisent leur inspiration créatrice et leur puissant cerveau à cette seule fin, l'abondance et le prestige coulent de source.

Quelques 18/9 célèbres

Francis Bacon	Burt Lancaster
Tallulah Bankhead	Charles Lindbergh
Julius Boros	Clare Boothe Luce
Jimmy Carter	Richard Pryor
Jean Harlow	Mark Spitz
Richard Harris	Kurt Vonnegut
Rutherford B. Hayes	Lawrence Welk

Votre destinée est entre vos mains

Si vous travaillez le 18/9, cette section peut vous aider à manifester votre but de vie en attirant votre attention sur les questions les plus importantes et en vous suggérant des actions précises capables de changer votre vie.

Conseils et recommandations

❖ Ne cherchez pas à avoir raison, cherchez à faire le bien.

❖ N'ayez pas peur de votre force; mettez-la au service des autres.

❖ Cherchez à savoir sous quels rapports votre vie est un bon exemple et en quoi vous donnez le mauvais exemple.

❖ Employez vos pouvoirs créateurs à faire ce qui vous plaît.

Questions utiles

1. Réfléchissez aux questions suivantes:

   ❖ Mon sentiment de sécurité repose-t-il uniquement sur l'argent et le pouvoir?

   ❖ Est-ce que j'emploie mon énergie créatrice à des fins utiles?

   ❖ L'argent et le contrôle m'ont-ils déjà causé des ennuis avec des gens?

   ❖ L'intégrité a-t-elle pour moi autant d'importance que le succès?

2. Si ces questions ont trouvé quelques réponses en vous, comment pourriez-vous mettre ces réponses en pratique dans votre vie?

Pour une meilleure compréhension

1. Relisez dans la deuxième partie les chapitres consacrés aux chiffres qui composent votre nombre de naissance: 1 (p. 64), 8 (p. 139), et 9 (p. 150).

2. Vous pouvez de la même façon vous familiariser avec le nombre de naissance d'un parent ou d'un ami et discuter avec lui, s'il le veut bien, de ce que vous avez en commun et de ce qui vous distingue.

Lois spirituelles: leviers pour changer votre vie

1. Dans la quatrième partie, lisez le texte de chacune des lois spirituelles suivantes:

   ❖ **Loi de la Volonté supérieure** (p. 531): Notre volonté de servir une cause supérieure peut nous inspirer les gestes et les mots qui vont inspirer les autres.

   ❖ **Loi de l'Honnêteté** (p. 525): Pour être honnête envers les autres, il faut d'abord être honnête envers soi-même.

   ❖ **Loi des Choix** (p. 461): Nous pouvons choisir de manifester notre énergie créatrice de façon positive ou négative.

   ❖ **Loi de l'Intuition** (p. 536): Lorsque nous cessons d'être attentif à l'opinion d'autrui, nous entrons en contact avec la sagesse de notre cœur.

   ❖ **Loi de la Flexibilité** (p. 456): En demeurant flexible, nous pouvons tirer le meilleur parti possible de nos difficultés et des circonstances changeantes.

2. Faites les exercices prescrits pour chacune de ces lois.

3. Pensez aux occasions de mettre ces lois en application dans votre vie.

27/9

9: Intégrité et sagesse
7: Foi et ouverture
2: Coopération et équilibre

Comprendre le but de vie

Ceux qui se trouvent sur le chemin 27/9 y sont pour résoudre des questions touchant à l'équilibre des responsabilités, à la fois en soi-même et à l'intégrité, pour apprendre à mettre leur foi dans l'Esprit qui se manifeste en eux comme en nous tous et pour faire en sorte que leur vie s'accorde avec la sagesse supérieure de leur cœur. Puisque notre chemin de montagne suit une pente abrupte, les 27/9 devront surmonter leur tendance à la rationalisation et apprendre à se fier davantage à leur cœur. Ils devront également résoudre les questions du 7 concernant la méfiance et la peur d'être trahis et enfin rouvrir les portes gardées de leur cœur pour enfin découvrir et observer les lois spirituelles qui y sont « écrites ».

Afin d'avoir accès aux lois spirituelles de leur cœur, les 27/9 doivent d'abord cesser de se soucier de ce que pensent les autres et se mettre à l'écoute de leur propre sagesse supérieure, sagesse que seules les émotions, et non les processus mentaux, sont à même de révéler. Sous l'influence du 7, toutefois, ils ont souvent tendance à faire confiance à tout le monde – professeurs, maîtres, experts scientifiques, conseillers de toutes sortes – *sauf* à eux-mêmes. Nous avons tous beaucoup à apprendre des autres, mais les 27/9 en particulier sont ici pour placer l'autorité finale entre les mains du « grand conseil de leur cœur ».

Bien que l'intégrité et la sagesse constituent le but de vie principal des 27/9, le rôle du 7 est essentiel, car il faut bien que les 27/9 aient foi en eux-mêmes s'ils veulent avoir la révélation des principes supérieurs qui les guideront vers l'intégrité. Tant qu'ils ignorent ces principes, ils se contentent de faire ce que les autres leur suggèrent. À plusieurs reprises, ils se retrouvent dans des situations qui véhiculent toutes le même message : « Fie-toi à ton cœur ; abandonne ton esprit à la sagesse de ton cœur. » L'expression « sagesse du cœur » se rapporte à la dimension affective, qu'on l'appelle conscience, inconscient universel ou intuition.

Comme les 25/7, les 27/9 peuvent devenir des mordus de la croissance personnelle ou encore des vagabonds spirituels ; d'un cours, d'un gourou, d'un ashram à l'autre, ils vont chercher confirmation et gouverne chez tous ceux qui font profession de guider les autres. Plus ils sont attentifs à l'opinion d'autrui, plus ils ont de la difficulté à entendre leurs propres émotions et sentiments.

L'énergie du 7 ayant tendance à privilégier les processus mentaux au détriment des émotions (auxquelles sont rattachés les souvenirs les plus douloureux), la pente est d'autant plus abrupte qui mène les 27/9 jusqu'à la découverte et à l'observation des lois de l'Esprit. Que les 27/9 se fient davantage aux processus mentaux qu'aux émotions, cela se manifeste clairement dans leur façon d'utiliser plus de mots qu'il n'en faut pour exprimer une chose toute simple. Ils ne savent pas ce qu'ils ressentent vraiment, alors ils tournent autour du pot, parlent de choses et d'autres mais jamais ils ne se révèlent vraiment, même pas à eux-mêmes. Ils ont beau avoir une vie sociale bien remplie, les 27/9 ont parfois l'impression d'être et de ressembler à des ermites, car ils ont absolument besoin d'un espace qui leur soit réservé.

Avec un tel besoin de solitude, imaginez combien difficile a dû être la vie d'Elvis Presley ; il sentait bien que l'Esprit travaillait en lui à sa manière unique, et que cela expliquait en partie la magie qu'il exerçait auprès de millions de personnes, mais au lieu d'écouter son propre cœur il a laissé les autres régler sa vie, et cela l'a détruit. Errol Flynn, un autre 27/9 charismatique, est le parfait exemple d'un homme qui laisse les pulsions et les désirs du corps l'emporter sur les intuitions du cœur. Ces deux personnages, chacun à sa façon, avaient perdu de vue leur propre intégrité ; bien que ces individus aient été exemplaires sous plusieurs rapports, on ne peut pas dire qu'ils soient des exemples à suivre quant à la façon d'accorder sa vie avec les principes supérieurs.

La plupart des 27/9 semblent sûrs d'eux-mêmes et ils ont un charisme naturel qu'on associe à l'énergie de leadership du 9. Des idées et des opinions parfois très fortes compensent chez eux le manque de confiance en soi. Ces opinions, au sujet d'une personne, d'une idée, d'une méthode, peuvent à tout moment se transformer en croyance aveugle. Parce que leur sentiment d'identité est trop intimement lié à leurs idées, celles-ci peuvent devenir fanatiques même s'ils sont pleins de bonnes intentions au départ. Leur masque de confiance cache une profonde incertitude; leur sentiment d'identité est trop diffus et ils sont en perpétuelle redéfinition d'eux-mêmes. «Zélotes tranquilles», les 27/9 prennent parfois leurs opinions pour l'expression de la volonté divine.

À cause du 2, ceux parmi les 27/9 qui se sont éveillés aux joies du service supérieur donnent un sens à leur vie en apportant leur soutien et leur contribution à des œuvres communes. Ces individus ne ressentent pas le besoin de prêcher, et certains n'ont pas du tout l'air d'être portés sur la spiritualité; quelle que soit leur occupation dans la vie, ils guident par l'exemple. Qu'ils utilisent ou non un vocabulaire teinté de spiritualité est sans importance. L'inspiration et le leadership par l'exemple sont les clés de leur but de vie; ils laissent leur vie devenir leur seul enseignement. Si leur vie est intègre, alors les mots sont superflus; si elle ne l'est pas, alors tous les mots ne suffiront pas.

Plusieurs leaders spirituels et religieux étaient des 27/9: le mahatma Gandhi, Paramahansa Yogananda, Oscar Ichazo, Da Free John, le pape Jean XXIII, le pape Pie XII, Albert Schweitzer, Henry David Thoreau, Kahlil Gibran et même Shirley McLaine. De plus, certains leaders charismatiques mais non religieux ont inspiré à leur façon des générations entières d'hommes et de femmes: Elvis Presley, Ray Charles, Johannes Brahms, George Burns et Robin Williams.

À l'opposé, il y a des maîtres charismatiques, dont plusieurs sont également des 27/9, qui représentent un danger; ceux-là s'attirent aussi de nombreux fidèles mais ils ne mettent pas en pratique ce qu'ils prêchent et ils tentent d'excuser leur conduite en invoquant leur rang élevé ou la noblesse de leurs réalisations. Ils ont leurs propres leçons à apprendre, tout comme leurs fidèles.

Plusieurs 27/9 ont peur de la spiritualité parce qu'ils ont peur, inconsciemment, de s'approcher trop près de la flamme (celle du bûcher). Qu'ils en aient ou non conscience, la plupart trouveront dans les profondeurs de leur psyché, pour peu qu'ils se donnent la peine d'y pénétrer, l'écho de ceux qui furent persécutés pour leur loyauté envers les lois spirituelles et pour leur rejet de l'ordre temporel. Les archétypes de «péché» et de «rédemption» sont encore présents dans la conscience des 27/9, même de ceux qui sont le moins enclins à utiliser pareil langage.

Peu importe l'attirance ou la répulsion que leur inspire la notion de spiritualité, tous les 27/9 ressentent les mêmes besoins: le besoin d'être inspirés par une sagesse supérieure, le besoin de connaître et de transmettre les principes directeurs de l'existence, le besoin de pouvoir compter sur la compassion et la compréhension des autres et le besoin de savoir qu'ils peuvent donner autant qu'ils ne reçoivent.

À ceux qui travaillent le 27/9, la foi vient en son temps et pas avant, et elle vient de l'expérience directe et non de l'enseignement d'un maître ou de la lecture d'un livre. En d'autres mots, les 27/9 doivent faire l'expérience de la sagesse supérieure et sentir son inspiration *directement*. Ils ont besoin de savoir et de sentir que l'Esprit est en eux et en nous tous. En dernière analyse, peu importe comment ils se portent dans le monde extérieur, au plus profond d'eux-mêmes, les 27/9 ne seront pas satisfaits tant qu'ils n'auront pas eu la révélation de cette vérité.

Travailler le 27/9 dans le positif

Le charisme et la profondeur de ces 27/9 reposent sur leur foi sincère en l'esprit qui est en eux. Avec une sagesse juste et compatissante, ils ont aussi appris à voir l'Esprit dans les autres personnes et à considérer toutes les circonstances de leur vie, tristes ou heureuses, comme porteuses de son enseignement. Bien que leurs besoins soient le plus souvent satisfaits, même dans l'adversité ils sont reconnaissants pour la leçon qu'il leur est ainsi donné de recevoir. Ce sont des leaders naturels qui guident par l'exemple. S'étant engagés à servir, leur voix exprimant la sagesse universelle plutôt que des opinions fanatiques, ils inspirent les autres par leur intégrité et leur parfaite harmonie avec les lois spirituelles. En gardant vivant le lien intérieur qui les relie à la volonté supérieure, ils servent les autres d'une manière efficace.

Travailler le 27/9 dans le négatif

Prédicateurs déchus ou éternels chercheurs, tout leur monde tourne autour d'une philosophie, d'une méthode, d'une religion ou d'un enseignement particulier. Fanatiques béats, ils règlent leur conduite sur les préceptes et les opinions d'autrui et agissent comme si leurs propres opinions étaient sacrées. D'autres qui n'ont pas plus foi en eux-mêmes, confondant dogmatisme et autorité spirituelle, peuvent se mettre à suivre et admirer pareils individus. Au fond, ces 27/9 se sentent seuls, coupés du monde et de toute inspiration véritable parce qu'ils se fient à leur cerveau plus qu'à leur cœur. Ils craignent qu'on les trahisse et finissent par s'attirer de telles trahisons, même de la part de leur propre corps.

Questions de vie

Santé

Quantité de débris flottent à la surface de leur inconscient, dont un lourd fardeau de culpabilité qu'ils traînent depuis l'enfance. Le 7 signale ici que la région du cœur peut être affectée si les 27/9 souffrent de la peur chronique, irraisonnée, d'être trahis.

Le sentiment d'être isolés ou déconnectés peut entraîner des désordres psychologiques et les pousser vers les drogues, l'alcool et tout ce qui pourrait anesthésier leur douleur. Le plus triste dans les cas de dépendance aux drogues, c'est que ces 27/9 cherchent à l'extérieur d'eux-mêmes une façon de communier avec l'Esprit qui est déjà en eux.

En ce qui concerne l'alimentation, l'exercice physique et la santé en général, les 27/9 doivent simplement se fier à leurs instincts, à leurs intuitions et à leurs propres expériences. La plupart ont probablement déjà pris connaissance de nombreuses théories en matières d'alimentation et de forme physique, mais ils devraient, avant d'agir, confronter tous ces renseignements avec leurs propres intuitions. Ils feraient mieux de penser aux conséquences, positives et négatives, de toutes leurs actions: qu'ils mangent bien ou mal, qu'ils s'entraînent ou ne s'entraînent pas, tout ce qu'ils font servira d'exemple et sera suivi par les autres.

Parce que les 27/9 concentrent leur attention sur les processus mentaux, c'est l'un des nombres de naissance les moins physiques. En plus du bien-être qu'il procure habituellement (un corps sain dans un esprit sain), l'entraînement les aidera à prendre contact avec les réalités pratiques, physiques, de la vie quotidienne. L'exercice le plus approprié est toujours celui qu'ils choisissent en se basant sur leur propre expérience.

La méditation, sous la forme qu'ils auront choisie, est une occasion pour les 27/9 de reposer leur esprit et de trouver la paix intérieure. Dans cette paix, le cœur parle.

Relations

Ceux qui travaillent l'énergie 27/9 peuvent développer une profonde capacité d'empathie et une grande profondeur d'émotion, ou ils peuvent se donner un masque de sensibilité pour compenser leur approche toute mentale de la vie. Dans leurs relations, les 27/9 doivent abandonner les processus mentaux et entrer dans le monde de l'affectivité en laissant derrière les turbulences de la pensée, des croyances et des opinions.

Leurs relations sont autant d'occasions de faire preuve de vulnérabilité, et c'est dans la vulnérabilité qu'on apprend la foi et la confiance. Pour les 27/9, les relations importent peu en elles-mêmes, elles sont surtout des moyens de croissance et de communication; les questions qu'elles soulèvent donnent de l'eau à leur moulin et du relief à leur chemin.

Une bonne relation sexuelle, pour les 27/9, c'est comme aller à confesse. Plus que, disons, le plaisir brut, c'est une façon de trouver l'harmonie, le lien intime, la communion. Ils aiment les relations sexuelles pour autant qu'ils peuvent s'abandonner et se confier à la joie et à la folle sagesse du corps.

Talents, travail et situation financière

Bien que ce ne soit pas toujours manifeste, ils aiment la nature et pourraient faire, par exemple, d'excellents guides en forêt, mais ils peuvent aussi exceller dans la haute technologie. Ceux qui travaillent le 27/9 sont créatifs en ceci qu'ils savent trouver la sagesse profonde. Parce qu'ils aiment les travaux solitaires, ce sont d'excellents recherchistes.

La plupart des 27/9 excellent dans les métiers qui touchent, dans le sens le plus large, à la santé et au service. Dotés d'un charisme naturel, qu'ils n'apprécient pas ou dont ils se méfient parfois, ce sont des danseurs, des acteurs et des artistes irrésistibles, mais leur art leur semble toujours plus éloquent lorsqu'il sert une cause supérieure.

Parce que l'écho des vœux de pauvreté prononcés par les moines et les sœurs de jadis résonne encore dans leur subconscient, plusieurs 27/9 ont des sentiments partagés ou carrément négatifs au sujet de l'argent et des biens de ce monde. Si l'argent se fait rare dans leur vie, les 27/9 devraient peut-être réviser leurs croyances positives et négatives relativement à l'argent. Ils devraient également se demander si le manque de foi en eux-mêmes ne les empêche pas de progresser d'une façon ou d'une autre dans leur travail. L'argent, comme la plupart des choses dans la vie, n'est pour les 27/9 qu'un moyen d'en apprendre davantage sur le fonctionnement de leur propre psyché. Leur présence et leur profondeur les poussent vers des positions de leadership. Le plus souvent, ils gagnent assez d'argent pour combler tous leurs besoins et même un peu plus.

Quelques 27/9 célèbres

Luisa May Alcott	Thurgood Marshall
Ray Charles	Annie Oakley
Julia Child	Elvis Presley
Harrison Ford	Albert Schweitzer
Le mahatma Gandhi	Gloria Steinem
Benny Goodman	Henry David Thoreau
Jimi Hendrix	Orson Welles
Shirley MacLaine	Robin Williams

Votre destinée est entre vos mains

Si vous travaillez le 27/9, cette section peut vous aider à manifester votre but de vie en attirant votre attention sur les questions les plus importantes et en vous suggérant des actions précises capables de changer votre vie.

Conseils et recommandations

* Ayez foi en vos émotions les plus profondes : elles sauront vous guider précisément là où vous devez aller.
* Chaque jour, rappelez-vous que la lumière de l'Esprit brille en vous comme en nous tous.
* Pardonnez-vous vos erreurs.
* Ne prenez pas les opinions trop au sérieux – les vôtres comme celles des autres.

Questions utiles

1. Réfléchissez aux questions suivantes :
   * Ma vie est-elle un exemple de la plus haute intégrité ?

❖ Quelles sont mes inspirations ?

❖ Qui est l'expert dans ma vie ?

❖ Est-ce que je respecte mon propre processus évolutif et celui d'autrui ?

2. Si ces questions ont trouvé quelques réponses en vous, comment pourriez-vous mettre ces réponses en pratique dans votre vie ?

Pour une meilleure compréhension

1. Relisez dans la deuxième partie les chapitres consacrés aux chiffres qui composent votre nombre de naissance : 2 (p. 74), 7 (p. 128), et 9 (p. 150).

2. Vous pouvez de la même façon vous familiariser avec le nombre de naissance d'un parent ou d'un ami et discuter avec lui, s'il le veut bien, de ce que vous avez en commun et de ce qui vous distingue.

Lois spirituelles : leviers pour changer votre vie

1. Dans la quatrième partie, lisez le texte de chacune des lois spirituelles suivantes :

❖ **Loi de la Volonté supérieure** (p. 531) : Notre volonté de servir une cause supérieure peut nous inspirer les gestes et les mots qui vont inspirer les autres.

❖ **Loi de l'Intuition** (p. 536) : Lorsque nous cessons d'être attentif à l'opinion d'autrui, nous entrons en contact avec la sagesse de notre cœur.

❖ **Loi de la Foi** (p. 514) : Il faut avoir foi en soi-même pour accorder sa confiance aux autres.

❖ **Loi de la Flexibilité** (p. 456) : En demeurant flexible, nous pouvons tirer le meilleur parti possible de nos difficultés et des circonstances changeantes.

❖ **Loi du Non-jugement** (p. 509): L'univers est un maître qui ne porte pas de jugements; son enseignement est une suite de conséquences naturelles.

2. Faites les exercices prescrits pour chacune de ces lois.

3. Pensez aux occasions de mettre ces lois en application dans votre vie.

36/9

9 : Intégrité et sagesse
6 : Vision et acceptation
3 : Expression et sensibilité

Comprendre le but de vie

Ceux qui se trouvent sur le chemin 36/9 y sont pour résoudre des questions touchant à l'honnêteté émotive, aux idéaux perfectionnistes et au doute de soi, pour apprendre à s'harmoniser avec la sagesse de leur cœur et pour être des exemples d'intégrité dans leur vie quotidienne. Puisque ce que nous sommes censés faire ici n'est pas chose facile, le chemin des 36/9 est rempli d'embûches ; il faut parfois des années avant qu'ils n'aient appris à accorder plus de valeur et de respect à leurs émotions qu'à leurs idéaux perfectionnistes ou à l'opinion d'autrui. Le plus difficile sera peut-être d'apprendre à reconnaître non pas ce qu'ils « devraient » ressentir mais *ce qu'ils ressentent vraiment.*

Tous les 9 ont le même but de vie principal mais la présence du 3 et du 6 crée un chemin de vie très différent des chemins 18/9, 27/9 ou 45/9. L'influence perfectionniste du 6 intensifie le doute de soi auquel ces individus raffinés et intenses sont déjà enclins. Parce qu'ils ont tendance à juger d'eux-mêmes d'après des idéaux de perfection, l'idée d'être nés pour vivre « une vie intègre » peut leur sembler impossible ou accablante, surtout qu'ils comprendront « être d'une *parfaite* intégrité » quand il suffit d'écouter les messages de son propre cœur.

Le 3 et le 6 renforcent leur sensibilité à la critique, puisqu'ils accordent déjà trop d'importance à l'opinion d'autrui. Étant donné l'idéal de perfection auquel ils se comparent, plusieurs 36/9 vivent des périodes de découragement ou de déprime, abandonnant parfois la partie avant même d'avoir commencé. Ils ont beau porter un masque de confiance en soi, cette confiance ne pourra pas croître et se fortifier tant qu'ils n'auront pas surmonté leur tendance à passer par des accès de confiance maniaque suivis par des périodes de doute et de dépression; et ils n'y arriveront qu'en reconnaissant cette tendance et en la considérant comme faisant partie de leur chemin de vie, comme un simple obstacle à surmonter. En appliquant la Loi de l'Action (p. 543), ils apprennent à reconnaître et à surmonter leur manque de confiance.

La plupart des 36/9 ont un sentiment d'identité plutôt fragile; non seulement cherchent-ils en vain à savoir ce qu'ils ressentent mais ils ont aussi du mal à savoir qui ils sont. À cause des obstacles combinés que sont le doute de soi, le perfectionnisme et la précarité du sentiment d'identité, les 36/9 ont fortement tendance à juger d'eux-mêmes – à savoir si leur conduite est irréprochable ou s'ils sont de bonnes personnes – d'après ce que les autres en pensent.

Ceux qui travaillent le 36/9 doivent comprendre que si nos intuitions les plus profondes nous induisent parfois en erreur, c'est pour nous permettre d'apprendre d'importantes leçons de vie. Qu'une décision entraîne des difficultés, cela ne signifie pas nécessairement que la décision était mauvaise, qu'ils se sont trompés et qu'ils ne devraient plus se fier à leurs émotions.

Cependant, les 36/9 ont réellement besoin de se soumettre à une autorité supérieure – à la sagesse de leur cœur qui est en parfaite communion avec les lois spirituelles – s'ils veulent devenir des exemples de l'intégrité qu'ils sont nés pour incarner. Puisque les 36/9 aspirent plutôt à réaliser un idéal qu'à se réaliser *eux-mêmes*, la Loi de l'Intuition (p. 536) peut les aider à reprendre contact avec le guide le plus sage et le plus tendre auquel on puisse confier sa vie: sa propre sagesse intérieure.

Une fois qu'ils se sont acceptés eux-mêmes et ont accepté les autres tels qu'ils sont, ils sont prêts à relever le principal défi de leur vie: trouver la sagesse de vivre une vie exemplaire. Pour trouver l'inspiration, il n'est pas besoin de chercher du côté de la célébrité ou de l'héroïsme, il suffit de vivre une vie ordinaire fondée sur les lois supérieures qui sont écrites au fond du cœur et n'ont donc rien à voir avec les idées mentales ou les pulsions physiques.

Tôt ou tard, la plupart des 36/9 vivent des situations qui les forcent à reprendre contact avec leurs désirs et besoins réels. Comme on l'a déjà dit, cela ne sera pas chose facile car les 36/9 sont des perfectionnistes qui laissent les idéaux l'emporter sur les sentiments authentiques. Demandez à un 36/9 comment il se sent et il vous dira probablement tout ce que, à son avis, une personne idéale, «bonne, gentille, aimante, consciencieuse, brave, enjouée», dirait en réponse à une telle question. Pour arriver à se connaître ou à être soi-même, il faut d'abord connaître et accepter ce que l'on ressent vraiment; alors seulement peut-on être honnête avec les autres parce qu'on l'est d'abord avec soi-même: c'est de cela, entre autres, dont il est question dans la Loi de l'Honnêteté (p. 525).

Perfectionnistes et cérébraux, les 36/9 voudraient avoir tout bon du premier coup, que ce soit dans la cuisine, dans la chambre à coucher ou à l'école. Ils sont plutôt du genre tendu et nerveux; les états de santé et de maladie sont étroitement liés aux états affectifs et psychiques. Dans une situation d'apprentissage en groupe, les 36/9 se trouvent par leur faute soumis à une forte pression. Au début, ça va, puis ils commencent à se comparer «pour voir comment les autres s'en tirent», mais ils finissent toujours par se comparer au plus doué de la classe. Étant donné cette habitude de toujours se comparer, sans parler de leurs propres exigences irréalistes, il n'est pas surprenant que les 36/9 aient constamment l'impression de ne pas être à la hauteur.

Désespérant de ne jamais pouvoir satisfaire leurs propres exigences (mais ils s'imaginent souvent qu'elles viennent des autres et non d'eux-mêmes), les 36/9 ont tendance à se décourager jusqu'au moment où, faisant un grand pas en avant, ils réalisent qu'ils sont peut-être bien plus intelligents, plus forts et plus estimables qu'ils ne l'ont cru jusque-là. En faisant ce pas, c'est leur estime de soi qui augmente brusquement, ainsi que leur joie de vivre. Ils tendent alors *vers* leur idéal au lieu de se considérer comme des ratés parce qu'ils ne l'ont pas déjà atteint.

Tant qu'ils n'ont pas repris contact avec leur propre sagesse intérieure, qui constitue à la fois un droit de naissance et un prix à obtenir de haute lutte, ils ont du mal à tirer les leçons de l'expérience. Ils se demandent comment ils ont pu s'embarquer dans telle ou telle situation. Lorsqu'ils agissent sans penser aux conséquences possibles de leurs actes, ils apprennent durement comment fonctionne la loi de cause à effet dans le vrai monde. En apprenant, ils deviennent plus sages ; avec le temps, la graine de sagesse qui est en eux se met à pousser et ils commencent à voir le grand dessein des lois spirituelles.

La plupart des 36/9 fuient la métaphysique ou la spiritualité pendant un certain temps, car la peur ressentie par les mystiques et les libres penseurs qui furent persécutés dans le passé résonne dans leur subconscient. Dès qu'ils se libèrent, au moins en partie, du doute de soi et des contraintes perfectionnistes, ils commencent à apprécier et à employer leur sagesse intuitive. Le monde devient un endroit à explorer et à étudier ; ils sont curieux de connaître les lois de la réalité, de savoir comment les choses fonctionnent. Ils savent comment chercher et trouver les vérités essentielles, les secrets millénaires et la sagesse éternelle.

Combinant l'énergie visionnaire du 6 avec la profondeur naturelle et le charisme du 9 et la sensibilité intuitive du 3, les 36/9 font preuve d'une habileté exceptionnelle lorsqu'il s'agit de comprendre la sagesse cachée ou la sagesse intérieure. En ce sens le contraste entre Sigmund Freud, père fondateur de la psychanalyse, un 31/4, et Carl Jung, un 36/9, qui fit d'importantes découvertes dans le champ de l'inconscient collectif, est révélateur : Freud désapprouvait et critiquait énergiquement les idées de Jung. Celui-ci a donc dû vaincre un doute de soi extrêmement pénible avant de pouvoir honorer sa sagesse intérieure malgré les reproches de son mentor.

Ceux qui travaillent le 36/9 sont ici pour faire en sorte que les réalités pratiques de ce monde servent de contrepoids à leur idéalisme, pour s'accepter eux-mêmes et accepter les autres tels qu'ils sont, et pour partager leur sagesse avec leur famille, leurs amis et le monde en général. Mais, par-dessus tout, ils sont ici pour accorder leur vie avec les lois spirituelles que le cœur leur révèle.

Le principal « outil pédagogique » dont disposent les 36/9 n'est pas leur parole mais leur exemple. Comme tous les 9, ils doivent se rappeler et tâcher d'incarner la pensée du mahatma

Gandhi: « Ma vie est mon seul enseignement. » Lorsqu'ils accordent leur raison avec celle de leur cœur et lorsqu'ils ont fait la paix avec leurs idéaux, ils se tiennent debout et entrent de plain-pied dans la vie qu'ils sont censés vivre.

Travailler le 36/9 dans le positif

Une fois que les 36/9 sont entrés en contact avec leurs besoins, désirs et émotions réels, leurs sens internes et leur sagesse intuitive sont désormais grand ouverts. Avec une acceptation et une compréhension plus profondes de la réalité, ils ont une vision presque parfaite d'eux-mêmes et du monde, ce qui ne les empêche pas d'accepter l'un et l'autre pour ce qu'ils sont vraiment au moment présent: des œuvres parfaites en devenir. Ils font encore face au doute de soi, mais ils ont trouvé le courage de marcher droit, passé leur doute, là où l'Esprit les conduit. Qu'ils vivent ou non en marge de la société, ils règlent leur conduite sur des lois et des idéaux supérieurs et ils voient toute la profondeur et toutes les possibilités de la vie. Grâce au service, ils peuvent exprimer la sagesse éternelle qu'ils ont acquise et entrer en communion avec ce monde.

Travailler le 36/9 dans le négatif

Ces individus n'ont d'autre but que de plaire aux autres. Leur expression est bloquée parce qu'ils laissent les autres définir qui ils sont. Prompts à se juger eux-mêmes et à juger les autres, ils décèlent toutes les imperfections mais demeurent hypersensibles à toute critique venant d'autrui. Tendus, nerveux, accablés par le doute de soi, ils font tout juste le nécessaire pour survivre; parce que tout changement comporte un risque d'échec, et qu'un nouvel échec ne ferait qu'ajouter à leur désappointement vis-à-vis d'eux-mêmes et du monde, ils se contentent de suivre les conventions, la routine, le train-train familier. Il semble que la réalité ne soit jamais à la hauteur de leurs attentes et de leurs espoirs.

Questions de vie

Santé

Quels que soient les traits individuels, la plupart des 36/9 ont un champ énergétique raffiné qui leur donne un charme séduisant, indéfinissable, que les gens sentent plus qu'ils ne le voient avec les yeux. La caméra, toutefois, capte le champ énergétique, et les 36/9 font donc d'ordinaire «de bonnes photos», comme l'exemple de Brigitte Bardot, une 36/9, en témoigne.

Combinant la sensibilité du 3 avec l'idéalisme du 6, les 36/9 se découragent facilement car rien ni personne n'est jamais à la hauteur de leurs attentes. Une dépression chronique peut compromettre le système immunitaire et laisser la voie libre aux rhumes, maux de tête dus au stress et autres symptômes dépressifs.

S'ils travaillent dans le négatif, les 36/9 sont habituellement très tendus; le système nerveux, les organes reproducteurs et l'abdomen sont les points les plus sensibles. Ils sont aussi sujets aux maux de gorge et de mâchoire s'ils n'expriment pas leurs émotions.

S'ils mangent une nourriture qui ne convient pas à leur constitution, il y a de bonnes chances que le corps réponde à cette agression d'une façon ou d'une autre, entre autres par des troubles digestifs ou des éruptions cutanées; avec le temps, à mesure qu'ils approfondissent leurs connaissances au sujet du corps et de son fonctionnement optimal, leur alimentation s'améliore petit à petit. Pour les 36/9 la nutrition est l'une des voies fondamentales menant à une vie exemplaire; il faut qu'ils connaissent par expérience les dangers d'une alimentation malsaine. À mesure qu'ils apprennent à écouter leurs propres instincts, ils mangent plus d'aliments frais, légers et variés et, règle générale, mangent de plus en plus de ce qui est bon pour eux et toujours moins de ce qui nuit à leur santé et à leur vitalité.

Tous les 36/9 ont avantage à adopter un régime d'exercices quotidiens, que ce soit une marche rapide, des exercices de renforcement ou un entraînement plus sophistiqué. Chaque jour, leur corps a besoin de mouvement, d'étirements et de respirations profondes pour relâcher la tension et maintenir son équilibre. Le genre d'exercice importe peu; l'important est de s'assurer qu'il soit fait régulièrement – quelques minutes par jour valent mieux que rien du tout. Dans ce domaine comme dans tous les autres aspects de leur vie, les 36/9 doivent se demander s'ils donnent le bon exemple. Le seul fait de voir quelqu'un s'entraîner chaque jour peut en inspirer d'autres à faire de même. Les 36/9 doivent se garder de prendre des résolutions excessives qu'ils ne pourront pas tenir ou encore d'acheter un équipement qu'ils n'utiliseront pas. Il serait préférable de commencer modestement et d'acquérir lentement un sentiment de facilité et d'aisance; le vieux proverbe: « Un tiens vaut mieux que deux tu l'auras » est tout à fait approprié ici. Par-dessus tout, les 36/9 doivent exercer leur patience et découvrir ce qui leur convient le mieux; de cette façon, c'est l'expérience qui leur enseigne la sagesse qu'ils partageront ensuite avec les autres.

Relations

Sentant l'obligation intérieure de réussir, de s'améliorer, de « faire le bien », les 36/9 sont des hyperactifs qui peuvent avoir du mal à rester assis à moins qu'on ne les attache à leur chaise. Ils sont soucieux de plaire, mais les mots vont souvent directement de leur tête à leur bouche et il faut qu'ils parlent très vite pour suivre le flot des idées qui leur viennent. Cette particularité peut affecter leurs relations; les gens sont parfois mal à l'aise face à un tel débordement d'énergie et de sensibilité. Lorsqu'ils sont en contact avec leurs émotions, ils ont moins besoin des mots.

Au chapitre des relations personnelles, leur plus grand défi consiste peut-être à distinguer parmi leurs idéaux ceux qui font obstacle aux sentiments véritables. À cause de ces idéaux, les 36/9 ont beaucoup de difficulté à s'exprimer honnêtement. En ce sens, les relations sont donc de formidables occasions de croissance.

L'attitude exigeante des 36/9, dans leurs relations comme en toute chose, est une charge écrasante qui pèse également sur ceux qui partagent leur vie. Mais une fois que les 36/9 ont surmonté leur tendance à juger, ils se détendent et parviennent à vivre des relations ouvertes d'acceptation mutuelle.

Leurs relations sexuelles reflètent toutes les autres questions de leur chemin de vie : le doute de soi, le perfectionnisme (ici, c'est la performance qui doit être « parfaite ») et, pour certains, les questions de « moralité ». Plus ils travaillent leur chemin de vie dans le positif, plus ils peuvent aimer, être intimes, et plus leur vie sexuelle devient agréable.

Talents, travail et situation financière

Souvent, ceux qui travaillent le 36/9 mènent une vie qui semble très conventionnelle, et ils peuvent s'abstenir de toute idée métaphysique ou spirituelle par la faute de leurs peurs inconscientes ou de leurs doutes. Mais sous leur apparence de conformisme se cache un océan de sagesse spirituelle et intuitive. Quoiqu'ils en pensent en lisant ces lignes, tous les 36/9, à un moment donné, finissent par s'intéresser aux grandes questions existentielles, même si cela ne paraît pas en surface. Plusieurs, mais chacun à sa façon, ont apporté au monde des points de vue différents, des idées fraîches ou des connaissances nouvelles, comme en fait foi la vie de Carl Jung. Ces 36/9 peuvent tout comprendre et tout enseigner. Par exemple, s'ils ont choisi la profession de thérapeute psycho-corporel, l'expérience les amènera à développer de nouvelles méthodes susceptibles d'apporter de meilleurs résultats, plus durables. Plusieurs domaines, dont la thérapie psycho-corporelle, l'écriture, la psychanalyse, les affaires et le métier d'acteur, peuvent mettre à profit le charisme, la nature exigeante et l'énergie d'expression des 36/9.

Leur sagesse innée, quoique souvent cachée, les conduira malgré les doutes et les obstacles vers la réussite financière. S'il y a un problème d'argent, ce n'est pas qu'ils en ont trop peu, c'est qu'il en faudrait plus pour combler leurs espérances idéalistes.

Quelques 36/9 célèbres

Brigitte Bardot	Vladimir Nabokov
Walter Brennan	Cole Porter
Samuel Goldwyn	Colonel Harlan Sanders
Ernest Hemingway	Fulton J. Sheen
Dustin Hoffman	Patrick Swayze
Whitney Houston	William Howard Taft
Carl Jung	Walter Winchell

Votre destinée est entre vos mains

Si vous travaillez le 36/9, cette section peut vous aider à manifester votre but de vie en attirant votre attention sur les questions les plus importantes et en vous suggérant des actions précises capables de changer votre vie.

Conseils et recommandations

* Reconnaissez le raffinement de votre nature; vivez-le pleinement.
* Découvrez la beauté qu'il y a à rendre service aux autres.
* Affrontez le doute de soi en guerrier; relevez ce défi.
* Acceptez la perfection de vos émotions et votre propre perfection au moment présent.

Questions utiles

1. Réfléchissez aux questions suivantes:
   * Ai-je déjà laissé le doute ou le perfectionnisme me décourager?
   * En quoi ma situation actuelle est-elle parfaite?

❖ Ai-je du mal à savoir ce que je veux ou ressens vraiment?

❖ Mes décisions sont-elles fondées sur l'intégrité et les principes moraux supérieurs?

2. Si ces questions ont trouvé quelques réponses en vous, comment pourriez-vous mettre ces réponses en pratique dans votre vie?

Pour une meilleure compréhension

1. Relisez dans la deuxième partie les chapitres consacrés aux chiffres qui composent votre nombre de naissance: 3 (p. 83), 6 (p. 117), et 9 (p. 150).

2. Vous pouvez de la même façon vous familiariser avec le nombre de naissance d'un parent ou d'un ami et discuter avec lui, s'il le veut bien, de ce que vous avez en commun et de ce qui vous distingue.

Lois spirituelles: leviers pour changer votre vie

1. Dans la quatrième partie, lisez le texte de chacune des lois spirituelles suivantes:

❖ **Loi de l'Intuition** (p. 536): Lorsque nous cessons d'être attentif à l'opinion d'autrui, nous entrons en contact avec la sagesse de notre cœur.

❖ **Loi de l'Action** (p. 543): Pour vaincre le doute de soi, nous devons reconnaître notre vulnérabilité mais continuer d'agir avec confiance.

❖ **Loi de la Perfection** (p. 500): Une vision parfaite peut nous servir d'inspiration, mais l'excellence est le plus haut sommet que nous puissions atteindre.

❖ **Loi de la Flexibilité** (p. 456): En demeurant flexible, nous pouvons tirer le meilleur parti possible de nos difficultés et des circonstances changeantes.

❖ **Loi de l'Honnêteté** (p. 525): Pour être honnête envers les autres, il faut d'abord être honnête envers soi-même.

2. Faites les exercices prescrits pour chacune de ces lois.

3. Pensez aux occasions de mettre ces lois en application dans votre vie.

45/9

9 : Intégrité et sagesse
5 : Liberté et discipline
4 : Stabilité et méthode

Comprendre le but de vie

Ceux qui se trouvent sur le chemin 45/9 y sont pour résoudre des questions touchant à la stabilité, à l'indépendance et à l'intégrité, pour s'astreindre à une discipline qui leur permettra plus tard de connaître la liberté, et pour accorder leur vie avec les principes supérieurs et avec la sagesse de leur cœur. Parce que notre but de vie comporte des défis spécifiques, et parce qu'il en faut parfois beaucoup pour attirer l'attention des 45/9, il se peut que des drames se produisent dans leur vie grâce auxquels, au bout du compte, ils pourront surmonter leurs tendances négatives et se développer dans toutes leurs possibilités. Toutes les leçons de l'expérience leur auront appris que la liberté tant intérieure qu'extérieure ne s'obtient qu'au moyen de la discipline et de la focalisation et qu'il est nécessaire, pour atteindre leurs buts, de suivre un cheminement méthodique, d'étape en étape. Mais la leçon la plus dure, et la plus importante, porte sur la sagesse de vivre en conformité avec les lois spirituelles.

Forts physiquement et vifs mentalement, avec un penchant pour l'aventure et les sensations fortes, les 45/9 se retrouvent souvent dans des situations de vie ou de mort. Selon qu'ils travaillent leurs énergies dans le positif ou le négatif, la route qui mène à la compassion et à la sagesse sera plus ou moins pleine d'embûches et de désillusions. À la fin, la plupart des 45/9 auront connu le meilleur et le pire de ce que la vie peut offrir.

Le principal défi des 45/9 consiste à déplacer leur centre d'attention ; ils doivent quitter l'agitation hautement visuelle de leur tête pour le calme et l'intériorité de leur cœur, où réside leur profonde sagesse intuitive. Dans ce lieu de sagesse, toutes les lois spirituelles sont révélées une à une et chacune en son temps par le truchement des émotions. Lorsque les 45/9 commencent à écouter leur sage intérieur, ils n'ont qu'à poser une question intérieurement, puis à *sentir* leur cœur, pour *savoir*.

Une fois qu'ils ont eu accès aux lois supérieures, il leur reste encore à mettre leur sagesse en pratique pour accomplir leur destinée. L'intégrité n'est pas facile aux 9, pour la simple raison que notre but de vie est aussi notre plus grand défi. Ceux qui travaillent le 45/9 doivent également relever les défis propres à l'énergie du 4, comme la stabilité et la méthode, et à l'énergie du 5, comme la liberté et la discipline. Il faut d'abord que les énergies du 4 et du 5 parviennent à maturité, sans quoi elles continueront de faire dériver les 45/9 loin des lois spirituelles – loin de l'intégrité.

Bien que la plupart des 45/9 ne soient pas naturellement portés à l'intériorisation, plusieurs événements extérieurs les amèneront à rechercher une plus grande compréhension d'eux-mêmes. Leur vie est parfois pleine de drames et d'aventures mais ils feraient mieux de «couper du bois, porter de l'eau», comme font les maîtres zen. Ils rêvent d'aventures extraordinaires et de succès instantanés, mais ils sont ici pour apprendre à être constants, directs, ordinaires; pour eux, l'accomplissement ne peut résulter que d'un long cheminement méthodique.

Ceux qui travaillent le 45/9 ont un fort penchant pour le spectaculaire et l'héroïque, mais ils sont nés pour guider, instruire et inspirer les autres dans la vie de tous les jours; par exemple, la plupart d'entre nous connaissons l'importance d'une alimentation saine et les bienfaits de l'exercice quotidien, mais il reste que nous avons parfois du mal à mettre cette connaissance en application. Ceux qui travaillent l'énergie 45/9 peuvent nous inspirer car *ce qu'ils ont appris, ils le mettent en pratique* dans la vie de tous les jours, quitte à s'engager dans un cheminement méthodique et progressif qui leur prendra bien du temps.

Afin qu'ils puissent incarner les lois spirituelles dans la vie quotidienne, il faut d'abord que les 45/9 résolvent les questions liées aux énergies du 4 et du 5. Le 4 est une énergie d'ancrage, une force d'enracinement, tandis que l'énergie du 5 a besoin de mouvement pour explorer toutes ses possibilités. Soit que ces énergies entrent en conflit, chacune tirant dans une direction opposée, soit qu'elles se mêlent l'une et l'autre, s'équilibrent et se complètent.

Dans le positif, le 4 est gage de stabilité, de sécurité et de méthode ; dans le négatif, le 4 est source de confusion et d'insta-bilité. Un individu qui travaille le 4 dans le négatif voudra réussir d'un seul coup ou bien il restera coincé au beau milieu de la route, incapable de passer à l'étape suivante. On associe aussi au 4 une certaine étroitesse de vue ; il se peut donc que certains 45/9 aient tendance à répéter les mêmes erreurs, divorces et remariages, problèmes de santé ou d'argent, jusqu'à ce qu'ils aient appris leur leçon.

Moins soucieux de l'opinion d'autrui que le sont les 27/9 et les 36/9, les 45/9 ont néanmoins un sentiment d'identité plutôt fragile et ils se définissent souvent par rapport aux rôles qu'ils sont appelés à jouer. La plupart du temps, celui qui travaille le 4 voudrait *être quelqu'un* sans avoir à le *devenir*, sans passer par les étapes préparatoires absolument nécessaires. La Loi de la Méthode (p. 485) leur est d'un précieux secours, tout comme cette phrase aide-mémoire : Nous sommes plus que les rôles que nous jouons.

Dans le positif, l'énergie du 5 procure aux 45/9 un sentiment durable de liberté intérieure, quelles que soient les circonstances ; c'est aussi grâce au 5 s'ils acquièrent la discipline de vie et la focalisation qui permettent la liberté de mouvement dans le monde extérieur. Dans le négatif, les 45/9 peuvent se sentir pié-gés, prisonniers des circonstances, incapables de concentrer leurs efforts et de faire une quelconque percée dans la vie.

Quand les 45/9 auront amené l'énergie de stabilité du 4 à sa pleine maturité, ils pourront jouir des fruits que leurs capacités analytiques, leur force, leur sociabilité, leur diligence et leur esprit méthodique sont à même de porter. Lorsqu'ils auront amené les énergies dynamiques du 5 à leur maturité, ils pourront jouir des fruits que leur amour de l'aventure, leur vivacité d'esprit, leur versatilité et leur force d'autorité ne manqueront pas de leur donner.

Les 45/9 ont besoin de prendre racine quelque part, de rester au même endroit assez longtemps pour que leur labeur puisse porter ses fruits. Ils aiment voyager et «toucher terre» en plusieurs endroits différents; de cette façon, ils ont l'impression d'avoir une vue d'ensemble de la vie mais il leur manque la profondeur de vue, et la sagesse qui en découle. Tôt ou tard ils comprennent que le vrai travail, la véritable aventure et les plus grands trésors sont là, maintenant, à l'intérieur d'eux-mêmes.

La Loi de la Discipline (p. 495) peut contrer leur tendance à disperser leurs énergies et leurs efforts. Les énergies combinées du 5 et du 9 renforcent les liens intuitifs, quoique souvent inconscients, qui unissent les 45/9 aux lois supérieures, et c'est sous leur influence que les 45/9 dépassent le stade de la simple indépendance ou de la pure complaisance envers soi-même pour se mettre à rechercher la véritable liberté intérieure. Quoi qu'ils fassent, quels que soient leur quotient intellectuel, leur richesse, leur succès ou leur charme, les 45/9 ne trouveront ni la paix ni la liberté tant qu'ils ne seront pas entrés en contact avec les lois supérieures, tant qu'ils n'en auront pas fait l'expérience, tant qu'ils ne les auront pas vécues.

La combinaison du 4 et du 9 pousse les 45/9 à rechercher non pas l'immobilité mais la *stabilité intérieure*, le sentiment d'être solide comme le roc de Gibraltar. Ceux parmi les 45/9 qui ont réalisé un tel équilibre font montre de qualités inestimables comme la loyauté, la responsabilité et la force.

Ceux qui travaillent le 45/9 ne viennent pas au monde simplement pour parvenir à la compréhension; ils viennent pour la sagesse, et la sagesse leur est donnée lorsqu'ils se mettent à *vivre* ce qu'ils ont appris; alors les 45/9 peuvent instruire les autres par leur seul exemple, sans l'aide des mots.

Qu'ils aient l'esprit pratique ou soient d'incorrigibles rêveurs, les 45/9 aspirent à une connaissance qui soit plus qu'un simple éveil de la conscience: ils aspirent à la sagesse ou à l'expérience qui les rendra libres. Consciemment ou non, les 45/9 s'imposent des contraintes et une discipline qui les aident à découvrir et à incarner la sagesse supérieure.

Travailler le 45/9 dans le positif

L'exemple de ces individus nous instruit sur la manière d'atteindre nos buts et de parvenir à la liberté intérieure par la méthode et la discipline. Forts, brillants, charismatiques, ces 45/9 ont beaucoup d'amis, d'admirateurs et d'élèves ; peu importe le titre qu'ils se donnent eux-mêmes, ce sont tous des maîtres qui enseignent par l'exemple, montrant la voie vers la sagesse et la liberté intérieure. Parce qu'ils obéissent non pas aux lois des hommes mais à celles qui viennent d'En-Haut, leur vie peut sembler banale de l'extérieur mais leur influence, même dans le quotidien le plus ordinaire, est d'une portée extraordinaire car c'est toujours une inspiration pour les autres.

Travailler le 45/9 dans le négatif

Ces individus ont pour eux la force et l'intelligence mais ils ne savent pas quoi en faire. Indisciplinés, désorientés, hantés par le sentiment qu'ils sont en train de passer à côté d'une chose importante, ils croient se mettre en sécurité en se cachant derrière les rôles qu'ils ont à jouer. Ils ne vivent pas ce qu'ils prêchent, et ils se trompent eux-mêmes au moins autant qu'ils ne trompent les autres. Déconnectés, irresponsables, ils peuvent se sentir « libres » ou « libérés » mais ils ne mettent jamais leurs idées en application. À cause de cela, ils se heurtent sans cesse au mur de la réalité.

Questions de vie

Santé

Leur santé dépend presque entièrement de la façon, positive ou négative, dont ils travaillent leurs questions de vie. Dans le négatif, ils peuvent souffrir d'os fracturés, de blessures à la tête, de maladies affectant le cerveau ou le système nerveux. Dans le positif, ils ont une santé de fer. Les plus entêtés se trouvent tôt ou tard dans une situation où ils sont forcés de remettre leur vie en question en même temps qu'ils entrent dans une délicate période de convalescence.

Leur sentiment de stabilité et de liberté repose en partie sur la force et la santé de leur corps. À cause des difficultés que soulève l'énergie du 9, plusieurs 45/9 feignent d'ignorer l'importance de l'exercice et de l'alimentation sur le fonctionnement du corps et il est inévitable qu'ils en subissent un jour les conséquences. Tôt ou tard, il faut qu'ils fassent l'effort de s'adapter petit à petit à un mode de vie plus sain. Le défi est de taille, car la plupart des 45/9 préfèrent les élans d'enthousiasme aux changements qui s'opèrent lentement et progressivement.

Avec le temps, d'une façon toute naturelle, les 45/9 commencent à se discipliner; ils changent leur régime alimentaire et font de l'exercice quotidiennement. Toutefois, suivant le mode de vie et les antécédents de chacun, ils peuvent préférer des exercices variés et excitants ou d'autres plus exigeants comme les arts martiaux, les sports aquatiques ou l'alpinisme.

Relations

Il se peut que les 45/9 manquent de sensibilité et de compassion ou au contraire qu'ils aient cultivé ces qualités en faisant face à leurs propres difficultés, tout dépend de leur expérience et de la façon positive ou négative dont ils travaillent leurs énergies.

Leurs relations, comme leur vie affective, sont pleines d'imprévu, car le besoin de stabilité et les problèmes familiaux rattachés au 4 ne font pas toujours bon ménage avec la soif d'indépendance du 5. La plupart des 45/9 ont beaucoup à apprendre de leurs relations et de leur famille d'origine. Dans leurs relations familiales, la plupart ont des problèmes bien précis à régler: il se peut, par exemple, qu'ils aient quitté la maison très jeunes pour satisfaire leur besoin de liberté ou au contraire qu'ils y soient restés jusqu'à très tard dans un état de dépendance. La plupart ont des questions à régler avec leurs parents ou avec leurs frères et sœurs. De toute façon, la plupart des 45/9 auront tendance à considérer leur cercle d'amis ou le monde en général comme une extension de leur propre famille.

Pour le plein épanouissement de leur vie affective, les 45/9 doivent d'abord accepter leurs émotions telles qu'elles sont puis s'efforcer de cultiver des liens toujours plus profonds et plus intimes avec les autres. Les relations forment une part importante de la fondation solide dont les 45/9 ont besoin pour arriver à une liberté plus grande et plus profonde. Puisque les 45/9 recherchent toujours de nouvelles façons de vivre, d'être, de faire, espérant un jour avoir fait en quelque sorte « le tour » de la vie, il est peu probable qu'ils forment des relations totalement conventionnelles, mais il faut quand même qu'elles soient raisonnables.

Au-delà des pulsions d'ordre biologique, les 45/9 cherchent encore dans les relations sexuelles à satisfaire leur besoin d'aventure et de variété, quoiqu'ils désirent également y trouver un sentiment de communion profonde. La sexualité peut devenir une part heureuse de leur vie si elle est vécue non pas seulement pour elle-même mais dans la perspective d'une quête globale de liberté.

Talents, travail et situation financière

La vivacité d'esprit et les capacités analytiques des 45/9 les aident à apporter des changements rendus nécessaires dans certains domaines, comme l'écologie, la psychologie ou la croissance personnelle, où un besoin de leadership se fait sentir. Ou bien ils peuvent être plus conformistes et chercher dans le monde des affaires un travail qui mette à profit leurs nombreuses qualités. Du moment qu'ils se préparent adéquatement et qu'ils établissent leur vie sur de solides fondations, leur amour de la liberté, liberté pour eux-mêmes et pour les autres, les conduit vers le succès.

D'une situation financière relativement solide, les 45/9 tirent la sécurité sur laquelle ils peuvent ensuite bâtir. L'argent n'est peut-être pas leur plus grande préoccupation mais il leur donne un choix plus grand et leur procure le sentiment de sécurité et de liberté dont ils ont besoin. Il importe que les 45/9 maintiennent leurs affaires en bon ordre, ne serait-ce que pour aiguiser leur sens pratique et garder les deux pieds sur terre.

Quelques 45/9 célèbres

Aucun 45/9 célèbre n'apparaît sur nos listes. En comparaison des autres nombres, ce nombre de naissance est assez rare ; il est probable que plusieurs 45/9 deviendront célèbres dans les prochaines décennies.

Votre destinée est entre vos mains

Si vous travaillez le 45/9 cette section peut vous aider à manifester votre but de vie en attirant votre attention sur les questions les plus importantes et en vous suggérant des actions précises capables de changer votre vie.

Conseils et recommandations

❖ Faites route vers la liberté pas après pas, d'étape en étape.

❖ Respectez vos propres opinions, et laissez les autres respecter les leurs.

❖ Agissez d'une façon intègre et inspirée.

❖ Aidez à libérer les autres par quelque moyen que ce soit, et vous vous libérerez vous-même.

Questions utiles

1. Réfléchissez aux questions suivantes :

   ❖ Sur quels principes ai-je fondé ma vie ?

   ❖ Me suis-je donné une fondation stable et solide ?

   ❖ Puis-je appliquer la discipline et la focalisation à ma vie afin d'arriver à la liberté et à l'indépendance intérieures ?

   ❖ Comment pourrais-je devenir un exemple d'intégrité ? Quelle serait la première étape ?

2. Si ces questions ont trouvé quelques réponses en vous, comment pourriez-vous mettre ces réponses en pratique dans votre vie ?

Pour une meilleure compréhension

1. Relisez dans la deuxième partie les chapitres consacrés aux chiffres qui composent votre nombre de naissance : 4 (p. 93), 5 (p. 105), et 9 (p. 150).

2. Vous pouvez de la même façon vous familiariser avec le nombre de naissance d'un parent ou d'un ami et discuter avec lui, s'il le veut bien, de ce que vous avez en commun et de ce qui vous distingue.

Lois spirituelles : leviers pour changer votre vie

1. Dans la quatrième partie, lisez le texte de chacune des lois spirituelles suivantes :

   ❖ **Loi de la Volonté supérieure** (p. 531) : Notre volonté de servir une cause supérieure peut nous inspirer les gestes et les mots qui vont inspirer les autres.

   ❖ **Loi de la Méthode** (p. 485) : La meilleure façon d'atteindre un but est de procéder par petites étapes.

   ❖ **Loi de la Discipline** (p. 495) : La discipline procure la concentration d'esprit et la profondeur d'expérience conduisant à la liberté intérieure.

   ❖ **Loi des Cycles** (p. 549) : La vie est un cycle immuable dans lequel des occasions se présentent, disparaissent et réapparaissent comme les saisons.

   ❖ **Loi des Comportements** (p. 489) : Nos comportements ont tendance à se renforcer jusqu'à devenir des habitudes, à moins que nous n'utilisions de puissants leviers pour les changer.

2. Faites les exercices prescrits pour chacune de ces lois.

3. Pensez aux occasions de mettre ces lois en application dans votre vie.

DES LOIS QUI CHANGENT NOS VIES

Le monde n'a pas besoin qu'on y mette de l'ordre ;
le monde est ordre, incarné.
C'est à nous de nous harmoniser avec cet ordre.

HENRY MILLER

Introduction à la quatrième partie

LES LOIS DE L'ESPRIT

*Donnez-leur une clé
et laissez les gens ouvrir leurs propres serrures.*

ROBERT R. McCAMMON

Les lois humaines font l'objet d'un consensus sur lequel repose l'ordre social, mais les lois humaines ne sont que de pâles reflets d'un ordre plus élevé dont les lois sont inscrites dans le tissu même de l'existence. Ces lois règlent le mouvement de la terre, le cycle des saisons, les forces de la nature et jusqu'à la structure de l'atome. La nature n'a pas fait ces lois ; la nature n'a fait que les révéler. Ces grandes lois existaient avant l'humanité, avant la nature. Même le cyclone, le raz-de-marée, l'ouragan et le feu dévorant – forces qui peuvent réduire en poussière les plus hautes réalisations humaines –, même ces forces tombent sous la coupe de ces grandes lois. Qu'on les appelle *lois naturelles*, *lois spirituelles*, ou simplement *lois supérieures*, il semble que nous ne puissions les altérer. Elles nous remplissent d'humilité et elles inspirent ceux qui, cherchant l'ordre caché au sein du chaos, prétendent qu'un mystère et un pouvoir plus grands sont à l'origine de l'existence. À la musique de ces lois, même les galaxies dansent.

Le monde naturel nous révèle ces lois. Le cycle des saisons, les nuages portés par le vent, le courant de la rivière et la force du vent et de la mer – tout cela qui nous révèle les voies de la nature peut nous apprendre à vivre. Dans ce livre, j'appelle ces lois primordiales *lois spirituelles* ou *lois de l'Esprit*.

451

Adaptées et appliquées au plan humain, ces lois deviennent des principes directeurs qui peuvent nous aider à naviguer entre les écueils de la vie comme les étoiles et les boussoles guidaient les marins d'autrefois. Constantes comme la trajectoire des planètes, elles s'appliquent non seulement aux mécanismes de la nature mais à la psyché humaine également. Par exemple, en observant un arbre qui plie sous un grand vent mais dont seules les branches les plus rigides viennent à casser, nous apprenons de l'arbre et du vent l'art de faire des concessions et nous découvrons le pouvoir de la flexibilité, de la non-résistance.

Jésus, Mahomet, Bouddha, Lao Tseu et d'autres grands maîtres nous ont transmis des lois spirituelles et des principes par le truchement de paraboles et de métaphores sur le monde animal ou végétal qui s'appliquaient également au monde des hommes vivant en société. Par exemple, les Lois de la Récolte nous enseignent que les graines ne se reproduisent qu'à l'intérieur d'une même espèce; que ce que nous semons, nous le récoltons; et qu'une graine meurt lorsqu'elle cesse de croître. Tout processus de croissance imite celui de la graine: pour croître, la graine a besoin d'un sol fertile; il lui faudra du temps avant d'arriver à maturité; et elle donnera des fruits de la même espèce et de la même variété dont elle-même est issue. Lorsque nous faisons la récolte, nous devons en épargner au moins dix pour cent en prévision de la prochaine semence. Il faut qu'un cycle se termine pour qu'un autre puisse commencer; toutes les graines doivent croître, se transformer, puis mourir et disparaître sous la terre qu'on laboure et qu'on ensemence à nouveau.

Bien sûr, les Lois de la Récolte ne parlent pas que d'agriculture; elles éclairent nos vies et mettent en lumière les lois qui nous gouvernent. De même que font les graines et les cycles naturels, ainsi en est-il des êtres humains et de toutes les créatures vivantes.

Toutes les lois spirituelles nous sont révélées en temps utile — pas nécessairement avec des mots mais le plus souvent par nos émotions et nos sentiments les plus profonds, par la sagesse intuitive de notre coeur. Notre corps, lorsqu'il est libre de toute interférence et de tout conditionnement, se soumet naturellement à l'autorité de ces lois que lui communiquent nos instincts et nos intuitions. Tout ce que nous avons à faire, c'est de prêter une oreille attentive et de faire confiance à notre « sage intérieur ». Le cerveau, l'ego, ce sentiment isolé de notre propre isolement, ne fait que résister au flux et reflux de la vie.

Lorsque nous réglons nos vies et notre conduite – en matières d'alimentation, de forme physique, de travail, de sexualité, etc. – sur ces lois spirituelles, tous nos problèmes ne disparaissent pas instantanément mais nous les abordons différemment: sans lutter, les bras grand ouverts comme des guerriers pacifiques qui embrassent le moment présent, prêts à danser.

Au-delà du concept de moralité

Les lois spirituelles n'ont rien à voir ou si peu avec les concepts culturels de bon et de mauvais, de bien et de mal; par exemple, si j'escalade une montagne en faisant fi des lois de la gravité, cela ne fait pas de moi une mauvaise personne; cela fait de moi une personne simplement stupide ou ignorante... et une personne morte, fort probablement. Tôt ou tard, d'une façon ou d'une autre, parce que les épreuves de la vie quotidienne nous apprennent à reconnaître sur les causes et les effets, les actions et les réactions, nous finissons par respecter les forces naturelles et par apprécier la justice immanente des lois spirituelles.

Lois spirituelles et chemins de vie

Les lois spirituelles qui gouvernent l'univers sont innombrables; les lois que les humains ont déjà découvertes et formulées sont légion. Ce livre présente les lois les plus importantes relativement aux nombres de naissance et chemins de vie décrits dans la troisième partie.

Toutes les lois spirituelles s'appliquent avec la même constance à chacune de vos vies. Toutefois, parce que chaque chemin de vie a ses particularités et ses caractéristiques, certaines lois profiteront davantage à ceux qui travaillent tel ou tel nombre de naissance. Le pouvoir transformateur de ce système repose sur la façon dont chacun travaille les lois les plus appropriées pour l'accomplissement de sa destinée individuelle.

Archimède a dit: «Donnez-moi un levier assez long et je soulèverai la Terre.» Les lois et principes présentés ici agissent comme des leviers qui facilitent notre évolution vers l'expression la plus positive qui soit de notre chemin de vie. Dans la mesure où nous appliquons les principales lois qui gouvernent notre chemin de vie, nous pouvons changer la qualité et le cours même de notre vie.

Au cours d'une vie, des questions précises concernant la santé, les relations personnelles ou la carrière vont surgir, s'imposer, puis disparaître. Les questions sont éphémères mais les lois qui se cachent derrière elles seront encore pertinentes dans cinq, dix, vingt ans d'ici, et elles le seront toute notre vie. Ces lois ne s'appliquent pas seulement aux questions qui sollicitent présentement notre attention mais à n'importe quelle et à toutes les questions qui pourraient surgir. Les lois de l'Esprit ne s'attaquent pas uniquement aux symptômes de notre mécontentement; elles guérissent et équilibrent les tendances, désirs, pulsions, craintes et besoins qui sont à l'origine de toutes nos difficultés, peu importe sous quelles formes elles se manifestent: «problèmes de couple», «problèmes de santé», etc.

Avec le temps, cependant que nous continuons de régler notre vie sur les lois spirituelles les plus appropriées, nous constatons que nous abordons nos difficultés avec toujours plus de raffinement, de grâce et d'aisance. Ces lois peuvent transformer toute notre vie parce qu'elles creusent loin sous la surface, passé les apparences et les symptômes, jusqu'à la racine des problèmes.

Comment mettre ces lois en application dans la vie de tous les jours

Même les plus grandes lois et la sagesse la plus élevée ne sont d'aucune utilité si nous ne pensons pas *à les mettre en application* — à en faire des guides pour changer notre optique et notre conduite. Si nous voulons apprendre à plonger du deuxième tremplin et qu'on nous dit: « Étire-toi vers l'eau », ce conseil peut nous épargner quelques maux de ventre et nous aider à plonger avec plus de grâce et d'élégance. Mais que faisons-nous de cette information ? Nous n'avons certainement pas besoin de « nous étirer vers l'eau » pour nous brosser les dents ou pour aller magasiner. Nous n'avons besoin de cette information qu'au moment où nous quittons le tremplin et nous mettons à descendre vers l'eau. Les conseils peuvent nous être utiles à condition que nous les gardions en mémoire jusqu'au moment d'agir, au moment de changer la connaissance en action. Si nous mettons un conseil en pratique dans les moments où nous en avons vraiment besoin, ces moments deviennent de plus en plus riches et fertiles.

De la même façon, nous pouvons mettre les lois spirituelles en application dans les moments où nous en avons spécialement besoin. Le pouvoir d'une loi ne réside pas seulement dans sa connaissance mais dans son application. Nous savons que nous faisons bon usage de ces lois lorsque nos actions, nos sentiments et notre optique se mettent à changer. Les exercices qui accompagnent chacune de ces lois vous aident à faire un premier pas dans cette direction.

J'encourage le lecteur à poursuivre l'étude de toutes les lois spirituelles et de tous les principes supérieurs qui lui seront révélés au cours de sa vie, que ce soit dans ce livre ou ailleurs. Bien que seulement quelques-unes des lois suivantes soient essentielles à l'accomplissement de chaque chemin de vie, elles peuvent toutes nous être utiles car nous faisons tous partie de la même humanité.

LA LOI DE LA FLEXIBILITÉ

La flexibilité nous offre beaucoup plus
qu'un simple choix entre la passivité et la résistance ;
en tirant parti de tout ce qui nous arrive,
en embrassant même la plus pénible des circonstances,
nous affrontons hardiment nos difficultés
et nous commençons à les considérer
comme une forme d'entraînement spirituel.

Pliez-vous à toutes les demandes qui vous sont faites.
Pliez-vous, et tournez-les à votre avantage.

ROBERT FROST

Plutôt qu'une sorte de résistance obstinée, la flexibilité implique l'acceptation pragmatique du moment présent – l'acceptation
de soi-même, des autres et des circonstances présentes. Cela ne
veut pas dire du tout qu'on tolère passivement ce qui nous
déplaît, qu'on se refuse à voir les injustices du monde ou qu'on se
laisse marcher sur les pieds. La flexibilité exige de la vivacité et
une grande ouverture d'esprit ; il ne suffit pas de « suivre le courant », il faut embrasser le courant et s'en servir de façon constructive. La maîtrise de cette loi nous permet de transformer les
pierres d'achoppement en pierres de gué et les problèmes en
opportunités ; lorsque le vent se lève, nous ne faisons pas
qu'« accepter » ou tolérer la situation, nous dressons des moulins à
vent.

La Loi de la Flexibilité peut sembler irréaliste ou idéaliste, à
tout le moins au début, et cela soulève plusieurs questions
comme celles-ci : « Et si je me fais attaquer sur la rue, ou si un de
mes proches est victime d'une tragédie ? Comment peut-on
"embrasser" ça ? » Ce sont des questions importantes et judicieuses

mais en bout de ligne il n'y a qu'une réponse possible: Il y a de grandes joies mais aussi de grandes douleurs et de grandes injustices sur cette terre. Lorsqu'un événement tragique frappe tout un groupe de personnes, quelques-unes d'entre elles tentent de résister mentalement à la douleur: elles sont en état de choc, de dénégation, de peur, et ce sont ces personnes qui à la fin auront le plus souffert, comme ce sont les branches les plus rigides qui finissent par casser sous un grand vent. D'autres personnes dans le même groupe ont développé une capacité de plier, d'accepter la situation et de la vivre pleinement tout en situant les choses à la place qui leur revient dans l'ensemble de leur vie – parce qu'elles savent que les choses sont comme *elles sont*. Elles acceptent leurs émotions et les expriment toutes, mais comme les branches qui plient sous le vent, elle ne cassent pas, elles se replacent. Exempte de rigidité ou de résistance, leur réaction est la plus créative et la plus efficace possible. Dans la flexibilité, il y a une énorme force. Avec la flexibilité, nous apprenons à traiter également le soleil et la pluie, la chaleur et le froid. La vie devient moins pénible, elle cesse d'être un combat, quand nous réagissons au lieu de résister; nous considérons la douleur comme une épreuve dont il s'agit de tirer le meilleur parti possible, ne serait-ce qu'une leçon.

J'ai vu un jour, sur le pare-choc d'une voiture, un autocollant qui disait: «Si vous n'aimez pas ma façon de conduire, enlevez-vous du trottoir.» C'est un bel exemple de la Loi de la Flexibilité. Si une voiture se dirige droit vers vous sur le trottoir de la vie, au lieu de penser: «Ils ne devraient pas faire ça, ce n'est pas juste, ce n'est pas correct», vous pouvez appliquer la Loi de la Flexibilité et vous enlever du chemin, pas mécontent et même reconnaissant d'avoir eu la chance de tester vos réflexes.

L'aïkido et le taï chi, arts martiaux fondés sur la non-résistance, reflètent et donnent forme à la Loi de la Flexibilité. *Si l'autre pousse, tirez; s'il tire, poussez; et quand une force se dirige sur vous, enlevez-vous de là.* Tout est pour notre plus grand bien si nous en faisons bon usage.

Si nous envisageons la vie sous un seul angle conventionnel et personnel, il n'y a certainement pas lieu d'être «reconnaissant» en toutes circonstances, quand les affaires vont mal, par exemple, ou qu'on attrape une grippe. La Loi de la Flexibilité nous rappelle qu'il faut regarder plus loin que sa propre personne et tâcher de voir les choses dans leur évolution : ainsi nous pouvons comprendre que tout événement, peu importe s'il semble positif ou négatif à première vue, sert à fortifier notre âme. Il y a stress chaque fois que l'esprit résiste à quelque chose – une situation, une personne, une émotion. Des phrases comme « J'aimerais mieux être... » ou « Ils devraient (ou ne devraient pas) être... » sont signe que nous résistons à ce qui est. En considérant tout ce qui nous arrive comme s'il s'agissait d'une leçon qui à long terme peut faire de nous un être plus fort, plus sage et plus complet, nous dépassons le stade des appréhensions et des jugements *à l'égard de* ce qui est et nous embrassons la vie.

Du point de vue de l'esprit limité, on peut dire que la vie est parfois injuste mais, dans une perspective plus large, les lois spirituelles prévalent toujours. La flexibilité implique qu'on ait développé l'attitude suivante : « O.K. Voilà qui je suis et où j'en suis. Je vais faire de mon mieux dans les circonstances. » Comme chaque belle occasion entraîne aussi quelques problèmes, chaque problème cache une opportunité.

La prière de la Sérénité récitée par les Alcooliques Anonymes et d'autres groupes fondés sur le programme des douze étapes est un autre reflet de la Loi de la Flexibilité : « Mon Dieu, donnez-moi la sérénité d'accepter les choses que je ne puis changer, le courage de changer les choses que je puis changer, et la sagesse d'en connaître la différence. »

La flexibilité nous permet d'apprécier des situations qui autrefois nous auraient troublé, tel un revers de fortune ou la fin d'une relation. Quelquefois la flexibilité signifie qu'on a conscience des deux côtés de la médaille mais qu'on choisit de se concentrer sur l'aspect le plus positif d'une difficulté. Par exemple, aussi pénible que puisse être la rupture, la fin d'une relation ouvre la voie à de nouvelles relations, à un nouvel amour.

Les chats sont passés maîtres dans l'art de la flexibilité : si un chat veut sortir d'une pièce mais qu'une personne lui bloque le chemin, il essaiera de sortir par une autre issue, puis une autre et encore une autre ; le chat persévère mais il sait aussi quand s'arrêter, se détendre et attendre la prochaine occasion. Comme les chats, nous ne sommes pas forcés de gaspiller nos énergies en résistant ou en pestant contre des obstacles qui sont inévitables.

La flexibilité signifie l'acceptation totale et inconditionnelle de ce que nous sommes, de ce que nous faisons et des personnes avec qui nous sommes présentement, et ce alors même que nous continuons de grandir, d'apprendre et d'agir effectivement sur la situation présente. Cela peut représenter un changement d'attitude mais pas nécessairement un changement d'habitude. Si on se surprend soi-même à critiquer les autres ou à les appeler par tous les noms, il faut s'accepter et se pardonner ses erreurs sur-le-champ.

Être flexible, c'est savoir s'adapter; comme l'eau, nous prenons la forme de notre « contenant », le moment présent. Il faut s'ouvrir à la vie autant qu'il est possible de le faire.

La Loi de la Flexibilité et la Loi de la Perfection (p. 500) se ressemblent mais elles ne recherchent pas exactement le même but et ne mettent pas l'accent au même endroit. En pratiquant la Loi de la Flexibilité, nous demeurons ouverts à l'expérience dans sa totalité au lieu de fuir les hauts et les bas. Nous vivons plus intensément.

La Loi de la Flexibilité peut s'appliquer à notre travail, à nos relations ou à tout autre aspect de la vie quotidienne. Libres de toute résistance, nous apprenons l'art d'être heureux déraisonnablement. Maîtrisez cette loi et vous les maîtrisez toutes.

Les exercices qui suivent peuvent vous aider à maîtriser la flexibilité par l'expérience directe et la mise en application de cette loi.

L'expérience de la flexibilité

Cet exercice avec partenaire, qui vise à faire l'expérience physique de l'acceptation, s'applique aussi bien aux arts martiaux qu'à n'importe quelle circonstance de la vie quotidienne.

1. Tenez-vous debout normalement, les pieds écartés à la largeur des épaules, et tendez un bras devant vous. Votre

partenaire prend votre poignet ou votre avant-bras et vous tire doucement vers l'avant, comme s'il voulait vous emmener quelque part.

2. Quand votre partenaire commence à tirer, faites un pas vers l'avant pour conserver votre équilibre, puis résistez (tirez de votre côté) à l'effet de traction que votre partenaire exerce sur vous. Comment vous sentez-vous sur le plan émotif et sur le plan physique?

3. Reprenez l'exercice mais cette fois, au moment où votre partenaire commence à tirer, tout en conservant votre équilibre faites deux pas vers l'avant et poussez *doucement* votre partenaire dans la direction vers laquelle il tirait. En d'autres mots, au lieu de résister à la force, joignez-vous-y; faites-la vôtre. Comment vous sentez-vous sur le plan émotif et sur le plan physique? Cette fois vous n'avez pas accepté la force de votre partenaire en vous y soumettant avec résignation ou en la tolérant passivement, et vous n'avez pas travaillé activement contre elle; plutôt, vous vous en êtes servi.

4. Après avoir répété l'exercice en inversant les rôles, comparez vos expériences.

Applications de la Loi de la Flexibilité

1. Pensez à une situation dans laquelle vous avez tendance à résister ou à combattre.

2. Comment pourriez-vous utiliser la flexibilité pour être à même d'embrasser et de vous laisser porter par les forces de la vie?

3. Observez-vous lorsque vous êtes dans cette situation; notez quand vous avez tendance à vous raidir, à résister ou à tirer de votre côté, à vous figer ou à combattre. Puis posez-vous la question suivante: «Et si j'allais effectivement dans le sens de la force pour la faire mienne?»

LA LOI DES CHOIX

Le choix fondamental de l'existence,
c'est le choix entre l'expansion et la contraction,
entre une manifestation positive
et une manifestation négative
de nos énergies de création et d'expression.
Quelles que soient les circonstances,
nous avons le pouvoir de choisir
dans quelle direction nous irons.

Nous sommes tous des héros.
Appelez-les,
et les héros se lèveront.

ANONYME

La plupart des créatures vivantes ont relativement peu de choix conscients à faire ; le plus souvent, c'est l'instinct de survie ou d'adaptation qui décide à leur place. Au contraire, le pouvoir de choisir dont disposent les humains est d'une très grande portée. Notre vie quotidienne consiste en une série de choix et d'utilisations de notre libre arbitre – le choix entre rester au lit et se lever, le choix des aliments au petit déjeuner, le choix de ce qu'on va faire durant la journée, va-t-on changer de profession, retourner aux études, rompre avec quelqu'un, et ainsi de suite.

Suivant les circonstances, il se peut que notre choix soit grand ou limité. Une maladie mentale ou quelqu'autre incapacité peut fausser ou limiter notre liberté de choisir alors que la clarté d'esprit a pour effet de l'accroître. De toute évidence, étant donné que nous ne sommes pas tous dans la même situation, le choix n'est pas le même pour tous ; une personne riche, par exemple, peut choisir d'aller dîner en Europe; une personne vivant dans un pays pauvre peut choisir de manger mais ne pas trouver de nourriture. Une personne qui est clouée au lit peut choisir de courir dans les champs mais se trouver dans l'impossibilité de le faire, sauf dans son imagination. Les circonstances physiques peuvent en effet nous limiter physiquement. Mais la Loi des Choix s'occupe du pouvoir et de la responsabilité que nous avons de choisir la façon dont nous réagissons aux circonstances extérieures – pouvoir que nous ne perdons pas tant que nous vivons.

Il faut vivre puis il faut mourir;
le reste est à notre choix.

ANONYME

Nous avons parfois l'impression que ce n'est pas nous qui choisissons, mais notre famille, nos employeurs, nos amis, le hasard ou Dieu. Par exemple, si notre employeur nous dit: «Il faut que tu travailles après les heures régulières sans quoi je vais être forcé de te congédier»; nous pouvons croire que nous n'avons pas le choix. Mais bien sûr que nous avons le choix; nous avons toujours le choix pour peu que nous soyons conscients que chaque choix a des conséquences.

Nous pouvons choisir un chemin plus facile ou plus difficile. Nous choisissons rarement le plus difficile à moins d'être convaincus qu'il nous apportera plus de plaisir à longue échéance ou qu'il nous mènera à nos buts plus rapidement. Moins nous avons de fausses croyances ou de croyances limitatives, plus grande est notre liberté de choisir.

Nous devons aussi être attentifs aux messages qui nous parviennent du subconscient sous la forme d'intuitions. Notre subconscient peut choisir de vivre telle expérience, d'attirer telle personne dans notre vie, et même si les résultats ne plaisent pas toujours à notre être conscient, nous pouvons être sûrs que c'était ce que nous avions besoin de vivre ou d'apprendre. Lorsque nous respectons la Loi des Choix, notre conduite devient plus volontaire et nos choix de plus en plus éclairés; nous assumons la pleine responsabilité de nos décisions et nous cessons de considérer la vie comme « quelque chose qui nous est arrivé ». Au lieu d'errer dans la vie, en se demandant si on est sur le bon chemin ou avec la bonne personne ou dans le bon domaine, il faut reconnaître qu'on a soi-même choisi les gens et les situations de sa propre vie. De cette reconnaissance découle le pouvoir d'accepter nos choix, de prendre la responsabilité de notre vie, et peut-être aussi de faire de nouveaux choix. C'est dans les situations où nous nous sentons le plus démunis qu'il faut se souvenir de notre pouvoir de choisir.

Dans le contexte du système But-de-vie et des chemins de vie qu'il décrit, nous pouvons choisir d'être en expansion ou en contraction, de bâtir ou de détruire, dans les deux domaines clés que sont la créativité et l'expression.

Nous avons tous une énergie de vie créatrice et nous jouissons tous de la faculté d'exprimer ce que nous sommes. Nous pouvons choisir de créer et de nous exprimer dans un sens plus positif ou plus négatif. Nous n'avons pas toujours l'impression d'avoir le choix ; quelquefois nous sentons que nos énergies créatrices et d'expression sont nulles ou déficientes. Il se peut que nous ayons peur ou nous sentions bloqués. Pourtant, mieux nous comprenons que nous avons le pouvoir et la responsabilité de choisir la voie dans laquelle nous dirigerons notre énergie créatrice et la forme que prendra notre expression, mieux nous nous acquittons de cette charge.

Choix et créativité

**Nous créons pour construire,
ou nous créons pour détruire ;
de toute façon,
notre énergie créatrice trouve une expression.**

Tout ce qui existe est fait d'énergie, et l'énergie peut se manifester d'un bout à l'autre du spectre, du plus positif au plus négatif. Par exemple, l'électricité peut illuminer une ville ou enlever la vie. L'argent est aussi une forme d'énergie ; nous pouvons utiliser cette énergie positivement ou négativement, soit en donnant à des oeuvres de charité ou en prenant des vacances bien méritées, soit, par exemple, en engageant quelqu'un pour commettre un crime.

La créativité est une énergie explosive, dynamique, qui a besoin d'une expression ; elle a besoin qu'on l'utilise et qu'on la fasse circuler. Cette énergie est une lame à deux tranchants : si on ne l'utilise pas à des fins constructives, elle devient force de destruction. Si notre énergie créatrice se trouve à être complètement bloquée, comme une eau torrentielle qui rencontre un mur, elle se retourne contre nous et se met à exercer une pression douloureuse à tous les plans : physique, affectif et mental. Un excès de poids, par exemple, est souvent le reflet d'une énergie créatrice qui est bloquée, qui ne va nulle part.

Les beaux-arts, la musique, la peinture, la sculpture, l'écriture et l'art de l'acteur sont quelques exemples de créations positives, mais on peut aussi donner une expression pleine et satisfaisante à son énergie créatrice en ayant et en élevant ses enfants, en trouvant des solutions innovatrices à des problèmes d'affaires, en faisant du jardinage ou en soignant des animaux. Nous pouvons appliquer l'énergie créatrice à tout ce que nous faisons, y compris la guérison, l'artisanat, la décoration intérieure et mille autres activités.

Pablo peut devenir un artiste ; Théodore peut devenir faux-monnayeur ; Karina peut employer son énergie créatrice et ses doigts agiles à jouer de la guitare ; Marguerite peut devenir une voleuse à la tire. Telle personne peut se servir du langage pour raconter des histoires, telle autre peut utiliser le même langage pour raconter des mensonges. Tout cela pour illustrer le travail de l'énergie créatrice dans le positif et dans le négatif.

Plusieurs prisonniers sont très créatifs ; ils peuvent peindre, dessiner, chanter, jouer la comédie, écrire merveilleusement bien, mais ils ont dirigé leur créativité dans des voies négatives : ils ont organisé des vols de banque, arnaqué des gens, menti, etc.

Soit qu'une énergie créatrice bloquée se manifeste par des symptômes et des maladies physiques, soit qu'elle se décharge dans l'abus de tabac, d'alcool, d'autres drogues, de nourriture ou de sexe. Lorsque de tels abus se répètent trop souvent, deviennent irrépressibles ou durent trop longtemps, ils risquent de dégénérer en véritables dépendances.

De la même manière que nous en sommes venus à reconnaître que nous avions plus ou moins choisi la façon dont notre énergie créatrice s'est manifestée dans le passé, nous pouvons apprendre à ouvrir et à diriger nos énergies de sorte qu'à l'avenir elles servent à inspirer et à soutenir les autres et qu'elles nous apportent à nous des récompenses plutôt que des punitions. Peu importe le passé, que notre énergie ait été bloquée ou qu'elle ait servi à détruire, tout peut changer du moment que nous exerçons notre pouvoir de choisir. En choisissant d'exprimer notre énergie créatrice par des gestes positifs, porteurs d'espoir et de vie (dont font partie les exercices physiques quotidiens), nous pouvons changer le cours de notre vie.

Les exercices suivants peuvent vous aider à maîtriser la Loi des Choix en ce qui a trait à la créativité.

L'expérience du choix créateur

1. Songez aux formes que prend votre énergie créatrice.

   ❖ Votre énergie se déverse-t-elle dans des projets et activités créatrices ou est-elle bloquée ?

   ❖ Si votre énergie vous semble être bloquée, éprouvez-vous des symptômes physiques ?

   ❖ Comment pourriez-vous utiliser cette énergie d'une façon agréable et constructive ?

   ❖ Comment faites-vous pour équilibrer, enraciner ou relâcher l'énergie créatrice quand la pression monte ?

      ◆ Faites-vous de l'exercice ?

      ◆ Fumez-vous des cigarettes ?

      ◆ Parlez-vous beaucoup ?

      ◆ Prenez-vous de l'alcool ou d'autres drogues ?

      ◆ Sentez-vous le besoin d'un soulagement sexuel ?

2. Le choix de réponses offert ci-dessus n'entraîne aucun jugement moral ; il n'y a pas de « bonne » ou de « mauvaise »

réponse; il n'y a que des façons plus ou moins constructives d'utiliser la créativité.

❖ Comment choisirez-vous d'utiliser votre créativité à l'avenir?

❖ Exercerez-vous votre pouvoir de choisir?

Applications du choix créateur

1. Dressez la liste des usages les plus constructifs et les plus destructifs que vous avez faits de votre créativité.

2. À la lumière de cette liste, songez à la vie que vous aimeriez vivre à l'avenir. Vous pouvez choisir de ne faire aucun changement ou vous pouvez prendre un risque et tenter quelque chose de nouveau.

3. Si vous avez des problèmes reliés au tabac, aux drogues, à l'alcool, à l'alimentation ou à la sexualité, voyez si l'une ou l'autre des suggestions suivantes ne pourrait pas vous aider à transformer vos énergies et à changer votre vie:

❖ Joignez-vous à un groupe comme les A.A., N.A., ou à un autre groupe de soutien; dans les cas d'alcoolisme ou de toxicomanie, le soutien du groupe est essentiel.

❖ Engagez-vous à suivre un entraînement physique qui vous servira d'exutoire et de contrepoids en remplacement des dépendances.

❖ Trouvez un conseiller ou un thérapeute qui vous aidera à découvrir les causes profondes du problème.

4. Si vous avez évité, à cause de l'insécurité ou parce que vous aviez peur de ne pas être assez bon, de cultiver vos habiletés créatrices, envisagez de nouvelles possibilités: faites le saut et exprimez votre créativité.

❖ Inscrivez-vous à un cours d'art dramatique ou de beaux-arts, écrivez de courtes histoires ou écrivez un journal quotidien, adonnez-vous à un hobby ou à une forme d'artisanat, aidez quelqu'un à résoudre un problème, travaillez au jardin ou faites du bénévolat. Chacune de ces activités est un exemple positif de créativité.

Choix et expression

**Nous nous exprimons de façon constructive,
ou de façon destructive;
de toute façon, notre énergie d'expression
se manifeste.**

L'énergie d'expression a besoin d'un exutoire. Le plus souvent nous nous exprimons par la parole, mais les arts de la scène, les arts en général et l'artisanat fournissent également l'occasion d'exprimer qui nous sommes et ce que nous ressentons.

L'expression est autre chose que le simple fait de parler, d'échanger des idées ou des informations. Cette énergie est émotive, c'est l'expression des émotions; ces émotions sont signe qu'une colère, une tristesse ou une peur cherche à se manifester. Ces émotions peuvent aussi signaler la présence d'une joie ou d'une inspiration qui exige aussi une expression.

Si nous freinons l'expression de nos émotions, ce blocage contribue à l'apparition de maux de gorge, d'ulcères ou autres problèmes intestinaux, de maux de dos, de fibrose utérine, prostatite, maux de tête, tension et raideurs musculaires, etc. Une des raisons pour lesquelles les gens âgés ont plus de problèmes de santé de ce genre qu'en ont les jeunes est que leurs émotions non exprimées s'accumulent depuis plus longtemps. Mais nous pouvons nous régénérer et nous fortifier en prenant les mesures nécessaires pour guérir le corps en même temps que nous prenons de nouvelles habitudes et créons de nouvelles formes d'expression libre et franche.

On peut canaliser son énergie créatrice tout seul, par exemple en faisant de la peinture ou en construisant des modèles réduits, mais l'énergie d'expression implique une relation avec autrui: il faut que quelqu'un reçoive notre expression, quelqu'un qui soit prêt à écouter, à regarder et à goûter le fruit de nos efforts. Ce public peut être composé d'autres adultes ou d'enfants – ou même d'animaux (eux qui savent écouter sans porter de jugements ou jeter de blâme).

Chez certains, l'énergie d'expression commence par se manifester dans les tête-à-tête mais à mesure que leur confiance augmente, le besoin d'expression augmente aussi et finit par toucher un public de plus en plus large. Quelle que soit la forme que prend notre expression – symphonies, discours ou téléromans –, elle communique, suscite et inspire des émotions et des sentiments.

Une expression positive prendra la forme d'une communication inspirante, enthousiaste et constructive, qui réjouit l'âme et l'esprit : discours, chant, art dramatique, musique, écriture, etc. L'expression négative se manifeste par des calomnies, des plaintes, des critiques ou des jérémiades. Elle abat, blesse ou détruit, et elle peut vous déchirer quelqu'un en mille morceaux.

Ceux qui ont une abondance d'énergie d'expression ont le pouvoir d'élever les âmes ou de les rabaisser. Une fois qu'ils ont pris conscience de ce pouvoir, ils peuvent apprendre à diriger cette énergie de façon responsable et constructive.

Que nos émotions nous semblent « positives » ou « négatives », nous pouvons toujours les exprimer de façon constructive. En nous mettant à l'écoute de nos sentiments et de nos émotions authentiques puis en les libérant, nous pouvons générer des forces insoupçonnées d'énergie, d'intégration et de guérison. En privilégiant une expression positive, je ne suggère pas de renier ou de réprimer sa colère, sa peur ou sa tristesse dans le seul but de garder « la tête froide », ou « la tête au-dessus de l'eau ». La colère, la peur, la tristesse et toutes les émotions « négatives » peuvent aussi être exprimées de façon *négative ou positive*. Par exemple, si nous sommes en colère, nous pouvons engueuler quelqu'un ou nous pouvons lui dire quelque chose comme : « Je suis en colère présentement à cause de ce que tu as fait, et cette colère est comme un mur entre nous et je ne veux pas de ça. »

La Loi des Choix, lorsqu'elle a trait à l'expression, nous rappelle qu'à long terme, une expression honnête de *toutes* nos émotions nous sera profitable et améliorera grandement nos relations ; la Loi de l'Honnêteté (p. 525) s'applique de la même façon.

En vérité, l'expression – la plume – est plus puissante que l'épée. Une expression mal intentionnée peut permettre à des dictateurs de prendre le pouvoir et de manipuler des nations entières ; elle peut salir des réputations et détruire des vies. Par contraste, les plus émouvantes créations artistiques et les discours les plus éloquents de l'Histoire ressortent brillamment en nous montrant comment l'énergie d'expression peut apporter de la beauté dans ce monde tout en nous incitant à l'action et au changement.

Même dans la vie de tous les jours, notre façon de nous exprimer compte pour beaucoup dans notre bonheur et dans celui de nos proches. Nous avons le choix.

Les exercices suivants peuvent vous aider à maîtriser La Loi des Choix en ce qui a trait à l'expression.

L'expérience du choix d'expression

1. Réfléchissez aux questions suivantes :

    ❖ Quand, pour la dernière fois, vous êtes-vous exprimé de façon négative devant quelqu'un ?

    ❖ Lorsque vous vous exprimez de façon négative (par exemple, en critiquant ou en vous plaignant), avez-vous remarqué que sur le coup vous vous sentez pleinement autorisé à le faire ?

    ❖ Comment vous sentez-vous durant et après avoir critiqué, vous être plaint ou vous être exprimé de quelqu'autre façon négative ?

    ❖ Quand, pour la dernière fois, vous êtes-vous exprimé de façon positive devant quelqu'un ?

    ❖ Lorsque vous vous exprimez de façon positive (par exemple, en faisant un compliment ou en exprimant un sentiment de colère d'une façon constructive qui ne porte pas atteinte à la relation), avez-vous remarqué comment l'énergie positive revient vers vous ?

    ❖ Comment vous sentez-vous durant et après avoir fait un compliment ou vous être exprimé de quelqu'autre façon positive ?

2. En pensant aux réponses que vous donnez à ces questions, vous pourriez imaginer ou même répéter mentalement des façons plus positives d'exprimer vos émotions.

Applications du choix d'expression

1. Rappelez-vous la dernière fois que vous avez exprimé vos émotions de façon négative.

2. Songez que lorsque nous émettons une critique, nous n'exprimons pas nos sentiments; nous transformons ce que nous ressentons en jugement. Revivez la scène en mettant par écrit ce que vous ressentiez mais cette fois en l'exprimant d'une façon directe et honnête. Petit truc: Au lieu de dire « il ou elle » comme dans: « Il m'enrage ! » « Elle fait toujours ça... », dites toujours « je »: « Je m'enrage quand... »

3. À la prochaine occasion, mettez en pratique ce que vous avez appris aujourd'hui.

LA LOI DE LA RESPONSABILITÉ

Une fois que nous avons établi les limites
et les frontières de notre responsabilité,
nous pouvons assumer pleinement
tous les devoirs qui nous incombent
et laisser faire tous ceux qui incombent aux autres ;
ainsi, nous avons plus de plaisir à aider les autres,
et nous créons des relations
de coopération plus harmonieuses.

Pour notre paix d'esprit,
il faut résigner nos fonctions
de président-directeur général de l'univers.

LARRY EISENBERG

« L'union fait la force. Ensemble, nous vaincrons. Deux têtes valent mieux qu'une. » Le principe a été énoncé de plusieurs manières, mais chacune de ces phrases exprime la même conviction : en travaillant tous ensemble, nous pouvons accomplir des tâches qu'il nous serait difficile et même impossible d'accomplir seul – par exemple, bâtir un gratte-ciel ou monter une pièce de théâtre.

Dans toute entreprise où des gens doivent travailler ensemble mais à des échelons différents sur l'échelle des responsabilités, ceux qui se trouvent au sommet sont plus en vue mais ils sont soutenus par tous les autres sans qui leurs propres efforts seraient vains. Que ferait la vedette de musique rock sans les techniciens et l'ingénieur du son ? Le P.d.g. ou le chef d'entreprise pourrait-il diriger sa compagnie s'il n'avait pas d'efficaces secrétaires ? Lorsqu'une personne se lance en politique ou en affaires, elle est habituellement soutenue par d'autres personnes qui forment pour ainsi dire la fondation de sa carrière.

Le succès ou l'échec d'une famille, d'une compagnie ou d'un empire, repose sur la qualité de la coopération et sur le partage des responsabilités qui s'effectuent à l'intérieur de ses rangs. Au niveau de l'individu, le fonctionnement optimal de l'être humain dépend en grande partie des *états internes* de coopération.

Si l'on veut être à même d'aider les autres, il faut d'abord apprendre à s'aider soi-même – mettre ses affaires intérieures en ordre – en commençant par réconcilier ses tendances conflictuelles : ces pulsions, croyances, valeurs et idées qui semblent irrémédiablement opposées, incapables de cohabiter en une même personne. Il se peut même que nous ayons à intervenir pour faciliter la coopération active entre les hémisphères gauche et droit de notre cerveau. Pour trouver l'harmonie, il faut d'abord trouver où l'harmonie fait défaut : les dichotomies l'un/l'autre, oui/non, je devrais/je ne devrais pas, entraînent un sentiment de confusion parce que toute décision implique des pour et des contre. Il y a plusieurs manières d'harmoniser nos « parties » conflictuelles : le travail sur les « sous-personnalités », le dialogue de la voie, la programmation neurolinguistique, l'hypnothérapie et d'autres méthodes de croissance peuvent nous aider à faire l'équilibre des deux hémisphères du cerveau.

Dans nos rapports avec nous-même, avec les autres et avec les circonstances de la vie, il nous faut trouver notre point d'équilibre, circonscrire notre part de responsabilité à l'intérieur de limites raisonnables, et admettre que nos valeurs, nos priorités et nos besoins peuvent être très différents de ceux de nos parents, de nos frères et soeurs, de notre conjoint et des autres personnes de notre entourage.

Parfois, ceux qui désirent le plus ardemment servir, soutenir et aider, se mettent à surcoopérer si bien qu'ils finissent par se nuire à eux-mêmes et à ceux qu'ils veulent aider. Dans les cas extrêmes, cette tendance peut dégénérer en une forme de dépendance affective caractérisée par l'oubli de soi-même et une préoccupation exclusive pour la vie des autres dans laquelle on s'investit totalement sans rien obtenir en retour. Les dépendants affectifs se sentent responsables des autres d'une manière qui dépasse de beaucoup le devoir normal d'un parent, d'un ami ou d'un employé. La conscience de leur propre valeur, leur estime de soi, même leur sentiment d'identité, tout repose sur leur capacité de servir les autres ; ils se concentrent toujours (et non pas seulement quelquefois) sur les besoins des autres plutôt que sur les leurs. En quelque sorte ils jouent les paillassons, voire les esclaves.

Cette surcoopération résulte d'une distorsion ou d'une hypertrophie du sens des responsabilités qui pousse le dépendant affectif à vouloir corriger les erreurs des autres au lieu de les laisser apprendre et faire face eux-mêmes aux conséquences de leurs actes.

Lorsque nous surcoopérons, les gens s'en plaignent rarement. Les gens vous disent rarement : « Voyons, vous êtes bien trop bonasse ! » Mais on se rend bientôt compte que la pendule à l'intérieur de la psyché ne peut pas rester indéfiniment coincée du même côté, et qu'à la surcoopération succédera tôt ou tard la sous-coopération. Le changement peut mettre des jours à se faire, des semaines, des mois et même des années, mais un jour ou l'autre il se fait.

Dans les cas de sous-coopération, soit que l'on donne dans la résistance totale et le ressentiment, soit que l'on continue à « faire des choses » pour l'autre tout en se repliant sur soi-même au point de vue affectif. Si elle n'est pas corrigée à temps, cette tendance peut signifier la mort d'une relation.

Heureusement, de telles relations souffrant d'un déséquilibre traumatique ou chronique du sens des responsabilités peuvent être sauvées et même, dans certains cas, ressuscitées. Le « miracle » consiste à trouver un juste équilibre entre le donner et le recevoir – premier pas vers une nouvelle relation fondée sur le soutien mutuel. Le fait de rouvrir les lignes de communication peut mener à un partage plus équitable des responsabilités et soulager celui ou celle qui a des tendances à la dépendance affective de son fardeau psychologique. Mais c'est à ceux qui présentent ces tendances que la responsabilité incombe d'établir ce nouvel équilibre.

Nous aspirons tous à devenir des personnes «responsables» mais ceux d'entre nous qui se sentent trop responsables – qui se sentent obligés d'aider jusqu'à l'excès – doivent changer leur attitude et leur comportement et s'efforcer de trouver leur point d'équilibre dans la coopération et le partage des responsabilités.

Parfois la plus puissante forme de coopération consiste à encourager les autres à agir tout seuls tout en leur donnant les moyens de le faire. Parfois, la meilleure façon d'aider quelqu'un est de demander son aide.

La Loi de la Responsabilité nous rappelle l'importance et l'absolue nécessité de définir et de respecter les limites de notre propre bien-être. Nous sommes tous ici pour reculer ces limites et non pour les ignorer. Cette loi nous rappelle qu'il faut respecter nos valeurs intérieures et trouver notre point d'équilibre.

Prenons l'exemple de Rosalyn et Tanya qui habitaient la banlieue de San Francisco et qui avaient chacune deux jeunes enfants. Toutes deux étaient cadres dans une agence de publicité et devaient voyager chaque jour de la banlieue à la ville. Rosalyn a décidé de mettre sa carrière en veilleuse pour pouvoir rester à la maison avec ses enfants; de son côté, Tanya a continué de travailler en ville et elle a trouvé une gardienne qui s'occupait des enfants durant le jour. Rosalyn et Tanya ont fait des choix différents, mais ni l'une ni l'autre n'a fait ce qu'elle voulait vraiment faire; au lieu de quoi elles ont fait ce qu'elles considéraient comme leur «devoir».

Rosalyn, qui restait à la maison, se sentait frustrée mais elle croyait qu'elle devait demeurer avec ses enfants pour être «une bonne mère». Tanya détestait abandonner ses enfants chaque jour mais elle voulait être «une femme moderne», «à salaire égal», le contraire de l'«esclave au foyer» que sa mère, selon elle, avait été.

D'une certaine façon, les deux femmes surcoopéraient parce qu'au lieu de se mettre à l'écoute de leurs propres besoins, elles laissaient les autres, leurs valeurs et leurs idées, dicter ce qu'elles devaient faire. Heureusement, chacune a maintenant trouvé un équilibre qui la satisfait. Tanya travaille à la maison de sorte qu'elle peut voir ses enfants plus souvent, et Rosalyn est retournée au bureau, mais elle travaille à temps partiel, elle adore ça, et maintenant que ses autres besoins sont comblés, il n'y a plus de raison pour qu'elle n'apprécie pas pleinement le temps qu'elle passe avec ses enfants.

En appliquant la Loi de la Responsabilité, nous aidons les autres mais nous acceptons aussi qu'ils nous aident; nous réalisons l'équilibre des deux. Nous découvrons la différence qui existe entre ce que nous « devrions » faire et ce que notre coeur désire vraiment faire. Nous faisons ce qui nous rend le plus heureux intérieurement; nous énonçons clairement nos sentiments et nous en arrivons à un compromis: « J'irai jusque-là, mais tu devras faire le reste. » Voilà le fondement de la responsabilité et l'essence de la coopération.

Les exercices suivants peuvent vous aider à maîtriser la Loi de la Responsabilité par l'expérience directe et la mise en application.

L'expérience de la responsabilité

Pour avoir un sens des responsabilités équilibré et juste envers soi-même et les autres, et pour accomplir une véritable coopération dans le monde, il faut d'abord avoir fait l'expérience intérieure de la coopération. Cet exercice de visualisation agit sur le subconscient afin d'harmoniser les parties conflictuelles de notre être. Avec un peu d'entraînement, il ne prend qu'une minute ou deux. Il fournit un excellent modèle de résolution de conflits dont on peut se servir dans ses rapports avec les autres pour en arriver à des arrangements équitables et mutuellement profitables.

1. Imaginez un havre de paix, un endroit où vous vous sentiez tout à fait en sécurité. Ça peut être n'importe où dans le monde ou dans l'univers, sur un haut plateau de granit, dans une gorge cachée ou dans une vallée paisible – votre propre havre de paix intérieure.

2. Créez l'image d'une table avec deux chaises, une de chaque côté.

3. Invitez deux parties opposées de vous-même à se révéler, l'une après l'autre, et à s'asseoir, face à face, à cette table. Vous pourriez inviter une partie qui représente votre esprit et une autre qui représente votre corps, ou bien une partie de vous-même que vous aimez et une autre que vous n'aimez pas, une partie venue du passé et une partie de l'avenir, ou encore une partie qui porte les jugements et une autre qui aime à pardonner. Lorsque vous êtes partagé entre des sentiments contraires ou entre des tendances qui vont dans des directions opposées, vous pouvez faire appel aux deux parties qui représentent ces sentiments.

4. Demandez à chacune des deux parties quelles sont ses intentions positives à votre égard. Même si une partie semble plus négative, rappelez-vous que tous les faces de votre subconscient ont leur raison d'être et que chacune fait de son mieux pour servir l'ensemble.

5. Prenez le temps de bien « regarder » les deux parties quand elles apparaissent dans votre tête : notez de quoi elles ont l'air, comment elles bougent et s'asseoient, comment elles se comportent. Lorsque les deux sont assises à table, notez comment elles agissent l'une envers l'autre.

6. Demandez aux deux parties de s'exprimer jusqu'à ce qu'elles aient trouvé un terrain d'entente, de coopération et de communication sur lequel elles pourront à l'avenir travailler de concert.

7. Lorsque vous êtes satisfait, remerciez les deux parties, dites-leur au revoir et laissez-les continuer sans vous.

Applications de la Loi de la Responsabilité

1. Écrivez ou récitez à haute voix une courte liste des choses que vous seriez prêt à faire si quelqu'un le demandait et une courte liste des choses que vous ne feriez pas. Où avez-vous fixé la limite ? Pourquoi ?

2. Écrivez ou récitez à haute voix une liste des choses que vous faites avec plaisir et une liste des choses qu'il vous plaît moins de faire pour les autres, à la maison ou au travail.

   ❖ Combien de ces tâches continuez-vous de faire, et pourquoi ?

   ❖ Faites-vous des choses pour les autres, tels que conjoint, enfants et parents, pour ensuite vous en plaindre ?

   ❖ Vous sentez-vous responsables de la vie des autres ou des erreurs commises par d'autres adultes ?

3. Dans quels domaines de votre vie affective, familiale et professionnelle avez-vous tendance à surcoopérer et à vous sentir responsable ou encore à vous replier sur vous-même avec amertume ? Si vous sentez qu'on vous exploite ou qu'on ne vous apprécie pas à votre juste valeur – que vous êtes un martyre ou un paillasson –, que pourriez-vous faire dans votre vie pour trouver un meilleur équilibre ?

LA LOI DE L'ÉQUILIBRE

L'équilibre est une loi qui nous touche
sur les plans cosmique, biologique et personnel –
qui touche au corps, à l'esprit et au coeur.
Cette loi nous rappelle que quoi que nous fassions,
nous pouvons en faire trop ou pas assez,
et que si notre pendule intérieur oscille d'un côté,
tôt ou tard, il oscillera de l'autre.

Lorsque vous ferez l'union du deux en un,
lorsque vous ferez le dedans identique au dehors,
et l'en-dessous identique à l'au-dessus ;
lorsque le masculin et le féminin ne feront qu'un,
alors vous entrerez au royaume de Dieu.

ÉVANGILE DE THOMAS

Si la gravité est le ciment qui assure la cohésion de l'univers, l'équilibre est la clé qui révèle ses secrets. Tout ce qui existe s'emploie à faire équilibre : le haut et le bas, l'intérieur et l'extérieur, le chaud et le froid, le lent et le rapide, le cri et le murmure ; c'est l'interaction des contraires. Entre deux pôles, il y a un point d'équilibre, un centre.

À notre insu, pendant que nous mangeons, dormons, travaillons et vaquons à nos affaires quotidiennes, notre subconscient voit au bon fonctionnement du système nerveux autonome, du système endocrinien, des glandes et de l'appareil circulatoire, afin que le fragile équilibre entre la température et la composition chimique du sang ne soit pas rompu, car ce serait notre mort. L'équilibre est essentiel non seulement pour notre survie mais aussi pour notre qualité de vie et le bien-être de notre psyché.

La Terre – qui elle-même fonctionne comme un organisme vivant, autonome, dont nous autres humains sommes les cellules, et les océans et le vent sont le système circulatoire – repose aussi sur un fragile équilibre – que nous sommes venus bien près de perturber irrémédiablement. En un sens, la tragédie écologique globale à laquelle nous faisons face présentement ressemble à ce qui se passe dans la vie de l'individu qui arrive à maturité et apprend à reconnaître l'importance de son propre équilibre.

Si le subconscient est largement responsable de notre équilibre physiologique, c'est le Moi conscient qui porte la responsabilité de notre mode de vie et de nos actions. Aussi, la Loi de l'Équilibre est-elle étroitement liée à la Loi des Choix (p. 461) et à la Loi de la Responsabilité (p. 471), qui porte sur l'équilibre entre la *sur* et la *sous*-coopération et tend à démontrer que le fait de parvenir à l'équilibre, ne serait-ce que dans un seul domaine, peut améliorer grandement notre efficacité globale.

À l'intérieur de notre psyché vivent et cohabitent tant bien que mal des idées archétypes et des valeurs morales comme le puritanisme et l'hédonisme, le croyant et le sceptique, le papillon volage et l'ours solitaire, le supérieur et l'inférieur, et bien d'autres dualités et contradictions qui jettent le trouble dans notre esprit. Plusieurs des traditions globales visant à l'épanouissement de l'être humain dans toutes ses possibilités se sont donné comme but de parvenir à l'équilibre – sur les plans physique, émotionnel, mental et spirituel.

Les sages de toutes les cultures, les taoïstes chinois, les Esséniens, les chrétiens et les musulmans ont prêché le juste milieu, la voie dorée, le droit chemin. Même dans la nature, la plupart des humains s'épanouissent dans le confort des zones tempérées, loin des extrêmes climatiques du désert et des pôles.

La littérature en général et surtout les contes de fées ont souvent pour thème la quête de l'équilibre; dans la culture occidentale, l'histoire de *Boucles d'or et les trois ours* exploite cet archétype: Boucles d'or choisit la chaise qui est ni trop petite ni trop grande, le bouillon qui est ni trop chaud ni trop froid, et le lit qui est ni trop mou ni trop dur mais « juste comme il faut ».

Mais ce n'est pas toujours faire équilibre que de se tenir loin des extrêmes; il faut parfois se permettre d'explorer les extrêmes en prenant soin toutefois, pour ne pas dérégler le mouvement du pendule, de prêter également attention aux deux extrêmes. Par exemple, il peut nous arriver de jouer les hédonistes, de rester debout pour fêter jusqu'à tard dans la nuit, pour réjouir nos sens; d'autres fois nous laissons s'exprimer le puritain ou le spartiate en nous, en mangeant bien et en faisant de l'exercice. Quelquefois nous travaillons trop, d'autres fois nous nous reposons trop. À la longue nous maintenons notre équilibre si nous explorons les *deux* côtés pareillement avant de retourner au centre.

Chaque extrême provoque un stress et il faut tôt ou tard retourner dans la direction opposée. Moins nous nous écartons de la voie du milieu, dans un sens ou dans l'autre, plus nous faisons preuve de sagesse et d'intelligence. Une automobile dont on se sert un peu chaque jour durera plus longtemps qu'une autre qu'on laisse au garage durant des semaines puis qu'on fait courir à plein régime durant des semaines; ainsi, l'équilibre est la clé d'une vie longue et d'une bonne santé.

Nous n'avons pas tous exactement la même définition de l'équilibre parce que nos tempéraments, nos caractères et nos constitutions ne sont pas les mêmes. Quelques personnes, par exemple, tolèrent mieux l'exercice physique que d'autres; et les besoins d'une même personne changent avec le temps. Chacun doit trouver sa voie du milieu en tenant compte non pas des valeurs d'autrui mais de ses propres caractéristiques physiques et psychologiques absolument uniques. Combien d'heures d'entraînement physique? Combien d'orgasmes par semaine, par mois ou par année? Quand faut-il s'arrêter de manger? Toutes ces questions peuvent trouver une réponse statistique, mais la seule vraie réponse est: « Qu'importe, pourvu que ça vous convienne. »

Les points spécifiques que chacun doit s'efforcer d'équilibrer dépendent largement de son nombre de naissance, de son chemin de vie et de son but de vie principal:

❖ Celui qui travaille le 1 doit trouver l'équilibre entre les extrêmes de l'élitisme et de l'insécurité.

❖ Celui qui travaille le 2 doit trouver un juste milieu entre la surcoopération et la résistance pleine de ressentiment ou le repli sur soi.

❖ Celui qui travaille le 3 doit trouver l'équilibre entre les extrêmes de la confiance en soi maniaque et le doute de soi dépressif.

❖ Celui qui travaille le 4 doit trouver l'équilibre entre le mental et l'émotif, entre l'esprit d'analyse et la confusion d'esprit.

❖ Celui qui travaille le 5 doit trouver un juste milieu entre la dépendance et l'indépendance et cesser de passer d'un extrême à l'autre.

❖ Celui qui travaille le 6 doit chercher un réalisme équilibré pour éviter de passer de l'idéalisme à l'inévitable désappointement.

❖ Celui qui travaille le 7 doit trouver un juste milieu entre la foi naïve et la crainte d'être trahi.

❖ Celui qui travaille le 8 doit trouver l'équilibre entre l'agressivité et la passivité, entre l'opulence et la famine.

❖ Celui qui travaille le 9 doit faire l'équilibre de ses tendances hédonistes et puritaines et trouver le juste milieu entre l'intégrité pure et dure et son contraire.

La plupart d'entre nous découvrons notre point d'équilibre après avoir maintes fois dépassé nos limites, dans les deux sens, et en avoir subi les conséquences. Bien que ce ne soit pas la voie la plus facile, c'est probablement la plus commune. Tous les bons conseils du monde ne peuvent pas remplacer la méthode du pendule. Les conseils et l'expérience des autres ne s'appliquent pas toujours à nous. Parfois il faut apprendre à ses dépens; l'expérience n'est pas toujours le plus facile moyen d'apprendre, mais il semble que c'est l'un des plus sûrs.

La Loi de l'Équilibre nous rappelle qu'il faut s'observer soi-même et chercher à savoir sous quel rapport il peut y avoir déséquilibre. Homme ou femme, avons-nous fait l'équilibre du masculin et du féminin en nous? Avons-nous trouvé le juste milieu entre le travail et la famille, entre le temps pour soi-même et le temps pour les autres ?

À la lumière de cette loi, nous pouvons envisager notre propre vie avec plus de recul, faire les changements appropriés et retrouver un sentiment de santé, d'harmonie et de paix intérieure plus profond.

Donner et recevoir

**Nous donnons très souvent,
cadeaux, conseils, compliments et soins attentionnés,
dans l'espoir de recevoir quelque chose en retour,
mais l'univers nous dit que
ce dont nous croyons avoir le plus besoin
pour nous-même,
c'est cela même que nous avons le plus besoin
de donner aux autres.**

La Loi de l'Équilibre s'applique d'une façon toute particulière à ceux d'entre nous qui ont tellement besoin d'affection qu'ils croient être en droit de réclamer leur pitance affective sans avoir à donner quoi que ce soit en retour. Nous avons tous besoin d'affection et nous voulons tous, plus ou moins consciemment, toujours plus d'amour, de considération et de compréhension. Mais, à long terme, les actions motivées par ce désir à sens unique – qui s'exprime toujours de façon indirecte, souvenir des moyens employés durant l'enfance pour obtenir ce que nous voulions – ne portent jamais leurs fruits.

La Loi de l'Équilibre a pour corollaire que *nous recevons ce que nous donnons*. La plupart d'entre nous connaissons cette vérité mais combien sommes-nous à la mettre en pratique ? Nous donnons, oui, mais nous nous attendons habituellement, consciemment ou pas, à recevoir quelque chose en retour : Nous sommes généreux, prévenants, attentionnés, mais toujours dans l'espoir que cela nous sera rendu. Il n'y a certainement pas de « mal » à ça, sauf que les choses ne se passent pas toujours comme prévu.

Une générosité qui n'est pas parfaitement désintéressée a pour effet de tronquer les énergies supérieures et de repousser les résultats escomptés. Le secret de l'équilibre, pour ce qui est de donner et recevoir, s'écrit comme suit: Lorsque nous sentons que nous avons besoin d'une chose, c'est en réalité notre Moi profond qui nous renseigne sur *ce que nous avons le plus besoin de donner.*

L'équilibre, le coeur même de l'ancienne sagesse taoïste, est tellement essentiel à nos vies qu'on peut le considérer comme une mesure étalon pour tout ce que l'on appelle «développement spirituel» ou «croissance personnelle». Cette loi n'est pas facile à appliquer mais tous nos efforts sont récompensés lorsqu'ils nous aident à devenir maître de nous-même et de notre vie.

Les exercices suivants peuvent vous aider à réaliser votre équilibre par l'expérience directe et la mise en application de cette loi.

L'expérience de l'équilibre

Dans votre vie, explorez-vous les deux côtés pour trouver le milieu? Faites ce simple exercice:

1. Placez une corbeille à papier au milieu de la pièce. Assis ou debout à environ deux mètres de la corbeille, lancez des boules de papier ou d'autres petits objets en visant la corbeille. Avant chaque lancer, tâchez de vous rappeler où tous les lancers précédents ont abouti.

   ❖ Pour chaque tir qui passe au-dessus de la corbeille, faites le prochain tir trop court.

   ❖ Pour chaque tir qui va trop à gauche, faites le prochain tir trop à droite.

2. Remarquez comment cette méthode vous aide à trouver le milieu de la cible.

Applications de la Loi de l'Équilibre

1. Appliquez la Loi de l'Équilibre par l'expérience des deux extrêmes. Répondez aux questions suivantes :

   ❖ Est-ce que je parle trop vite ou trop fort ?

   Faites l'expérience de parler très lentement ou très bas.

   ❖ Est-ce que je mange trop vite ?

   Faites l'expérience de manger « trop lentement ».

   ❖ Est-ce que je sens souvent une tension musculaire ?

   Faites l'expérience d'être « trop détendu ».

2. Posez les questions suivantes à quelqu'un qui vous connaît bien.

   ❖ Est-ce que je travaille trop ou pas assez ?

   ❖ Suis-je trop dur ou trop tendre ?

   ❖ Suis-je trop dépendant ou trop indépendant ?

   ❖ Suis-je trop confiant ou pas assez ?

   ❖ Suis-je trop scrupuleux ou trop indulgent ?

   ❖ Suis-je plus enclin à donner ou à recevoir ?

3. Si vous croyez que cette personne est objective et qu'elle a mis le doigt sur un véritable déséquilibre, comment pourriez-vous rétablir l'équilibre dans ce domaine en particulier ? Comment pourriez-vous « travailler l'autre côté » ?

LA LOI DE LA MÉTHODE

Sur le chemin qui mène à nos buts,
si nous voulons être sûrs, en partant du point A,
d'arriver au point Z,
il faut d'abord nous rendre au point B,
puis au C, puis au D, et ainsi de suite.
Sauter une seule étape,
même si cela semble faire plus court,
aboutit souvent à l'échec.

Si vous avez une grande ambition,
faites le plus grand pas possible
dans le sens de sa réalisation.
Si c'est un tout petit pas,
ne vous inquiétez pas,
car c'est probablement le plus grand
qu'il vous est possible de faire pour le moment.

MILDRED Mc AFEE

Notre vie quotidienne est pleine de buts et d'accomplisse-ments. Ces buts peuvent être grands, comme escalader une montagne, gagner une élection ou se lancer en affaires, ou ils peuvent être modestes, comme faire un gâteau, gagner une partie de balle-molle ou faire ses devoirs d'écolier.

Certains deviennent tellement obsédés par la réalisation de leurs buts – tellement pressés d'obtenir un résultat final – qu'ils en oublient le chemin et la méthode qu'ils doivent suivre pour y arriver. D'un autre côté, certains sont désorientés ou sont dans le doute quant à la marche à suivre pour aller du point A au point B tant et si bien qu'ils ont du mal à se donner des buts précis, ou qu'ils restent coincés sur une étape, incapables de voir plus loin.

Il peut être utile de rappeler que pour escalader une montagne, il faut d'abord se donner un but, ensuite déterminer la direction à prendre puis se préparer adéquatement, et enfin procéder par petites étapes faciles. Nous pouvons diviser toute entreprise, même la plus grande et la plus imposante, en petites étapes faciles et accessibles. Pour traverser un ruisseau à pied, mieux vaut utiliser toutes les pierres de gué. Si nous tentons de faire de trop grandes enjambées, tôt ou tard nous allons glisser.

La Loi de la Méthode nous apprend non seulement à diviser un long trajet en courts tronçons mais aussi à apprécier chaque étape comme s'il s'agissait d'une fin en soi. Chaque étape terminée est une petite réussite en elle-même; de cette façon, nous connaissons le succès plusieurs fois et non plus uniquement lorsque nous arrivons à destination. Souvent ce que nous avons appris en cours de route s'avère plus important que le but atteint. Par exemple, si nous passons vingt ans à peindre des portraits et qu'un accident détruit toutes nos toiles, nous y avons quand même gagné d'inestimables richesses intérieures, dont une qualité de regard qui nous permet de voir la beauté qui existe dans tous les visages.

Ceux qui ont de la difficulté à suivre un cheminement lent et progressif doivent se demander s'ils préfèrent être comme ce facteur qui se hâtait chaque jour de distribuer son courrier «pour avoir fini», ou comme cet autre facteur qui, marchant d'un pas tranquille et mesuré, prenait le temps de saluer les gens qu'il croisait en observateur ravi de toutes ces scènes de quartiers. Plusieurs ne vivent que pour atteindre les grands sommets mais ils oublient que durant l'ascension chaque pas représente un sommet par rapport au pas précédent.

Voici un autre exemple de la Loi de la Méthode: Patrick venait de recevoir une somme d'argent inespérée lorsqu'il remarqua un restaurant dans son quartier qui allait fermer pour cause de faillite. «Quelle occasion!» pensa-t-il. Il acheta le restaurant, embaucha l'ancien personnel en conservant le même menu puis il posa un écriteau où il était écrit: *«Nouvelle administration»*, pensant que sous sa direction charismatique, les affaires fleuriraient.

L'affaire fit encore faillite, comme font faillite la plupart des jeunes entreprises et pour les mêmes raisons : Patrick n'avait pas suivi toutes les étapes. Il voulait que la réussite soit pour tout de suite.

Joshua, d'un autre côté, a lui aussi gagné une petite somme d'argent et lui aussi a vu une affiche portant le mot « faillite » dans la vitrine d'un restaurant. Alors il a fait ses devoirs : il a interrogé des propriétaires de restaurant pour connaître les avantages et les inconvénients du métier de restaurateur. Il a appris que les trois choses les plus importantes pour le succès d'un restaurant étaient l'emplacement, l'emplacement et l'emplacement. Mais l'emplacement du restaurant n'était pas le problème ; quelque chose d'autre l'avait conduit à la faillite. Joshua fit donc une étude de marché : il téléphona à deux cents habitants de la région, choisis au hasard, en leur demandant combien de fois par semaine ils allaient manger au restaurant et quel genre de nourriture ils préféraient. À la lumière de tous ces renseignements, il décida d'ouvrir le *Joshua's Deli Delights Restaurant*. Il passa ensuite un certain temps à visiter les restaurants de la région, s'offrant d'aider partout où c'était possible ; il observa et parla avec des plongeurs, des garçons de table, des cuisiniers, des maîtres d'hôtel, des gérants, pour se faire une idée des questions qu'il devrait poser lorsqu'il embaucherait son personnel. Finalement, après avoir appris où se procurer les meilleurs produits aux meilleurs prix, après avoir engagé le meilleur personnel et avoir fait tous les préparatifs nécessaires, Joshua avait passé par toutes les étapes. Son succès n'a pas été un coup de chance, une surprise ou un hasard. Joshua avait maîtrisé la Loi de la Méthode ; il avait fait la preuve qu'en bâtissant sur les fondations solides que sont la préparation et la méthode, nous pouvons atteindre tous nos buts. Nous pouvons accomplir n'importe quelle tâche si nous la divisons en petites étapes faciles.

Les exercices suivants peuvent vous aider à maîtriser la Loi de la Méthode par l'expérience directe et la mise en application.

L'expérience de la méthode

1. Rappelez-vous comment vous avez appris à jouer d'un instrument de musique, à conduire une automobile, ou même à marcher et à parler. Le succès est-il venu tout d'un coup ou vous a-t-il fallu suivre le cheminement normal, d'étape en étape ?

2. Observez la façon dont les gratte-ciel ou les maisons sont bâtis du début à la fin, petit à petit. Pensez à l'énergie et la préparation qu'il faut y mettre. Qu'est-ce que cela vous apprend sur la façon dont il faut s'y prendre pour accomplir quelque chose dans la vie ?

Applications de la Loi de la Méthode

1. Observez dans votre propre vie toutes les démarches que vous devez faire chaque jour pour vous habiller, emmener les enfants à l'école, vous rendre au travail ou à l'école ; chacune de ces actions comporte des centaines de petites étapes.

2. Une bonne façon de donner corps à cette loi serait pour vous d'assembler un avion ou une maison modèle réduit ou de fabriquer un objet d'artisanat quelconque.

3. Faites attention aux milliers de petites étapes dans votre vie.

4. Prenez un but que vous avez présentement et divisez-le en petites étapes ; notez toutes les étapes par écrit et cochez-les à mesure que vous les accomplissez. Voyez les pierres de gué qui mènent d'où vous êtes jusqu'où vous voulez aller.

LA LOI DES COMPORTEMENTS

Toute habitude « bonne » ou « mauvaise »,
qu'on le veuille ou non,
aura tendance à s'implanter
de plus en plus profondément –
à moins qu'on ne s'en arrache
en faisant quelque chose de complètement différent.

Les choses de l'enfance ne meurent pas,
elles se répètent comme les saisons.

ELEANOR FARJEON

Nous autres humains avons le pouvoir d'agir spontanément, de faire peau neuve, de changer notre comportement et de réorganiser notre vie. Pourtant une force de résistance qui nous est inhérente rend la chose plus difficile; cette résistance dérive de nos structures physiques et psychologiques les plus fondamentales, on la retrouve dans l'univers tout entier et dans la manière d'apprendre et de s'adapter à l'environnement qui est celle des jeunes enfants. Notre tendance à contracter des habitudes est un instrument de survie.

Enfants, nous apprenons à comprendre le monde par l'observation des autres et de leurs comportements. Nous comprenons qu'il y a la faim et la nourriture pour satisfaire la faim, qu'il y a le jour et puis la nuit, l'état de veille et l'état de sommeil, et nous apprenons à nous conformer à l'horaire fixé par nos parents ainsi qu'au rythme dicté par nos propres besoins internes. En écoutant les sons que produisaient nos parents, nous avons appris à reconnaître les complexes associations de sons et de significations; par la répétition, nous avons appris à parler. Nous finissons par compter sur le fait que certains comportements se répètent chez les autres, et bientôt nous formons nos propres habitudes : l'habitude de se brosser les dents et tout le rituel entourant l'heure du coucher ; nous avons nos habitudes à la maison, à l'école, au travail. Lorsque nous atteignons l'âge de dix ans, la force de l'habitude est devenue partie intégrante de nos vies.

Les comportements ou les habitudes qui remplissent une fonction, comme de se laver les mains avant les repas, sont habituellement inoffensifs, mais ils ne sont pas sans intérêt : par exemple, si vous faites un geste habituel différemment, juste pour voir ce qui se passera, il se peut que vous vous sentiez tout drôle, comme déphasé : c'est la force de l'habitude.

La Loi des Comportements porte principalement sur les habitudes que nous considérons comme dysfonctionnelles, négatives ou destructrices – les habitudes que nous aimerions changer. Prenons l'exemple de Tom qui avait un problème d'alcool. Il a cessé de boire, puis a recommencé, puis a cessé, puis a recommencé. Puis un jour il a cru qu'il s'était arrêté de boire pour de bon. Il a dit à un ami : « Je n'ai pas pris un verre depuis un an ; ça y est, j'ai gagné. » Tom ayant relâché sa vigilance, l'habitude a réapparu, et Tom s'est remis à boire.

Tom venait de faire l'expérience de la Loi des Comportements qu'Isaac Newton, dans un certain sens, a exprimée le premier dans cette formule tirée de la *Troisième Loi de l'Attraction universelle* : « Un corps au repos tendra à demeurer au repos, et *un corps en mouvement tendra à demeurer en mouvement*, à moins qu'ils ne subissent l'attraction d'une force extérieure. » En d'autres mots, en ce qui a trait à nos comportements et à nos habitudes, le fait de dire : « Ça va changer à partir de maintenant », ou : « Je ne recommencerai plus », ne suffit pas.

S'arrêter de fumer est la chose la plus facile au monde. Je l'ai fait une centaine de fois.

MARK TWAIN

Une femme nommée Iris m'a raconté comment elle avait fait appel un jour à la Loi des Comportements: Iris avait pris l'habitude de perdre beaucoup de poids – jusqu'à cinquante kilos – pour le regagner aussitôt. Cela durait depuis des années. Durant l'une de ses périodes de minceur, elle confia à son amie Marianne sa crainte de regagner les kilos perdus et elle prit la résolution que ce serait différent cette fois-là. Étonnamment, Marianne lui répondit qu'elle n'en croyait rien: «Sois réaliste, dit-elle. Voulais-tu reprendre du poids la première fois? et la deuxième? et la troisième fois?»

«Non!» répondit Iris.

Marianne, qui au fil des ans avait travaillé avec plusieurs personnes atteintes de diverses dépendances, avait une connaissance intuitive de la Loi des Comportements. Elle dit à Iris: «La même chose se répétera sans cesse à moins que tu ne fasses quelque chose de différent pour casser le moule.»

«Tu peux être sûre que c'est ce que je vais faire», répondit Iris.

Marianne fit la grimace: «Les habitudes sont souvent plus fortes que les meilleures résolutions, Iris. Je crois que tu devrais observer de plus près ton comportement: tu dis que tu as repris du poids après la mort de ta mère?»

«Oui.»

«Et la deuxième fois, tu as pris du poids après avoir été congédiée?»

«Hum, hum.»

«Et la troisième fois?»

«C'était complètement différent. J'avais un ami, et nous nous sommes séparés.»

«Iris, si tu ne comprends pas parfaitement ton comportement, tu n'as aucune chance d'en changer. Regarde encore: qu'ont en commun tous ces événements? Penses-y, qu'est-ce qui s'en dégage?»

Iris y a pensé. «Eh bien, je m'en voulais quand ma mère est morte; nous nous étions disputées et je n'ai jamais eu la chance de lui dire adieu. Et quand j'ai été congédiée, et quand nous

nous sommes séparés... oui, toutes ces fois je m'en voulais et je me sentais terriblement mal ! »

« D'accord. Donc, quand tu t'en veux, tu te mets à manger trop – tu reprends le même comportement. Mais maintenant tu le sais. Je vais te dire comment tu pourrais changer de comportement. Ça pourra te sembler bizarre mais je pense que ça t'aidera, si tu veux bien essayer. »

« Dis-moi ! » répondit Iris.

« Quelle est la plus longue marche que tu aies jamais faite ? »

« Un kilomètre et demi, je crois. »

« D'accord, alors la prochaine fois que ça se produira, que tu te diras : "Je me sens tellement mal, il faut que je mange", arrête-toi net de faire ce que tu fais ou ce que tu t'apprêtes à faire, mets tes souliers de marche, sors de la maison et marche quatre kilomètres. »

« C'est tout ? C'est ça ta suggestion ? »

« C'est ma suggestion. »

Là-dessus Iris est partie, l'air perplexe.

Environ huit mois plus tard, Iris a téléphoné à Marianne et avant même de dire bonjour elle lui a dit, tout excitée : « C'est arrivé ! »

« Qu'est-ce qui est arrivé ? »

« Eh bien, j'étais stressée au travail et j'avais l'impression que personne ne m'aimait. Encore une fois, je commençais à m'apitoyer sur mon sort. J'avais acheté un gâteau au chocolat pour une fête que j'allais donner et j'ai eu envie d'en prendre un morceau, un gros morceau. J'ai commencé par me dire que je pourrais toujours acheter un autre gâteau pour la fête. Puis je me suis souvenue ! J'ai compris ce qui se passait ! Alors j'ai mis ces foutus souliers de course et je me suis dit : "Je vais marcher quatre kilomètres parce que je m'étais promis de le faire mais la marche va se terminer ici, devant le gâteau !"

« J'ai marché quatre kilomètres, peut-être cinq. Et quand je suis revenue à la maison j'ai pris le gâteau et je m'apprêtais à le jeter à la poubelle quand je me suis ravisée. Je l'ai remis au réfrigérateur et je l'ai laissé là. La fête a été formidable. Toutes les filles du bureau sont venues ! »

Iris venait de changer son comportement en commençant par reconnaître la force de l'habitude puis en faisant quelque chose pour s'en défaire.

La Loi des Comportements est importante pour quiconque a tendance à faillir à ses résolutions, à laisser les choses inachevées ou à répéter les mêmes erreurs (comme de se marier trois ou quatre fois ou de cesser de fumer cinq fois). Nous aurons toujours tendance à reproduire les mêmes comportements si nous ne prêtons pas attention à ce qui se passe vraiment et si nous n'intervenons pas en faisant quelque chose de différent. Cette loi met en lumière nos habitudes et nos tendances et nous aide à en assumer la responsabilité – non pas en luttant sans cesse et sans espoir *mais en faisant quelque chose de différent*.

Les exercices suivants peuvent vous aider à maîtriser la Loi des Comportements par l'expérience directe et la mise en application.

L'expérience des comportements

1. Songez aux comportements observables dans la nature : voyez comment, après quelques jours de chaleur, des vents ramènent le brouillard au-dessus des villes côtières ; voyez comment les animaux se comportent suivant leurs propres instincts comportementaux.

2. Prenez un instant pour réfléchir au fait que votre subconscient aussi a ses instincts, et qu'il s'habitue à tout ce qui se produit de façon répétitive ou routinière.

3. Songez à l'énergie nécessaire pour changer un comportement auquel on est habitué. Se pourrait-il que la difficulté à se défaire des vieilles habitudes résulte en partie d'une mésestimation des forces et du temps nécessaires pour passer à une nouvelle habitude ?

4. Soyez conscient que pour modifier votre comportement, il faudra vous engager sans réserve – et livrer une lutte héroïque.

Applications de la Loi des Comportements

1. Choisissez un comportement répétitif observable dans votre propre vie. Ça peut être quelque chose que vous commencez souvent sans jamais l'achever ; ou des échecs répétés dans la poursuite d'un but bien précis : cesser de boire ou de fumer, ou se mettre à la diète puis se remettre à trop manger ; ou une série de mariages et de divorces.

2. Quand ce comportement a-t-il fait son apparition ? Donnez-vous un peu de temps pour arriver à comprendre parfaitement votre comportement, de sa première manifestation jusqu'à aujourd'hui. Concentrez-vous sur les points communs et non sur les différences (telles que les différentes raisons pour lesquelles des mariages successifs ont échoué). Lorsque vous connaissez ces points communs, vous avez prise sur le problème, vous savez à quoi vous avez affaire.

3. Songez à ce que vous pourriez faire *différemment* qui serait assez puissant pour vous arracher à cette habitude.

LA LOI DE LA DISCIPLINE

**La discipline est le chemin le plus sûr
vers une liberté et une indépendance plus grandes ;
elle permet la focalisation des aspirations,
la maîtrise des habiletés
et l'approfondissement des connaissances
qui dans la vie équivalent
à une plus grande liberté de choisir.**

*Certaines personnes considèrent la discipline comme une corvée.
Pour moi, c'est une sorte d'ordonnance
qui me rend libre de voler.*

JULIE ANDREWS

Ceux parmi nous qui apprécient la liberté, l'autonomie et l'indépendance sont aussi des personnes qui d'ordinaire aiment tenter de nombreuses expériences et toucher à plusieurs sphères de connaissances sans les approfondir. Souvent, ces personnes sont réfractaires à toute forme de routine et les tâches répétitives les rebutent.

Il nous semble parfois que la discipline et la liberté sont des contraires qui s'excluent l'un l'autre : la discipline, pensons-nous, est quelque chose qui limite notre choix, qui nous force à faire des choses que nous ne voulons pas vraiment faire, comme s'entraîner chaque jour ou se priver de dessert – le genre de choses qui exigent un effort de volonté et de la ténacité. La liberté, au contraire, impliquerait l'absence totale de limites ou de restrictions, un choix illimité et une grande spontanéité.

La Loi de la Discipline porte sur ce paradoxe. Bien que la liberté soit un droit que chacun acquiert en naissant, il faut encore la mériter dans ce monde; la discipline demeure la clé qui donne accès à la liberté et à l'indépendance. Ce principe s'applique à la liberté tant intérieure qu'extérieure.

Même si le monde extérieur semble nous laisser une grande liberté, nous ne sommes pas plus libres à l'intérieur; plusieurs sont esclaves d'un cerveau indiscipliné, ils ont plein de désirs, de soucis et d'images négatives qui tourbillonnent, bouillonnent et galopent dans leur tête. La focalisation et la discipline – que nous procurent, entres autres pratiques de la vie intérieure, la méditation et certains travaux d'introspection propices à l'exploration de nos propres croyances – peuvent générer un sentiment de liberté et de paix intérieures – et briser les chaînes du cerveau.

Notre liberté extérieure augmente par suite d'un effort soutenu et discipliné; une telle liberté en inclut plusieurs: la liberté financière qu'on associe à l'excellence dans n'importe quel domaine; une plus grande liberté de mouvements; la liberté de voyager; la liberté que donne un corps en bonne santé; la liberté sociale, le respect de soi, la satisfaction qu'on éprouve en travaillant de façon disciplinée; et, en général, une plus grande liberté de choisir.

On ne mesure pas la liberté uniquement au nombre ou à l'étendue des expériences; ce que nous gagnons en étendue, nous le perdons souvent en profondeur. Mais si nous focalisons nos énergies et persévérons malgré l'ennui, nous faisons plus qu'expérimenter, nous transcendons l'expérience; et nous apprenons beaucoup plus de choses de cette façon sur nous-même et sur nos capacités que si nous demeurions de simples collectionneurs d'expériences.

La discipline, c'est l'habitude d'en faire juste un peu plus, de creuser juste un peu plus loin, de persévérer, d'avancer. La discipline reconnaît l'ennui pour ce qu'il est: c'est signe qu'on ne fait que commencer à « piger ».

Un exemple tiré de ma propre expérience aidera à vous faire comprendre: Lorsque j'étais à l'université Berkeley, je pratiquais la gymnastique quatre heures par jour, six jours par semaine. Tous les jours de semaine durant ma carrière universitaire, je savais où je serais entre deux heures et six heures de l'après-midi. J'étais au gymnase pendant que la majorité des étudiants discutaient au café étudiant, déambulaient sur les collines de Berkeley, visitaient San Francisco, allaient voir un film, jouaient aux cartes ou au billard, visitaient des amis, travaillaient à temps partiel ou étudiaient. Je devais organiser mon temps et couper court à tout ce qui n'était pas essentiel. Cette discipline m'a valu plusieurs libertés: des voyages au travers des États-Unis, en Europe et autour du monde en tant qu'athlète; un travail d'entraîneur à l'université Stanford et plus tard une classe à l'Oberlin College. *Maintenant* je peux visiter San Francisco, aller voir un film ou visiter des amis. À l'époque, je pratiquais la discipline qui me permettrait d'exceller dans mon domaine et, à long terme, de jouir d'une liberté beaucoup plus grande.

La Loi de la Discipline nous enseigne à *établir des priorités*, à nous concentrer sur une chose à la fois jusqu'à ce que nous l'ayons maîtrisée – à nous concentrer sur les choses que nous devons faire maintenant et à laisser de côté celles qui peuvent attendre à demain.

S'engager à poursuivre un but, c'est adopter une discipline pour de longues années. Dans la vie, c'est plus souvent une sorte de marais qu'un tapis rouge qui s'étend entre nous et nos buts. Ce marais représente les années de préparation passées à étudier des matières qui semblent parfois sans rapport avec la réalité de notre vie; la corvée, pour ne pas dire le supplice, qu'il faut endurer pour obtenir son diplôme universitaire; le temps et les énergies qu'il faut y sacrifier, à l'âge où certains ont en plus à élever de jeunes enfants, quand il serait tellement facile de se relâcher et de s'amuser un peu. Le secret, pour traverser le marais, c'est d'avoir un but qui nous inspire, qui nous donne une raison de persévérer. Ce but doit être bien précis. Par exemple, «faire de l'argent» est un but trop vague; il faut visualiser ce que cet argent nous permettra d'acheter, le plaisir qu'il nous procurera, et peut-être l'aide qu'il nous permettra d'apporter à des gens que nous aimons. Lorsque nous trouvons une chose qui nous inspire vraiment, ce but brille comme un phare pour nous guider à travers le marais, pour nous rappeler ce qui nous attend au bout de la route.

La discipline et l'engagement qu'on prend avec soi-même forment un pont entre l'ici et maintenant et le futur lointain de nos buts. Lorsque nous sentons la discipline se relâcher, il faut nous demander: «Quels seront mes souvenirs du moment présent?» Nous pouvons peut-être retarder le moment où nous aurons besoin de discipline dans notre vie, mais nous ne pouvons y échapper. Tôt ou tard, si nous voulons réussir ou faire quoi que ce soit en profondeur, nous devrons faire preuve d'autodiscipline.

Les exercices suivants peuvent vous aider à maîtriser la Loi de la Discipline par l'expérience et la mise en application.

L'expérience de la discipline

1. Imaginez que vous êtes en terrain relativement sûr mais dans une situation qui ne vous satisfait plus vraiment; vous sentez l'urgence de partir, d'avancer, d'étendre le domaine de votre liberté et de votre indépendance. Là-bas, à une courte distance ou si loin à l'horizon que vos yeux le distinguent à peine, il y a un phare qui brille, une lumière dorée qui représente le sentiment de liberté auquel vous aspirez.

2. Maintenant imaginez qu'il y a, entre vous et ce phare, un marais. C'est l'entre-deux, une zone peu invitante plongée dans la noirceur et qui vous réserve peut-être des pièges invisibles; et vous savez qu'il faudra beaucoup de temps et d'énergie pour traverser cette eau boueuse jonchée de vrilles et de sarments. Peut-être rencontrerez-vous en cours de route le découragement et la confusion; peut-être qu'en vous égarant, vous perdrez de vue votre but pendant quelque temps; peut-être même en viendrez-vous à ne plus savoir pourquoi vous êtes parti et serez-vous tenté alors d'abandonner, de réviser vos objectifs à la baisse et de tout oublier.

3. Maintenant songez que si votre désir d'atteindre cette autre rive où s'ouvrent des horizons illimités est assez puissant – si le phare brille d'une lumière assez vive –, il vous guidera au travers du marais; *cette image vous aidera à générer l'énergie dont*

vous aurez besoin, au fil du temps, pour réaliser votre but. Il n'y a pas de secret – le secret, c'est la discipline.

Applications de la Loi de la Discipline

1. Désirez-vous plus de liberté et plus d'indépendance dans votre vie ? Si oui, que désirez-vous plus précisément ? Comment pourriez-vous avoir un plus grand choix, plus de plaisir et plus de liberté dans la vie ?

2. Reconnaissez que les gestes héroïques ou spectaculaires, les efforts trop extrêmes et trop brefs, ne sont d'aucune utilité à long terme. Décidez-vous : êtes-vous prêt à suivre tout au long le chemin qui va d'ici jusqu'où vous voulez aller ?

3. Dressez la liste de tous les avantages et de tous les désavantages qui vous viennent à l'esprit relativement à ce but que vous vous êtes donné : vous faudra-t-il renoncer à une vieille habitude (voir la Loi des Comportements, p. 489) ? retourner aux études ? trouver un deuxième emploi ? achever un projet resté en plan ? Pensez à toutes ces tâches qui représentent des ponts entre vous et plus de liberté et d'indépendance.

4. En regardant cette liste, jugez vous-même si votre but vaut tant d'efforts. Si vous en doutez, ou si votre but est une chose que vous pensez que vous « devriez faire », révisez vos priorités et vos valeurs. Mais si vous êtes enthousiaste à l'idée de réussir, si votre but excite votre imagination, alors il ne vous reste plus qu'à choisir l'heure du départ.

5. Si vous êtes déjà engagé dans un projet qui exige de la discipline, rappelez-vous dans quel but, pour quelle raison et pour qui vous faites ce que vous faites. Imaginez que vous avez déjà atteint votre but. Comment vous sentez-vous ? Que faites-vous ? Laissez cette image vous guider.

LA LOI DE LA PERFECTION

**D'un point de vue transcendantal,
toute chose et tout être humain est absolument parfait;
d'un point de vue réaliste,
la perfection n'existe pas –
au mieux, nous pouvons atteindre à l'excellence,
et cela demande du temps et de l'entraînement.**

*On nous élève par comparaison;
toute notre éducation est basée là-dessus,
et notre culture aussi.
Aussi nous efforçons-nous de devenir
une autre personne que nous-même.*

KRISHNAMURTI

La Loi de la Perfection est un paradoxe parce qu'elle renferme deux vérités en apparence contradictoires qui s'appliquent à des expériences d'ordres différents.

D'un point de vue réaliste, ce monde est un lieu de souffrances: la criminalité, la faim, les sans-abri, les opprimés. La souffrance n'existe pas qu'aux nouvelles du soir; dans notre vie de tous les jours, quand nous recevons ce dont nous ne voulions pas, nous souffrons; et quand nous ne recevons pas ce que nous voulions, nous souffrons encore; et même quand nous recevons exactement ce que nous voulions, nous découvrons que rien ne dure dans ce monde.

D'un point de vue transcendantal – qui permet de nous voir nous-même et de voir le monde et toutes ses misères avec la sagesse et la patience et l'amour et la compréhension sans bornes qui sont nôtres lorsque nos cœurs sont grand ouverts – alors tout, les joies et les peines, la souffrance et le plaisir, et tout ce qui se produit en ce moment sur la planète Terre – tout est absolument, complètement parfait relativement au *processus global d'évolution*.

Cette idée de processus ou de vision globale est particulièrement importante pour les personnes qui ont des tendances perfectionnistes et des idéaux élevés car ce sont souvent celles qui ont le plus de mal à voir les choses dans leur évolution, tout obsédées qu'elles sont par leur manie du détail. Revenons à un point de vue réaliste et admettons qu'il n'y a rien de parfait ni même de «correct» dans le fait que des gens souffrent du froid ou de la faim. Mais, dans une perspective plus large, nous ne sommes que les cellules d'un grand corps appelé Terre, lui-même un minuscule grain de sable perdu dans le vide de l'espace, et dans cette perspective nos petits drames individuels et les grands enjeux de la politique mondiale n'ont pas plus d'importance que le drame vécu par une colonie de fourmis qu'une personne en train d'arroser son entrée disperse et anéantit.

Sans cette habileté à sauter d'une vision personnelle à une vision globale qui embrasse toute la justice et toute l'injustice du monde – tout le drame de l'expérience humaine –, il est très difficile d'avoir un sens de l'humour. Comme l'a dit Woody Allen: «Non seulement Dieu n'existe pas mais essayez de trouver un plombier le samedi!»

Ceux qui ont à résoudre des questions touchant à la vision et à l'acceptation doivent apprendre à faire ce saut dans l'inconnu hors de leur corps, de leur vie, de leur drame, même de leur conscience sociale, hors de leur psyché politiquement correcte, pour embrasser *tout ce qui est*.

En acceptant l'ultime perfection de tous les grains de matière, de toutes les circonstances et de toutes les personnes y compris nous-même, nous pouvons dormir sur nos deux oreilles car nous savons que, malgré les apparences et la peur qu'elles peuvent nous inspirer, tout va pour le mieux – dans un certain sens; ce qui ne devrait pas nous empêcher de continuer à lutter pour amener plus de vérité, plus de bonté et plus de beauté dans le monde.

Un tel changement de perspective peut s'avérer difficile à opérer pour certains d'entre nous qui, s'apprêtant à faire le saut, se mettront à hésiter, interpellés par des questions comme celle-ci : « Parfait ? Et les enfants qui meurent de faim ? »

À de telles questions, je réponds qu'en acceptant de considérer toutes choses comme étant parfaites, nous acceptons aussi nos propres réponses et nos propres responsabilités, ce qui n'exclut certainement pas la possibilité de faire quelque chose pour le mieux-être du monde, pour changer les choses, par exemple en donnant de son temps et de son argent, en s'efforçant de sensibiliser les gens, en agissant. Cela aussi est absolument parfait. Cependant, lorque nous agissons par culpabilité ou dans un état d'esprit mélancolique, la portée de notre action est moindre qu'elle ne l'est lorsque nous acceptons de voir les choses dans une perspective globale, et ce alors même que nous faisons de notre mieux pour aider à soulager la souffrance du monde.

Règle générale, nous ne pouvons soulager la souffrance d'autrui tant que nous-même n'avons pas calmé notre propre souffrance. Nous pouvons nourrir les gens, les vêtir, les aider à devenir autonomes ; ce sont des choses importantes mais elles restent sans effet sur les causes fondamentales de la souffrance, de la convoitise ou de la cupidité qui plongent leurs racines au fond de la psyché humaine. En acceptant d'admettre qu'il n'est pas impossible que la vie se déroule comme elle doit, nous faisons un premier pas en avant. Nous étions pleins de compassion et, comme Joseph Campbell l'a écrit en citant les Upanishads, nous avons appris « à marcher dans la joie parmi les souffrances du monde ».

Même si nous savons accepter la perfection du processus *en cours*, processus de tâtonnement, de croissance et d'évolution, cela ne signifie pas que nous soyons parfaits ; nous continuons toujours de changer, d'apprendre, de vieillir en sagesse et d'améliorer notre vie dans son fonctionnement de tous les jours. Nous pouvons aussi nous améliorer dans la mesure où cette perception de l'ultime perfection du monde s'étend à la façon dont nous percevons et vivons chaque instant de notre vie.

Mais il faut que l'acceptation soit venue d'abord ; c'est la joie de la découverte et de la croissance et non pas une question d'orgueil qui doivent motiver ce désir de s'améliorer. Les perfectionnistes doivent aussi se rappeler que même si le monde est parfait d'un point de vue transcendantal, du point de vue réaliste la perfection n'existe pas sur cette terre. Aucun individu, aucune réalisation, aucun produit ne sera jamais parfait ; la Loi de la Perfection dit ceci : *au mieux, nous pouvons atteindre à l'excellence, et cela demande du temps et de l'entraînement.* Même ceux qui travaillent le plus fort et qui sont les plus habiles continuent à faire des erreurs ; nous améliorer, c'est faire en sorte que nos erreurs soient seulement toujours un peu plus petites. Il faut aussi songer que nos erreurs elles-mêmes – dans nos relations personnelles, au travail ou dans tout autre domaine – sont aussi parfaites. La Loi de la Perfection est donc très proche de la Loi de la Flexibilité (p. 456) et de la Loi du Non-jugement (p. 509).

Cette compréhension du « rien-n'est-parfait » peut aussi soulager de leur fardeau ceux d'entre nous qui ont une vision élevée et des exigences impossibles à satisfaire. Nous aurions tous avantage à mieux apprécier la perfection de l'imperfection.

Nous pouvons acquérir l'intime conviction que nos propres leçons, celles que nous tirons chaque jour de notre propre expérience, sont elles aussi parfaites en observant la façon dont la vie s'arrange pour qu'elles surviennent toujours au bon moment et au bon endroit. Cependant nos idéaux, cette vision de ce que le monde devrait ou pourrait être, sont des phares qui nous appellent, nous guident et nous inspirent – et non pas des mesures de notre propre valeur.

Toutes sortes de choses terribles et magnifiques peuvent se produire dans notre monde ; il y en a que nous aimons et approuvons, d'autres que nous n'aimons pas et auxquelles nous résistons. La foi parfaite reconnaît que notre cerveau ne peut pas savoir ou deviner ce qui est ou n'est pas pour notre plus grand bien ; cette loi nous fait apprécier la perfection de l'imperfection. Une telle prise de conscience est comme une porte qui s'ouvre sur une vie plus riche et plus pleine de sens.

Les exercices suivants peuvent vous aider à maîtriser la Loi de la Perfection par l'expérience directe et la mise en application.

L'expérience de la perfection

1. Rappelez-vous un moment où vous avez senti que votre vie était parfaite ou que vous-même étiez parfait. Peut-être était-ce par une belle journée, et les gens autour de vous étaient heureux; peut-être vous sentiez-vous bien dans votre peau, votre esprit étant libre de tout stress, et vous avez fait le saut dans l'inconnu d'une perfection virginale.

2. Maintenant rappelez-vous un incident récent, un affrontement, un événement désagréable dans votre vie – un moment qui était tout sauf parfait.

3. Imaginez ce que vous auriez ressenti si vous aviez pu aborder cette situation déplaisante avec ce sentiment de perfection que vous avez connu en d'autres occasions. Ce ne sera peut-être pas facile au début mais souvenez-vous: c'est en forgeant qu'on devient forgeron.

Applications de la Loi de la Perfection

1. Exercez-vous à faire cet effort de mémoire:
   - Ultimement, toute chose et tout être humain est parfait.
   - En réalité, rien ni personne n'est parfait sauf le mouvement, le changement et le plaisir.

2. Apprenez à dire: « C'est assez bon pour moi! » « Je suis assez bon! » « Ils sont assez bons! » « C'est assez bon... pour le moment. »

3. Quoi qu'il vous arrive et quoi que vous fassiez, vous pouvez mettre en pratique la Loi de la Perfection en vous posant la question: « En quoi cela est-il parfait? Est-ce une parfaite leçon? une parfaite occasion? Comment pourrais-je changer ma perception du moment présent pour en faire quelque chose de parfait? »

LA LOI DU MOMENT PRÉSENT

Le temps n'existe pas;
ce que nous appelons « passé » et « futur »
existe en dehors de la réalité,
c'est une construction de l'esprit.
L'idée du temps,
consacrée par l'usage dans le langage et dans la pensée,
n'est qu'une convention sociale;
en vérité, nous ne pouvons jouir que du moment présent.

L'instant présent
est une puissante déesse.

GOETHE

L'idée que « le temps n'existe pas » vous apparaîtra peut-être comme une abstraction philosophique. Après tout, dans un sens pratique, il est clair que le temps existe, non? Nous avons des montres et des calendriers; nous avons souvenir des choses du passé; et l'on peut supposer sans grand risque d'erreur que certains événements auront lieu dans le futur. D'ici là, l'horloge continuera d'égrainer les secondes, les minutes et les heures de notre vie. Il peut donc sembler tout à fait absurde de prétendre que le temps n'existe pas.

Mais en observant de plus près notre propre cerveau, il nous est donné d'envisager, l'espace d'un éclair, une autre réalité: *seul le moment présent existe.* Notre perception du temps qui passe, quand nous faisons la queue au bureau de poste par exemple, consiste uniquement dans la succession des impressions et des souvenirs, car nous n'existons réellement qu'un moment à la fois, le présent, puis le suivant, et ainsi de suite.

Lorsque nous regrettons le temps passé, ce passé n'existe que dans notre esprit au moment précis où nous y pensons, au moment où notre regret revit dans ces images que nous évoquons. Lorsque nous songeons à l'avenir avec anxiété, ce futur n'existe que dans notre esprit au moment où nous y pensons, au moment où notre anxiété prend forme dans ce futur que nous imaginons.

La Loi du Moment présent n'est pas une abstraction; le temps est une abstraction. Il n'y a pas que les philosophes pour apprécier la portée de cette loi; nous pouvons tous la mettre en application dans notre vie, surtout quand nous sommes plongés dans les regrets concernant le passé ou dans les craintes à propos de l'avenir. En acceptant l'idée d'un éternel présent, en prenant l'habitude de concentrer notre attention sur ce qui se passe *maintenant*, nous pouvons changer notre vie pour toujours. Et toujours aussi, bien sûr, c'est maintenant.

La plupart de nos soucis, regrets ou problèmes n'existent pas en ce moment; nous les gardons en réserve dans un classeur au fond de notre esprit, et nous leur donnons vie en ouvrant les tiroirs étiquetés « passé » et « avenir » où ils sont classés sous la forme d'images, de sensations et d'associations d'idées. Notre entrevue avec le directeur du personnel aura lieu demain – demain n'étant qu'une idée dans notre tête – mais elle devient réelle du moment que nous y pensons; la dispute de ménage, toute en larmes et en culpabilité, n'est qu'un fantôme de l'histoire, ressuscité par nous lorsque nous y repensons en regrettant ce que nous avons dit « dans le passé ».

La Loi du Moment présent peut balayer tous les débris qui jonchent le sol de notre psyché et nous ramener à l'état de paix intérieure et de simplicité. Elle ne nous aidera pas dans le futur, toutefois, et elle ne l'a jamais fait dans le passé. La Loi du Moment présent nous rappelle à la réalité telle qu'elle est et non pas à celle que nous imaginons, rêvons, craignons ou espérons. Seul cet éternel instant existe. Tout le reste fait partie du spectacle donné par la lanterne magique de notre esprit.

Normalement, lorsque nous avons un problème, c'est soit une chose qui s'est déjà produite, il y a deux secondes ou il y a vingt ans, soit une chose qui n'est pas encore arrivée mais que nous anticipons pour ce que nous appelons l'avenir. Nous n'avons presque jamais de problèmes au moment présent.

Par exemple, Rudolph, qui vient de s'asseoir sur un banc de parc, est en pleine crise du mitan de la vie. Sa femme le quitte ; sa fille se spécialise dans l'art de courir les magasins avec la dernière carte de crédit de son père ; la banque vient tout juste d'envoyer quelqu'un pour clouer l'affiche de « saisie hypothécaire » sur la porte de sa maison ; son fils est en prison pour conduite en état d'ébriété et vol de voiture. La vie de Rudolph est en ruines. Vraiment ? N'avons-nous pas commencé ce petit scénario alors que Rudolph s'assoyait sur un banc dans un parc ? En cet instant, la réalité de Rudolph est d'être assis, rien de plus. Il sera plus tard confronté à d'autres réalités et à d'autres problèmes mais pour le moment, il n'a aucun problème. Il est assis sur un banc de parc, c'est tout.

Notre corps vit dans l'instant présent. Malgré tous nos soucis au sujet des erreurs passées et des problèmes à venir, nous pouvons toujours compter sur la Loi du Moment présent pour nous rappeler que seul l'ici et maintenant existe. Tout ce qu'on a à faire c'est se relaxer, tâcher d'apprécier le moment présent et même d'en profiter ; c'est mettre un pied devant l'autre, s'occuper de ce qui se passe maintenant, à l'instant, et faire un pas à la fois.

Ceux parmi nous qui ont l'habitude de sauter des étapes peuvent apprendre à jouir du moment présent. Ceux qui ont tendance à prendre des raccourcis peuvent s'arrêter de courir, prendre une grande respiration et se rappeler que seul l'instant présent existe. Ceux qui s'impatientent et deviennent facilement confus, qui ont tout un tas de projets pour l'avenir, peuvent commencer par reconnaître que les projets sont des idées, et que les idées peuvent changer. Les idées n'existent que dans le temps, et le temps n'existe que dans notre esprit. La Loi du Moment présent, comme toutes les lois, n'est pas facile à mettre en pratique ; il faut s'y exercer. Il arrive que nous soyons tendus, soucieux ou fâchés à cause d'une idée qui nous traverse l'esprit concernant le passé ou l'avenir ; alors nous nous rappelons où nous sommes – ici et maintenant ; puis nous oublions. Mais nous oublions de moins en moins et la qualité de tous ces moments présents augmente de plus en plus.

Les exercices suivants peuvent vous aider à maîtriser la Loi du Moment présent par l'expérience directe et la mise en application.

L'expérience du moment présent

1. Réfléchissez aux questions suivantes :

    ❖ Faites-vous réellement l'expérience du temps qui passe ou ne serait-ce pas plutôt des idées qui passent ?

    ❖ Pouvez-vous vivre un autre moment que celui-ci ?

    ❖ Le passé existe-t-il seulement, de quelque façon que ce soit, si ce n'est dans l'accumulation d'archives, de souvenirs et de tensions que vous faites revivre dans le présent ?

    ❖ Le futur existe-t-il, de quelque façon que ce soit, si ce n'est dans les attentes et les projets de votre propre esprit ?

    ❖ Votre pouvoir réside-t-il dans le passé, dans le futur, ou dans le présent ?

2. Maintenant oubliez ces questions, prenez une grande respiration, puis laissez-vous aller à l'éternel présent.

Applications de la Loi du Moment présent

1. Souvenez-vous d'un regret passé, d'une anxiété passée ou d'une impatience passée.

2. Maintenant posez-vous la question : Ce sentiment est-il né d'une chose qui s'est produite à ce moment-là ? Ou est-il né de pensées concernant le passé ou le futur qui m'ont traversé l'esprit en ce moment précis ?

3. Finalement, demandez-vous : Y a-t-il *maintenant* un problème ou une contrariété dans votre vie ? Pas en général, *maintenant* – en cet instant ? Les moments sont-ils nombreux où vous faites réellement face à ce problème ?

LA LOI DU NON-JUGEMENT

**L'Esprit universel ne nous juge pas ;
le jugement est une invention humaine,
c'est une façon pour nous de comparer,
de contraster, de vérifier,
alors que nous avons pour juger,
d'impossibles et d'irréalistes critères
de morale, de perfection ou de vérité.**

*Avant que notre jeunesse ne soit complètement fanée,
parmi tous les changements que le temps aura apportés,
nous aurons changé plusieurs fois d'opinion.
Aussi abstenons-nous de nous poser en juge
des plus hautes affaires.*

PLATON

Si l'univers ne nous juge pas, de quel droit, sur quels critères, quel besoin avons-nous de nous juger nous-même ? Ceux parmi nous dont les idéaux et les exigences sont les plus élevés ont tendance à se juger eux-mêmes plus sévèrement que les autres ne le feraient jamais. Nous jugeons et critiquons non seulement nos actions mais aussi nos pensées et nos émotions – jusqu'à nos fantasmes ! Nous jugeons ensuite les autres selon nos propres idéaux, puis nous nous blâmons nous-même d'avoir jugé les autres !

Si nous mesurons toute chose à l'aune de notre propre idéal, rien ni personne ne sera jamais à la hauteur car ce n'est pas un monde idéal dans lequel nous vivons: c'est le vrai monde avec des personnes réelles qui changent, font des erreurs, apprennent et évoluent.

Nous avons tous tendance à intérioriser les critiques et les blâmes réels ou imaginés que nos parents nous ont adressés. Nous projetons nos jugements sur les autres, et s'ils ont l'air de nous juger c'est parce qu'ils nous renvoient l'image de notre propre désappointement. Certains conçoivent Dieu sous les traits d'un parent sévère qui distribue punitions et récompenses dans cette vie ou dans l'autre.

La Loi du Non-jugement nous rappelle que Dieu n'a pas inventé la morale; les hommes l'ont inventée. La prémisse de cette loi est que l'Esprit ne juge jamais mais ne fait que fournir des occasions de rétablir l'équilibre et d'apprendre. Si nous commettons une erreur, nous aurons plusieurs fois dans notre vie l'occasion de racheter cette erreur. Si nous acceptons cette prémisse selon laquelle l'Esprit ne nous juge pas, alors nous devons nous traiter nous-même avec la même considération et nous abstenir de juger les autres.

Plus nos idéaux sont élevés, plus nous sommes enclins à porter de tels jugements sur nous-même. Sous la pression de ces idéaux, nous ressentons constamment le besoin de prouver notre valeur, de nous améliorer, et nous avons toujours peur de ne pas être à la hauteur, de ne pas combler nos propres exigences. Malheureusement, ceux qui ont les visions les plus élevées peuvent avoir la plus basse estime d'eux-mêmes. Plus nous avons tendance à nous juger nous-même sévèrement, plus nous attirons dans notre vie des personnes qui semblent prendre plaisir à nous critiquer, comme si elles répondaient à nos propres impulsions (voir à ce sujet la Loi des Attentes, p. 520).

Les jugements bloquent l'énergie, enclenchent des mécanismes internes de résistance et de défense et tendent à entretenir les habitudes et les comportements négatifs. L'abandon de toute forme de jugement ouvre la voie au changement. Dans *L'Athlète au cœur guerrier*, j'ai raconté l'histoire de Sam, un golfeur à qui il arriva de frapper une balle loin sur sa droite, au-dessus d'une rangée d'arbres et par-dessus une haute clôture. Puisque cette balle-là était perdue, Sam en a sorti une autre de son sac et il a continué sa partie. Il était rendu au vert du dix-huitième trou quand il vit un policier qui venait vers lui, suivi d'autres hommes en uniforme qui avaient tous l'air assez fâché. Le policier parla le premier: «Avez-vous frappé une balle par-dessus la clôture au douzième trou?»

«Oui», répondit Sam.

«Eh bien, cette balle a fracassé le pare-brise d'une voiture qui est ensuite entrée en collision avec un arbre et il a fallu bloquer la route...»

«Et faire venir les pompiers!» dit le chef des pompiers.

«Oui, parce que deux immeubles à appartements ont brûlé complètement, continua le policier. Personne n'a été gravement blessé, mais les pertes s'élèvent probablement à quelques millions de dollars!»

Comme Sam ne disait rien, le chef des pompiers et le policier lui ont demandé presque simultanément: «Qu'est-ce que vous allez faire pour arranger ça?»

Sans hésiter Sam répondit: «Je pense que je vais changer ma prise sur le bâton.»

Songez un instant: Que se passerait-il si nous pouvions nous modeler sur Sam le golfeur, et vivre notre vie sans avoir à comparer, critiquer, blâmer ou juger? Si nous pouvions tout simplement faire de notre mieux, accepter nos erreurs, apprendre notre leçon et faire un peu mieux la prochaine fois? Si nous nous acceptions et acceptions les autres tels qu'ils sont, *complètement*?

Après avoir accepté nos limites,
nous les dépassons.

BRENDEN FRANCIS

Les exercices suivants peuvent vous aider à maîtriser la Loi du Non-jugement par l'expérience directe et la mise en application.

L'expérience du non-jugement

1. Prenez un instant pour réfléchir à votre manière de mesurer le monde et de vous mesurer vous-même à l'aune de vos

valeurs individuelles au lieu d'observer les principes de l'une ou l'autre des vérités universelles.

2. Souvenez-vous d'un incident récent au cours duquel vous avez porté un jugement sur vous-même ou sur quelqu'un d'autre. Mentalement, exécutez cette simple cérémonie : Dites-vous : « J'abandonne tous les jugements que j'ai portés sur moi-même (ou sur cette autre personne) à (tel ou tel sujet). »

3. Aspirez profondément avant de dire ces mots intérieurement, puis expirez en sentant que vous expulsez tous les jugements que vous ayez jamais portés sur vous-même à ce sujet. En abandonnant ces jugements qui sont comme un miroir de vous-même, vous aidez à briser le joug de vos propres comportements négatifs.

Applications de la Loi du Non-jugement

Nous avons tous plus ou moins tendance à nous « cogner sur la tête » après avoir fait une erreur ou lorsque nous ne sommes pas à la hauteur de nos idéaux. Voici un remède humoristique qui agit presque instantanément :

1. La prochaine fois que vous aurez envie de vous cogner sur la tête, faites-le ! Mais faites-le ouvertement et avec humour. Serrez les poings et cognez-vous sur la tête ! (Pas trop fort, bien sûr, il ne faut pas que vous vous blessiez.) Frappez-vous la tête, la poitrine et les épaules en vous criant des insultes comme celles-ci : « Espèce de babouin ! Mongol à batteries ! Cervelle d'oiseau ! Imbécile ! » Ajoutez vos épithètes favoris. N'oubliez pas de faire les bruits d'accompagnement quand vous vous frappez : « Ouf ! Oh ! Aie ! Ah, je l'ai bien mérité ! Ça m'apprendra ! »

2. Ne manquez pas de vous frapper physiquement et de vous insulter éloquemment, et répétez l'exercice chaque fois que vous aurez envie de vous critiquer ou de vous juger. Si vous oubliez de vous frapper, c'est déjà une bonne raison pour recommencer ! Le fait d'exagérer cette tendance à

l'autoflagellation, de l'étaler au grand jour et surtout d'en prendre conscience et d'en rire, la fera disparaître rapidement. Il en résulte également que nous nous soucions davantage de la protection et de la dignité de notre personne physique.

❖ Un dernier mot : Cet exercice n'est pas censé devenir une pratique permanente. Son seul but, en extériorisant cette habitude que nous avons de nous cogner sur la tête intérieurement, est de nous en faire prendre conscience et de nous aider à la surmonter. Si vous avez des tendances masochistes ou autodestructrices, vous auriez peut-être intérêt à consulter un thérapeute. Mais si vous êtes capable de « vous frapper » avec une touche de compassion et d'humour, alors vous pouvez faire cet exercice avec l'esprit dans lequel il a été conçu.

LA LOI DE LA FOI

**La Loi de la Foi est fondée sur la conviction
que nous savons beaucoup plus de choses
que nous n'en avons lues, entendues ou apprises ;
nous en savons plus parce que nous sommes plus ;
nous avons un lien direct avec la sagesse universelle ;
il nous suffit de regarder, d'écouter, et d'avoir la foi.**

*On ne peut être fidèle envers les autres
que si on l'est d'abord envers soi-même.*

ERICH FROMM

Nous croyons parfois que nous avons foi en nous-même quand il suffit pourtant d'y regarder d'un peu plus près pour découvrir qu'en réalité, nous n'avons foi que dans les connaissances, les théories et les croyances qui viennent de l'extérieur – d'un livre, d'un maître, d'un guide. Certains qui ont une foi des plus fragiles en eux-mêmes ont pris l'habitude de se fier aux « experts », scientifiques, médiums, oracles, gourous, etc., pour être guidés et confortés dans leurs opinions ; pour découvrir qui nous sommes, nous cherchons partout sauf à l'intérieur. De même que certaines personnes abandonnent leur pouvoir, certains abandonnent leur sagesse intérieure pour la chercher ailleurs ; ils partent « en quête de la vérité », ce sont des vagabonds spirituels, des drogués de conférences qui suivent un maître et puis l'autre, vont de séminaire en séminaire à la recherche de toutes les informations susceptibles de les satisfaire, de les combler. Mais ils ne trouveront jamais à moins qu'ils ne cherchent la satisfaction en eux-mêmes – non pas sous la forme d'un large réseau d'informations mais dans le lien direct qui les unit à la sagesse infinie.

Certes, les experts peuvent nous conseiller, surtout les rares qui sont vraiment sages. Nul besoin, par exemple, d'apprendre à jouer au tennis tout seul quand un bon instructeur pourrait nous sauver beaucoup de temps. Mais nous devons acquérir une plus grande confiance à l'égard de notre propre sagesse intuitive en tant que source et unique juge de nos décisions.

La Loi de la Foi nous rappelle qu'il faut faire confiance à l'Esprit qui est en nous; il faut, par un élan de foi, admettre qu'il est bien possible que nous sachions beaucoup plus de choses que nous n'en avons apprises. Mais cette loi ne fait pas qu'élargir le concept du Moi: la foi s'étend à tous les domaines et nous finissons par voir l'Esprit à l'œuvre sur tous les plans, non seulement en nous-même mais en tout être humain et dans le monde entier.

Pour avoir foi en l'Esprit, il n'est pas besoin de croire en un Dieu de l'extérieur; il suffit de faire confiance à la sagesse immanente des lois de l'univers ainsi qu'au mystérieux cheminement de notre propre vie avec ses hauts et ses bas – en sachant toujours que, où que nous allions, le chemin apparaît là, sous nos pieds.

La Loi de la Foi, qui est étroitement liée aux lois de la Flexibilité (p. 456) et de la Volonté supérieure (p. 531), nous rappelle que tous ensemble nous faisons partie de ce mystère que nous appelons Dieu, et que ce formidable Esprit, puissant, sage et immortel, est aussi tout entier présent en chaque individu.

Le plus souvent, lorsque nous disons: « J'ai une foi totale en moi-même », nous voulons parler de notre Moi conscient – de notre cerveau ou de notre ego. Ce genre de foi en soi-même ne mène à rien car l'ego n'a accès qu'à un nombre limité d'informations. Lorsque nous en venons à croire qu'il n'est pas impossible qu'une mystérieuse énergie d'une sagesse, d'une patience et d'une compassion infinies soit à l'œuvre en nous, par nous et à travers nous, nous ouvrons la porte qui donne sur une nouvelle expérience de vie; lorsque cela nous apparaît non seulement possible mais *réel*, notre vie change à jamais.

J'utilise le mot Esprit pour parler de cette énergie supérieure mais peu importe le nom qu'on lui donne, lorsque nous croyons *vraiment* en cette énergie supérieure ou Esprit qui travaille dans l'ombre conformément à ses propres lois, alors nous pouvons croire également en cette part de l'Esprit que nous appelons « moi » et en cette autre que nous appelons « autrui ».

Nous pouvons en tout temps sentir ce lien et cette foi qui sont là, dans notre cœur. Mais pour cela il faut d'abord sortir de notre tête. Il faut faire confiance à la sagesse du corps, qui sait instinctivement comment bouger, quoi manger, quand faire l'amour et comment se soigner – il faut laisser le corps faire son travail sans que le cerveau interfère avec ses théories et ses philosophies. Pour que cette foi puisse plonger ses racines au plus profond de notre être, il faut qu'elle s'opère également à tous les plans : physique, mental, affectif et spirituel.

Un corollaire de la Loi de la Foi peut s'énoncer comme suit : *La foi en soi s'acquiert par l'expérience directe* ; il faut se fier d'abord et avant tout à sa propre expérience et non pas à ce que conseillent les livres ou les professeurs. Entre autres moyens d'acquérir une plus grande confiance à l'égard de notre propre corps, la danse d'improvisation, les arts martiaux et d'autres sports ainsi que la pratique d'un instrument de musique nous révèlent son aptitude naturelle à se mouvoir *sans penser*, à suivre sa propre sagesse. Nous finissons par comprendre que notre corps peut très bien prendre soin de lui-même sans les philosophies ; nous découvrons, pour peu que nous soyons attentifs et le laissions nous montrer, que notre corps sait, et peut faire, ce qui doit être fait.

Le parcours jalonné de défis que doivent suivre ceux qui participent à des cours comme le « Peaceful Warrior Intensive » ou le « High Ropes Course » démontre de façon spectaculaire que l'on peut faire beaucoup plus qu'on ne l'aurait jamais cru possible, et parvenir à un degré supérieur de foi en soi-même, à condition que l'on fasse d'abord confiance à son propre corps. Mais même dans la vie quotidienne, il y a de ces défis et de ces situations qui nous donnent l'occasion de tester et de cultiver ce lien intime qui nous permet de passer à des niveaux de foi plus profonds.

La Loi de la Foi nous apprend aussi à croire en notre cerveau, non pas parce qu'il est capable d'emmagasiner les informations mais dans la mesure où il donne accès à une plus grande sagesse. Nous finissons par reconnaître que notre cerveau ne fonctionne pas uniquement à la manière d'un ordinateur ou d'un classeur mais aussi à la manière d'un poste radio sur lequel il est possible de capter plusieurs stations différentes. En d'autres mots, l'information *ne vient pas* du cerveau ; elle *passe par* le cerveau.

Croire en soi-même, c'est faire table rase de ses croyances pour se fier à ses intuitions les plus profondes. Nos sens sont porteurs de messages en provenance du subconscient ; et ces messages, mieux que les informations insuffisantes dont dispose le cerveau, peuvent nous aider à prendre des décisions plus rapides et plus sages. Mieux encore, ce que nous appelons l'intuition procède de cette même intelligence universelle qui se manifeste par les lois spirituelles.

Ceux d'entre nous qui avons foi en l'Esprit travaillons directement avec lui ; plus nous avons foi en nous-même, mieux nous sentons la sagesse et l'amour d'un ordre plus élevé s'installer dans tous les aspects de notre vie. Croire en soi-même, c'est être prêt à faire des « erreurs » et à apprendre de ses erreurs, pour son plus grand bien.

L'Esprit nous éprouve tous ; c'est ainsi que nous apprenons. Derrière toute situation, difficulté ou épreuve, il y a le maître universel qui utilise cette expérience pour nous faire voir l'état actuel de notre foi et l'éloignement dans lequel nous vivons par rapport aux lois spirituelles.

Alan Watts a dit : « Méfiez-vous des maîtres qui fouillent dans vos poches puis essaient de vous vendre votre propre portefeuille. » Malheureusement, c'est tout ce que les maîtres peuvent faire, même les mieux intentionnés, parce que le trésor est déjà en nous ; personne ne peut nous donner quoi que ce soit que nous n'ayons pas déjà. Au mieux, un maître peut nous fournir quelques clés qui nous aideront à ouvrir nos propres portes. Les maîtres peuvent nous sauver du temps, mais ils ne font que montrer la voie ; le départ et l'arrivée sont à l'intérieur de nous.

Ceux qui ont le plus de difficulté à croire en eux-mêmes doivent se rappeler qu'ils sont en définitive les seuls experts de leur propre vie. En mettant leur foi dans l'Esprit qui est en eux, ils la mettent aussi dans ce même Esprit qui est en autrui, et ils commencent à se sentir en sécurité dans le monde.

En définitive, la Loi de la Foi nous rappelle à la sagesse transcendante de l'univers telle que révélée par ce vieil adage religieux : *Les desseins de Dieu sont impénétrables.* Avoir une telle foi, ce n'est pas seulement croire ou espérer que toutes les circonstances de la vie nous sont utiles ou encore de penser que c'est l'œuvre de Dieu quand on s'écorche le genou. La foi est une connaissance directe qui repose sur une sagesse supérieure ; elle entraîne le courage de croire que quoi qu'il arrive, tout peut toujours servir notre plus grand bien.

Les exercices suivants peuvent vous aider à maîtriser la Loi de la Foi par l'expérience directe et la mise en application.

L'expérience de la foi

1. Pouvez-vous vous souvenir d'un moment déterminé dans le temps, soit récemment soit quand vous étiez tout jeune, où vous vous sentiez en parfaite sécurité, où vous étiez confiant et ouvert intérieurement, si bien que vous pouviez parler de vos émotions sans honte ni crainte d'être trahi ? (Si vous n'arrivez pas à évoquer un tel souvenir directement, essayez très fort d'imaginer ce que vous auriez pu ressentir.)

   ❖ Pouvez-vous voir ou entendre ce qui se passait dans votre vie à cette époque ?

   ❖ Comment ce sentiment d'ouverture et de confiance se traduisait-il dans votre corps ?

2. Notez la différence entre ce sentiment d'ouverture et de confiance et ce que vous ressentez normalement lorsque vous êtes avec des gens.

   ❖ En quoi votre vie changerait-elle si vous vous sentiez en sécurité au point de vue émotif lorsque vous êtes avec d'autres personnes ?

   ❖ De quelles façons précises pourriez-vous faire revivre ce sentiment d'amour et de confiance à l'égard de vous-même et des autres ?

Applications de la Loi de la Foi

1. Après avoir fait l'exercice précédent au cours duquel vous avez évoqué le souvenir d'un sentiment de confiance et d'ouverture, rappelez-vous maintenant un événement récent ou plus lointain à l'occasion duquel ce sentiment de confiance a été ébranlé, peut-être même trahi.

2. Est-il possible que vous ayez involontairement provoqué cet événement – cette trahison ou ce malentendu – en ne dévoilant pas clairement vos sentiments dès le départ ?

3. En gardant cela à l'esprit et en tenant pour acquis que les deux parties n'étaient que les acteurs d'un drame qui s'est avéré bénéfique et riche d'enseignements, rejouez la scène dans votre tête en y jetant cette nouvelle lumière. Notez les différences.

4. Ouvrez-vous un peu plus chaque jour, prenez des risques, exprimez ce qu'il y a vraiment dans votre cœur, créez un climat de confiance et de communion avec les autres, un pont entre leur esprit et le vôtre.

LA LOI DES ATTENTES

La pensée précède l'énergie ;
nous allons vers mais jamais par delà ce que nous
pouvons imaginer.
Ce que nous présumons, escomptons, croyons,
tout cela enlumine et suscite notre expérience ;
en changeant nos attentes,
nous changeons toute notre expérience de vie.

Ayez de grandes attentes
et de grandes choses se produiront.

ART FETTIG

Nos croyances sont-elles fondées sur notre expérience ou est-ce notre expérience qui découle de nos croyances ? Bien sûr, les expériences et les attentes peuvent influer les unes sur les autres, mais si la plupart d'entre nous ajoutons foi au concept logique et psychologique selon lequel notre expérience fournit la matière principale de nos croyances, la Loi des Attentes stipule le contraire : *avec le temps, ce que nous croyons ou escomptons dans la partie la plus profonde, ou subconsciente, de notre être, a tendance à façonner notre réalité extérieure.*

Tout est énergie ; notre cerveau agissant comme un filtre au travers duquel tout doit passer, c'est lui qui donne à l'énergie les différentes formes et couleurs sous lesquelles le monde nous apparaît. Nous commençons dès la plus tendre enfance à emmagasiner les espoirs et les craintes et nous conditionnons peu à peu notre subconscient pour qu'il réponde à nos attentes. Ainsi, ceux qui s'attendent à trouver que « on ne peut pas faire confiance aux gens » ne manqueront jamais de preuves pour soutenir cette assertion.

Pour rendre effective la Loi des Attentes, il suffit d'avoir de nouvelles attentes qui ne reposent plus sur une foi aveugle mais qui soient faites au contraire dans une intention bien précise. Cette loi nous aide à dépasser nos prétendues limites, elles-mêmes issues de croyances et d'attentes qui remontent parfois jusqu'aux premiers mois de la vie.

Ce à quoi nous nous attendons aura tendance à se manifester dans notre vie parce que nous libérons dans cette attente des forces psychologiques très subtiles ; c'est comme une force d'attraction. Nous n'allons jamais au-delà de nos limites prétendues ou supposées. En psychologie, ce phénomène assez commun s'appelle « prophétie autogène ». En voici un exemple : Dans une école secondaire, trois garçons très populaires qui avaient accepté de participer à une expérience de psychologie se mirent à entourer d'attentions et de prévenances une jeune fille qui, quoique très gentille, était extrêmement timide, peu jolie et peu populaire. Durant plusieurs semaines, ils la traitèrent comme s'il s'agissait de la plus belle et de la plus populaire des filles de l'école. Il en résulta que la jeune fille opéra un changement remarquable, voire spectaculaire, dans sa façon de s'habiller et d'agir.

Auparavant, elle s'attendait à ce qu'on la rejette et l'ignore, et c'est ce qu'on faisait. Cette expérience a changé ses attentes ; celles-ci, en retour, lui ont permis de créer une nouvelle expérience de vie. Au départ, les trois garçons l'ont aidée à se débarrasser des vieilles attentes qui étaient responsables de son isolement ; ensuite, parce qu'elle se considérait plus séduisante, elle a modifié son comportement ; de sorte que même après l'expérience, sa vie avait changé.

Dans une étude portant sur la longévité, le docteur Kenneth Pelletier a dressé une liste exhaustive comprenant, entre autres facteurs auxquels les personnes âgées attribuaient leur longévité : moins de maladies, un air de jeunesse, le sens de l'humour, un travail agréable, et des facteurs reliés au mode de vie, comme les exercices physiques et l'alimentation. L'étude conclut toutefois que le facteur principal contribuant à la longévité était les attentes :

les personnes qui s'attendaient vraiment à vivre très longtemps l'ont fait; celles qui ne s'attendaient pas à vivre vieux sont mortes jeunes — nonobstant les autres facteurs. Cette étude est une démonstration du pouvoir des attentes.

Cela ne signifie pas nécessairement que nos pensées – par exemple la peur d'avoir le cancer, d'avoir un accident d'automobile ou de perdre un être cher – peuvent d'une certaine manière faire en sorte que ces choses se produisent réellement. Une telle superstition ne ferait qu'ajouter à nos soucis, alors qu'il nous faudrait plutôt braver nos craintes, en parler et nous en libérer pour que notre esprit puisse se concentrer sur autre chose. Cette loi ne suggère pas non plus qu'il suffit de répéter une affirmation positive une centaine de fois par jour, que ce soit en vue d'obtenir de l'argent, de l'amour ou un pouvoir personnel, pour que notre vie change soudainement.

Notre *subconscient* contient la clé qui ouvre les portes de l'expérience. D'une façon consciente, certaines personnes peuvent avoir extrêmement peur de contracter une maladie comme le cancer mais il se peut que leur subconscient n'ait pas la moindre crainte ni préoccupation à ce sujet; d'autres qui se répètent des affirmations positives à longueur de journée peuvent arriver à former une idée ou une intention, mais si leur subconscient s'attend à ce qu'ils demeurent exactement comme ils sont, tels ils demeureront.

Pour savoir quelles sont les attentes de notre subconscient, il suffit de regarder notre vie au moment présent: regarder le bon comme le mauvais. Nos problèmes actuels nous révèlent nos attentes négatives, et nos bonheurs nous révèlent nos attentes positives. Une fois que nous avons compris l'influence de nos attentes sur l'état actuel de notre vie, nous pouvons prendre les mesures qui s'imposent pour changer les attentes qui ne sont plus bénéfiques. Nous pouvons dès maintenant commencer à vivre avec de nouvelles attentes et de nouvelles expectatives et nous n'avons pas à attendre que l'expérience nous apporte une confirmation extérieure: nous pouvons créer l'expérience intérieurement.

En partant de l'hypothèse selon laquelle des suggestions positives pourraient changer nos vies si elles rejoignaient le subconscient directement, les chercheurs ont mis au point des enregistrements subliminaux destinés à être perçus à un niveau inférieur au seuil de la conscience. Bien que cette théorie soit des plus solides, les affirmations positives et les messages sublimi-naux restent sans effet réel si les deux conditions suivantes ne sont pas respectées : Premièrement, il faut créer de vives images *visuelles* – sans oublier le son, les sensations tactiles, olfactives, etc. –, des images de nous-même avec plus d'amis autour de nous, plus d'argent et plus de tout ce que nous désirons. Au bout d'un certain temps, de telles images s'impriment dans le sub-conscient qui ne fait pas très bien la différence entre les expé-riences vécues dans la réalité et les expériences créées ou visualisées intérieurement.

Deuxièmement, il faut *faire attention aux messages contradic-toires* qui peuvent nous traverser l'esprit au moment même où nous énonçons ce que nous voulons ou ce que nous sommes ; puis il faut répéter ces messages contradictoires à haute voix, quelque négatifs qu'ils soient, et surtout le faire d'une manière exagérée. Par exemple, au moment où nous disons ou visuali-sons que nous sommes indépendant financièrement, s'il nous vient une pensée ou une impression contraire comme : « C'est bête, tu n'as plus un sou ! » ; il faut dire cette phrase à haute voix. Dites-la dix fois de suite s'il le faut ; dites-la en portant des lunet-tes Groucho, dites-la en imitant la voix de Mae West ou de Jack Nicholson. Vous pourrez ainsi vous libérer des messages contra-dictoires qui font obstacle à la formation d'attentes claires, positi-ves et cohérentes.

Si nous ne faisons pas que prétendre avoir changé, si nous avons vraiment formé de nouvelles attentes concernant notre pro-pre personne, les autres et le monde entier, alors nous pouvons changer le cours de notre vie.

Les exercices suivants peuvent vous aider à maîtriser la Loi des Attentes par l'expérience directe et la mise en application.

L'expérience de nouvelles attentes

1. Pensez à deux activités dans lesquelles vous excellez et à deux autres pour lesquelles vous ne vous trouvez pas très bon.

2. Si vous vous basez sur votre expérience pour juger de ce que vous faites et ne faites pas bien, à quand remonte votre première expérience de ce genre? Que s'est-il passé? Était-ce un reflet fidèle de vos habiletés naturelles ou était-ce dû à un manque d'expérience?

3. Les professeurs d'Albert Einstein disaient de lui qu'il était «plutôt ordinaire en mathématiques». Se peut-il que vous ayez un talent naturel pour ces mêmes activités dans lesquelles vous vous trouvez médiocre? Êtes-vous prêt à former de nouvelles attentes?

Applications de la Loi des Attentes

Jouer un rôle est un art qui peut devenir transcendantal non seulement sur les planches d'un théâtre mais dans le théâtre de notre propre vie. Il existe une façon plutôt agréable de modifier vos attentes: il suffit d'agir *comme si* vous aviez déjà le courage, l'amour et la sagesse que vous désirez; en faisant comme si, en vous habillant comme si, autrement dit: en jouant le jeu, vous pouvez commencer à manifester ces qualités.

1. Si vous voulez avoir, accomplir ou devenir quoi que ce soit, posez-vous cette question: «Et si je pouvais? Comment me sentirais-je et de quoi aurais-je l'air?»

2. Maintenant, allez au-delà de vos vieilles attentes; jouez le rôle jusqu'à ce que ce ne soit plus un rôle; faites-le jusqu'à ce que vous soyez pleinement à l'aise. Si vous ne vous sentez pas à la hauteur, jouez le rôle de quelqu'un qui le serait.

3. Petit à petit, lentement mais sûrement, ce simple exercice peut changer votre vie. Jouez dès aujourd'hui le rôle d'un vous-même plus heureux, plus ouvert et plus positif.

LA LOI DE L'HONNÊTETÉ

La reconnaissance, l'acceptation et l'expression
de notre réalité intérieure authentique
est à la base de toute honnêteté ;
nous ne pouvons être honnête envers les autres,
en paroles ou en actes,
que si nous le sommes d'abord envers nous-même.
Au point de vue de l'intégrité,
l'honnêteté exige que notre conduite
s'accorde avec les lois supérieures
malgré nos impulsions négatives à faire le contraire.

Agissez selon votre lumière la plus pure
et des flots de lumière descendront sur vous.

PEACE PILGRIM

Eu égard au contexte dans lequel s'inscrit notre but de vie, chacun faisant l'examen de sa propre vie pour en connaître le sens et la trame cachés, la Loi de l'Honnêteté nous parle des lois supérieures et des conséquences intérieures qui sont instantanées, inévitables et inéluctables. Elle s'occupe également, quoique d'une manière secondaire, des règles de conduite extérieures.

La Loi de l'Honnêteté porte sur l'honnêteté envers soi-même – sur l'intégrité intérieure. Cette loi nous concerne tous mais elle s'adresse tout particulièrement à ceux d'entre nous qui ont tendance à se tromper eux-mêmes avec leurs rationalisations – ceux qui ont du mal à agir ou à s'exprimer en toute honnêteté. À la vue de cette loi, de sa vérité et des conséquences inévitables de sa transgression, nous pouvons changer notre vie.

Cette loi stipule qu'un drame bien plus grand est en train de se jouer, un drame dans lequel nous ne pouvons tromper personne sauf nous-même. Si nous laissons l'envie, la cupidité ou la manipulation influencer notre conduite ou notre expression, les conséquences sont déjà inscrites dans les mécanismes de l'univers et à l'intérieur de notre psyché.

Ceux d'entre nous dont le chemin de vie présente des défis concernant l'intégrité sont parfois tentés d'ignorer ou de déjouer les lois supérieures dans la mesure où ils n'agissent pas selon leur propre lumière intérieure. Nous agissons parfois comme l'enfant qui chipe un biscuit et l'empoche à la dérobée en pensant et en espérant que tout se passera bien, pendant que sa mère est en train de l'observer à l'autre bout du couloir.

Nous ne serons pas punis pour avoir désobéi à une loi supérieure ou spirituelle : *l'acte lui-même est la « punition »*, car c'est lui qui met en branle les forces subtiles aux conséquences naturelles desquelles nous ne pouvons pas plus échapper que nous ne pouvons échapper aux lois de la gravitation universelle.

Nous n'avons pas conscience d'avoir failli au moment même où nous perdons notre intégrité. Il faut pouvoir se mentir à soi-même pour mentir aux autres. Lorsque nous mentons, partagés entre plusieurs motivations, c'est que notre intégration est imparfaite. Il faut avoir réalisé cette intégration pour être à même de parler avec intégrité ; nous ne pouvons pas fonctionner avec une part de nous-même qui pense une chose et une autre part qui en pense une autre. La première étape de l'honnêteté consiste à réconcilier les forces conflictuelles de notre psyché de telle sorte que nous puissions enfin penser ce que nous disons et dire ce que nous pensons (voir l'exercice, en page 475, sous la Loi de la Responsabilité).

Lorsque toutes les parties dont nous sommes faits travaillent de concert ; lorsque nous cessons de nous mentir à nous-même et de tromper les autres ; lorsque nous savons jusqu'au fond du cœur que nous agissons avec intégrité *malgré* nos impulsions contraires ; alors nous sentons qu'à l'intérieur, des portes s'ouvrent au flot de l'énergie supérieure et de l'inspiration.

Lorsque nous sommes malhonnête, en paroles ou en actes, ces portes se referment; ce n'est pas une punition, c'est seulement ainsi que fonctionne notre psyché. Il est toujours vrai *à long terme* que «les tricheurs ne prospèrent jamais», parce que la psyché du tricheur, peu importe l'impunité et l'opulence dont il peut jouir dans le monde extérieur, ne lui permettra pas de connaître la paix intérieure. En bout de ligne, même lorsqu'on ne trompe personne sauf soi-même, l'autosabotage fait partie intégrante de toute action malhonnête.

Certaines personnes qui, tout en ayant recours à des rationalisations pour tâcher de justifier leur conduite, ont réussi à tricher, à frauder ou à magouiller sans se faire prendre durant des années se demandent ensuite comment il se fait que leur vie n'est pas aussi belle qu'elles l'auraient voulu. On pense parfois qu'on s'en tire à bon compte parce qu'on ne s'est pas fait prendre, mais en réalité on se fait toujours prendre sur le fait: par soi-même. Comme dit la chanson de John Lennon: «Instant karma's gonna get you.» («T'échapperas pas à ton karma.»)

Pour employer un exemple extrême, lorsque nous lisons un article de journal au sujet d'un de ces vendeurs de drogues qui vivent des vies de pacha, nous pouvons croire qu'ils échappent à toute punition, mais il nous suffirait de jeter un coup d'œil à l'intérieur de leur psyché pour voir les effets et les causes de leur conduite. Les «mauvaises» personnes ne vont pas en enfer: elles sont déjà en enfer, voilà pourquoi elles sont si mauvaises.

Lorsque nous sommes malhonnête de quelque façon que ce soit, envers nous-même ou envers les autres, intentionnellement ou non, nos parties intérieures entrent en lutte les unes contre les autres et le sentiment de notre esprit intérieur, ou de notre inspiration, s'affaiblit; nous nous sentons coupé du monde, isolé, et nous nous attirons la leçon que nous devions apprendre. Les concepts de moralité peuvent changer, mais les conséquences sont absolues.

La malhonnêteté peut prendre plusieurs formes: se mentir à soi-même et mentir aux autres, désirer la richesse ou la puissance pour elles-mêmes; mais cela se fait toujours au prix de notre estime de soi. Certains d'entre nous sont plus habitués à faire les lois qu'à leur obéir; nous oublions ou faisons semblant de ne pas connaître les critères de morale et d'intégrité sur lesquels notre culture est fondée, nous brisons les règles comme bon nous semble, nous tournons le dos à notre propre lumière intérieure. Même si les conséquences ne sont pas toujours manifestes, chaque fois que nous transigeons avec notre conscience, chaque fois que la fin semble justifier les moyens, nous déclenchons une tempête intérieure à laquelle nous ne pouvons plus échapper où que nous allions.

Certains préfèrent ne rien voir ou se mettre des œillères ; ils se disent que «ça ira mieux la prochaine fois» sans qu'ils aient à faire quoi que ce soit de différent. On paye ce genre de malhonnêteté de son âme et de son énergie.

À ceux d'entre nous qui ont du mal à s'exprimer directement, qui préfèrent insinuer, manigancer, soupirer, feindre ou attendre que les autres lisent dans leur tête, la Loi de l'Honnêteté dit ceci : nous avons recours à de telles manipulations, communications indirectes et mensonges *lorsque nous laissons la peur nous empêcher d'exprimer nos véritables émotions et nos vrais besoins.* Que nous agissions ainsi à dessein ou par habitude, si nous tentons de manipuler les gens en soupirant, en nous mettant en colère ou en prenant un air triste en espérant qu'ils vont savoir «ce que ça veut dire» sans que nous ayons à parler ouvertement ; si nous disons aux gens ce que nous pensons qu'ils veulent entendre, même avec les «meilleures» intentions ; si nous nous servons de la parole comme d'une arme pour obtenir ce que nous voulons ou pour dominer les autres, par exemple en ravivant leur sentiment de culpabilité ou en touchant leurs points névralgiques ; notre conduite est peut-être récompensée dans l'immédiat mais il nous en coûte la lumière intérieure dont nous aurions le plus besoin à long terme.

Il faut s'efforcer de ne pas mentir par omission, en gardant le silence.

LÉON TOLSTOÏ

Une fois que nous avons trouvé le courage et la sagesse d'exprimer simplement ce que nous ressentons ou désirons, cette honnêteté peut insuffler une nouvelle vie à des relations que l'on croyait mortes ou trop usées.

Le fait d'agir avec la plus haute intégrité et d'exprimer nos émotions et besoins authentiques peut changer pour le mieux nos relations professionnelles et personnelles. Cette intégrité, cette honnêteté et cette sincérité – ou leur absence – forment la trace que nous laisserons derrière nous, c'est ce dont l'Histoire se souviendra. L'application de cette loi peut changer notre vie d'une façon toute simple mais plus profondément que nous ne l'aurions cru possible, et les buts que nous nous efforcions d'atteindre commencent à se manifester de mille et une façons dont nous n'aurions pas pu rêver.

Les exercices suivants peuvent vous aider à maîtriser la Loi de l'Honnêteté par l'expérience directe et la mise en application.

L'expérience de l'honnêteté

1. Rappelez-vous une fois où vous avez fait preuve d'honnêteté :

    ❖ en avouant avoir fait une erreur ;

    ❖ en payant une dette ;

    ❖ en exprimant ce que vous ressentiez ou ce dont vous aviez vraiment besoin ;

    ❖ en tenant une promesse que vous aviez faite.

2. Comment vous êtes-vous senti ?

3. Rappelez-vous aussi une fois où, de votre propre aveu ou de l'avis des autres, vous avez été malhonnête en paroles ou en actes. Comment vous sentez-vous en y repensant ? Comment pourriez-vous agir différemment dans une situation semblable ?

Applications de la Loi de l'Honnêteté

1. Pouvez-vous vous rappeler une fois ou deux où vous avez agi
    ou parlé de façon pas tout à fait honnête ?

    ❖ Vous êtes-vous disputé sur une question d'argent ou
       avez-vous manqué de rembourser une dette ?

    ❖ Vous est-il arrivé de ne pas dire toute la vérité pour vous
       protéger vous-même sous le prétexte d'épargner
       quelqu'un d'autre ?

    ❖ Avez-vous dit quelque chose que vous ne pensiez pas
       vraiment ?

2. Songez à ce que vous ressentiriez si vous pouviez régler ces
    vieilles querelles en donnant un coup de téléphone, en écri-
    vant une lettre, en envoyant un chèque ou en demandant
    simplement pardon. Faites-le si cela vous semble opportun.

LA LOI
DE LA VOLONTÉ SUPÉRIEURE

Étant donné l'isolement de notre Moi
et la faiblesse de sa volonté,
il est normal que nous agissions
suivant nos seuls désirs et préférences ;
mais lorsque nous abandonnons
à une volonté supérieure
le soin de guider notre petit moi et sa petite volonté
en dédiant nos actions
au plus grand bien du plus grand nombre,
nous sentons qu'une lumière, une source d'inspiration,
prend place au centre de notre vie.

La vie est aussi simple que ça :
Nous vivons dans un monde transparent
où la lumière de Dieu brille en chaque instant.
Ce n'est pas une fable ou une belle histoire ;
c'est la pure vérité.
Si Dieu est présent à notre esprit,
si nous lui abandonnons tout
en nous oubliant nous-même,
nous pouvons voir cette vérité :
Dieu se manifeste partout et en toutes choses.
Nous ne pouvons être sans Dieu.
C'est impossible.
C'est tout bonnement impossible.

THOMAS MERTON

La Loi de la Volonté supérieure sera particulièrement utile à ceux d'entre nous qui prennent leurs opinions et leurs croyances pour la vérité absolue et qui tentent d'imposer ces croyances aux autres en oubliant que chacun doit suivre son propre chemin. Cette loi s'adresse également à ceux qui ont tendance à saboter leurs propres efforts, qui doutent secrètement de leur propre bonté, de la pureté de leurs intentions, et qui ont besoin de donner un sens plus profond à leur vie. La Loi de la Volonté supérieure peut aussi faire naître un sentiment d'appartenance chez ceux d'entre nous qui se sentent coupés du monde, seuls et forcés de lutter contre d'autres ego pour obtenir leur part de gloire ou leur droit à « la belle vie ».

Dire et penser sincèrement: «Que Ta volonté soit faite» est une façon parmi d'autres d'appliquer la Loi de la Volonté supérieure. Mais il n'est pas nécessaire de croire en un Dieu extérieur à nous ou d'embrasser telle ou telle religion en particulier pour appliquer cette loi dans notre vie: il nous suffit de demander intérieurement: «Si un Esprit sage, aimant, compatissant, altruiste, omniscient, était en moi et me guidait, comment agirais-je dans les circonstances présentes?» La loi fonctionne parce qu'un tel Esprit est réellement en nous; il nous suffit de le contacter en appelant une partie de notre être et alors nous savons ce que nous devons faire – alors nous agissons au nom, ou en tant que serviteur, de ce qu'il y a de plus élevé et de meilleur en nous.

Nous commençons par dire: «Que Ta volonté soit faite», puis nous attendons un signe, une directive, mais notre cerveau ne nous aide pas. Le cerveau aime à jouer au plus fin, alors il dit: «Si je fais partie de l'Esprit et que l'Esprit fait partie de moi, alors tout ce que *je* veux est aussi la volonté de l'Esprit.» Il y a du vrai dans cette affirmation mais notre ego, avec son libre arbitre, a tendance à se poser en roi et maître des lieux et à faire ce qui lui plaît sans tenir compte du bien de l'ensemble; comme un cancer, il prolifère sans se soucier de la santé du corps. Une bonne partie de la souffrance du monde vient du fait qu'il est peuplé d'un tas de petits Moi isolés qui ne se soucient pas de l'ensemble. L'ego, ou le Moi isolé, peut choisir de se tourner vers les principes supérieurs ou de leur tourner le dos; dans les deux cas, il apprendra les leçons dont il avait le plus besoin.

On ne peut pas invoquer une volonté supérieure pour des raisons d'intérêt personnel sans tenir compte du plus grand bien de tous – au contraire, si l'on est par exemple en pleine période de sécheresse, on priera pour qu'il pleuve même si le toit de sa propre maison coule de toutes parts.

La plupart d'entre nous nourrissons des espoirs qui s'accordent avec nos désirs personnels, nous voulons ce qui est bien pour notre petit Moi. Aussi demandons-nous: «Quels sont *mes* préférences, *mes* désirs, quelle est *ma* voie dans la vie?» Notre identité personnelle peut aussi s'étendre à notre famille, notre équipe ou notre communauté – ce qui est en soi une forme d'expansion et de communion, mais il n'en demeure pas moins que nous traçons un cercle qui comprend le «nous» et dont «les autres» sont exclus.

Lorsque nous agissons selon la volonté de notre petit Moi, nous nous limitons; nous obtenons parfois des résultats mais si nous échouons, nous sommes tout seuls. Lorsque nous avons le sentiment d'accorder notre conduite avec «la volonté supérieure de l'Esprit», l'inspiration et l'énergie dont nous disposons s'en trouvent décuplées. Une femme nommée Mildred nous raconte comment elle est arrivée à un tournant de sa vie un soir qu'elle marchait dans les bois: «Je me sentais parfaitement prête, sans aucune réserve, dit-elle, à dédier ma vie au service. J'ai commencé à donner de moi-même au lieu de prendre pour moi-même (...) Depuis ce temps ma vie a un sens. Je jouis du don le plus précieux: une bonne santé. Je n'ai pas eu un rhume ou un mal de tête depuis.» Elle dit ensuite: «Si vous vivez en harmonie avec la part qui vous revient dans le grand plan de la vie, si vous obéissez aux lois qui gouvernent l'univers, alors votre vie est remplie.» Mildred a pris le nom de *Peace Pilgrim* puis elle a entrepris de traverser à pied tous les États américains et toutes les provinces canadiennes, exprimant partout ses idées sur la paix: la paix mondiale, la paix entre les individus et la paix intérieure. Sa vie est un exemple d'intégrité et une source d'inspiration qui nous rappelle la Loi de la Volonté supérieure.

Lorsque nous demandons à une volonté supérieure qu'elle nous serve de gouverne, nous avons le sentiment d'un épanchement, d'une élévation et d'une participation à une cause plus grande ; notre vie prend un sens nouveau, plus grand et plus profond. Lorsque nous réglons notre conduite sur ce sentiment intérieur de volonté supérieure, dédiant tout ce que nous disons ou faisons au plus grand bien de tous, alors des énergies de compassion, d'amour et de lumière se mettent à circuler librement dans notre vie de tous les jours.

La Loi de la Volonté supérieure est le principe directeur dont on s'aide pour se mettre en règle avec l'Esprit, trouver l'inspiration et inspirer les autres.

Les exercices suivants peuvent vous aider à maîtriser la Loi de la Volonté supérieure par l'expérience directe et la mise en application.

L'expérience de la volonté supérieure

1. Vous est-il déjà arrivé de vouloir faire quelque chose tout en sentant qu'une partie de vous-même, peut-être une partie plus élevée, savait que ce n'était pas pour votre plus grand bien ?

2. Si vous avez « fait à votre tête », vous avez fait l'expérience assez banale de « ma volonté ». Si vous avez écouté votre instinct plus élevé ou plus profond, vous avez fait l'expérience d'une communion avec la volonté supérieure.

3. Si vous avez servi votre intérêt personnel, songez à ce qui serait arrivé si vous aviez dit intérieurement, en reliant votre cerveau à votre cœur : « Que Ta volonté, et non la mienne, soit faite. » Les choses auraient-elles tourné autrement ?

4. En sachant ce que vous savez maintenant, que feriez-vous de différent dans les mêmes circonstances ?

Applications de la Loi de la Volonté supérieure

1. Choisissez un problème auquel vous êtes confronté dans la vie quotidienne, par exemple un choix difficile entre plusieurs options ou un autre genre de décision.

2. Demandez-vous : «Qu'est-ce que ma tête veut faire ? » Puis demandez-vous : « Quelle conduite me dicte cette autre partie de moi, cette partie plus élevée, pleine d'amour, de sagesse et de compassion ? »

3. Prenez la décision dans votre cœur, dans le centre de votre affectivité, en disant intérieurement: «Que Ta volonté, et non la mienne, soit faite. » Ensuite écoutez. Sentez. Puis obéissez au besoin le plus pressant de votre cœur, suivez votre émotion la plus profonde.

LA LOI DE L'INTUITION

Nous ne pouvons entrer en contact
avec notre source intérieure d'intuition et de sagesse
qu'à partir du moment où nous cessons
de nous baser sur l'opinion d'autrui
pour mesurer notre valeur et savoir qui nous sommes ;
nous avons tous tendance à adorer quelque chose,
la question est donc la suivante :
Adorerons-nous le dieu de l'opinion
ou le dieu de notre cœur ?

Je me suis rendu compte que j'avais de moins en moins
de choses à dire,
jusqu'au moment où, finalement, je me suis tu.
Dans le silence, j'ai découvert
la voix de Dieu.

SÖREN KIERKEGAARD

Nous sommes tous ici pour vivre en conformité avec les lois spirituelles, mais pour ceux dont les nombres de naissance révèlent une forte influence des questions d'intégrité et de sagesse, la Loi de l'Intuition est la plus importante. Ceux qui travaillent l'énergie du 9 sont nés pour accéder à la connaissance des lois spirituelles qui sont révélées par la voie du cœur, par la dimension affective. Aussi, bien que la Loi de l'Intuition nous soit à tous d'une grande utilité, elle est d'un intérêt capital pour les 9 car elle ouvre une porte qui donne directement sur leur but de vie principal.

À ceux qui ont des problèmes d'identité, qui cherchent leur centre, leur direction intérieure, la Loi de l'Intuition offre un puissant levier de changement. Elle aborde également les besoins et les questions auxquels sont confrontés ceux qui travaillent le 6, qui sont très sensibles à la critique et qui, s'inquiétant sans cesse de savoir si leur conduite est « irréprochable », laissent trop souvent aux autres le soin d'en juger. Dans les deux cas, ces personnes risquent fort de perdre l'usage de leur sens de l'intuition, de rompre tout contact avec le « dieu de leur cœur », parce qu'elles sont trop occupées à recenser les opinions des autres.

Parce que nous ne savons pas clairement qui nous sommes, nos questions intérieures demeurent le plus souvent sans réponse : « De quoi ai-je l'air ? – Qui suis-je ? – Je me sens bien ou mal ? – Comment les autres me perçoivent-ils ? – Ça va ? » Aussi sommes-nous tentés de nous définir par rapport aux attitudes et aux idées des autres ; nous avons besoin de leur approbation et de leur soutien pour nourrir notre propre sentiment d'identité. Parce que nous nous définissons et jugeons de notre propre valeur en nous basant sur ce que les autres semblent penser de nous, nous sommes à la merci de quiconque se trouvant à avoir une bonne idée de ce que nous devrions faire ou même de ce que nous devrions être.

Il n'y a pas de mal à demander l'avis d'un autre pour vérifier la justesse ou rétablir l'équilibre de nos propres opinions ; des opinions différentes peuvent nous ouvrir des perspectives nouvelles ; mais on ne peut pas vivre sa vie de consultation en consultation. Ce monde a connu sa part de pénuries : il y a eu des pénuries de nourriture, des pénuries d'eau, même parfois des pénuries d'intelligence, mais il n'y a jamais eu de pénurie d'opinions. Les gens ont droit à leur opinion, mais ces opinions n'ont rien à voir avec nous. Ce que les autres pensent de nous, ce n'est vraiment pas de nos oignons.

Puisque nous sommes flottants dans nos opinions, incertains de notre propre identité, il n'est pas étonnant que nous cherchions un point d'ancrage comme un navire cherche un port pour y jeter l'ancre. Nous cherchons un hobby, un maître, un système, une méthode, un dogme auquel nous pourrions nous identifier avec un zèle religieux ou un fanatisme aveugle. Nous sentons que nous *sommes* nos opinions, alors nous les défendons, les imposons, les protégeons contre la critique, en exagérons les mérites et d'une manière générale les prenons pour articles de foi.

Sensibles aux opinions des autres, nous les écoutons avec une grande attention et leur donnons le pouvoir de confirmer ou de menacer notre propre identité. Nous nous arrangeons pour satisfaire les attentes des autres ou bien nous réagissons contre cette extrême vulnérabilité en rejetant toutes les opinions qui ne sont pas conformes à notre « Vérité ». Bref, nous mettons les opinions, les nôtres et celles des autres, sur un piédestal ; nous adorons le « dieu de l'opinion ».

Nous n'appelons pas tous ce petit dieu par le même nom. Pour certains qui ont des problèmes avec l'autorité, c'est le dieu de l'autorité ; pour d'autres, c'est le dieu de la comparaison ; pour d'autres encore, c'est le dieu de l'argent. Mais quelle que soit la chose que nous mettons ainsi sur un piédestal, elle aura tendance à faire pâlir la sagesse de notre cœur.

Nous avons tendance à devenir ou à reproduire les qualités de ce que nous adorons. Ceux qui cherchent leur centre ou qui ont perdu l'usage de leur sens de l'intuition finissent donc par agir comme des petits dieux de l'opinion, de l'autorité ou de la comparaison. Nous avons même tendance, sans nous en rendre compte, à dominer les autres sans le moindre égard pour le caractère sacré de leur propre processus évolutif.

Quiconque entreprend de se poser en Juge de la Vérité et du Savoir fera naufrage et sera submergé par le rire des dieux.

ALBERT EINSTEIN

Certaines personnes qui s'engagent dans la voie de l'introspection ou de la spiritualité espèrent ainsi pouvoir prendre contact avec des « guides intérieurs », ou des « maîtres enseignants de l'intérieur », dispensateurs de sagesse, de gouverne et de réponses. D'autres personnes prétendent qu'en tant que médiums elles servent de truchement à d'autres êtres – des êtres séparés qui auraient leur conscience individuelle. Mais la sagesse éternelle de la tradition spirituelle globale nous rappelle qu'au plan de la Conscience elle-même, nous sommes comme les gouttes d'eau qui retournent à l'océan, nous sommes une seule et même chose – dans ce cas, comment pourrait-il y avoir des consciences individuelles ? Les guides « séparés », les maîtres intérieurs, ne sont que des parties de notre plus grand Moi – des parties de nous-même qui nous révèlent notre propre sagesse innée. Malgré la fascination qu'ils peuvent exercer, ces guides ne méritent pas que nous leur prêtions plus de pouvoir ou de véracité qu'aux personnes que nous respectons ; et la valeur de toute opinion « extérieure » devrait être déterminée au touchau de nos émotions les plus profondes – de notre propre cœur de sagesse.

Quant aux personnes qui ont des « guides intérieurs » qui leur apparaissent comme séparés, il est fort probable qu'elles accèdent à ce que Carl Jung appelait l'inconscient collectif. Là, en transe ou autrement, elles entrent en contact avec les différents archétypes ou sous-personnalités qui demeurent au fond de la psyché humaine. Quelle que soit la méthode, la sagesse est à nous. Toutefois, nous ne pouvons pas y accéder en passant par la logique de notre hémisphère gauche qui recueille les données et les informations mais pas la sagesse supérieure. Nous accédons à l'intuition lorsque nous laissons nos émotions et sentiments authentiques parvenir jusqu'à l'hémisphère droit intuitif et holistique de notre cerveau où ils mettent en branle des mécanismes supérieurs. Ces mécanismes enclenchés, la combinaison émotions/intuition nous livre toute la sagesse dont nous avons besoin.

La clé qui donne accès à toutes les lois spirituelles, c'est le lien *émotif* inspiré que nous établissons avec notre propre cœur. Mais, comme on l'a dit précédemment, nous ne pouvons entrer en contact avec notre cœur qu'à partir du moment où nous cessons d'inventorier les opinions d'autrui.

En résumé, la Loi de l'Intuition nous rappelle que dès l'instant où nous cessons de vénérer le dieu de l'opinion, il faut commencer à transmettre son autorité au dieu de notre cœur, à la petite voix qu'on entend à l'intérieur, la seule « opinion » à laquelle on puisse accorder une réelle valeur. Nous pouvons ensuite écouter les conseils ou les opinions des autres sans pour autant perdre de vue notre propre centre intuitif, l'endroit à partir duquel nous prenons les décisions qui sont bonnes pour nous, en laissant les autres décider pour eux-mêmes. Nous sommes non plus dépendants mais parfaitement libres de partager ou non les opinions d'autrui; lorsqu'une opinion nous semble inutile, nous pouvons facilement l'abandonner. Nous ne résistons plus, ne sommes ni trop fermés ni trop ouverts aux opinions des autres; nous les écoutons et les respectons, en tirons ce qui peut nous être utile, et les soumettons toutes à l'approbation et à la sagesse de notre cœur.

Les exercices suivants peuvent vous aider à maîtriser la Loi de l'Intuition par l'expérience directe et la mise en application.

L'expérience de l'intuition

1. Visualisez-vous en train de marcher sur un sentier dans une forêt; vous marchez d'un pas rapide et décidé dans une direction bien précise, sans manquer d'apprécier la beauté du paysage mais sans vous laisser distraire de votre but. Comment vous sentez-vous maintenant que vous avez un but, une direction?

2. Sur votre droite et sur votre gauche, il y a des gens qui vous interpellent, vous critiquent et tentent de vous corriger: «Ce n'est pas le bon chemin! – Vous allez trop vite! – Vous n'allez pas assez vite! – Vous avez un drôle d'air! – Vous n'y arriverez jamais!» Sentez que vous êtes complètement libre de toutes ces opinions. Continuez votre route, votre but vous attend.

3. Vous arrivez à une fourche. Plusieurs personnes qui font aujourd'hui partie de votre vie, des gens sur qui vous avez l'habitude de compter, vous font part de leurs opinions respectives. Vous répondez par des hochements de tête puis vous attendez la venue d'un profond sentiment intérieur; vous regardez un sentier, puis l'autre, tandis que les gens vous crient leurs conseils: «Prends à gauche! – Non, ça n'a pas de sens; prends le chemin de droite!» Vous recevez une confirmation intérieure, subtile mais bien réelle, et vous savez maintenant quel chemin vous devez prendre. Vous prenez ce

chemin, votre chemin de vie, et vous marchez, guidé par le dieu de votre cœur.

Applications de la Loi de l'Intuition

Cet exercice a pour but de mettre en lumière nos tendances inconscientes à adorer le dieu de l'opinion ; il nous propose une voie vers le centre – vers un sentiment d'autonomie, le sentiment d'être gouverné par notre propre sagesse intérieure. Cet exercice fonctionne aussi bien pour ceux qui ont tendance à adorer non pas le dieu de l'opinion mais celui de l'autorité, de la comparaison ou de l'argent.

1. Érigez une sorte d'autel dans une pièce de votre maison ; prenez soit le manteau de la cheminée soit une simple boîte de carton adossée à un mur ; couvrez votre autel d'un beau tissu, ajoutez un peu d'encens, des fleurs ou une chandelle.

2. Avec du mastic ou de la glaise, modelez une petite statue du dieu de l'opinion (ou de la comparaison, de l'autorité ou de l'argent). Ou, si vous préférez, achetez une poupée ou une statuette qui vous semble appropriée à cet usage.

3. Posez votre dieu de l'opinion (ou de la comparaison, de l'autorité ou de l'argent) sur l'autel. Vous pouvez même lui donner un nom. (J'aime bien le nom de Kesss, comme dans « Kesss qu'ils vont dire ? Kesss qu'ils vont penser ? »)

4. Chaque matin, juste après vous être levé et avant de commencer votre journée, mettez-vous à quatre pattes en face de votre autel ; prosternez-vous et touchez le sol avec la tête en disant quelque chose comme : « Je vous adore, Ô dieu de l'opinion. Comment tu me trouves ? Ça va ? Je fais tout ce qu'il faut ? » Ou encore, dites : « Va te faire foutre ! » Dites ce qui vous semble à propos. Puis commencez votre journée.

5. Cet exercice ne prend que dix ou vingt secondes, et vous ne le faites que pendant trois ou quatre semaines ; après ce temps, vous aurez pleinement conscience de la situation au moment où elle se présentera. Cela se passe comme suit :

Si des gens ont une mauvaise opinion de vous, ou si vous croyez qu'ils en ont une, vous pouvez vous dire: «Incroyable! Cette personne ressemble comme deux gouttes d'eau au dieu de l'opinion, pourtant c'est impossible: je l'ai laissé ce matin sur le manteau de la cheminée! Et puis, je l'ai déjà adoré ce matin. J'ai déjà donné. Il faudrait que je l'adore encore?» La prochaine fois que des gens croiront savoir qui vous êtes, ce que vous ressentez et ce que vous faites, vous pourrez les remercier pour leur franchise, prendre note de leur opinion, puis leur dire: «Voilà comme je suis, voilà ce dont j'ai besoin, voilà ce que je fais.» En descendant le dieu de l'opinion de son piédestal, vous retrouvez votre propre centre et vous faites confiance au dieu de votre cœur.

LA LOI DE L'ACTION

Peu importent les sentiments et les connaissances,
peu importent les talents et les dons potentiels,
seule l'action peut les faire naître à la vie.
On croit comprendre des concepts,
comme l'amour, la fidélité et le courage,
mais on découvre un jour
qu'on ne les comprend vraiment
que par l'action ;
agir devient comprendre.

La vision ne mène à rien,
à moins qu'elle ne se conjugue avec l'aventure.
Il ne suffit pas de regarder en haut des escaliers,
il faut se mettre à monter les marches.

VANCE HAVNER

Agir n'est pas facile dans ce monde ; les forces du doute et de l'inertie sont partout présentes, jusque dans l'esprit et dans le corps de l'homme. Pourtant, il faut agir. Les mots ne coûtent rien, les philosophies et les concepts sont des élégances, les idées abondent, et les bonnes intentions font bonne impression. Mais pour mettre en action tous ces mots, ces concepts et ces idées, il faut de l'énergie ; il faut se sacrifier. Il faut surmonter l'insécurité et le doute de soi, vaincre les léthargies, l'apathie, oublier les excuses et les cent bonnes raisons qu'on a de tourner en rond, de ne pas brusquer les choses. Mais la vie nous envoie toujours le même message : *Mieux vaut l'action qu'une bonne raison de ne pas agir.* C'est ainsi qu'on énonce, d'une manière on ne peut plus claire, la Loi de l'Action.

Des formules comme celle-là, éloquentes et passionnées, les experts en motivation en ont inventé des milliers pour nous encourager à nous lever du divan, à commencer une nouvelle vie, à faire un petit effort, à montrer un peu de volonté, un peu de discipline. Pourtant, la plupart d'entre nous ne nous résignons à agir que lorsque la douleur, affective, mentale ou physique, devient si insupportable qu'elle nous y contraint.

Changeons tout cela. Reconnaissons que l'action et le changement naissent d'un certain inconfort initial, suivi d'un effort et d'une dépense d'énergie. Admettons même que nous serions prêt à entreprendre quelque action nécessaire dans notre vie. Mais comment agir ? La réponse est d'une simplicité percutante : Foncez !

La plupart d'entre nous attendons que la permission d'agir nous soit donnée de l'intérieur avant de faire quoi que ce soit. Nous attendons « la motivation ». Nous attendons que la peur détourne son attention, que l'insécurité et le doute reculent et nous donnent la permission d'agir. Mais l'action est plus forte que la subjectivité ; il y a des moments où nous devons agir avec force et courage quels que soient nos sentiments et nos idées.

Les guerriers pacifiques de ce monde n'attendent pas qu'on leur donne la permission ; ils sentent et savent ce qu'ils doivent faire, et ils choisissent la voie du courage et de l'intégrité. Si leur cœur leur en donne confirmation, ils agissent, *malgré* la peur, le doute ou l'insécurité. Ils agissent et ils laissent leur réalité subjective – leurs pensées et leurs sentiments – les rattraper. « Attends, tu ne peux pas faire ça ! Tu ne seras jamais capable », nous soufflent des voix, vestiges du passé. « Tu vas faire un fou de toi ! Tu vas te faire du mal ! Tu n'y arriveras pas ! » Toutes ces voix peuvent retentir dans notre esprit, mais nous agissons quand même. Et bientôt ces voix, ces émotions, naguère si fortes et contraignantes, ne se font plus entendre que de loin en loin.

Un jour, à l'âge de six ans, je me suis retrouvé sur le toit d'une maison de deux étages en cours de construction. Six mètres plus bas, il y avait un immense tas de sable. Mes amis, tous plus âgés que moi, avaient déjà sauté. Mais moi, je n'avais que six ans, et j'avais peur. Ils ont tenté de m'amadouer, de me taquiner, de m'encourager et de me rassurer pendant environ quarante minutes, puis un des garçons a dit: «Arrête de penser! Arrête seulement de penser et puis saute!» Soudain, j'ai été frappé par l'idée que malgré ma peur je savais encore comment plier les genoux, comment me pencher, et je savais comment prendre mon élan. Alors j'ai cessé de penser, je me suis penché et soudainement j'étais dans les airs – une *merveilleuse* sensation –, et j'avais appris une leçon que je n'oublierais jamais.

J'ai été l'entraîneur d'une gymnaste que j'appellerai Jill. Elle avait beaucoup travaillé une nouvelle sortie aux barres asymétriques. Elle l'avait répétée plusieurs fois avec la ceinture de protection, puis elle l'avait faite une fois avec mon aide. Maintenant il était temps qu'elle la fasse toute seule. Elle s'était bien préparée et elle était prête, elle le savait et je le savais. Elle est montée sur les barres et elle s'apprêtait à exécuter sa sortie lorsqu'elle s'est arrêtée. «Je ne peux pas, *Coach*, j'ai peur.»

«Oh oui, répondis-je. Oui, je crois que j'aurais peur moi aussi; après tout, c'est la première fois que tu la fais toute seule. Où sens-tu la peur?»

«Eh bien, dans mon ventre et dans mes muscles. Je me sens faible.»

«Alors tu as peur.»

«Oui.»

«Maintenant qu'on en a parlé, voyons voir comment tu vas sauter.»

Au début, elle semblait étonnée. «Mais, *Coach*, je vous l'ai dit: je ne peux pas, j'ai peur.»

«Depuis quand est-ce que la peur est une raison suffisante de ne pas faire quelque chose?»

«Euh...»

«Les seules fois où tu peux montrer du courage, c'est quand tu as peur, dis-je. C'est correct d'avoir peur, Jill. C'est même bon d'avoir peur si c'est signe que tu n'es pas prête. Mais dans ce cas-ci, tu es prête. La peur est un merveilleux serviteur, mais c'est un terrible maître. Ressens ta peur autant que tu voudras, Jill; fais-en l'expérience jusqu'au bout. Puis exécute ta sortie.»

Jill hésita quelques instants ; puis, avec un regard de détermination mêlé d'un tout petit grain de terreur, elle pivota sur la barre, lâcha prise et fit une excellente sortie. Elle venait de comprendre et de mettre en application la Loi de l'Action.

Chaque journée nous fournit l'occasion d'affronter la peur ou l'inertie et d'agir quand même – non pas en sautant d'un toit dans un tas de sable ou en exécutant des exercices acrobatiques mais en faisant des gestes encore plus importants : en prenant le risque d'exprimer ce que l'on ressent vraiment, en se défaisant d'une vieille habitude ou de toute manière qui nous fasse découvrir le pouvoir et la magie de la Loi de l'Action.

Les exercices suivants peuvent vous aider à maîtriser la Loi de l'Action par l'expérience directe et la mise en application.

L'expérience de l'action

1. Imaginez que vous êtes debout, au bureau ou à la maison, à environ trois mètres de la porte d'entrée. La porte est grande ouverte, il fait beau dehors et *vous voulez sortir* parce que « dehors » représente votre plus grand espoir et votre but le plus cher : vivre la vie que vous êtes censé vivre.

2. Maintenant rappelez-vous la dernière fois où vous avez ressenti la peur, le doute ou l'insécurité. Sentez cette peur, puis traduisez ce que vous ressentez par une image, comme si l'émotion sortait de votre corps et prenait la forme d'un être vivant – petit ou grand, homme ou femme, humain ou non. Lorsque l'image se sera formée, appelez-la monsieur ou madame Peur (ou Doute ou Insécurité).

3. Visualisez la scène suivante comme si vous tourniez un film vidéo que vous pourrez rejouer à volonté : sentez que vous avancez vers la porte, vers la lumière du soleil, vers votre avenir. Vous approchez de la porte et juste au moment où vous allez en franchir le seuil, monsieur ou madame Peur apparaît devant vous et vous dit : « Attendez, vous ne pouvez pas faire cela. C'est trop pour vous ! »

4. Laissez monsieur ou madame Peur vous arrêter, tout comme vous vous êtes laissé arrêter ou ralentir ou dérouter tant de fois dans votre vie. Faites-en pleinement l'expérience.

5. Maintenant que vous avez votre cassette vidéo, rejouez la scène : vous vous rendez jusqu'à la porte et monsieur ou madame Peur vous empêche de passer. Rejouez le film à vitesse normale ou en accéléré, encore et encore, en ne modifiant rien à la scène. Chaque fois, faites l'expérience de ce que vous ressentez lorsque monsieur ou madame Peur vous arrête. Cela peut prendre du temps. Lorsque vous vous sentirez vraiment en colère, vous serez prêt pour la dernière étape.

6. Rejouez la scène une autre fois mais cette fois, lorsque monsieur ou madame Peur apparaît devant vous en disant : « Attendez, vous ne pouvez… », en vous menaçant, en vous suppliant ou en tentant de vous raisonner, sortez tout simplement par la porte grande ouverte comme si il ou elle n'était pas là.

7. Rappelez-vous à quel point vous voulez sortir dehors et continuer votre route, sur votre chemin de vie. Malgré toutes les raisons de faire le contraire – vous ne « pouvez pas », vous ne « devriez pas », vous n'êtes « pas capable » –, continuez ; concentrez-vous sur votre but. Sortez dehors.

8. Voyez comme cette sensation est différente des autres. Découvrez le principe et le pouvoir de l'action pure.

Applications de la Loi de l'Action

L'action est plus forte que la subjectivité. Peu importe ce que vous ressentez ou pensez, vous pouvez toujours agir.

1. Rappelez-vous ce que vous avez ressenti lorsque la peur est apparue au moment même où vous alliez exprimer vos sentiments ou prendre un risque quelconque, par exemple retourner aux études, prendre de nouvelles responsabilités ou vous engager dans une nouvelle voie.

2. Rappelez-vous comment vous avez laissé l'insécurité et le doute de soi vous arrêter dans le passé.

3. Songez que si la vie met un obstacle sur votre chemin, ce n'est pas elle mais vous qui devrez le franchir.

4. Pour vaincre la peur, faites comme si vous étiez courageux; pour vaincre le doute, faites comme si vous vous sentiez parfaitement capable d'une telle tâche; pour vaincre l'insécurité, faites comme si vous étiez confiant et concentré. Le reste importe peu, pourvu que vous agissiez! Foncez! Agissez, et laissez la peur, le doute et l'insécurité disparaître dans la traînée de poussière que vous laissez derrière vous.

LA LOI DES CYCLES

Le monde naturel n'existe pas
en dehors des cycles qui le composent,
comme le jour et la nuit,
et le cycle des saisons.
Les saisons ne se chassent pas l'une l'autre,
pas plus que les nuages dans le ciel
ne courent après le vent ;
tout arrive en son temps ;
chaque chose en son temps va vers le haut,
en son temps va vers le bas.
Tout ce qui monte doit redescendre
et tout ce qui descend remontera ;
c'est le principe des cycles.

Le pouvoir est patience ;
avec du temps et de la patience,
la feuille du mûrier devient soie.

PROVERBE CHINOIS

Différentes formes d'énergie vibrent à des rythmes différents ; comme une rivière, l'énergie circule d'un degré supérieur vers les degrés inférieurs ; en passant par des phases d'expansion puis de contraction, comme on respire en inspirant puis en expirant, ses cycles se répètent dans un ordre immuable.

Puisque toute chose dans l'univers est une forme de l'énergie, toute chose tombe sous la coupe de la Loi des Cycles : le lever et le coucher du soleil, le cours et le décours de la lune, le flux et le reflux de la mer et les quatre saisons de l'année sont autant de reflets de cette loi. Elle nous rappelle qu'il y a un temps pour chaque chose sous le soleil. Il y a un temps favorable et un temps moins favorable pour chaque chose; chaque chose monte et puis descend. Une idée ou une action qui prend naissance au moment où cette énergie vibratoire prend de la vitesse en entrant dans sa phase ascendante se rendra facilement jusqu'à son aboutissement; inversement, une action entreprise dans une phase descendante aura un effet beaucoup moins grand. Lorsqu'un cycle nous est défavorable, nous attendons que son mouvement l'emporte vers le haut. Il y a des moments pour agir et des moments pour se reposer, des moments pour parler et des moments pour se taire. Peu de choses ont des résultats plus frustrants qu'une bonne action entreprise au mauvais moment.

La compréhension des cycles énergétiques de notre vie nous aide à choisir nos moments et améliore grandement nos « chances » de réussite. Il y a un temps pour travailler et un temps pour se reposer, un temps où il faut tirer profit d'un mouvement ascendant et un temps où il vaut mieux rester chez soi et attendre patiemment tout en se préparant à la nouvelle vague montante.

L'histoire de mon premier livre, *Le Guerrier pacifique*, est un bon exemple du fonctionnement de cette loi. D'abord publié en grand format par l'éditeur J. P. Tarcher, le livre n'a eu droit qu'à deux comptes rendus dans les journaux: l'un positif, l'autre très, très négatif; et seulement quelques libraires ont accepté de lui faire une place sur leurs rayons. Les ventes furent si mauvaises que l'éditeur décida de ne pas risquer une édition en format poche; aussi le livre est-il « mort de sa belle mort », avec une tonne de copies invendues qui dormaient dans les entrepôts. Ce n'était certainement pas la faute de l'éditeur; le texte avait été lu et corrigé par une personne compétente; la page couverture était magnifique, et on n'avait pas lésiné sur la publicité. Seulement, ce n'était pas le bon temps et le livre n'a tout simplement pas « levé ». Trois ans plus tard, un éditeur à la retraite du nom de Hal Kramer est tombé par hasard sur une copie de mon livre; il l'a lu et a décidé, inspiré par sa lecture: « Je retourne dans l'édition, et ce livre sera mon premier. » Il a écrit aux libraires une lettre dans laquelle il annonçait son « retour dans l'arène » avec ce nouveau livre. Le reste, comme on dit, est bien connu: à ce jour,

Le Guerrier pacifique a été traduit en douze langues et c'est devenu un best-seller international, sur les ailes d'un cycle ascendant.

La vie de Malcolm X est un autre exemple qui nous aide à comprendre la Loi des Cycles. Au point le plus bas de sa vie, quand il fut condamné à dix ans de prison, il a su faire très bon usage de son temps. Il a fait de sa prison un cocon au sein duquel il a entrepris une métamorphose qui allait changer toute sa vie et la vie de plusieurs autres personnes. Au lieu de résister vainement ou de s'apitoyer sur son sort, il a étudié, lu et étudié encore. Il s'est servi de la Loi des Cycles et de la Loi de la Flexibilité (p. 456) et il est devenu l'un des plus grands leaders de son peuple.

Nous avons tous nos rythmes propres. Trouver son propre rythme, c'est savoir dans quelle phase du cycle on se trouve et tirer parti de cette connaissance ; c'est apprendre à respecter l'harmonie et le rythme de la Loi des Cycles.

L'impulsion qui met en branle certains cycles peut être explosive ; certains cycles s'élèvent rapidement, culminent, puis chutent tout aussi rapidement, comme des best-sellers qui bénéficient d'une grosse campagne publicitaire. Comme des étoiles filantes, certains livres ont une vie courte mais spectaculaire. D'autres livres démarrent lentement, grâce au bouche à oreille, puis ils se vendent de mieux en mieux pendant des années et leur déclin se fait tout aussi lentement. De tels cycles s'appliquent également à la vie et aux succès des individus, des nations, des religions, des entreprises, des vedettes populaires et même des civilisations – qui montent, descendent et puis remontent quand l'occasion se présente enfin, quand leur temps est venu.

Les exercices suivants peuvent vous aider à maîtriser la Loi des Cycles par l'expérience directe et la mise en application.

L'expérience des cycles

1. Songez comment l'hiver ramène chaque année le froid et la stagnation ; comment le printemps évoque une chaude renaissance ; comment l'été évoque une lente maturation ; et

comment l'automne produit chaque année sa récolte. À sa façon, le cycle des saisons dessine un cercle immense.

2. Y a-t-il des cycles complets de votre vie, petits ou grands, qui vous viennent à l'esprit ?

   ❖ Votre popularité à l'école a-t-elle eu des hauts et des bas ?

   ❖ Y a-t-il eu au cours des ans des cycles de facilité et de difficulté à votre travail ?

   ❖ Y a-t-il eu des moments où tout allait à merveille et d'autres où vous étiez dans la mélasse jusqu'au cou ?

3. Du seul fait que nous ayons compris que la vie est un cycle, nous y gagnons un sentiment de sécurité, le sentiment d'avoir l'heure juste. Si nous avons la patience d'attendre le temps qu'il faudra et la sagesse de nous préparer dans l'entre-temps, nous savons que la plupart des occasions se présenteront à nouveau.

Applications de la Loi des Cycles

À l'intérieur du grand cycle de la vie – le printemps de notre jeunesse, l'été de notre maturité, l'automne de notre âge d'or et l'hiver de nos dernières années –, il existe plusieurs autres cycles. Chaque année apporte le renouveau du printemps, la maturation de l'été, la récolte de l'automne et l'attente de l'hiver.

1. Observez les périodes d'hiver, de printemps, d'été et d'automne dans votre vie.

   ❖ Durant les périodes « d'hiver » exigeant patience, endurance et lenteur, avez-vous pris le temps de vous instruire et de réfléchir ou avez-vous voulu hâter l'arrivée du printemps ?

   ❖ Lorsque le printemps est arrivé, en avez-vous profité pour planter des graines ?

   ❖ Avez-vous su profiter du long loisir de la saison d'été ?

   ❖ Avez-vous récolté les fruits de vos labeurs à l'automne, avez-vous ramassé, épargné, vous êtes-vous préparé au retour de l'hiver ?

2. Comment votre nouvelle intelligence de la Loi des Cycles pourrait-elle vous aider à créer plus d'harmonie, de facilité et de fluidité dans votre vie?

3. Pour plus de détails au sujet des applications de la Loi des Cycles, voir dans la cinquième partie le chapitre sur les cycles de neuf ans (p. 578).

CINQUIÈME PARTIE

SAGESSE APPLIQUÉE

Il me semble essentiel,
dans une relation et dans toute tâche,
de se concentrer uniquement
sur le plus important et le plus significatif.

SÖREN KIERKEGAARD

Introduction à la cinquième partie

RELATIONS
ET RYTHMES DE VIE

Chaque vie humaine a ses saisons et ses cycles,
et nul chaos personnel ne saurait être permanent.
L'hiver, après tout, fait place au printemps et à l'été,
même s'il nous arrive de penser,
en voyant les branches qui ne verdissent pas
et la terre qui se couvre de glace,
qu'ils ne reviendront jamais,
ce printemps, cet été,
mais ils reviennent, et toujours.

TRUMAN CAPOTE

Ce livre est en soi comme un chemin de montagne et sa lecture est une ascension qui, comme toutes les ascensions, peut illuminer le voyageur en cours de route. Chaque voyage est un voyage de transformation. Même si la lecture consiste dans une large mesure à faire glisser ses yeux sur des lettres imprimées, *apprendre* est une chose très différente, surtout avec une matière comme celle-ci.

Ceux qui m'ont suivi aussi loin ne peuvent pas demeurer inchangés ; du fait même de sa nature, le système But-de-vie, dont le secret avait été jusqu'à ce jour relativement bien gardé, a un pouvoir transformateur qui continuera d'épanouir la conscience de chaque lecteur appliqué.

Maintenant que nous avons traité séparément tous les éléments du système But-de-vie et l'ensemble des lois naturelles correspondantes, nous verrons dans la cinquième partie de cet ouvrage comment ces connaissances peuvent être appliquées à la vie quotidienne sous le rapport des relations personnelles et à l'égard des cycles de vie.

Nous avons tous dans la vie de tous les jours des liens et des relations avec un grand nombre de personnes. De même que les individus ont un but de vie principal, la relation que forment deux personnes en unissant leurs destins sur le plan personnel ou professionnel a aussi son but principal. Dans le chapitre suivant, nous verrons comment on peut déterminer puis interpréter le nombre composé d'une relation, pourvu que l'on ait des dates de naissance exactes. Nous découvrirons ainsi les forces sous-jacentes qui opèrent à l'intérieur de chaque relation, puis nous apprendrons à canaliser et à diriger ces forces.

Dans le chapitre sur les cycles de neuf ans, nous étudierons les cycles de vie avec leurs énergies ascendante et descendante en fonction des nombres de base correspondants. La compréhension des cycles naturels nous rend plus sages en ce sens qu'elle nous permet de choisir le bon moment d'agir. Année après année, nous apprenons à tirer le meilleur parti possible des énergies qui influencent nos vies. Nous pouvons employer cette sagesse à des fins bien pratiques, pour mieux nous organiser, mieux nous préparer, mieux nous harmoniser avec les cycles naturels et enfin augmenter nos chances de réussite lorsque les occasions finissent par se présenter.

Le lecteur trouvera sans doute plusieurs autres applications positives au système But-de-vie; conseillers en orientation professionnelle, psychothérapeutes, thérapeutes psycho-corporel, entraîneurs et enseignants, tous ces professionnels compétents et consciencieux peuvent se doter d'un outil grâce auquel ils seront encore plus efficaces dans leur travail.

De plus, les parents ou les enseignants peuvent utiliser le système But-de-vie pour mieux comprendre les enfants dont ils sont responsables. Le système nous a certainement aidés, Joy et moi, à éduquer nos enfants avec plus de compassion, d'objectivité et d'humour. Je rappelle aux parents que les enfants sont des êtres sensibles et impressionnables. Leur personnalité n'a pas fini de se développer et il vaut mieux éviter, règle générale, de leur communiquer directement cette information. S'ils s'y intéressent, laissez-les lire le livre quand ils seront assez vieux. En attendant, au lieu de parler à vos enfants de leur nombre de naissance, tendances et questions de vie, tâchez de mieux comprendre ces choses vous-même de façon à pouvoir les *encourager*, tout en tenant compte de leurs propres problèmes (qui peuvent être très différents des vôtres), à faire leurs premiers pas sur leur chemin de vie.

Je m'attends à ce que d'autres personnes qui auront étudié le système But-de-vie lui trouvent à l'avenir de nouvelles applications. Sur ce, passons aux derniers chapitres.

ÉNERGIES DE RELATIONS

Les relations sont sûrement le miroir
dans lequel on se découvre soi-même.

KRISHNAMURTI

Étant donné la richesse et la complexité de nos personnalités et de nos systèmes de valeurs, il ne saurait y avoir une seule formule ou une seule règle dont le succès de nos relations personnelles dépendrait. Toutefois, le système But-de-vie nous donne les clés qui permettent de comprendre les forces agissantes d'une relation, forces qui elles-mêmes suivent les lois fondamentales de l'Esprit.

En combinant deux ondes sonores ou deux ondes lumineuses, nous obtenons une onde nouvelle, une onde composée. En combinant les vecteurs de deux forces qui se déplacent ensemble suivant des angles différents, nous obtenons un nouveau vecteur – une nouvelle force et une nouvelle direction. Cela s'applique aussi aux énergies personnelles. Lorsqu'elles travaillent de concert, deux personnes unissent leurs énergies pour former une nouvelle énergie, une énergie composée, qui est habituellement différente et plus grande que la somme de ses parties. Il résulte de la combinaison des énergies de trois personnes et plus une telle complexité d'interactions et d'énergies qu'il devient impossible d'en tirer des conclusions vraiment significatives, sûres et utiles. Mais les nombres de naissance de toute paire ou duo nous donnent à coup sûr de précieuses informations. Les principes que nous décrivons ici peuvent s'appliquer à tous les types de relations entre deux personnes : personnelles ou professionnelles, amicales, sportives, amoureuses, entre mari et femme ou entre frères et sœurs.

En suivant le système But-de-vie, nous pouvons déterminer le nombre composé d'une relation entre deux personnes en additionnant les deux chiffres finals de droite de leurs nombres de naissance. Par exemple, en additionnant le nombre de droite de mon nombre de naissance (26/8) et celui de ma femme (20/2), nous obtenons 8 + 2 = 10 : énergie créatrice plus dons intérieurs. Ensemble, Joy et moi avons créé le *Peaceful Warrior Service* ; en tant que couple, nous avons accompli des choses que ni l'un ni l'autre n'aurait pu accomplir seul. Suivez les étapes ci-dessous pour déterminer le nombre composé de toute relation pour laquelle vous disposez de deux dates de naissance exactes.

Comment déterminer le nombre composé d'une relation

1. À l'aide de leurs dates de naissance exactes, trouvez les nombres de naissance des deux personnes (voir pages 24-25 pour le calcul du nombre de naissance).

2. Additionnez les chiffres finals (à droite de la barre) des deux nombres de naissance. Si le nombre de droite de l'un ou l'autre des deux nombres de naissance est 10, 11 ou 12 (comme dans 37/10, 29/11 ou 39/12), additionnez les chiffres un à un, séparés par un signe plus (+). Quelques exemples :

    ❖ 24/6 et 35/8 = 6 + 8 = 14
    ❖ 34/7 et 28/10 = 7 + 1 + 0 = 8
    ❖ 23/5 et 31/4 = 9
    ❖ 29/11 et 33/6 = 1 + 1 + 6 = 8
    ❖ 25/7 et 26/8 = 15
    ❖ 22/4 et 35/8 = 12

3. Après avoir additionné les chiffres de droite des deux personnes :

    ❖ Si la somme obtenue est 12 ou inférieure à 12, ne faites rien de plus.

    ❖ Si la somme obtenue est 13 ou supérieure à 13, additionnez ces deux chiffres afin d'obtenir une nouvelle somme de 12 ou moins. La somme finale représente l'énergie de la relation. Quelques exemples :

- 33/6 et 25/7 = 6 + 7 = 13 = 1 + 3 = 4
- 24/6 et 35/8 = 6 + 8 = 14 = 1 + 4 = 5
- 25/7 et 26/8 = 7 + 8 = 15 = 1 + 5 = 6
- 29/11 et 32/5 = 1 + 1 + 5 = 7
- 21/3 et 22/4 = 3 + 4 = 7
- 28/10 et 34/7 = 1 + 0 + 7 = 8
- 31/4 et 23/5 = 4 + 5 = 9
- 24/6 et 21/3 = 6 + 3 = 9
- 29/11 et 34/7 = 1 + 1 + 7 = 9
- 27/9 et 27/9 = 9 + 9 = 18 = 1 + 8 = 9
- 32/5 et 32/5 = 5 + 5 = 10
- 20/2 et 36/9 = 2 + 9 = 11
- 39/12 et 26/8 = 1 + 2 + 8 = 11
- 35/8 et 31/4 = 8 + 4 = 12

Notez que dans la plupart des cas la somme des deux énergies donne un nombre final de droite différent de celui des deux personnes en cause. Cependant, dans certains cas, l'énergie combinée est la même : par exemple, 27/9 et 27/9 = 9 + 9 = 18 = 1 + 8 = 9. Individuellement ou en tant que couple, ces deux personnes devront travailler avec sagesse et intégrité.

Si nous additionnons les deux chiffres des nombres 13 et suivants mais laissons les nombres 10, 11 et 12 tels quels, c'est que 12 est le plus haut but de vie principal possible pour les neuf prochains siècles. Comme but de vie principal, le 13 (49/13) n'apparaîtra pas avant le 29 septembre 2999. À cette date, un nouveau chemin d'expression créatrice apparaîtra sur la planète.

Ce que nous savons déjà sur les énergies des nombres de base (et sur celles du zéro et des nombres de deux chiffres 11 et 12) nous aidera à mieux comprendre l'énergie composée produite par la réunion de deux personnes et l'influence qu'elle peut exercer sur leur relation.

Nombres composés de quelques couples célèbres

3 : Katherine Hepburn (29/11) et Spencer Tracy (19/10)

4 : Lucille Ball (26/8) et Desi Arnaz (23/5)

4 : Mary Tyler Moore (34/7) et Dick Van Dyke (24/6)

4 : Tony Randall (22/4) et Jack Klugman (27/9)

5 : Ginger Rogers (26/8) et Fred Astaire (33/6)

5 : Bill Clinton (38/11) et Hillary Rodham Clinton (30/3)

6 : Gene Siskel (29/11) et Roger Ebert (31/4)

8 : Richard Rogers (29/11) et Oscar Hammerstein II (33/6)

8 : P. T. Barnum (22/4) et James A. Bailey (31/4)

9 : Dolly Parton (31/4) et Kenny Rogers (32/5)

9 : William Gilbert (29/11) et Arthur Sullivan (25/7)

9 : George Burns (27/9) et Gracie Allen (27/9)

9 : John F. Kennedy (34/7) et Jacqueline Kennedy Onassis (38/11)

9 : Le prince Charles (29/11) et la princesse Diana (25/7)

10 : Elizabeth Taylor (26/8) et Richard Burton (20/2)

11 : Roy Rogers (20/2) et Dale Evans (18/9)

11 : Jakob Grimm (26/8) et Wilhelm Grimm (30/3)

12 : Rudolf Noureev (32/5) et Margot Fonteyn (34/7)

Les nombres ne suffisent pas à expliquer pourquoi ces couples célèbres se sont formés ou pourquoi ils ont connu la célébrité. Nous savons seulement qu'ils ont réussi à travailler leur énergie de relation dans le positif en plus d'avoir à affronter lorsqu'ils se présentaient les problèmes et les aspects plus négatifs de cette énergie. Qu'il s'agisse d'une énergie individuelle ou de relation, répétons encore une fois que nous ne travaillons jamais que dans le positif ou le négatif; nous travaillons habituellement certains aspects dans le positif et d'autres dans le négatif. À longue échéance, c'est la proportion du positif et du négatif qui fait foi de tout.

Les exemples précédents sont des choix personnels, bien sûr. Le lecteur peut s'il le veut chercher à comprendre les énergies de relation qui ont pu influencer des hommes politiques comme John F. Kennedy et Fidel Castro, ou des criminels comme le couple Bonnie and Clyde.

Signification des nombres composés

On attribue au nombre composé d'une relation les mêmes énergies et la même signification qu'au but de vie principal d'un individu. Appliqués à une relation, cependant, les nombres peuvent avoir besoin d'une interprétation plus poussée.

Souvenons-nous du principe selon lequel ce que nous sommes nés pour faire – notre but de vie – n'est jamais chose facile. Ce principe s'applique à la vie des relations autant qu'à celle des individus. Si l'énergie combinée d'un couple donne un 8, par exemple, les obstacles ou les aspects négatifs qu'on associe à ce nombre nous suggèrent que ces deux personnes pourraient avoir des querelles d'argent ou se livrer à des luttes de pouvoir avant d'évoluer vers une expression plus positive de leur destinée commune, ou encore qu'elles devront peut-être se séparer si elles se montrent incapables de surmonter ces obstacles. Des associés qui ont le 4 comme nombre composé pourraient apprendre à leurs dépens qu'il est absolument nécessaire de suivre toutes les étapes d'un cheminement, mais leur association pourrait aussi être un gage de stabilité pour leur entreprise. Un couple qui a le 5 comme nombre composé devra sans doute résoudre des questions touchant à la discipline et l'équilibre dépendance/indépendance avant de connaître un sentiment de liberté à l'intérieur de leur relation. Les énergies de relation impliquent toutes la même motivation et le même travail, du négatif vers le positif. C'est en faisant ce travail que nous pouvons accomplir la destinée de nos relations. Aussi pouvons-nous dire, puisque les relations constituent en quelque sorte l'école où chacun apprend les rudiments de sa propre évolution, qu'en soignant nos relations, nous nous guérissons nous-mêmes.

Vous trouverez dans les pages qui suivent un résumé des aspects positifs et négatifs de chaque nombre composé. Comme tous les résumés, celui-ci ne fait que tracer les grandes lignes d'un tableau qui ne prétend pas aborder ni expliquer toutes les questions susceptibles de surgir au cours d'une relation. Mais il peut nous mettre sur la bonne piste en attirant notre attention sur les énergies et les questions spécifiques de chacun des nombres. Il révèle la dynamique interne d'une relation, ses forces et ses tendances, ses questions prioritaires ainsi que son but le plus élevé. Les nombres composés peuvent aussi montrer les pièges à éviter et les obstacles à surmonter.

La santé et la longévité d'une relation entre deux personnes dépendent non pas de leur nombre composé mais bien de la façon, positive ou négative, dont elles travaillent ensemble cette énergie.

Les personnes qui ont des relations difficiles travaillent ces énergies le plus souvent dans le négatif; les personnes heureuses, qui vivent des relations satisfaisantes, travaillent ces énergies le plus souvent dans le positif. Les relations, comme les individus, ont des aspects positifs et négatifs, et elles passent parfois d'un extrême à l'autre.

Comprendre l'énergie composée

1. Pour comprendre l'énergie d'un nombre composé, relisez dans la deuxième partie le chapitre consacré au nombre de base correspondant. Par exemple, si le nombre composé de la relation est 6, relisez le chapitre traitant l'énergie du 6: Vision et acceptation (p. 117); considérez la relation à la lumière de ces informations.

   ❖ N.B.: Si le nombre composé est un nombre de deux chiffres, relisez toute l'information concernant les deux nombres en question. Par exemple, si le nombre composé de la relation est 10: Créativité et confiance plus dons intérieurs; relisez le chapitre du 1 (p. 64) et celui du 0 (p. 161).

2. Lisez le résumé qui suit des aspects négatifs et positifs des énergies composées.

3. Quant au nombre composé de la relation qui vous intéresse plus particulièrement, répondez aux questions posées à la fin du résumé.

4. Revoyez les lois spirituelles dont dépend le nombre composé de cette relation.

Aspects positifs et négatifs des énergies composées

Notez que le 1 ne peut pas être un nombre composé en tant que tel mais on le retrouve à l'intérieur du 10 (p. 573), du 11 (p. 574) et du 12 (p. 575).

2 : Coopération et Équilibre

Aspects positifs

La relation 2 peut refléter une énergie de soutien mutuel, de loyauté, de sécurité et de force. Au sein de cette puissante énergie de soutien mutuel et de coopération au travail et dans la famille, chaque personne complète et balance les efforts de l'autre ; une harmonie de logique et d'émotion règne.

Aspects négatifs

La relation 2 peut souffrir d'un repli sur soi ou d'une force de résistance sur le plan affectif, de confusion, d'un certain déséquilibre, ou par suite d'une lutte entre l'esprit d'une personne et les émotions de l'autre. Elle peut aussi souffrir de ne pas avoir défini clairement les limites où commencent et s'arrêtent les responsabilités de chacun. La dépendance affective, caractérisée par la surcoopération, puis le repli sur soi et l'amertume, peut aussi devenir un problème.

Questions clés

- ❖ Qu'aimons-nous faire ensemble ?
- ❖ Avons-nous réussi à faire l'équilibre de nos différents besoins ?
- ❖ Comment partageons-nous les responsabilités ?

Lois spirituelles pour la relation 2

- ❖ Loi de la Responsabilité (p. 471).
- ❖ Loi de la Flexibilité (p. 456).
- ❖ Loi de l'Équilibre (p. 478).

3 : Expression et Sensibilité

Aspects positifs

La relation 3 peut créer une profonde empathie fondée sur l'expression et le partage des émotions ; ainsi les deux personnes se sentent unies par l'intelligence qu'elles ont l'une de l'autre. L'honnêteté est la pierre de touche et la conversation est stimulante. L'énergie du 3 fait naître des amours passionnées et de solides amitiés.

Aspects négatifs

La relation 3 peut souffrir d'un déséquilibre entre les besoins de recevoir et les capacités de donner ; d'une forme d'apitoiement ou de dépression causée par une trop grande sensibilité et le refoulement des émotions, comme il arrive par exemple lorsque l'une des deux ou les deux personnes disent ce qu'elles pensent au lieu de dire ce qu'elles ressentent.

Questions clés

- ❖ Nous encourageons-nous l'un l'autre à surmonter nos doutes ?

- ❖ Écoutons-nous aussi bien que nous parlons ?
- ❖ Exprimons-nous ouvertement et honnêtement nos émotions et nos besoins ?

Lois spirituelles pour la relation 3

- ❖ Loi de l'Équilibre (p. 478).
- ❖ Loi de l'Honnêteté (p. 525).
- ❖ Loi des Choix (p. 461).

4 : *Stabilité et Méthode*

Aspects positifs

La relation 4 est une bonne base sur laquelle on peut fonder une famille ou une entreprise. Chaque personne contribue à créer un sentiment de sécurité. Chacun donne l'heure juste de sorte qu'il ne peut subsister aucun malentendu et que le succès des buts communs est presque assuré. Que ces personnes soient parentes ou non, elles ont ensemble le sentiment de former une « famille ».

Aspects négatifs

La relation 4 peut se sentir accablée sous le poids des responsabilités ou des obligations, et il peut y avoir de fréquentes disputes au sujet de la famille et des parents. Des ambitions trop grandes et des projets trop imprécis peuvent causer un stress, une certaine frustration et même l'échec de la relation. Une impression d'entêtement, d'ambitions conflictuelles et d'instabilité se dégage de la relation.

Questions clés

- ❖ Quel cheminement méthodique pourrait nous mener tous les deux où nous voulons aller ?

- ❖ Quelle est la prochaine étape si nous voulons nous apporter l'un à l'autre un plus grand soutien ?

- ❖ Avons-nous appris à estimer pareillement la logique et les émotions ?

Lois spirituelles pour la relation 4

- ❖ Loi de la Méthode (p. 485).
- ❖ Loi des Cycles (p. 549).
- ❖ Loi des Comportements (p. 489).

5 : *Liberté et Discipline*

Aspects positifs

La relation 5 peut être une porte qui s'ouvre sur un sens de l'aventure qui ne faiblit pas même au contact de la réalité quotidienne ; elle apporte des expériences nouvelles et une forme d'interdépendance qui rapprochent les deux personnes encore davantage. Il n'y a pas de limites présumées et les deux personnes sont libres d'être elles-mêmes.

Aspects négatifs

La relation 5 peut souffrir de conflits internes et de l'éparpillement des buts ; d'un déchirement entre la dépendance et le désir d'indépendance ; d'un manque de confiance ; on peut avoir l'impression d'aller dans des directions différentes ou dans trop de directions à la fois ; ou l'impression de s'être laissé prendre au piège.

Questions clés

- ❖ Quelles sont les priorités de chacun et quelle sorte de discipline nous sommes-nous imposée ?

- ❖ Lorsque nous voulons vivre de nouvelles aventures, qui nous en empêche vraiment ?

❖ Comment pourrions-nous nous aider l'un l'autre à connaître la liberté intérieure ?

Lois spirituelles pour la relation 5

❖ Loi de la Discipline (p. 495).

❖ Loi de l'Action (p. 543).

❖ Loi de l'Équilibre (p. 478).

6 : Vision et Acceptation

Aspects positifs

La relation 6 possède une clarté et une pureté qui lui sont propres. Elle est habituellement fondée sur un engagement sincère envers la croissance intérieure et l'amélioration de soi, engagement qui fait ressortir ce qu'il y a de mieux chez les deux personnes. Il y règne un sentiment d'optimisme et d'acceptation mutuelle grâce auquel les idéaux et les visions peuvent prendre forme, nourrir et stimuler les deux personnes.

Aspects négatifs

La relation 6 peut souffrir d'une tendance au découragement et à la critique. Les deux personnes se jugent elles-mêmes indignes de leurs propres idéaux ; mal servies par leurs attentes irréalistes, ce qui leur apparaissait comme parfait au début finit par leur sembler plein d'imperfections. Les deux personnes peuvent tenter de s'améliorer l'une l'autre de façon superficielle ; elles se critiquent l'une l'autre, cherchent la petite bête.

Questions clés

❖ Sous quels rapports nous apprécions-nous l'un l'autre ?

❖ Quelle est notre vision commune ?

❖ Comment pouvons-nous pratiquer l'acceptation totale et sans réserve ?

Lois spirituelles pour la relation 6

- ❖ Loi de la Perfection (p. 500).
- ❖ Loi de la Flexibilité (p. 456).
- ❖ Loi de l'Intuition (p. 536).

7 : Foi et Ouverture

Aspects positifs

La relation 7 génère un sentiment d'ouverture et de confiance fondé sur l'expression franche des émotions et la compréhension mutuelle. Les deux personnes encouragent l'introspection et l'évolution intérieure, et la relation elle-même est dédiée à la croissance mutuelle.

Aspects négatifs

La relation 7 peut souffrir d'un manque de confiance mutuelle, d'où les malentendus, la paranoïa et la souffrance émotive, la peur d'être trahi et le sentiment d'avoir commis une faute, d'avoir quelque chose à cacher. Chaque personne compte sur l'autre pour se sentir complète ou comblée.

Questions clés

- ❖ Y a-t-il des choses dont nous n'avons jamais parlé parce que nous avions honte ou peur ?
- ❖ Que pourrions-nous faire pour favoriser notre croissance et notre évolution communes ?
- ❖ Comment pourrions-nous développer un sentiment durable de confiance l'un envers l'autre ?

Lois spirituelles pour la relation 7

- ❖ Loi de la Foi (p. 514).
- ❖ Loi du Non-jugement (p. 509).
- ❖ Loi des Attentes (p. 520).

8 : Abondance et Pouvoir

Aspects positifs

La relation 8 reflète le jeu des concessions mutuelles ; chacun donne un peu de son pouvoir au bénéfice de l'union, d'où un sentiment d'abondance et une réelle abondance. Ici, l'harmonie mentale ouvre la voie à un amour vraiment désintéressé.

Aspects négatifs

La relation 8 peut être le théâtre de luttes pour le contrôle et l'autorité, et, ultimement, d'une guerre ouverte entre deux volontés opposées. L'argent peut venir à manquer. Il peut y avoir un trop grand désir de recevoir sans avoir à donner ou à faire ce qui est nécessaire ; l'opportunisme de chacun nuit à la communion véritable des deux.

Questions clés

❖ Que pouvons-nous nous donner l'un à l'autre ?

❖ L'un des deux sent-il le besoin de contrôler l'autre ? Si oui, pourquoi ?

❖ Comment pouvons-nous, ensemble, connaître un sentiment d'abondance ?

Lois spirituelles pour la relation 8

❖ Loi de l'Honnêteté (p. 525).

❖ Loi de la Volonté supérieure (p. 531).

❖ Loi de l'Action (p. 543).

9 : Intégrité et Sagesse

Aspects positifs

La relation 9 est fondée ou se développe sur un lien profond de compassion et de tolérance ; ces individus sont ensemble pour apprendre la vie et l'intégrité par l'expérience de leur dissemblance; c'est une rare occasion de croissance intérieure et de tolérance mutuelle qui s'offre à eux s'ils savent respecter ce qui les différencie.

Aspects négatifs

La relation 9 peut entraîner un sentiment de solitude, les deux personnes se sentant coupées l'une de l'autre et même coupées d'elles-mêmes. Les deux peuvent faire l'expérience de la même ambivalence au sujet de l'autre: «Peux pas vivre avec, peux pas vivre sans.» Il peut y avoir de sévères conflits d'opinions, car ces deux personnes voient la vie différemment.

Questions clés

- ❖ Tentons-nous tous les deux d'imposer nos opinions à l'autre?

- ❖ En quoi apprécions-nous et respectons-nous ce qui nous distingue?

- ❖ Ignorons-nous que si chacun est seul à savoir, d'une certaine manière, ce qui est bon pour lui, il ne sait pas pour autant ce qui est bon pour l'autre?

Lois spirituelles pour la relation 9

- ❖ Loi de la Volonté supérieure (p. 531).
- ❖ Loi du Non-jugement (p. 509).
- ❖ Loi de l'Intuition (p. 536).

10 : Créativité et Confiance plus Dons intérieurs

Aspects positifs

La relation 10 présente l'intensité et l'intimité des relations entre frères et sœurs; tout se passe comme si les deux personnes se connaissaient avant de s'être rencontrées; ce lien génère une énergie passionnée qui peut être canalisée dans une voie spirituelle ou matérielle et qui se manifeste par le service et le partage de la créativité.

Aspects négatifs

La relation 10 peut souffrir de fréquentes disputes, et les susceptibilités inavouées sont souvent froissées. Les deux personnes ont l'esprit de compétition et parce que ni l'une ni l'autre ne veut perdre la face, elles peuvent finir par être irritées ou se sentir insécurisées. Des dépendances attribuables au stress peuvent en résulter.

Questions clés

- ❖ Quelles ressources générons-nous ensemble que nous ne pourrions générer individuellement?
- ❖ Lorsque l'un des deux se sent passionné ou blessé, le dit-il?
- ❖ Quelle somme d'énergie nous apportons-nous l'un à l'autre?

Lois spirituelles pour la relation 10

- ❖ Loi des Choix (p. 461).
- ❖ Loi du Non-jugement (p. 509).
- ❖ Loi de la Volonté supérieure (p. 531).

11: Double Créativité et Confiance

Aspects positifs

La relation 11 produit des étincelles d'énergie créatrice qui, lorsqu'elles sont bien dirigées, peuvent générer un magnétisme particulier (sexuel ou autre); ces personnes peuvent créer tout ce qu'elles veulent ensemble. Elles sont comme l'oxygène et le feu. Le 11 pourrait aussi donner, par l'addition des deux chiffres, une somme de 2, d'où l'importance de la coopération dans ce type de relation.

Aspects négatifs

La relation 11 peut souffrir d'un blocage d'énergie créatrice ou d'une énergie mal dirigée qui finit par exploser dans une dépendance commune ou dans la violence physique. Les deux partenaires vivent ensemble une relation du type classique amour/haine, caractérisée par une grande insécurité et une intense attraction sexuelle. Cette énergie est rarement ennuyeuse.

Questions clés

❖ Qu'est-ce qui m'excite dans cette relation ?

❖ Lorsque nous nous disputons, comment pourrions-nous transformer cette énergie en amour ?

❖ Comment exploitons-nous ou freinons-nous notre énergie commune ?

Lois spirituelles pour la relation 11

❖ Loi des Choix (p. 461).

❖ Loi de la Responsabilité (p. 471).

❖ Loi de l'Action (p. 543).

12 : Coopération créatrice

Aspects positifs

La relation 12 implique un travail d'équipe productif, chacun contribuant à l'interdépendance de l'ensemble. Nous avons ici des énergies complémentaires, une force de partage et des contributions désintéressées à la cause commune – on cherche à savoir non pas qui a tort et qui a raison mais ce qui est bien pour l'union. Le 12 pourrait, par l'addition de ses deux chiffres, donner la somme de 3, d'où l'importance d'une expression émotionnelle complète et honnête.

Aspects négatifs

La relation 12 peut souffrir de conflits égotistes et de créativité bloquée. Il est tout à fait vrai ici que « l'union fait la force »; séparés, ces individus refoulent leurs énergies et ne voient partout que frustration et dissension. L'expression de soi est étouffée, comme un formidable train retenu en gare.

Questions clés

❖ Que pouvons-nous faire pour nous soutenir l'un l'autre ?

❖ En quelles occasions faisons-nous le meilleur travail en commun ?

❖ Comment pouvons-nous trouver un juste milieu entre donner trop et pas assez ?

Lois spirituelles pour la relation 12

❖ Loi de la Responsabilité (p. 471).

❖ Loi de l'Honnêteté (p. 525).

❖ Loi des Choix (p. 461).

Comprendre les relations

Conjoints, amants, partenaires, compagnons, membres d'une même famille ou associés en affaires, tous ceux qui mettront en application leur connaissance des nombres de naissance feront l'expérience d'une plus grande empathie à l'égard de leurs semblables, empathie qui donnera lieu à des communications améliorées, à des démonstrations d'affection, de bonne volonté, de soutien mutuel et de bonne humeur.

Le nombre composé d'une relation et les énergies qui lui sont propres mettent en lumière les principales questions auxquelles les deux personnes devront faire face ensemble. Toutefois, aucun système ne peut nous faire pénétrer dans la vie privée d'un couple; seules ces deux personnes connaissent vraiment la dynamique interne de leur relation; elles sont seules face à leurs difficultés, seules à apprendre leurs leçons. Leurs pensées, leurs émotions les plus intimes, nous ne les connaîtrons jamais de l'extérieur, car elles doivent mener leur propre combat seul à seul et à leur façon.

Savoir est source de pouvoir; cela peut aussi être source de compassion. En prenant connaissance des défis et des épreuves auxquels les autres sont confrontés, nous comprenons et apprécions mieux nos propres défis, épreuves et habiletés. Il arrive souvent que nous projetions nos propres préoccupations sur notre partenaire. Quelqu'un qui travaille le 6 pourra penser à tort que son conjoint le juge, ou bien il choisira inconsciemment un partenaire critiqueur et prompt à juger dans le but de résoudre sa propre tendance à juger les autres. Quelqu'un qui travaille l'énergie du 9 pensera peut-être que son partenaire est trop dogmatique. Il est bon que nous réfléchissions aux choses qui nous plaisent et à celles qui nous déplaisent chez notre partenaire; ce qui nous déplaît chez l'autre représente souvent un aspect refoulé de notre propre personnalité.

Lorsque nous réussissons à comprendre la dynamique d'une relation, à distinguer par exemple les énergies individuelles de l'énergie produite en commun, la relation elle-même devient une aide précieuse pour notre compréhension du monde, pour notre éveil et pour notre croissance personnelle.

Les relations répondent à des besoins réciproques. Dans le positif, elles nous apportent la joie; dans le négatif, nous ne pouvons manquer d'en tirer des leçons. Grâce à ces leçons, nous découvrons un autre chemin vers la lumière, car tous les chemins mènent à l'illumination.

LES CYCLES DE NEUF ANS

Toute la puissance du monde
se déploie en formant des cercles,
et toutes les choses de la terre cherchent à devenir rondes.
Le ciel est rond, et j'ai entendu dire
que la terre est comme un ballon,
de même que les étoiles.
Le vent, à son plus fort, tourbillonne ;
les oiseaux font leurs nids en rond,
car ils ont la même religion que nous.
Le soleil et la lune, tous deux ronds,
vont et viennent en traçant des cercles.
Même les saisons, dans leurs changements,
forment un cercle immense,
et toujours elles reviennent à leur point de départ.
La vie d'une personne est un cercle
qui va de l'enfance à l'enfance,
et c'est ainsi pour toutes choses que la puissance du monde anime.

ÉLAN NOIR

La Loi des Cycles (p. 549) nous rappelle que le temps est fait de cercles et de spirales dont les révolutions et les rythmes se répètent à l'infini. L'univers est en expansion, puis en contraction ; son rythme est celui d'une respiration qui s'allonge sur des milliards d'années ; chaque année, les saisons passent et reviennent ; l'eau tombe du ciel, puis remonte vers le ciel et se condense, avant de retomber encore. Partout on voit des rythmes et des cycles.

Nous faisons également l'expérience de cycles plus petits qui passent souvent inaperçus parmi les affaires quotidiennes – des vagues d'énergie qui apparaissent, disparaissent, réapparaissent; et avec chaque expérience dont nous tirons une leçon, elles s'élèvent peu à peu sur la spirale du temps, s'élevant toujours plus haut vers notre destinée.

Les nombres de 1 à 9 nous fournissent la clé d'un certain type de cycles. L'observation des rythmes et des cycles de notre vie nous permet de synchroniser nos désirs personnels avec des forces et des rythmes plus grands : nous savons quand agir et quand nous retenir d'agir ; nous voguons sur la crête d'une vague d'énergie comme nous nageons avec le courant dans la rivière du temps ; et nous nous sentons des affinités profondes avec le monde naturel.

Bien que nous gardions notre nombre de naissance et les énergies qui lui sont propres pour toute une vie, nous faisons également l'expérience de cycles réguliers et progressifs qui nous font passer par toutes les énergies fondamentales exprimées par les nombres de 1 à 9. L'année de notre naissance correspond à notre but de vie principal ; l'année d'après, nous subissons l'influence du nombre suivant, et ainsi de suite jusqu'à 9, puis nous commençons un nouveau cycle. En plus de notre nombre de naissance et de notre chemin de vie, il faut donc tenir compte des cycles de neuf ans, car chaque année nous subissons l'influence marquée d'un nombre différent ; et chaque année apporte donc de nouvelles questions et de nouvelles opportunités.

Nous utiliserons pour décrire les énergies de chaque année du cycle des termes comme cycle des semences, croissance, développement, récolte et labour d'automne, travail préparatoire en vue du prochain cycle. Cette métaphore peut paraître abstraite – jusqu'au moment où nous constatons, après avoir déterminé les nombres de notre propre cycle, à quel point ses conseils peuvent nous être utiles au moment opportun.

Les cycles de neuf ans

1 : Créativité et Confiance

La première année du cycle est celle de la créativité ; c'est le temps de mettre en terre les nouvelles graines, de s'ouvrir à de nouvelles avenues en toute confiance. La graine est semée mais elle n'a pas encore percé le sol. C'est un temps pour se préparer et pour semer, un temps pour prendre des résolutions et pour tracer des plans. Cela peut aussi vouloir dire un retour aux études, se remettre en forme physiquement ou déménager – faire peau neuve. Au début du printemps, la neige commence à peine à fondre.

2 : Coopération et Équilibre

La deuxième année, la graine a besoin d'une aide extérieure, elle a besoin de soleil, de terre et d'eau. Dans la vie, la deuxième année du cycle signifie travailler avec d'autres personnes, découvrir ses propres limites et se définir soi-même en fonction de ses rapports avec les autres, soit dans ses loisirs soit durant l'apprentissage d'un nouveau métier. Des liens nouveaux, des alliances et des groupes de soutien prennent forme. La terre se réchauffe.

3 : Expression et Sensibilité

La troisième année, la graine perce le sol et reçoit la lumière du soleil ; c'est un temps pour se faire voir et pour croître avec prudence. La pousse est encore verte et fragile. Un sentiment de vulnérabilité peut s'installer, des doutes peuvent surgir : « En suis-je capable ? » Notre horizon s'élargit ; nous voyons et expérimentons plus de choses. Le printemps est déjà bien avancé.

4 : Stabilité et Méthode

La quatrième année, la plante est plus grosse et plus forte, et ses racines plongent plus profondément dans le sol. C'est le temps d'acquérir une certaine stabilité; un âge critique où il faut prendre soin non pas de son apparence extérieure mais de ses racines. C'est un temps pour réfléchir au passé et songer à l'avenir, un temps pour faire tout ce qu'on a pu négliger de faire jusque-là, un temps pour reprendre des forces et pour s'assurer que sa préparation est complète. L'été approche à grands pas.

5: *Liberté et Discipline*

La cinquième année du cycle, l'arbre commence à fleurir et sa présence attire d'autres formes de vie – des oiseaux, des abeilles, des créatures de la forêt. De la même façon, si on a bien fait son travail et si le sol est riche, si on a fait bon usage des quatre premières années du cycle, c'est maintenant le temps des opportunités, des occasions et du plus grand choix. Le verger porte ses premiers fruits. C'est le temps des célébrations. L'été est arrivé.

6: *Vision et Acceptation*

La sixième année est un temps pour donner, pour partager la récolte avec tous ceux qui voudront bien manger le fruit de l'arbre, c'est le temps de remplir les verres, sagement et consciencieusement, le temps de mettre en commun sa bonne fortune. C'est un temps de générosité et d'abondance mais c'est aussi un temps pour accepter et apprécier la vie dans son ensemble avec tout ce qui a été hier, tout ce qui aujourd'hui est en devenir et tout ce qui demain sera. C'est la fin de l'été.

7: *Foi et Ouverture*

La septième année, il est temps de montrer sa gratitude envers la source de tous les arbres et de tous les fruits. Sans pour autant oublier ses buts, c'est un temps pour ralentir, pour se relaxer et s'amuser, un temps pour regarder en arrière et tirer les leçons des six dernières années : l'impulsion créatrice de la première année ; le travail d'équipe et la coopération de la deuxième année ; la vulnérabilité et les doutes que l'on a surmontés durant la troisième année ; le travail de rattrapage et de consolidation de la quatrième année ; la récolte de la cinquième année et le partage de la sixième. À cela s'ajoute maintenant la gratitude de cette septième année, car toutes les épreuves passées ont contribué au moment présent. L'automne est arrivé.

8 : *Abondance et Pouvoir*

La huitième année est l'année de la récolte ; à ceux qui s'y mettent avec enthousiasme et assurance, l'année apporte d'abondantes récompenses, fruits des sept années précédentes. La récolte est directement proportionnelle à la qualité de tout ce qui a précédé. C'est maintenant un arbre adulte, grand, fort et précieux qui offre ses fruits. Les feuilles d'automne, agitées par le vent du changement qui se lève lentement, ont des reflets dorés, puis des reflets irisés, signe que l'automne tire à sa fin.

9 : *Intégrité et Sagesse*

La neuvième année est un temps d'achèvement, de détente et de réflexions paisibles, prélude à la véritable sagesse – c'est le temps de regarder en arrière mais il faut comprendre que tous les cycles ont une fin, puis un recommencement. Inutile de s'attacher, car toutes choses doivent passer ; l'automne est terminé, et il est temps maintenant de retourner la terre en prévision des semences futures qui ramèneront l'espoir et la vie ; ainsi le prochain cycle sera plus riche de la sagesse acquise durant celui-ci. La présence douce amère de l'hiver ramène un temps de silence intérieur et de tranquillité. Alors il faut attendre que la lumière revienne.

Les exercices suivants vous expliquent comment déterminer le nombre et l'énergie de n'importe quelle année de votre vie et vous aident à mieux apprécier les cycles changeants d'énergies et d'opportunités.

Comment déterminer où vous vous situez dans le cycle de neuf ans

1. Écrivez le jour et le mois de votre naissance mais au lieu de l'année de votre naissance, prenez l'année en cours.

   ❖ Exemple : J'écris ce livre en 1993 ; aussi, pour déterminer l'énergie de cette année, je remplace l'année de ma naissance par 1993 : 22-02-1993. Bien sûr, le lecteur devra remplacer 1993 par l'année en date de laquelle il lira ce livre.

2. Suivez les étapes décrites en pages 24-25 pour déterminer le nombre de naissance en vous servant cette fois de l'année en cours au lieu de l'année de votre naissance. Dans mon cas, pour l'année 1993, 22-02-1993 devient $2 + 2 + 0 + 2 + 1 + 9 + 9 + 3 = 28 = 2 + 8 = 10$. C'est donc pour moi le début d'un nouveau cycle, avec le 0 représentant les dons intérieurs ; parce que nous additionnons ensuite $1 + 0$, cette année est une « année 1 ». Je suis donc, en 1993, dans la première année d'un nouveau cycle de neuf ans. Le nouveau cycle commence le jour même de votre anniversaire.

3. En prenant toujours le même exemple, nous pouvons voir que les derniers nombres suivent une progression régulière tout au long du cycle :

   ❖ L'année prochaine, 22-02-1994 donnera $29 = 2 + 9 = 11 = 1 + 1 = 2$, donc la deuxième année du cycle.

   ❖ Notez que si la somme obtenue est un nombre de deux chiffres, on additionne ces deux chiffres une autre fois pour obtenir le nombre de l'année à l'intérieur du cycle.

   ❖ L'année suivante, 22-02-1995 donnera $30 = 3 + 0 = 3$, la troisième année du cycle. Et ainsi de suite, jusqu'à la neuvième année.

4. Voici d'autres exemples choisis au hasard pour illustrer la progression régulière des cycles :

❖ Abe, né le 11-01-1940 :

◆ $1 + 1 + 0 + 1 + 1 + 9 + 4 + 0 = 17 = 1 + 7 = 8$;

c'est la huitième année du cycle de neuf ans.

◆ L'année suivante, 11-01-1941 :

$1 + 1 + 0 + 1 + 1 + 9 + 4 + 1 = 18 = 1 + 8 = 9$;

c'est le commencement de la neuvième année du cycle de neuf ans.

◆ L'année suivante, 11-01-1942 :

$1 + 1 + 0 + 1 + 1 + 9 + 4 + 2 = 19 = 1 + 9 = 10 = 1 + 0 = 1$;

c'est la première année d'un nouveau cycle de neuf ans.

◆ L'année suivante, 11-01-1943 :

$1 + 1 + 0 + 1 + 1 + 9 + 4 + 3 = 20 = 2 + 0 = 2$;

c'est la deuxième année du cycle de neuf ans, et ainsi de suite.

◆ En l'an 1993, Abe calculerait 11-01-1993 :

$1 + 1 + 0 + 1 + 1 + 9 + 9 + 3 = 25 = 2 + 5 = 7$;

c'est la septième année du cycle de neuf ans.

❖ Carrie, née le 17-09-1957 :

◆ $1 + 7 + 0 + 9 + 1 + 9 + 5 + 7 = 39 = 3 + 9 = 12 = 1 + 2 = 3$;

c'est la troisième année du cycle de neuf ans.

◆ L'année suivante, 17-09-1958 :

$1 + 7 + 0 + 9 + 1 + 9 + 5 + 8 = 40 = 4 + 0 = 4$;

c'est la quatrième année du cycle de neuf ans.

◆ L'année qui suit, 17-09-1959 :

$1 + 7 + 0 + 9 + 1 + 9 + 5 + 9 = 41 = 4 + 1 = 5$;

c'est le commencement de la cinquième année du cycle de neuf ans, et ainsi de suite.

◆ En l'an 1993, Carrie calculerait 17-09-1993 :

$1 + 7 + 0 + 9 + 1 + 9 + 9 + 3 = 39 = 3 + 9 = 12 = 1 + 2 = 3$;

la troisième année du cycle de neuf ans.

Rétrospective des événements marquants de votre vie

1. Avant toute chose, écrivez sur une feuille de papier l'année de votre naissance. Juste en-dessous, écrivez l'année suivante. Et en-dessous, l'année qui suit, puis la suivante, et ainsi de suite jusqu'à l'année en cours. (Si vous avez quatre-vingt-six ans, ça peut être un peu long!)

2. En remontant aussi loin que possible dans le passé, écrivez tous les événements marquants, positifs et négatifs, qui vous viennent à l'esprit, à côté de l'année où ils se sont produits. L'exercice sera plus profitable si vous arrivez à vous remémorer un grand nombre d'événements, mais même si vous ne vous souvenez que de quelques dates et de quelques événements, cet exercice sera quand même très révélateur.

3. À gauche de l'année de votre naissance, écrivez votre but de vie principal (de 1 à 9, 10, 11 ou 12); par exemple, si votre nombre de naissance est 33/6, écrivez 6 à gauche de l'année de votre naissance; ensuite, à gauche de l'année qui suit, vous écrivez 7, puis 8, puis 9, puis 1, 2, et ainsi de suite pour toutes les années de votre vie qui se trouvent ainsi groupées en cycles de neuf ans. Maintenant, pour chaque année de votre vie, vous pouvez voir à quelle place vous étiez dans le cycle de neuf ans.

   ❖ Notez que si votre but de vie principal est un nombre de deux chiffres (comme dans 39/12), vous devez additionner ces deux chiffres (1 + 2 dans ce cas-ci) afin de trouver votre place (3 dans notre exemple) dans le cycle de neuf ans.

4. Repensez à toutes les années 1, les commencements de nouveaux cycles, et voyez si cela vous dit quelque chose; puis repensez aux années 2 (coopération), et voyez si cela jette une lumière nouvelle sur les événements marquants de votre vie. Faites de même pour les années 3, 4, 5, 6, 7, 8 et 9.

5. Y a-t-il eu des années qui furent particulièrement heureuses? Avez-vous remarqué des répétitions significatives? Lorsqu'une année 8 apportait récompenses et abondance,

que faut-il en conclure à propos des années qui ont précédé ? Si vous vous êtes obstiné dans vos vieilles habitudes tout au long d'un cycle de neuf ans et jusque dans le prochain cycle, comment votre vie en a-t-elle été affectée ?

Ce que les cycles nous apprennent

À moins que votre nombre de naissance ne soit 19/10, 28/10, 37/10 ou 46/10, la première année de votre vie ne correspondra pas à la première année de votre premier cycle de neuf ans. Par exemple, je suis né le 22-02-1946, donc dans la huitième année du cycle de neuf ans. Ma vie à moi venait à peine de commencer, mais j'étais né au sein d'une énergie d'abondance et de pouvoir qui influençait mes parents et moi aussi. (Tant qu'un enfant ne s'est pas complètement individualisé, l'énergie de son nombre de naissance reflète souvent ce que ses parents sont en train de vivre, d'autant plus que durant son développement l'enfant est dépendant de ses parents et très impressionnable.)

En regardant votre propre cycle, vous remarquerez que les années 1 impliquent souvent une sorte de recommencement et que les années 9 plus souvent qu'autrement impliquent la fin de quelque chose. La correspondance ne sera peut-être pas toujours exacte, mais vous remarquerez sans doute des similitudes entre les années 1, les années 2, etc. – le même genre d'événements ou d'influences. Plus vous avancerez dans l'analyse ou la contemplation de ces données, mieux vous saisirez l'importance des rythmes et des cycles de votre vie ; et vous y gagnerez un sens de la perspective qui vous aidera à prévoir quelles tendances, énergies et occasions réapparaîtront dans les années qui viennent.

Suivre le rythme des cycles

En ce qui concerne les circonstances actuelles de notre vie, les occasions, les changements et les problèmes auxquels nous faisons face maintenant, la compréhension des cycles de neuf ans nous apporte une nouvelle faculté de discernement, de patience et de sagesse. Si votre manque d'abondance vous frustre, savoir que vous êtes dans une année 3, par exemple, peut aider. Au lieu d'espérer une récolte instantanée, vous pouvez vous adapter à l'énergie de la présente année et en tirer le meilleur parti possible en rouvrant les lignes de communication, en exprimant honnêtement vos besoins et vos sentiments, en assurant la stabilité des fondations dont vous aurez besoin quand viendra l'heure de la récolte (année 8). Abordez chaque année dans l'esprit de mettre à profit l'énergie qui lui est propre; en bâtissant chaque année sur la base des acquis de l'année précédente, on s'assure de la plus riche récolte possible.

Ceux qui sèment au printemps, puis coopèrent avec les autres, ensuite surmontent leurs doutes, et enfin tirent le meilleur parti possible de chacune des années de leur cycle, ceux-là font les meilleures récoltes. Puis, quand vient le temps de faire une croix sur le passé, ils se préparent au cycle qui vient.

Que nous utilisions ou non ces cycles pour prévoir l'avenir ou pour nous préparer aux années qui viennent, nous pouvons apprécier les cycles eux-mêmes et avoir la sagesse de suivre le rythme des saisons de notre vie.

ÉPILOGUE

Il n'est jamais trop tard
pour devenir ce que nous aurions pu être.

GEORGE ELIOT

Ce livre dévoile le secret d'un enseignement sacré qui fut durant des siècles entouré d'un certain mystère, transmis de génération en génération principalement par la parole. Le système But-de-vie ne s'occupe pas tant de l'amélioration personnelle que de l'amélioration de la vie. Quoiqu'il puisse éclairer votre chemin, c'est vous seul qui pouvez faire le choix de partir, d'avoir foi en vous-même et de vous discipliner. Maintenant que vous avez assimilé les points essentiels du système, les interactions et les rythmes des énergies archétypes qui façonnent nos vies vous sont devenus familiers. Vous y voyez plus clair dans votre propre vie et vous êtes à même d'apprécier le genre d'épreuves et le genre de promesses qui vous attendent. Si vous avez l'impression de savoir mieux qu'avant la direction et le sens de votre vie, alors j'ai atteint mon but en écrivant ce livre.

Finalement, en prenant un peu de recul pour mieux juger de tout cela, il me semble utile de terminer en vous rappelant ceci : il y a un temps pour l'introspection et un temps pour se tourner vers l'extérieur ; les deux sont valables. Il faut connaître le Moi avant de pouvoir le transcender. En explorant la caverne de notre psyché, nous découvrons des merveilles d'idées, de croyances et d'images, mais si nous nous laissons fasciner par les multiples facettes de notre personnalité, nous ne bougeons plus de la caverne. Souvenez-vous de la lumière au bout du tunnel ; inutile de rester dans la caverne plus longtemps qu'il ne faut. La connaissance de soi n'est pas une fin ; ce n'est qu'un début. Allons profondément en nous-même, puis au-delà de nous-même.

Après avoir traversé la rivière du Moi, nous n'avons plus besoin de radeau. Après avoir exploré tous les coins et recoins de nous-même, à tel point que la lumière de la connaissance brille à travers notre transparence, nous voyons enfin l'Esprit qui brille en chacun de nous.

Toutes les lois décrites dans ce livre viennent en second derrière la Loi de l'Amour. Ce n'est pas une figure poétique, une métaphore ; je l'entends au sens littéral. Les systèmes d'analyse et d'introspection ont tendance à faire de nous des observateurs de nous-même, retirés dans notre tête. Il y a certainement de la place pour l'analyse dans une vie, mais elle demeure subordonnée à l'amour et à la bonté. Si nous avons perdu le contact avec la sagesse de notre cœur, alors aucune méthode ne peut plus nous aider ; si nous aimons, alors rien d'autre n'est nécessaire. Si ce livre peut aider à dégager les obstructions qui emprisonnent l'amour à l'intérieur de nous, alors notre amour pourra enfin se déployer librement dans le monde et se mettre avec joie au service de la cause commune.

Mon plus grand espoir est que vous fassiez bon usage de ce que vous avez appris. Étudiez ce système, appliquez-le, incarnez-le, puis mettez-le de côté ; ce n'était qu'une étape sur la route de l'illumination. Reposez-vous l'esprit dans l'éternel présent, mais gardez les yeux braqués sur les plus hautes possibilités de votre chemin de vie. Faites confiance à l'avenir, conservez votre sens de l'humour, et par-dessus tout, souvenez-vous qu'il n'est jamais trop tard pour vivre la vie que vous êtes censé vivre.

APPENDICE
NOMBRES DE NAISSANCE
DE PERSONNES CÉLÈBRES

Il faut affronter la réalité
avec une pointe d'humour ;
autrement, on passe à côté.

LAWRENCE DURRELL

Chaque nombre de naissance dévoile les tendances, les aspirations, les qualités et les obstacles spécifiques d'un chemin de vie ; les nombres ne vont pas jusqu'à suggérer une sphère d'activités ou une occupation précise puisque plusieurs autres facteurs influencent notre choix de carrière. Les nombres reflètent des qualités intérieures qui peuvent être mises en valeur de différentes manières. Des personnes ayant le même nombre de naissance réussissent à s'épanouir dans des domaines très différents. Nous disposons tous de ressources personnelles qui complètent les énergies et tendances de notre chemin de vie.

Dans la mesure où nous pouvions être sûrs des dates de naissance, nous nous sommes assurés de l'exactitude de tous les nombres de naissance apparaissant sur cette liste. Cependant, bien que nous ayons vérifié deux fois plutôt qu'une chaque nom, date et nombre de naissance, toutes les sources ne s'accordent pas toujours.

La liste alphabétique suivante est une sorte d'index facile à consulter mais elle n'est certainement pas exhaustive ; des milliers de personnes talentueuses et des personnages historiques importants n'y figurent pas parce qu'ils n'apparaissaient pas sur les banques de données dont nous nous sommes servi ou encore parce que les sources ne s'accordaient pas au sujet de leur date de naissance.

En plus de ses références qui peuvent nous être utiles, cette liste a le mérite de nous rappeler que les personnes célèbres ont aussi leurs problèmes, souvent semblables aux nôtres, et qu'elles ont une vie intérieure et une vie privée qui peuvent être très différentes du rôle ou de l'image qu'elles présentent aux médias. Nous comprenons aussi qu'une personne n'a pas nécessairement travaillé tous les aspects de son chemin de vie dans le positif, qu'elle n'a pas accompli son but de vie et qu'elle n'a pas trouvé le bonheur du seul fait qu'elle est devenue célèbre. Peu importe le succès que nous obtenons dans le monde, nous avons tous des épreuves et des obstacles intérieurs à surmonter. Sur chaque chemin de vie, travaillant le même nombre de naissance, on retrouve le meilleur et le pire, car l'expression de notre destinée peut varier à l'infini, entre le négatif et le positif.

Si vous désirez connaître les dates de naissance d'autres personnes célèbres...

Aaron, Hank (05-02-1934) **24/6**
Abbot, Bud (02-10-1898) **29/11**
Abdul-Jabbar, Kareem
    (16-04-1947) **32/5**
Abernathy, Ralph (11-03-1926) **23/5**
Abzug, Bella (24-07-1920) **25/7**
Adams, John (30-10-1735) **20/2**
Adams, John Quincy (11-07-1767)
    30/3
Agnew, Spiro (09-11-1918) **30/3**
Ailey, Alvin (05-01-1931) **20/2**
Akins, Claude (25-05-1918) **31/4**
Alberghetti, Anna Maria
    (15-05-1936) **30/3**
Albert, Eddie (22-04-1908) **26/8**
Alcott, Louisa May (29-11-1832) **27/9**
Alda, Alan (28-01-1936) **30/3**
Aldrin, Edwin « Buzz »
    (20-01-1930) **16/7**
Alexander, Jane (28-10-1939) **33/6**
Alexander, Shana (06-10-1925) **24/6**
Ali, Muhammad (18-01-1942) **26/8**
Allen, Gracie (26-07-1902) **27/9**

Allen, Irwin (12-06-1916) **26/8**
Allen, Steve (26-12-1921) **24/6**
Allen, Woody (01-12-1935) **22/4**
Alpert, Herb (31-03-1935) **25/7**
Altman, Robert (20-02-1925) **21/3**
Amaji (27-09-1953) **36/9**
Ameche, Don (31-05-1908) **27/9**
Andersen, Hans Christian
    (21-04-1805) **21/3**
Anderson, Dame Judith
    (10-02-1898) **29/11**
Anderson, Jack (19-10-1922) **25/7**
Anderson, Loni (05-08-1946) **33/6**
Anderson, Marian (17-02-1902) **22/4**
Andress, Ursula (19-03-1936) **32/5**
Andrews, Julie (01-10-1935) **20/2**
Angelou, Maya (04-04-1928) **28/10**
Anka, Paul (30-07-1941) **25/7**
Ann-Margret (28-04-1941) **29/11**
Anthony, Susan B. (15-02-1820)
    19/10
Arbuckle, Fatty (24-05-1887) **35/8**
Arden, Eve (30-04-1912) **20/2**

Arkin, Alan (26-03-1934) **28/10**
Armstrong, Bess (11-12-1953) **23/5**
Armstrong, Curtis (27-11-1953) **29/11**
Armstrong, Louis (04-07-1900) **21/3**
Armstrong, Neil (05-08-1930) **26/8**
Arnaz, Desi, jr (19-01-1953) **29/11**
Arnaz, Lucie (17-07-1951) **31/4**
Arness, James (26-05-1923) **28/10**
Arnold, Eddy (15-05-1918) **30/3**
Arquette, Rosanna (10-08-1959) **33/6**
Arthur, Beatrice (13-05-1926) **27/9**
Arthur, Chester A. (05-10-1829) **26/8**
Ashe, Arthur, jr (10-07-1943) **25/7**
Asimov, Isaac (02-01-1920) **15/6**
Asner, Ed (15-11-1929) **29/11**
Assante, Armand (04-10-1949) **28/10**
Astaire, Fred (10-05-1899) **33/6**
Astin, Patty Duke (14-12-1946) **28/10**
Attenborough, Richard (29-08-1923)
  34/7
Aurobindo, Sri (15-08-1872) **32/5**
Autry, Gene (29-09-1907) **37/10**
Avedon, Richard (15-05-1923) **26/8**
Aykroyd, Dan (01-07-1952) **25/7**

Baba, Meher (25-02-1894) **31/4**
Bacall, Lauren (16-09-1924) **32/5**
Bach, Johann Sebastian (21-03-1685)
  26/8
Bacharach, Burt (12-05-1929) **29/11**
Backus, Jim (25-02-1913) **23/5**
Bacon, Francis (22-01-1561) **18/9**
Bacon, Kevin (08-07-1958) **38/11**
Baez, Joan (09-01-1941) **25/7**
Bailey, F. Lee (10-06-1933) **23/5**
Bailey, Pearl (29-03-1918) **33/6**
Baker, Joséphine (03-06-1906) **25/7**
Baldwin, Alec (03-04-1958) **30/3**
Baldwin, Faith (01-10-1893) **23/5**
Baldwin, James (02-08-1924) **26/8**
Ball, Lucille (06-08-1911) **26/8**
Ballard, Kaye (20-11-1926) **22/4**
Balsam, Martin (04-11-1919) **26/8**
Balzac, Honoré de (20-05-1799) **33/6**
Bancroft, Anne (17-09-1931) **31/4**
Bankhead, Tallulah (31-01-1903) **18/9**

Bardot, Brigitte (28-09-1934) **36/9**
Barker, Bob (12-12-1923) **21/3**
Barnard, Dr Christiaan (08-10-1922)
  23/5
Barnum, P.T. (05-07-1810) **22/4**
Barr, Roseanne (03-11-1952) **22/4**
Barrett, Rona (08-10-1936) **28/10**
Barrie, J.M. (09-05-1860) **29/11**
Barry, Gene (04-06-1922) **24/6**
Barrymore, Ethel (15-08-1879) **39/12**
Barrymore, John (15-02-1882) **27/9**
Barrymore, Lionel (28-04-1878)
  38/11
Baruch, Bernard (19-08-1870) **34/7**
Baryshnikov, Mikhaïl (28-01-1948)
  33/6
Basinger, Kim (08-12-1953) **29/11**
Bassey, Shirley (08-01-1937) **29/11**
Bateman, Jason (14-01-1969) **31/4**
Bates, Alan (17-02-1934) **27/9**
Baxter, Anne (07-05-1923) **27/9**
Baxter, Meredith (21-06-1947) **30/3**
Bean, Alan (15-03-1932) **24/6**
Bean, Orson (22-07-1928) **31/4**
Beard, James (05-05-1903) **23/5**
Beatty, Ned (06-07-1937) **33/6**
Beatty, Warren (30-03-1937) **26/8**
Beauvoir, Simone de (09-01-1908)
  28/10
Beethoven, Ludwig van (16-12-1770)
  25/7
Begin, Menahem (13-08-1913) **26/8**
Belafonte, Harry (01-03-1927) **23/5**
Bell, Alexander Graham (03-03-1847)
  26/8
Belli, Melvin (29-07-1907) **35/8**
Bellow, Saul (10-07-1915) **24/6**
Belmondo, Jean-Paul (09-04-1933)
  29/11
Belushi, Jim (15-06-1954) **31/4**
Belushi, John (24-01-1951) **23/5**
Benatar, Pat (10-01-1953) **20/2**
Bendix, William (14-01-1906) **22/4**
Ben Gourion, David (16-10-1886)
  31/4
Benjamin, Richard (22-05-1938) **30/3**

Bennett, Tony (03-08-1926) **29/11**
Benny, Jack (14-02-1894) **29/11**
Benson, Robby (21-01-1955) **24/6**
Benton, Barbi (28-01-1950) **26/8**
Berenger, Tom (31-05-1950) **24/6**
Bergen, Candice (09-05-1946) **34/7**
Bergen, Edgar (16-02-1903) **22/4**
Bergen, Polly (14-07-1930) **25/7**
Bergman, Ingmar (14-07-1918) **31/4**
Bergman, Ingrid (29-08-1915) **35/8**
Berle, Milton (12-07-1908) **28/10**
Berlin, Irving (11-05-1888) **32/5**
Bernhardt, Sarah (22-10-1844) **22/4**
Bernstein, Elmer (04-04-1922) **22/4**
Bernstein, Leonard (25-08-1918) **34/7**
Berra, Yogi (12-05-1925) **25/7**
Berry, Chuck (18-10-1926) **28/10**
Bertolucci, Bernardo (16-03-1941)
 25/7
Besant, Annie (01-10-1847) **22/4**
Bettelheim, Bruno (28-08-1903) **31/4**
Bhajan, Yogi (26-08-1929) **37/10**
Bikel, Theodore (02-05-1924) **23/5**
Bird, Larry (07-12-1956) **31/4**
Bisset, Jacqueline (13-09-1944) **31/4**
Bixby, Bill (22-01-1934) **22/4**
Blackstone, Harry, jr (30-06-1934)
 26/8
Blair, Linda (22-01-1959) **29/11**
Blake, William (28-11-1757) **32/5**
Blanc, Mel (30-05-1908) **26/8**
Blass, Bill (22-06-1922) **24/6**
Blavatsky, Madame (12-08-1831)
 24/6
Bloom, Claire (15-02-1931) **22/4**
Bochco, Steven (16-12-1943) **27/9**
Bogdanovich, Peter (30-07-1939) **32/5**
Bombeck, Erma (21-02-1927) **24/6**
Boone, Pat (01-06-1934) **24/6**
Boone, Richard (18-06-1917) **33/6**
Borg, Bjorn (06-06-1956) **33/6**
Boros, Julius (03-03-1920) **18/9**
Boswell, Tom (01-10-1927) **21/3**
Bottoms, Timothy (30-08-1951) **27/9**
Bow, Clara (06-08-1905) **29/11**
Bowie, David (08-01-1947) **30/3**

Bracken, Eddie (07-02-1920) **21/3**
Bradbury, Ray (22-08-1920) **24/6**
Bradshaw, John (29-06-1933) **33/6**
Bradshaw, Terry (02-09-1948) **33/6**
Brady, James B. (« Diamond Jim »)
 (12-08-1856) **31/4**
Brahms, Johannes (07-05-1833) **27/9**
Brando, Marlon (03-04-1924) **23/5**
Brennan, Walter (25-07-1894) **36/9**
Brezhnev, Leonid (19-12-1906) **29/11**
Bridges, Beau (09-12-1941) **27/9**
Bridges, Jeff (04-12-1949) **30/3**
Bridges, Lloyd (15-01-1913) **21/3**
Brimley, Wilford (27-09-1934) **35/8**
Brinkley, Christie (02-02-1953) **22/4**
Brinkley, David (10-07-1920) **20/2**
Broderick, Matthew (21-03-1962) **24/6**
Bronson, Charles (03-11-1922) **19/10**
Brooks, Albert (22-07-1947) **32/5**
Brooks, Gwendolyn (07-06-1917) **31/4**
Brooks, Mel (28-06-1926) **34/7**
Brosnan, Pierce (15-05-1953) **29/11**
Brown, Helen Gurley (18-02-1922)
 25/7
Brown, James (03-05-1934) **25/7**
Brown, Jerry (07-04-1938) **32/5**
Brown, Jim (17-02-1936) **29/11**
Brown, Joe E. (28-07-1892) **37/10**
Browning, Elizabeth Barrett
 (06-03-1806) **24/6**
Brubeck, Dave (06-12-1920) **21/3**
Bruce, Lenny (13-10-1925) **22/4**
Brummel, Beau (07-06-1778) **36/9**
Bryan, William Jennings (19-03-1860)
 28/10
Bryant, Anita (25-03-1940) **24/6**
Brynner, Yul (11-07-1920) **21/3**
Buchanan, James (23-04-1791) **27/9**
Buchwald, Art (20-10-1925) **20/2**
Buckley, William F., jr (24-11-1925)
 25/7
Bujold, Geneviève (01-07-1942) **24/6**
Burbank, Luther (07-03-1849) **32/5**
Burger, Warren E. (17-09-1907) **34/7**
Burnett, Carol (26-04-1933) **28/10**
Burns, George (20-01-1896) **27/9**

Burr, Aaron (06-02-1756) **27/9**
Burr, Raymond (21-05-1917) **26/8**
Burroughs, Edgar Rice (01-09-1875)
   31/4
Burstyn, Ellen (07-12-1932) **25/7**
Burton, LeVar (16-02-1957) **31/4**
Burton, Richard (10-11-1925) **20/2**
Burton, Sir Richard (19-03-1821) **25/7**
Busey, Gary (29-06-1944) **35/8**
Bush, Barbara (08-06-1925) **31/4**
Bush, George (12-06-1924) **25/7**
Butkus, Dick (09-12-1942) **28/10**
Byron, Lord George Gordon
   (22-01-1788) **29/11**

Caan, James (26-03-1939) **33/6**
Caesar, Sid (08-09-1922) **31/4**
Cage, Nicolas (07-01-1964) **28/10**
Cagney, James (01-07-1899) **35/8**
Caine, Michael (14-03-1933) **24/6**
Caldwell, Zoe (14-09-1933) **30/3**
Callas, Maria (03-12-1923) **21/3**
Cameron, Kirk (12-10-1970) **21/3**
Campanella, Joseph (21-11-1927) **24/6**
Campbell, Glen (22-04-1938) **29/11**
Campbell, Joseph (26-03-1904) **25/7**
Candy, John (31-10-1950) **20/2**
Cannon, Dyan (04-01-1938) **26/8**
Cantrell, Lana (07-08-1944) **33/6**
Capone, Al (17-01-1899) **36/9**
Capote, Truman (30-09-1924) **28/10**
Capp, Al (28-09-1909) **38/11**
Capra, Frank (18-05-1897) **39/12**
Cardin, Pierre (07-07-1922) **28/10**
Cardinale, Claudia (15-04-1939) **32/5**
Carlin, George (12-05-1938) **29/11**
Carnegie, Andrew (25-11-1835) **26/8**
Carnegie, Dale (24-11-1888) **33/6**
Carney, Art (04-11-1918) **25/7**
Carpenter, John (16-01-1948) **30/3**
Carradine, Keith (08-08-1950) **31/4**
Carroll, Diahann (17-07-1935) **33/6**
Carroll, Lewis (27-01-1832) **24/6**
Carson, Johnny (23-10-1925) **23/5**
Carson, Rachel (27-05-1907) **31/4**
Carter, Jimmy (01-10-1924) **18/9**

Caruso, Enrico (25-02-1873) **28/10**
Casanova (02-04-1725) **21/3**
Cash, Johnny (26-02-1932) **25/7**
Cassidy, Butch (13-04-1866) **29/11**
Cassidy, David (12-04-1950) **22/4**
Cassidy, Sean (27-09-1958) **41/5**
Cassini, Oleg (11-04-1913) **20/2**
Castaneda, Carlos (25-12-1931) **24/6**
Castro, Fidel (13-08-1926) **30/3**
Catherine II la Grande (impératrice
   de Russie) (21-04-1729) **26/8**
Caufield, Alex (23-11-1959) **31/4**
Cavett, Dick (19-11-1936) **31/4**
Cayce, Edgar (18-03-1877) **35/8**
Cézanne, Paul (19-01-1839) **32/5**
Chagall, Marc (07-07-1887) **38/11**
Chamberlain, Richard (31-03-1935)
   25/7
Chamberlain, Wilt (12-08-1936) **30/3**
Chancellor, John (14-07-1927) **31/4**
Chaney, Lon (01-04-1883) **25/7**
Channing, Carol (31-01-1923) **20/2**
Chaplin, Charlie (16-04-1889) **37/10**
Chaplin, Geraldine (31-07-1944) **29/11**
Charisse, Cyd (08-03-1923) **26/8**
Charles, prince de Galles
   (14-11-1948) **29/11**
Charles, Ray (23-09-1930) **27/9**
Chase, Chevy (08-10-1943) **26/8**
Chavez, Cesar (31-03-1927) **26/8**
Chayefsky, Paddy (29-01-1923) **27/9**
Checker, Chubby (03-10-1941) **19/10**
Cher (20-05-1946) **27/9**
Chevalier, Maurice (12-09-1888)
   37/10
Chicago, Judy (20-07-1939) **31/4**
Child, Julia (15-08-1912) **27/9**
Chisolm, Shirley (30-11-1924) **21/3**
Chong, Tommy (24-05-1938) **32/5**
Chopin, Frédéric (22-02-1810) **16/7**
Christie, Agatha (15-09-1890) **33/6**
Christie, Julie (14-04-1940) **23/5**
Chung, Connie (20-08-1946) **30/3**
Churchill, Winston (30-11-1874) **25/7**
Clapton, Eric (30-03-1945) **25/7**
Clark, Dick (30-11-1929) **26/8**

Clark, Pétula (15-11-1932) **23/5**
Clark, Ramsey (18-12-1927) **31/4**
Clark, Roy (15-04-1933) **26/8**
Clarke, Arthur C. (16-12-1917) **28/10**
Claude, Jean (18-10-1960) **26/8**
Clayburgh, Jill (30-04-1944) **25/7**
Cleaver, Eldridge (31-08-1935) **30/3**
Cleese, John (27-10-1939) **32/5**
Clemens, Samuel. *Voir* Twain, Mark.
Cleveland, Grover (18-03-1837) **31/4**
Cliburn, Van (12-07-1934) **27/9**
Cline, Patsy (08-09-1932) **32/5**
Clinton, Bill (19-08-1946) **38/11**
Clinton, Hillary Rodham
   (26-10-1947) **30/3**
Close, Glenn (19-03-1947) **34/7**
Coburn, James (31-08-1928) **32/5**
Coca, Imogene (18-11-1908) **29/11**
Cody, William (« Buffalo Bill »)
   (26-02-1846) **29/11**
Cole, Nat King (17-03-1919) **31/4**
Cole, Natalie (06-02-1950) **23/5**
Coleman, Dabney (03-01-1932) **19/10**
Collins, Joan (23-05-1933) **26/8**
Collins, Judy (01-05-1939) **28/10**
Collins, Phil (30-01-1951) **20/2**
Collins, Stephen (01-10-1947) **23/5**
Colomb, Christophe (30-10-1451) **15/6**
Comanici, Nadia (12-11-1961) **22/4**
Como, Perry (18-05-1912) **27/9**
Connally, John (27-02-1917) **29/11**
Connery, Sean (25-08-1930) **28/10**
Connors, Jimmy (02-09-1952) **28/10**
Conrad, Robert (01-03-1935) **22/4**
Conway, Tim (15-12-1933) **25/7**
Cooke, Alistair (20-11-1908) **22/4**
Coolidge, Calvin (04-07-1872) **29/11**
Cooper, Alice (04-02-1948) **28/10**
Cooper, Gary (07-05-1901) **23/5**
Cooper, Jackie (15-09-1922) **29/11**
Copernic, Nicolas (19-02-1473) **27/9**
Coppola, Francis Ford (07-04-1939)
   33/6
Corey, Jeff (10-08-1914) **24/6**
Corman, Roger (05-04-1926) **27/9**
Cosby, Bill (12-07-1937) **30/3**

Cosell, Howard (25-03-1920) **22/4**
Costner, Kevin (18-01-1955) **30/3**
Cotten, Joseph (15-05-1905) **26/8**
Court, Margaret (16-07-1942) **30/3**
Courtenay, Tom (25-02-1937) **29/11**
Cousins, Norman (24-06-1915) **28/10**
Cousteau, Jacques (11-06-1910) **19/10**
Cousy, Bob (09-08-1928) **37/10**
Coward, Noël (16-12-1899) **37/10**
Crabbe, Buster (07-02-1908) **27/9**
Crawford, Joan (23-03-1904) **22/4**
Crawford, Michael (19-01-1942) **27/9**
Crenna, Richard (30-11-1926) **23/5**
Croce, Jim (10-01-1943) **19/10**
Crockett, Davy (17-08-1786) **38/11**
Cronkite, Walter (04-11-1916) **23/5**
Cronyn, Hume (18-07-1911) **28/10**
Crosby, Bing (02-05-1904) **21/3**
Cruise, Tom (03-07-1962) **28/10**
Crystal, Billy (14-03-1947) **29/11**
Culp, Robert (16-08-1930) **28/10**
Cuomo, Mario M. (15-06-1932) **27/9**
Curie, Marie (07-11-1867) **31/4**
Curie, Pierre (15-05-1859) **34/7**
Curtis, Jamie Lee (22-11-1958) **29/11**
Curtis, Tony (03-06-1925) **26/8**
Cusack, John (28-06-1966) **38/11**

Dafoe, Willem (22-07-1955) **31/4**
Da Free John (03-11-1939) **27/9**
Dalai Lama (06-07-1935) **31/4**
Dali, Salvador (11-05-1904) **21/3**
Dalton, Timothy (21-03-1946) **26/8**
Daltrey, Roger (01-03-1944) **22/4**
Dangerfield, Rodney (22-11-1922)
   20/2
Danson, Ted (29-12-1947) **35/8**
Danza, Tony (21-04-1950) **22/4**
Darin, Bobby (14-05-1936) **29/11**
Darren, James (08-06-1936) **33/6**
Darwin, Charles (12-02-1809) **23/5**
Davidson, John (13-12-1941) **22/4**
Davis, Bette (05-04-1908) **27/9**
Davis, Geena (21-01-1957) **26/8**
Davis, Miles (25-05-1926) **30/3**
Davis, Ossie (18-12-1917) **30/3**

Davis, Sammy, jr (08-12-1925) **28/10**
Dawber, Pam (18-10-1951) **26/8**
Day, Doris (03-04-1924) **23/5**
Dayan, Moshe (04-05-1915) **25/7**
Day-Lewis, Daniel (29-04-1958) **38/11**
Dean, Dizzy (16-01-1911) **20/2**
Dean, James (08-02-1931) **24/6**
Debussy, Claude (22-08-1862) **29/11**
Dee, Ruby (27-10-1924) **26/8**
Dee, Sandra (23-04-1942) **25/7**
Degas, Edgar (19-07-1834) **33/6**
De Gaulle. *Voir* Gaulle, Charles de.
De Havilland, Olivia (01-07-1916) **25/7**
De Kooning, Willem (24-04-1904) **24/6**
Delon, Alain (08-11-1935) **28/10**
Deluise, Dom (01-08-1933) **25/7**
DeMille, Cecil B. (12-08-1881) **29/11**
Dempsey, Jack (24-06-1895) **35/8**
Deneuve, Catherine (22-10-1943) **22/4**
De Niro, Robert (17-08-1943) **33/6**
Dennehy, Brian (09-07-1938) **37/10**
Denver, John (31-12-1943) **24/6**
De Palma, Brian (11-09-1940) **25/7**
Depp, Johnny (09-06-1963) **34/7**
Derek, Bo (20-11-1956) **25/7**
Derek, John (12-08-1926) **29/11**
Dern, Bruce (04-06-1936) **29/11**
Descartes, René (31-03-1596) **28/10**
Devi, Sarada (22-12-1853) **24/6**
Devine, Andy (07-10-1905) **23/5**
De Vito, Danny (17-11-1944) **28/10**
Diamond, Neil (24-01-1941) **22/4**
Diana, princesse de Galles
  (01-07-1960) **24/6**
Dickens, Charles (07-02-1812) **21/3**
Dickinson, Angie (30-09-1931) **26/8**
Dietrich, Marlene (27-12-1901) **23/5**
Diller, Phyllis (17-07-1917) **33/6**
Dillinger, John (22-06-1902) **22/4**
Dillon, Matt (18-02-1964) **31/4**
DiMaggio, Joe (25-11-1914) **24/6**
Disney, Walt (05-12-1901) **19/10**
Domingo, Placido (21-01-1941) **19/10**
Domino, Fats (26-02-1928) **30/3**
Donahue, Phil (21-12-1935) **24/6**
Donahue, Troy (27-01-1936) **29/11**

Dostoïevski, Fiodor (11-11-1821) **16/7**
Douglas, Kirk (09-12-1916) **29/11**
Douglas, Michael (25-09-1944) **34/7**
Douglas, William O. (16-10-1898) **34/7**
Downey, Robert, jr (04-04-1965) **29/11**
Dreyfuss, Richard (29-10-1947) **33/6**
Dukakis, Olympia (20-06-1931) **22/4**
Duke, Patty (14-12-1946) **28/10**
Dullea, Keir (30-05-1936) **27/9**
Dulles, John Foster (25-02-1888) **34/7**
Dumas, Alexandre (24-07-1802) **24/6**
Dunaway, Faye (14-01-1941) **21/3**
Duncan, Isadora (27-05-1878) **38/11**
Duncan, Sandy (20-02-1946) **24/6**
Durante, Jimmy (10-02-1893) **24/6**
Duvall, Robert (05-01-1931) **20/2**
Duvall, Shelley (07-07-1949) **37/10**
Dylan, Bob (24-05-1941) **26/8**

Earp, Wyatt (19-03-1848) **34/7**
Eastman, George (12-07-1854) **28/10**
Eastwood, Clint (31-05-1930) **22/4**
Ebert, Roger (18-06-1942) **31/4**
Eddy, Mary Baker (16-07-1821) **26/8**
Eden, Barbara (23-08-1934) **30/3**
Edison, Thomas (11-02-1847) **24/6**
Edwards, Blake (26-07-1922) **29/11**
Eggar, Samantha (05-03-1939) **30/3**
Einstein, Albert (14-03-1879) **33/6**
Eisenhower, Dwight D. (14-10-1890)
  24/6
Ekberg, Anita (29-09-1931) **34/7**
Ekland, Britt (06-10-1942) **23/5**
Eliot, T.S. (26-09-1888) **42/6**
Elizabeth, reine mère d'Angleterre
  (04-08-1900) **22/4**
Elliot, Cass (19-02-1943) **29/11**
Emerson, Ralph Waldo (25-05-1803)
  24/6
Erhardt, Werner (05-09-1935) **32/5**
Ernst, Max (02-04-1891) **25/7**
Estefan, Gloria (01-09-1957) **32/5**
Estevez, Emilio (12-05-1962) **26/8**
Evans, Linda (18-11-1942) **27/9**
Evert, Chris (21-12-1954) **25/7**

Fairbanks, Douglas, jr (09-12-1909) **31/4**
Fairbanks, Douglas, sr (23-05-1883) **30/3**
Falk, Peter (16-09-1927) **35/8**
Farrow, Mia (09-02-1945) **30/3**
Faulkner, William (25-09-1897) **41/5**
Fawcett, Farrah (02-02-1947) **25/7**
Feiffer, Jules (26-01-1929) **30/3**
Feliciano, José (10-09-1945) **29/11**
Fellini, Federico (20-01-1920) **15/6**
Field, Sally (06-11-1946) **28/10**
Fields, W.C. (29-01-1880) **29/11**
Fillmore, Millard (07-01-1800) **17/8**
Finney, Albert (09-05-1936) **33/6**
Fischer, Bobby (09-03-1943) **29/11**
Fisher, Carrie (21-10-1956) **25/7**
Fisher, Eddie (10-08-1928) **29/11**
Fitzgerald, Ella (25-04-1918) **30/3**
Flack, Roberta (10-02-1940) **17/8**
Fleming, Peggy (27-07-1948) **38/11**
Fleming, Rhonda (10-08-1923) **24/6**
Flynn, Errol (20-06-1909) **27/9**
Fonda, Henry (16-05-1905) **27/9**
Fonda, Jane (21-12-1937) **26/8**
Fonda, Peter (23-02-1939) **29/11**
Fonteyn, Margot (18-05-1919) **34/7**
Ford, Gerald R. (14-07-1913) **26/8**
Ford, Glenn (01-05-1916) **23/5**
Ford, Harrison (13-07-1942) **27/9**
Ford, Henry (30-07-1863) **28/10**
Ford, Henry II (04-09-1917) **31/4**
Foreman, George (10-01-1949) **25/7**
Foster, Jodie (19-11-1962) **30/3**
Fox, Michael J. (09-06-1961) **32/5**
Foxx, Redd (09-12-1922) **26/8**
Foyt, A.J. (16-01-1935) **26/8**
Fragonard, Jean-Honoré (05-04-1732) **22/4**
Francis, Connie (12-12-1938) **27/9**
Frankenheimer, John (19-02-1930) **25/7**
Franklin, Aretha (25-03-1942) **26/8**
Franklin, Benjamin (17-01-1706) **23/5**
Frazier, Joe (17-01-1944) **27/9**
Freeman, Morgan (01-06-1937) **27/9**

Freud, Sigmund (06-05-1856) **31/4**
Friedan, Betty (04-02-1921) **19/10**
Friedkin, William (29-08-1939) **41/5**
Frost, David (07-04-1939) **33/6**
Frost, Robert (26-03-1874) **31/4**
Funicello, Annette (22-10-1942) **21/3**
Funt, Allen (16-09-1914) **31/4**

Gable, Clark (01-02-1901) **14/5**
Gainsborough, Thomas (14-05-1727) **27/9**
Galilée (Galileo Galilei) (15-02-1564) **24/6**
Gallup, George (18-11-1901) **22/4**
Gandhi, le mahatma (02-10-1869) **27/9**
Garbo, Greta (18-09-1905) **33/6**
Gardenia, Vincent (07-01-1922) **22/4**
Garfield, James A. (19-11-1831) **25/7**
Garland, Beverly (17-10-1926) **27/9**
Garland, Judy (10-06-1922) **21/3**
Garner, James (07-04-1928) **31/4**
Gauguin, Paul (07-06-1848) **34/7**
Gaulle, Charles de (22-11-1890) **24/6**
Gaye, Marvin (02-04-1939) **28/10**
Gaynor, Mitzi (04-09-1931) **27/9**
Gazzara, Ben (28-08-1930) **31/4**
Gebel-Williams, Gunther (12-09-1934) **29/11**
Gehrig, Lou (19-06-1903) **29/11**
Geisel, Theodor (Dr Seuss) (02-03-1904) **19/10**
Gere, Richard (31-08-1949) **35/8**
Gerulaitis, Vitas (26-07-1954) **34/7**
Getty, J. Paul (15-12-1892) **29/11**
Getz, Stan (02-02-1927) **23/5**
Gibson, Mel (03-01-1956) **25/7**
Gifford, Frank (16-08-1930) **28/10**
Gilbert, Melissa (08-05-1964) **33/6**
Gillespie, Dizzy (21-10-1917) **22/4**
Giovanni, Nikki (07-06-1943) **30/3**
Givens, Robin (27-11-1964) **31/4**
Glenn, Scott (26-01-1942) **25/7**
Godfrey, Arthur (31-03-1903) **20/2**
Godunov, Alexander (28-11-1949) **35/8**
Goethe (18-08-1749) **38/11**

Appendice

Goldberg, Whoopi (13-11-1949) **29/11**
Goldman, Emma (27-06-1869) **39/12**
Goldsboro, Bobby (11-01-1941) **18/9**
Goldwyn, Samuel (27-08-1882) **36/9**
Gonzalez, Pancho (09-05-1928) **34/7**
Goodman, Benny (30-05-1909) **27/9**
Goolagong, Evonne (31-07-1951) **27/9**
Gorbachev, Mikhaïl (02-03-1931) **19/10**
Gordon, Ruth (30-10-1896) **28/10**
Gorme, Eydie (16-08-1932) **30/3**
Gossett, Louis, jr (27-05-1936) **33/6**
Gould, Elliott (29-08-1938) **40/4**
Goulet, Robert (26-11-1933) **26/8**
Goya, Francisco (30-03-1746) **24/6**
Graham, Billy (07-11-1918) **28/10**
Graham, Katherine (16-06-1917) **31/4**
Graham, Martha (11-05-1894) **29/11**
Grant, Cary (18-01-1904) **24/6**
Grant, Ulysses S. (27-04-1822) **26/8**
Graves, Peter (18-03-1926) **30/3**
Graziano, Rocky (07-06-1922) **27/9**
Greene, Lorne (12-02-1915) **21/3**
Greer, Germaine (29-01-1939) **34/7**
Gregory, Dick (12-10-1932) **19/10**
Grey, Joel (11-04-1932) **21/3**
Griffin, Merv (06-07-1925) **30/3**
Griffith, Melanie (09-08-1957) **39/12**
Grimm, Jacob (04-01-1785) **26/8**
Grimm, Wilhelm (24-02-1786) **30/3**
Grodin, Charles (21-04-1935) **25/7**
Gromyko, Andrey (06-07-1909) **32/5**
Grotowski, Jerzy (11-08-1933) **26/8**
Gucci, Aldo (26-05-1909) **32/5**
Guinness, Alec (02-04-1914) **21/3**
Guthrie, Arlo (10-07-1947) **29/11**
Guthrie, Woody (14-07-1912) **25/7**
Guttenberg, Steve (24-08-1958) **37/10**

Hackman, Gene (30-01-1931) **18/9**
Haendel, Georg Friedrich
  (23-02-1685) **27/9**
Hagman, Larry (22-09-1931) **27/9**
Haig, Alexander (02-12-1924) **21/3**
Hale, Nathan (06-06-1775) **32/5**
Haley, Alex (11-08-1921) **23/5**
Hall, Darryl (11-10-1949) **26/8**

Hamilton, George (12-08-1939) **33/6**
Hamlisch, Marvin (02-06-1944) **26/8**
Hammarskjöld, Dag (29-07-1905) **33/6**
Hancock, John (23-01-1737) **24/6**
Harding, Warren G. (02-11-1865) **24/6**
Harlow, Jean (03-03-1911) **18/9**
Harmon, Tom (28-09-1919) **39/12**
Harris, Ed (28-11-1950) **27/9**
Harris, Emmy Lou (02-04-1947) **27/9**
Harris, Richard (01-10-1933) **18/9**
Harrison, Benjamin (20-08-1833) **25/7**
Harrison, George (25-02-1943) **26/8**
Harrison, Rex (05-03-1908) **26/8**
Harrison, William Henry
  (09-02-1773) **29/11**
Harvey, Laurence (01-10-1928) **22/4**
Harvey, Paul (04-09-1918) **32/5**
Hasselhoff, David (17-07-1952) **32/5**
Hauer, Rutger (23-01-1944) **24/6**
Hawn, Goldie (21-11-1945) **24/6**
Hawthorne, Nathaniel (04-07-1804)
  24/6
Hayden, Sterling (26-03-1916) **28/10**
Hayden, Tom (29-11-1940) **27/9**
Haydn, Joseph (31-03-1732) **20/2**
Hayes, Helen (10-10-1900) **12/3**
Hayes, Isaac (20-08-1942) **26/8**
Hayes, Rutherford B. (04-10-1822)
  18/9
Hayworth, Rita (17-10-1919) **29/11**
Head, Edith (28-10-1907) **28/10**
Heard, John (07-05-1947) **33/6**
Heatherton, Joey (14-09-1944) **32/5**
Hefner, Hugh (09-04-1926) **31/4**
Heifetz, Jascha (02-02-1901) **15/6**
Hellman, Lillian (20-06-1905) **23/5**
Hemingway, Ernest (21-06-1899) **36/9**
Hemingway, Margot (antérieurement
  Margaux) (19-02-1955) **32/5**
Hemingway, Mariel (21-11-1961) **22/4**
Henderson, Florence (14-02-1934) **24/6**
Hendrix, Jimi (27-11-1942) **27/9**
Henning, Doug (03-05-1947) **29/11**
Hepburn, Audrey (04-05-1929) **30/3**
Hepburn, Katharine (08-11-1909)
  29/11

Herman, Paul Reubens (Pee-Wee)
(27-08-1952) **34/7**
Hershey, Barbara (05-02-1948) **29/11**
Heyerdahl, Thor (06-10-1914) **22/4**
Hill, George Roy (20-12-1922) **19/10**
Hines, Gregory (14-02-1946) **27/9**
Hirsch, Elroy («Crazylegs»)
(17-06-1923) **29/11**
Hirsch, Judd (15-03-1935) **27/9**
Hitchcock, Alfred (13-08-1899) **39/12**
Hitler, Adolf (20-04-1889) **32/5**
Ho, Don (13-08-1930) **25/7**
Ho Chi Minh (19-05-1890) **33/6**
Hoffman, Dustin (08-08-1937) **36/9**
Hogan, Ben (13-08-1912) **25/7**
Hogan, Paul (08-10-1939) **31/4**
Holbrook, Hal (17-02-1925) **27/9**
Holiday, Billie (07-04-1915) **27/9**
Holly, Buddy (07-09-1936) **35/8**
Holmes, Larry (03-11-1949) **28/10**
Homer, Windslow (24-02-1836) **26/8**
Hoover, Herbert C. (10-08-1874) **29/11**
Hoover, J. Edgar (01-01-1895) **25/7**
Hope, Bob (29-05-1903) **29/11**
Hopkins, Anthony (31-12-1937) **27/9**
Hopper, Dennis (17-05-1936) **32/5**
Horne, Lena (30-06-1917) **27/9**
Horne, Marilyn (16-01-1934) **25/7**
Horowitz, Vladimir (01-10-1904) **16/7**
Hoskins, Bob (26-10-1942) **25/7**
Houdini, Harry (24-03-1874) **29/11**
Howard, Lisa (24-11-1963) **27/9**
Howard, Ron (01-03-1953) **22/4**
Hubbard, L. Ron (13-03-1911) **19/10**
Hudson, Rock (17-11-1925) **27/9**
Hughes, Howard (24-12-1905) **24/6**
Hulce, Tom (06-12-1953) **27/9**
Hunt, E. Howard (09-10-1918) **29/11**
Hunter, Catfish (08-04-1946) **32/5**
Hunter, Holly (20-03-1958) **28/10**
Hunter, Kim (12-11-1922) **19/10**
Huntley, Chet (10-12-1911) **16/7**
Hurt, John (22-01-1940) **19/10**
Hurt, William (20-03-1950) **20/2**
Huston, Anjelica (08-07-1951) **31/4**
Huston, John (05-08-1906) **29/11**

Hutton, Lauren (17-11-1943) **27/9**
Hutton, Timothy (16-08-1961) **32/5**
Huxley, Aldous (26-07-1894) **37/10**

Iacocca, Lee (15-10-1924) **23/5**
Ichazo, Oscar (24-07-1931) **27/9**
Iglesias, Julio (23-09-1943) **31/4**
Ireland, Jill (24-04-1936) **29/11**
Irving, Amy (10-09-1953) **28/10**
Irving, Washington (03-04-1783) **26/8**
Ives, Burl (14-06-1909) **30/3**

Jackson, Andrew (15-03-1767) **30/3**
Jackson, Glenda (09-05-1936) **33/6**
Jackson, Jesse (08-10-1941) **24/6**
Jackson, Michael (29-08-1958) **42/6**
Jackson, Reggie (18-05-1946) **34/7**
Jackson, Stonewall (21-01-1824) **19/10**
Jagger, Bianca (02-05-1945) **26/8**
Jagger, Mick (26-07-1943) **32/5**
Jean XXIII, pape (25-11-1881) **27/9**
Jean-Paul I, pape (17-10-1912) **22/4**
Jean-Paul II, pape (18-05-1920) **26/8**
Jeanne d'Arc (06-01-1412) **15/6**
Jefferson, Thomas (13-04-1743) **23/5**
Jennings, Waylon (15-06-1937) **32/5**
Jewison, Norman (21-07-1926) **28/10**
Ji, Guru Maharaj (10-12-1957) **26/8**
Jillian, Ann (29-01-1950) **27/9**
Joel, Billy (09-05-1949) **37/10**
John, Elton (25-03-1947) **31/4**
Johnson, Andrew (29-12-1808) **31/4**
Johnson, Earvin («Magic»)
(14-08-1959) **37/10**
Johnson, Lyndon Baines (27-08-1908)
35/8
Johnson, Rafer (18-08-1935) **35/8**
Johnson, Virginia (11-02-1925) **21/3**
Jolson, Al (26-03-1886) **34/7**
Jones, Grace (12-06-1954) **28/10**
Jones, James Earl (17-01-1931) **23/5**
Jones, Parnelli (12-08-1933) **27/9**
Jones, Quincy (14-03-1933) **24/6**
Jones, Shirley (31-03-1934) **24/6**
Jones, Tom (07-06-1940) **27/9**
Jones, Tommy Lee (15-09-1946) **35/8**

Joplin, Janis (19-01-1943) **28/10**
Joyce, James (02-02-1882) **23/5**
Julia, Raul (09-03-1940) **26/8**
Jung, Carl (26-07-1875) **36/9**

Kahn, Madeline (29-09-1942) **36/9**
Kane, Carol (18-06-1952) **32/5**
Kapleau, Roshi Phillip (20-08-1912) **23/5**
Karloff, Boris (23-11-1887) **31/4**
Kaye, Danny (18-01-1913) **24/6**
Kazan, Elia (07-09-1909) **35/8**
Keach, Stacy (02-06-1941) **23/5**
Keaton, Buster (04-10-1895) **28/10**
Keaton, Diane (05-01-1946) **26/8**
Keaton, Michael (09-09-1951) **34/7**
Keats, John (31-10-1795) **27/9**
Keel, Howard (13-04-1917) **26/8**
Keeshan, Bob (27-06-1927) **34/7**
Keith, Brian (14-11-1921) **20/2**
Keller, Helen (27-06-1880) **32/5**
Kellerman, Sally (02-06-1937) **28/10**
Kelly, Gene (23-08-1912) **26/8**
Kelly, Grace (12-11-1929) **26/8**
Kennedy, George (18-02-1925) **28/10**
Kennedy, John Fitzgerald (29-05-1917) **34/7**
Kennedy, Robert F. (20-11-1925) **21/3**
Khan, Pir Vilayat (19-06-1916) **33/6**
Khomeini, Ayatollah (06-05-1900) **21/3**
Khrushchev, Nikita (16-04-1894) **33/6**
Kidd, Michael (12-08-1919) **31/4**
Kidder, Margot (17-10-1948) **31/4**
Kierkegaard, Sören (05-05-1813) **23/5**
Kilgallen, Dorothy (03-07-1913) **24/6**
Killy, Jean-Claude (30-08-1943) **28/10**
King, B.B. (16-09-1925) **33/6**
King, Billie Jean (22-11-1943) **23/5**
King, Carole (09-02-1942) **27/9**
King, Coretta Scott (27-04-1927) **32/5**
King, Larry (19-11-1933) **28/10**
King, Martin Luther, jr (15-01-1929) **28/10**
King, Stephen (21-09-1947) **33/6**
Kingsley, Ben (31-12-1943) **24/6**
Kinski, Nastassia (24-01-1960) **23/5**

Kissinger, Henry (27-05-1923) **29/11**
Klee, Paul (18-12-1879) **37/10**
Klein, Calvin (19-11-1942) **28/10**
Kline, Kevin (24-10-1947) **28/10**
Klugman, Jack (27-04-1922) **27/9**
Knievel, Evel (17-10-1938) **30/3**
Knight, Gladys (28-05-1944) **33/6**
Koppel, Ted (08-02-1940) **24/6**
Kramer, Stanley (29-09-1913) **34/7**
Krishnamurti (12-05-1926) **26/8**
Kristofferson, Kris (22-06-1936) **29/11**
Kriyananda (Donald Waters) (12-05-1926) **26/8**
Kübler-Ross, Elisabeth (08-07-1926) **33/6**
Kubrick, Stanley (26-07-1928) **35/8**
Kunstler, William (07-07-1919) **34/7**

LaBelle, Patti (04-10-1944) **23/5**
Ladd, Alan (03-09-1913) **26/8**
Ladd, Diane (29-11-1932) **28/10**
Lahr, Bert (13-08-1895) **35/8**
Lahti, Christine (05-04-1950) **24/6**
LaLanne, Jack (26-09-1914) **32/5**
Lamarr, Hedy (09-11-1913) **25/7**
Lamour, Dorothy (10-12-1914) **19/10**
Lancaster, Burt (02-11-1913) **18/9**
Landau, Martin (20-06-1934) **25/7**
Landers, Ann (04-07-1918) **30/3**
Lang, k.d. (02-11-1961) **21/3**
Lange, Jessica (20-04-1949) **29/11**
Lansbury, Angela (16-10-1925) **25/7**
Laughton, Charles (01-07-1899) **35/8**
Lauper, Cyndi (20-06-1953) **26/8**
Laurel, Stan (16-06-1890) **31/4**
Lauren, Ralph (14-10-1939) **28/10**
Laurie, Piper (22-01-1932) **20/2**
Lavin, Linda (15-10-1937) **27/9**
Lawrence, D.H. (11-09-1885) **33/6**
Lawrence, Steve (08-07-1935) **33/6**
Lawrence, T.E. (Lawrence d'Arabie) (15-08-1888) **39/12**
Leach, Robin (29-08-1941) **34/7**
Leachman, Cloris (04-04-1926) **26/8**
Lear, Norman (27-07-1922) **30/3**
Learned, Michael (09-04-1939) **35/8**

Martin, Mary (01-12-1913) **18/9**
Martin, Steve (14-04-1945) **28/10**
Marx, Chico (22-03-1887) **31/4**
Marx, Groucho (02-10-1895) **26/8**
Marx, Harpo (21-11-1893) **26/8**
Marx, Karl (05-05-1818) **28/10**
Marx, Zeppo (25-02-1901) **20/2**
Mason, James (15-05-1909) **30/3**
Mason, Pamela (10-03-1918) **23/5**
Mastrantonio, Mary Elizabeth
    (17-11-1958) **33/6**
Mastroianni, Marcello (28-09-1924)
    35/8
Mata Hari (07-08-1876) **37/10**
Matisse, Henri (31-12-1869) **31/4**
Matthau, Walter (01-10-1920) **14/5**
Maugham, Somerset (25-01-1874)
    28/10
May, Rollo (21-04-1909) **26/8**
Mayer, Louis B. (04-07-1885) **33/6**
McCarthy, Mary (21-06-1912) **22/4**
McCartney, Linda (24-09-1941) **30/3**
McCartney, Paul (18-06-1942) **31/4**
McClaine, Don (02-10-1945) **22/4**
McEnroe, John (16-02-1959) **33/6**
McFerrin, Bobby (11-03-1950) **20/2**
McGavin, Darren (07-05-1922) **26/8**
McGovern, George (19-07-1922) **31/4**
McKinley, William (29-01-1843)
    28/10
McNamara, Robert (09-06-1916) **32/5**
McNichol, Kristy (11-09-1962) **29/11**
McPherson, Aimee Semple
    (09-10-1890) **28/10**
McQueen, Steve (24-03-1930) **22/4**
Mead, Margaret (16-12-1901) **21/3**
Meadows, Jayne (27-09-1926) **36/9**
Meany, George (16-08-1894) **37/10**
Mercouri, Melina (18-10-1925) **27/9**
Meese, Edwin (02-12-1931) **19/10**
Mehta, Zubin (29-04-1936) **34/7**
Meir, Golda (03-05-1898) **34/7**
Melville, Herman (01-08-1819) **28/10**
Menninger, Karl (22-07-1893) **32/5**
Menuhin, Yehudi (22-04-1916) **25/7**
Merrick, David (27-11-1912) **24/6**

Michael, George (26-06-1963) **33/6**
Michel-Ange (06-03-1475) **26/8**
Michener, James (03-02-1907) **22/4**
Midler, Bette (01-12-1945) **23/5**
Miles, Sarah (31-12-1941) **22/4**
Miles, Sylvia (09-09-1932) **33/6**
Milland,Ray (03-01-1907) **21/3**
Millay, Edna St-Vincent (22-02-1892)
    26/8
Miller, Ann (12-04-1919) **27/9**
Miller, Arthur (17-10-1915) **25/7**
Miller, Mitch (04-07-1911) **23/5**
Miller, Steve (05-10-1943) **23/5**
Mimieux, Yvette (08-01-1941) **24/6**
Minnelli, Liza (12-03-1946) **26/8**
Mishima, Yukio (14-01-1925) **23/5**
Mister T (Lawrence Tero)
    (21-05-1952) **25/7**
Mitchell, Cameron (11-04-1918) **25/7**
Mitchell, Joni (07-11-1943) **26/8**
Mitchum, Robert (06-08-1917) **32/5**
Modigliani, Amedeo (12-07-1884) **31/4**
Modine, Matthew (22-03-1959) **31/4**
Mondale, Walter (05-01-1928) **26/8**
Monet, Claude (14-11-1840) **20/2**
Monroe, James (28-04-1758) **35/8**
Monroe, Marilyn (01-06-1926) **25/7**
Monroe, Vaughn (07-10-1912) **21/3**
Montagu, Ashley (28-06-1905) **31/4**
Montalban, Ricardo (25-11-1920) **21/3**
Montessori, Maria (31-08-1870) **28/10**
Montgomery, Elizabeth (15-04-1933)
    26/8
Moore, Demi (11-11-1962) **22/4**
Moore, Dudley (19-04-1935) **32/5**
Moore, Gary (31-01-1915) **21/3**
Moore, Mary Tyler (29-12-1937) **34/7**
Moore, Roger (14-10-1927) **25/7**
Moranis, Rick (18-04-1953) **31/4**
More, Sir Thomas (07-02-1478) **29/11**
Moreno, Rita (11-12-1931) **19/10**
Morita, Pat (28-06-1932) **31/4**
Morrison, Toni (18-02-1931) **25/7**
Morton, Craig (05-02-1943) **24/6**
Moses, Anna (Grandma) (07-09-1860)
    31/4

Mostel, Zero (28-02-1915) **28/10**
Moyers, Bill (05-06-1934) **28/10**
Mozart, Wolfgang Amadeus
 (27-01-1756) **29/11**
Muktananda, Swami (16-05-1908)
 30/3
Mulligan, Richard (13-11-1932) **21/3**
Murphy, Eddie (03-04-1961) **24/6**
Murray, Anne (20-06-1945) **27/9**
Murray, Bill (21-09-1950) **27/9**
Murrow, Edward R. (25-04-1908) **29/11**
Musial, Stan (21-11-1920) **17/8**
Mussolini, Benito (29-07-1883) **38/11**

Nabokov, Vladimir (23-04-1899) **36/9**
Nader, Ralph (27-02-1934) **28/10**
Namath, Joe (31-05-1943) **26/8**
Napoléon (1er) Bonaparte
 (15-08-1769) **37/10**
Navratilova, Martina (18-10-1956)
 31/4
Neal, Patricia (20-01-1926) **21/3**
Nehru, Jawaharlal (14-11-1889) **33/6**
Nelson, Craig T. (04-04-1946) **28/10**
Nelson, Harriet (18-07-1914) **31/4**
Nelson, Rick (08-05-1940) **27/9**
Nelson, Willie (30-04-1933) **23/5**
Newhart, Bob (05-09-1929) **35/8**
Newley, Anthony (24-09-1931) **29/11**
Newman, Paul (26-01-1925) **26/8**
Newton, Sir Isaac (25-12-1642) **23/5**
Newton-John, Olivia (26-09-1948)
 39/12
Nichols, Mike (06-11-1931) **22/4**
Nicholson, Jack (22-04-1937) **28/10**
Nicklaus, Jack (02-01-1940) **17/8**
Nicks, Stevie (26-05-1948) **35/8**
Nielsen, Leslie (11-02-1926) **22/4**
Nietzsche, Friedrich (15-10-1844)
 24/6
Nightingale, Florence (12-05-1820)
 19/10
Nijinsky (12-01-1890) **22/4**
Nimoy, Leonard (26-03-1931) **25/7**
Niven, David (01-03-1910) **15/6**
Nixon, Richard M. (09-01-1913) **24/6**

Nizer, Louis (06-02-1902) **20/2**
Nolte, Nick (08-02-1940) **24/6**
Norris, Chuck (10-03-1940) **18/9**
Noureev, Rudolf (17-03-1938) **32/5**
Novak, Kim (13-02-1933) **22/4**
Nugent, Ted (13-12-1948) **29/11**

Oakley, Annie (13-08-1860) **27/9**
Oates, Joyce Carol (16-06-1938) **34/7**
O'Brien, Margaret (15-01-1937) **27/9**
O'Connor, Carroll (02-08-1924) **26/8**
O'Connor, Donald (30-08-1925) **28/10**
O'Connor, Sandra Day (26-03-1930)
 24/6
O'Keefe, Georgia (15-11-1887) **32/5**
Olin, Ken (30-07-1954) **29/11**
Olivier, Laurence (22-05-1907) **26/8**
Olmos, Edward James (24-02-1947)
 29/11
Onassis, Aristotle (15-01-1906) **23/5**
Onassis, Christina (11-12-1950) **20/2**
Onassis, Jacqueline Kennedy
 (28-07-1929) **38/11**
O'Neal, Ryan (20-04-1941) **21/3**
O'Neal, Tatum (05-11-1963) **26/8**
Ono, Yoko (18-02-1933) **27/9**
Osmond, Donny (09-12-1957) **34/7**
Osmond, Marie (13-10-1959) **29/11**
O'Sullivan, Maureen (17-05-1911)
 25/7
O'Toole, Peter (02-08-1932) **25/7**
Owens, Jesse (12-09-1913) **26/8**
Ozawa, Seiji (01-09-1935) **28/10**

Paar, Jack (01-05-1918) **25/7**
Pacino, Al (25-04-1940) **25/7**
Packard, Vance (22-05-1914) **24/6**
Page, Geraldine (22-11-1924) **22/4**
Page, Patti (08-11-1927) **29/11**
Paige, Leroy (« Satchel »)
 (07-07-1906) **30/3**
Palance, Jack (18-02-1920) **23/5**
Palmer, Arnold (10-09-1929) **31/4**
Papas, Irene (09-03-1926) **30/3**
Parker, Dorothy (23-08-1893) **34/7**
Parks, Bert (30-12-1914) **21/3**

Parsons, Estelle (20-11-1927) **23/5**
Parton, Dolly (19-01-1946) **31/4**
Pasternak, Joseph (19-09-1901) **30/3**
Patinkin, Mandy (30-11-1952) **22/4**
Patterson, Floyd (04-01-1935) **23/5**
Paul I, pape (17-10-1912) **22/4**
Paul VI, pape (26-09-1897) **42/6**
Pauling, Linus (28-02-1901) **23/5**
Pavarotti, Luciano (12-10-1935) **22/4**
Peale, Norman Vincent (31-05-1898) **35/8**
Peck, Gregory (05-04-1916) **26/8**
Peck, M. Scott (22-05-1936) **28/10**
Peckinpah, Sam (21-02-1925) **22/4**
Pelé (23-10-1940) **20/2**
Penn, Arthur (27-09-1922) **32/5**
Penn, Sean (17-08-1960) **32/5**
Penn, William (14-10-1644) **21/3**
Peppard, George (01-10-1928) **22/4**
Perkins, Anthony (04-04-1932) **23/5**
Perlman, Itzhak (31-08-1945) **31/4**
Perlman, Rhea (31-03-1948) **29/11**
Perot, H. Ross (27-06-1930) **28/10**
Perrine, Valerie (03-09-1943) **29/11**
Pesci, Joe (09-02-1943) **28/10**
Peters, Bernadette (28-02-1948) **34/7**
Peters, Jean (15-10-1926) **25/7**
Pfeiffer, Michelle (29-04-1957) **37/10**
Phillips, Michelle (04-06-1944) **28/10**
Phoenix, River (23-08-1970) **30/3**
Piatigorsky, Gregor (17-04-1903) **25/7**
Picasso, Pablo (25-10-1881) **26/8**
Pickford, Mary (09-04-1894) **35/8**
Pidgeon, Walter (23-09-1897) **39/12**
Pie XII, pape (02-03-1876) **27/9**
Pierce, Franklin (23-04-1804) **22/4**
Pinchot, Bronson (20-05-1959) **31/4**
Player, Gary (01-11-1935) **21/3**
Pleasence, Donald (05-10-1919) **26/8**
Pleshette, Suzanne (31-01-1937) **25/7**
Plimpton, George (18-03-1927) **31/4**
Plummer, Christopher (13-12-1927) **26/8**
Plunkett, Jim (05-12-1947) **29/11**
Poe, Edgar Allan (19-01-1809) **29/11**
Poitier, Sidney (20-02-1924) **20/2**

Polanski, Roman (18-08-1933) **33/6**
Polk, James (02-11-1795) **26/8**
Pollack, Sydney (01-07-1934) **25/7**
Ponti, Carlo (11-12-1913) **19/10**
Porter, Cole (09-06-1893) **36/9**
Povich, Maury (17-01-1939) **31/4**
Powell, Jane (01-04-1929) **26/8**
Preminger, Otto (05-12-1906) **24/6**
Presley, Elvis (08-01-1935) **27/9**
Presley, Priscilla (24-05-1945) **30/3**
Previn, André (06-04-1929) **31/4**
Price, Leontyne (10-02-1927) **22/4**
Price, Vincent (27-05-1911) **26/8**
Prince (07-06-1958) **36/9**
Prokofiev, Sergey (23-04-1891) **28/10**
Prosky, Robert (13-12-1930) **20/2**
Prowse, Juliet (25-09-1936) **35/8**
Pryor, Richard (01-12-1940) **18/9**
Pulitzer, Joseph, jr (13-05-1913) **23/5**

Quaid, Dennis (09-04-1954) **32/5**
Quaid, Randy (01-10-1950) **17/8**
Quinn, Anthony (21-04-1915) **23/5**

Rabe, David (10-03-1940) **18/9**
Rachmaninoff, Sergey (23-04-1873) **28/10**
Raitt, Bonnie (08-11-1949) **33/6**
Rajneesh, Bhagwan (Osho) (11-12-1931) **19/10**
Ramakrishna (18-02-1836) **29/11**
Ram Dass (06-04-1931) **24/6**
Randall, Tony (26-02-1920) **22/4**
Raphaël (06-04-1483) **26/8**
Rathbone, Basil (13-06-1892) **30/3**
Rather, Dan (31-10-1931) **19/10**
Ravel, Maurice (27-03-1875) **33/6**
Ray, James Earl (10-03-1928) **24/6**
Reagan, Nancy (06-07-1923) **28/10**
Reagan, Ronald (06-02-1911) **20/2**
Reddy, Helen (25-10-1941) **23/5**
Redford, Robert (18-08-1937) **37/10**
Redgrave, Lynn (08-03-1943) **28/10**
Redgrave, Vanessa (30-01-1937) **24/6**
Reed, Oliver (13-02-1938) **27/9**
Reese, Della (06-07-1931) **27/9**

Reeve, Christopher (25-09-1952) **33/6**

Reiner, Carl (20-03-1922) **19/10**

Reiner, Rob (06-03-1945) **28/10**

Reinking, Ann (10-11-1950) **18/9**

Rembrandt (15-07-1606) **26/8**

Remick, Lee (14-12-1935) **26/8**

Renoir, Jean (15-09-1894) **37/10**

Renoir, Pierre-Auguste (25-02-1841) **23/5**

Reynolds, Burt (11-02-1936) **23/5**

Reynolds, Debbie (01-04-1932) **20/2**

Richard III (roi d'Angleterre) (11-10-1452) **15/6**

Richie, Lionel (20-06-1950) **23/5**

Rickles, Don (08-05-1926) **31/4**

Rigby, Cathy (12-12-1952) **23/5**

Rigg, Diana (20-07-1938) **30/3**

Riley, Charles Nelson (13-01-1931) **19/10**

Rilke, Rainer Maria (04-12-1875) **28/10**

Rimski-Korsakov, Nikolaï (18-03-1844) **29/11**

Ringwald, Molly (14-02-1968) **31/4**

Rinpoche, Chogyam Trungpa (04-02-1939) **28/10**

Ritter, John (17-09-1948) **39/12**

Rivera, Chita (23-01-1933) **22/4**

Rivera, Geraldo (04-07-1943) **28/10**

Rivers, Joan (08-06-1933) **30/3**

Roach, Hal (14-01-1892) **26/8**

Robbins, Jerome (11-10-1918) **22/4**

Roberts, Julia (28-10-1967) **34/7**

Roberts, Oral (24-01-1918) **26/8**

Robertson, Cliff (09-09-1925) **35/8**

Robeson, Paul (09-04-1898) **39/12**

Robinson, Jackie (31-01-1919) **25/7**

Robinson, Smokey (19-02-1940) **26/8**

Robinson, Sugar Ray (03-05-1921) **21/3**

Rockefeller, John D., III (21-03-1906) **22/4**

Rockefeller, John D., IV (18-06-1937) **35/8**

Rockefeller, Nelson (08-07-1908) **33/6**

Rockne, Knute (04-03-1888) **32/5**

Rockwell, Norman (03-02-1894) **27/9**

Rogers, Ginger (16-07-1911) **26/8**

Rogers, Kenny (21-08-1938) **32/5**

Rogers, Roy (05-11-1912) **20/2**

Rogers, Will (04-11-1879) **31/4**

Ronstadt, Linda (15-07-1946) **33/6**

Rooney, Andy (14-01-1919) **26/8**

Rooney, Mickey (23-09-1920) **26/8**

Roosevelt, Eleanor (11-10-1884) **24/6**

Roosevelt, Franklin Delano (30-01-1882) **23/5**

Roosevelt, Theodore (27-10-1858) **32/5**

Rose, Pete (14-04-1942) **25/7**

Ross, Diana (26-03-1944) **29/11**

Ross, Katharine (29-01-1942) **28/10**

Rousseau, Henri (20-05-1844) **24/6**

Rowlands, Gena (19-06-1934) **33/6**

Rubens, Pierre Paul (29-06-1577) **37/10**

Russell, Bertrand (18-05-1872) **32/5**

Russell, Bill (12-02-1934) **22/4**

Russell, Jane (21-06-1921) **22/4**

Russell, Kurt (17-03-1951) **27/9**

Russell, Lillian (04-12-1861) **23/5**

Russell, Mark (23-08-1932) **28/10**

Ruth, Babe (06-02-1895) **31/4**

Ryan, Maisa (20-11-1974) **25/7**

Ryan, Meg (19-11-1963) **31/4**

Ryan, Robert (11-11-1913) **18/9**

Rydell, Bobby (26-04-1942) **28/10**

Sachitananda, Swami (22-12-1914) **22/4**

Sadat, Anwar (25-12-1918) **29/11**

Sade, Marquis de (02-06-1740) **20/2**

Sagan, Carl (09-11-1934) **28/10**

Sahl, Mort (11-05-1927) **26/8**

Sai Baba, Satya (23-11-1926) **25/7**

Saint, Eva Marie (04-07-1924) **27/9**

Sainte-Marie, Buffy (20-02-1941) **19/10**

Saint James, Susan (14-08-1946) **33/6**

Saint-Laurent, Yves (01-08-1936) **28/10**

Sajak, Pat (26-10-1947) **30/3**

Saks, Gene (08-11-1921) **23/5**

Sales, Soupy (08-01-1926) **27/9**

Salieri, Antonio (18-08-1750) **30/3**

Salinger, J.D. (01-01-1919) **22/4**

Salk, Dr Jonas (28-10-1914) **26/8**

Sand, George (01-07-1804) **21/3**

Sandars, George (03-07-1906) **26/8**

Sandburg, Carl (06-01-1878) **31/4**

Sanders, Colonel Harlan (09-09-1890) **36/9**

Santana, Carlos (20-07-1947) **30/3**

Sarandon, Susan (04-10-1946) **25/7**

Sarnoff, Dorothy (25-05-1917) **30/3**

Sarrazin, Michael (22-05-1940) **23/5**

Sartre, Jean-Paul (21-06-1905) **24/6**

Savage, Fred (09-07-1976) **39/12**

Savalas, Telly (21-01-1924) **20/2**

Sawyer, Diane (22-12-1945) **26/8**

Saxon, John (05-08-1935) **31/4**

Sayers, Gale (30-05-1943) **25/7**

Scaggs, Boz (08-06-1944) **32/5**

Schell, Maximilian (08-12-1930) **24/6**

Schlesinger, James (15-02-1929) **29/11**

Schroder, Rick (03-04-1970) **24/6**

Schulberg, Budd (27-03-1917) **30/3**

Schulz, Charles (26-11-1922) **24/6**

Schwarzenegger, Arnold (30-07-1947) **31/4**

Schweitzer, Albert (14-01-1875) **27/9**

Scofield, Paul (21-01-1922) **18/9**

Scoggins, Tracy (13-11-1959) **30/3**

Scorsese, Martin (17-11-1942) **26/8**

Scott, George C. (18-10-1927) **29/11**

Scott, Willard (07-03-1934) **27/9**

Scully, Vin (29-11-1927) **32/5**

Seberg, Jean (13-11-1938) **27/9**

Sedaka, Neil (13-03-1939) **29/11**

Seeger, Pete (03-05-1919) **28/10**

Segal, Erich (16-06-1937) **33/6**

Segal, George (13-02-1934) **23/5**

Segovia, Andrés (18-02-1894) **33/6**

Sellecca, Connie (25-05-1955) **32/5**

Selleck, Tom (29-01-1945) **31/4**

Sellers, Peter (08-09-1925) **34/7**

Selznick, David O. (10-05-1902) **18/9**

Serling, Rod (25-12-1924) **26/8**

Seurat, Georges (02-12-1859) **28/10**

Seuss, D^r. *Voir* Geisel, Theodor.

Sevareid, Eric (26-11-1912) **23/5**

Severinsen, Doc (07-07-1927) **33/6**

Seymour, Jane (15-02-1951) **24/6**

Shankar, Ravi (07-04-1920) **23/5**

Sharif, Omar (10-04-1932) **20/2**

Shatner, William (22-03-1931) **21/3**

Shaw, George Bernard (26-07-1856) **35/8**

Sheedy, Ally (12-06-1962) **27/9**

Sheen, Charlie (03-09-1965) **33/6**

Sheen, Fulton J. (08-05-1895) **36/9**

Sheen, Martin (03-08-1940) **25/7**

Shepard, Sam (05-11-1943) **24/6**

Shields, Brooke (31-05-1965) **30/3**

Shire, Talia (25-04-1946) **31/4**

Shoemaker, Willie (19-08-1931) **32/5**

Shore, Dinah (01-03-1917) **22/4**

Short, Martin (26-03-1951) **27/9**

Shostakovich, Dmitry (25-09-1906) **32/5**

Shuman, William (04-08-1910) **23/5**

Sikking, James B. (05-03-1934) **25/7**

Sills, Beverly (25-05-1929) **33/6**

Silver, Ron (02-07-1946) **29/11**

Silvers, Phil (11-05-1912) **20/2**

Simmons, Jean (31-01-1929) **26/8**

Simon, Carly (25-06-1945) **32/5**

Simon, Paul (05-11-1942) **23/5**

Simpson, O.J. (09-07-1947) **37/10**

Sinatra, Frank (12-12-1915) **22/4**

Sinclair, Upton (20-09-1878) **35/8**

Singer, Isaac Bashevis (17-07-1904) **29/11**

Siskel, Gene (26-01-1946) **29/11**

Skelton, Red (18-07-1913) **30/3**

Skerritt, Tom (25-08-1933) **31/4**

Slater, Christian (18-08-1969) **42/6**

Slater, Helen (14-12-1963) **27/9**

Slick, Grace (30-10-1943) **21/3**

Smith, Buffalo Bob (27-11-1917) **29/11**

Smith, Maggie (28-12-1934) **30/3**

Smits, Jimmy (09-07-1955) **36/9**
Smothers, Dick (20-11-1938) **25/7**
Smothers, Tommy (02-02-1937) **24/6**
Somers, Suzanne (16-10-1946) **28/10**
Sommer, Elke (05-11-1941) **22/4**
Soul, David (28-08-1943) **35/8**
Sousa, John Philip (06-11-1854) **26/8**
Spacek, Sissy (25-12-1949) **33/6**
Spielberg, Steven (18-12-1947) **33/6**
Spillane, Mickey (09-03-1918) **31/4**
Spitz, Mark (10-02-1950) **18/9**
Spock, Dr Benjamin (02-05-1903) **20/2**
Springfield, Dusty (16-04-1939) **33/6**
Springsteen, Bruce (23-09-1949) **37/10**
Stack, Robert (13-01-1919) **25/7**
Stahl, Lesley (16-12-1941) **25/7**
Stalin, Joseph (21-12-1879) **31/4**
Stallone, Sylvester (06-07-1946) **33/6**
Stanton, Elizabeth Cady (12-11-1815) **20/2**
Stanton, Harry Dean (14-07-1926) **30/3**
Stanwyck, Barbara (16-07-1907) **31/4**
Stapleton, Jean (19-01-1923) **26/8**
Stapleton, Maureen (21-06-1925) **26/8**
Starr, Ringo (07-07-1940) **28/10**
Steiger, Rod (14-04-1925) **26/8**
Stein, Gertrude (03-02-1874) **25/7**
Steinbeck, John (27-02-1902) **23/5**
Steinberg, David (09-08-1942) **33/6**
Steinem, Gloria (25-03-1934) **27/9**
Sterling, Robert (13-11-1917) **24/6**
Stern, Isaac (21-07-1920) **22/4**
Stevens, Cat (21-07-1948) **32/5**
Stevens, Connie (08-08-1938) **37/10**
Stevens, Stella (01-10-1936) **21/3**
Stevenson, Adlai (05-02-1900) **17/8**
Stevenson, Robert Louis (13-11-1850) **20/2**
Stewart, James (20-05-1908) **25/7**
Stewart, Rod (10-01-1945) **21/3**
Stiers, David Ogden (31-10-1942) **21/3**

Stockwell, Dean (05-03-1936) **27/9**
Stone, Irving (14-07-1903) **25/7**
Stone, Lucy (13-08-1818) **30/3**
Stone, Oliver (15-09-1946) **35/8**
Stone, Sly (15-03-1944) **27/9**
Strasberg, Lee (17-11-1901) **21/3**
Strauss, Peter (20-02-1947) **25/7**
Strauss, Richard (11-06-1864) **27/9**
Streep, Meryl (22-06-1949) **33/6**
Streisand, Barbra (24-04-1942) **26/8**
Struthers, Sally (28-07-1948) **39/12**
Sullivan, Ed (28-09-1902) **31/4**
Susann, Jacqueline (20-08-1926) **28/10**
Sutherland, Donald (17-07-1934) **32/5**
Sutherland, Joan (07-11-1926) **27/9**
Swayze, Patrick (18-08-1954) **36/9**
Swit, Loretta (04-11-1937) **26/8**

Taft, William Howard (15-09-1857) **36/9**
Tandy, Jessica (07-06-1909) **32/5**
Tarkenton, Fran (03-02-1940) **19/10**
Taylor, Elizabeth (27-02-1932) **26/8**
Taylor, James (12-03-1948) **28/10**
Taylor, Zachary (24-11-1784) **28/10**
Tchaïkovski, Piotr Ilich (07-05-1840) **25/7**
Temple, Shirley (Black) (23-04-1928) **29/11**
Tennille, Toni (08-05-1943) **30/3**
Tennyson, Lord (06-08-1809) **32/5**
Tharp, Twyla (01-07-1941) **23/5**
Thatcher, Margaret (13-10-1925) **22/4**
Thomas, B.J. (07-08-1942) **31/4**
Thomas, Danny (06-01-1914) **22/4**
Thomas, Lowell (06-04-1892) **30/3**
Thomas, Marlo (21-11-1938) **26/8**
Thomas, Richard (13-06-1951) **26/8**
Thoreau, Henry David (12-07-1817) **27/9**
Thorpe, Jim (28-05-1888) **40/4**
Tiegs, Cheryl (27-09-1947) **39/12**
Tiffany (02-10-1971) **21/3**

Tiny Tim (12-04-1922) **21/3**
Todd, Mike (22-06-1907) **27/9**
Tolkien, J.R.R. (03-01-1892) **24/6**
Tolstoï, Léon N. (09-09-1828) **37/10**
Tomlin, Lily (01-09-1939) **32/5**
Tormé, Mel (13-09-1925) **30/3**
Torn, Rip (06-02-1931) **22/4**
Toulouse-Lautrec (24-11-1864) **27/9**
Tracy, Spencer (05-04-1900) **19/10**
Travanti, Daniel J. (07-03-1940) **24/6**
Travolta, John (18-02-1954) **30/3**
Trevino, Lee (01-12-1939) **26/8**
Trudeau, Pierre E. (18-10-1919) **30/3**
Truffaut, François (06-02-1932) **23/5**
Truman, Harry S. (08-05-1884) **34/7**
Truman, Margaret (17-02-1924) **26/8**
Trump, Donald (14-06-1946) **31/3**
Tryon, Thomas (14-01-1926) **24/6**
Tucker, Sophie (13-01-1884) **26/8**
Tucker, Tanya (10-10-1958) **25/7**
Tune, Tommy (28-02-1939) **34/7**
Turner, Kathleen (19-06-1954) **35/8**
Turner, Lana (08-02-1920) **22/4**
Turner, Tina (26-11-1939) **32/5**
Twain, Mark (30-11-1835) **22/4**
Tyson, Cicely (19-12-1933) **29/11**

Ullman, Tracey (30-12-1959) **30/3**
Ullmann, Liv (16-12-1939) **32/5**
Unitas, Johnny (07-05-1933) **28/10**
Updike, John (18-03-1932) **27/9**
Urich, Robert (19-12-1946) **33/6**
Uris, Leon (03-08-1924) **27/9**
Ustinov, Peter (16-04-1921) **24/6**

Vaccaro, Brenda (18-11-1939) **33/6**
Valentino, Rudolph (06-05-1895)
    34/7
Vallee, Rudy (28-07-1901) **28/10**
Van Buren, Martin (05-12-1782) **26/8**
Vanderbilt, Gloria (20-02-1924) **20/2**
Van Dyke, Dick (13-12-1925) **24/6**
Van Gogh, Vincent (30-03-1853) **23/5**
Van Peebles, Mario (15-01-1957)
    29/11
Vaughan, Sarah (27-03-1924) **28/10**

Vaughn, Robert (22-11-1932) **21/3**
Vereen, Ben (10-10-1946) **22/4**
Verne, Jules (08-02-1828) **29/11**
Vidal, Gore (03-10-1925) **21/3**
Villa, Pancho (05-06-1878) **35/8**
Villella, Edward (01-10-1932) **17/8**
Vincent, Jan-Michael (15-07-1944)
    31/4
Vinson, Helen (17-09-1907) **34/7**
Vinton, Bobby (16-04-1935) **29/11**
Vivaldi, Antonio (04-03-1678) **29/11**
Vivekananda (12-01-1863) **22/4**
Voight, Jon (29-12-1938) **35/8**
Voltaire (21-11-1694) **25/7**
Vonnegut, Kurt, jr (11-11-1922) **18/9**
Von Sydow, Max (10-04-1929) **26/8**

Wagner, Lindsay (22-06-1949) **33/6**
Wagner, Richard (22-05-1813) **22/4**
Wagner, Robert (10-02-1930) **16/7**
Walken, Christopher (31-03-1943)
    24/6
Walker, Alice (09-02-1944) **29/11**
Walker, Clint (30-05-1927) **27/9**
Wallace, Mike (09-05-1918) **33/6**
Wallach, Eli (07-12-1915) **26/8**
Walter, Jessica (31-01-1944) **23/5**
Walters, Barbara (25-09-1931) **30/3**
Warden, Jack (18-09-1920) **30/3**
Warner, Jack (02-08-1892) **30/3**
Warner, Malcolm-Jamal (18-08-1970)
    34/7
Warren, Earl (19-03-1891) **32/5**
Warren, Lesley Ann (16-08-1946)
    35/8
Warwick, Dionne (12-12-1941) **21/3**
Washington, Booker T. (05-04-1856)
    29/11
Washington, Denzel (28-12-1954)
    32/5
Washington, George (22-02-1732)
    19/10
Waterston, Sam (15-11-1940) **22/4**
Watts, Alan (06-01-1915) **23/5**
Wayne, John (26-05-1907) **30/3**
Weathers, Carl (14-01-1948) **28/10**

Weaver, Dennis (04-06-1924) **26/8**
Weaver, Sigourney (08-10-1949) **32/5**
Webb, Jack (02-04-1920) **18/9**
Webster, Daniel (18-01-1782) **28/10**
Weir, Peter (08-08-1944) **34/7**
Weissmuller, Johnny (02-01-1904)
  17/8
Welch, Raquel (05-09-1940) **28/10**
Welk, Lawrence (11-03-1903) **18/9**
Welles, Orson (06-05-1915) **27/9**
Wells, H.G. (21-09-1866) **33/6**
Wendt, George (17-10-1948) **31/4**
White, Betty (17-01-1922) **23/5**
White, Vanna (18-02-1957) **33/6**
Whitney, Cornelius Vanderbilt
  (20-02-1899) **31/4**
Widmark, Richard (26-12-1914) **26/8**
Wiest, Dianne (28-03-1948) **35/8**
Wilde, Cornel (13-10-1915) **21/3**
Wilder, Billy (22-06-1906) **26/8**
Wilder, Gene (11-06-1935) **26/8**
Williams, Andy (03-12-1930) **19/10**
Williams, Billy Dee (06-04-1937)
  30/3
Williams, Esther (08-08-1923) **31/4**
Williams, Paul (19-09-1940) **33/6**
Williams, Robin (21-07-1952) **27/9**
Williams, Tennessee (26-03-1911)
  23/5
Williamson, Nicol (14-09-1938) **35/8**
Willis, Bruce (19-03-1955) **33/6**
Wilson, Flip (08-12-1933) **27/9**
Wilson, Woodrow (28-12-1856) **33/6**
Winchell, Walter (07-04-1897) **36/9**
Winfield, Paul (22-05-1941) **24/6**
Winfrey, Oprah (29-01-1954) **31/4**
Winger, Debra (16-05-1955) **32/5**
Winkler, Henry (30-10-1945) **23/5**
Winters, Jonathan (11-11-1925) **21/3**
Winters, Shelley (18-08-1922) **31/4**

Wolfe, Peter (07-03-1946) **30/3**
Wolfe, Thomas (03-10-1900) **14/5**
Wolfe, Tom (02-03-1931) **19/10**
Wollstonecraft, Mary (27-04-1759)
  35/8
Wonder, Stevie (13-05-1950) **24/6**
Wood, Natalie (20-07-1938) **30/3**
Woodard, Alfre (02-11-1953) **22/4**
Woods, James (18-04-1947) **34/7**
Woodward, Bob (05-05-1943) **27/9**
Woodward, Joanne (27-02-1930) **24/6**
Woolf, Virginia (25-01-1882) **27/9**
Woolworth, F.W. (13-04-1852) **24/6**
Wray, Fay (10-09-1907) **27/9**
Wright, Orville (17-08-1871) **33/6**
Wright, Wilbur (16-04-1867) **33/6**
Wyeth, Andrew (12-07-1917) **28/10**
Wynette, Tammy (05-05-1942) **26/8**

Yarborough, Glenn (12-01-1930) **17/8**
Yarrow, Peter (31-05-1938) **30/3**
Yogananda, Paramahansa
  (05-01-1893) **27/9**
York, Michael (27-03-1942) **28/10**
York, Susannah (09-01-1942) **26/8**
Young, Brigham (01-06-1801) **17/8**
Young, Loretta (06-01-1913) **21/3**
Young, Neil (12-11-1945) **24/6**
Young, Robert (22-02-1907) **23/5**
Youngman, Henny (12-01-1906) **20/2**

Zanuck, Darryl F. (05-09-1902) **26/8**
Zanuck, Richard (13-12-1934) **24/6**
Zappa, Frank (21-12-1940) **20/2**
Zeffirelli, Franco (12-02-1923) **20/2**
Zerbe, Anthony (20-05-1936) **26/8**
Zimbalist, Efrem, jr (30-11-1923)
  20/2
Zola, Émile (02-04-1840) **19/10**
Zuckor, Adolph (07-01-1873) **27/9**

TABLE DES MATIÈRES

ADDENDUM
À L'ÉDITION 2001

Les chemins de vie du nouveau millénaire

Depuis la parution de *Votre chemin de vie* en 1995, j'ai reçu de nombreuses demandes concernant les dates de naissance et les chemins de vie de ceux qui naîtront après l'an 2000. Comment, en effet, interpréter les nouveaux nombres de naissance ne comportant qu'un seul chiffre ?

Pour bien comprendre, récapitulons brièvement la méthode décrite en page 24, qui consiste à calculer les chiffres individuels de la date de naissance afin d'obtenir un nombre final composé de trois chiffres, représentant le nombre de naissance. Ainsi, par exemple, la date du 10 mars 1999 : 1+0+0+3+1+9+9+9 = 32, et le nombre composé de ces deux chiffres nous donne le nombre de naissance 32/5, (3+2 = 5).

De cette façon, nous avons trouvé trente-sept nombres de naissance possibles pour tous ceux qui sont nés au vingtième siècle. Tous se terminent par trois chiffres.

Tel que démontré dans la deuxième partie du livre (Questions de vie et énergies vitales), chaque nombre de 1 à 9, incluant le 0, représente un archétype numérique associé à une énergie ou une qualité essentielle. Chaque nombre possède son énergie propre. Le 1 représente, dans notre psyché, le principe premier, le commencement, la veine créatrice à l'origine de tout ; le 1 symbolise la créativité. Le 2, chez tout être vivant, représente l'interaction, harmonique ou conflictuelle ; le 2 symbolise la coopération. De la même façon, les 3, 4, 5, 6, 7, 8, 9 et 0 sont tous liés à certaines énergies - talents, obstacles, forces, faiblesses et tendances qui nous accompagnent sur le chemin de notre destinée.

Lorsque nous étudions les nombres de naissance, nous remarquons la combinaison et l'interaction de trois énergies différentes. Le nombre principal, celui de droite, représente notre but-de-vie. Ainsi le 8, dans le 26/8, symbolise l'abondance et le pouvoir. En second lieu, mais tout aussi présents, viennent les défis et les difficultés du 6 et du 2. Le fait qu'il y ait trois nombres a pour effet de répartir les forces et les faiblesses de trois énergies.

Il en va tout autrement pour certains nombres de naissance qui apparaissent depuis le début du nouveau millénaire et qui ne possèdent qu'un seul chiffre. En voici quelques exemples :

Pour le 1er janvier (ou le 10) 2000 = 4 (pour 2001 = 5, 2002 = 6, 2003 = 7, 2004 = 8, 2005 = 9, 2006 = 10/1, 2007 = 11/2)

Pour le 2 janvier (ou le 20) 2000 = 5 (pour 2001 = 6, 2002 = 7, 2003 = 8, 2004 = 9, 2005 = 10/1, 2006 = 11/2)

Pour le 3 janvier (ou le 30) 2000 = 6 (pour 2001 = 7, 2002 = 8, 2003 = 9, 2004 = 10/1, 2005 = 11/2)

Pour le 4 janvier 2000 = 7 (pour 2001 = 8, 2002 = 9, 2003 = 10/1, 2004= 11/2)

Pour le 5 janvier 2000 = 8 (pour 2001 = 9, 2002 = 10/1, 2003 = 11/2)

Pour le 6 janvier 2000 = 9 (pour 2001 = 10/1, 2002 = 11/2)

Pour le 7 janvier 2000 = 10/1 (pour 2001 = 11/2)

Pour le 8 janvier 2000 = 11/2

Après le 11/2, viennent les 12/3, 13/4, 14/5 et ainsi de suite, qui sont des nombres déjà existants depuis 1900 et qui ont déjà été répertoriés dans le présent ouvrage.

Il n'y a aucune façon précise de déterminer ce que sera la destinée de ceux qui possèdent un nombre de naissance d'un seul chiffre. Ce que nous savons cependant, c'est que les difficultés, les forces, les énergies tout comme les tendances seront concentrées et intensifiées. Des personnes travaillant tel nombre de naissance dans le positif s'avéreront douées de talents exceptionnels, tandis que d'autres le travaillant dans le négatif se révéleront de véritables excentriques.

Vous pouvez trouver en troisième partie de ce livre (Les chemins de la destinée) tous les chemins de vie de ceux qui sont nés au 20e siècle et déterminer les tendances positives et négatives de chacune des trente-sept combinaisons possibles en ce qui a trait à la santé, aux relations, au talent, au travail et à la situation financière. Pour ceux qui sont nés au début du nouveau millénaire et qui n'ont qu'un seul chiffre à leur nombre de naissance, je vous conseille d'étudier plus particulièrement les archétypes numériques de 1 à 9 et du 0, dans la deuxième partie.

Notez que le 1er janvier 1000 offrait également un nombre de naissance d'un seul chiffre : le 3. En 2000, le plus petit nombre de naissance est le 4. Et vers la fin du millénaire, nous verrons apparaître de nouveaux nombres qui n'existaient pas auparavant. Ainsi le 29 septembre 2999 nous apportera un nombre inédit, soit le 49/13. Nous avons cependant amplement le temps de nous préparer avant que quiconque n'ait à faire face à ce chemin de vie.

DAN MILLMAN